De Gruyter Studium

Fibel und Fibeltracht

Fibel und Fibeltracht

Mit einem Vorwort von
Rosemarie Müller und Heiko Steuer

2. um ein Vorwort erweiterte Auflage

De Gruyter

Der Artikel „Fibel und Fibeltracht" ist ein unveränderter Nachdruck aus:
Reallexikon der Germanischen Altertumskunde, Band 8, S. 411–607.
© 1994 Walter de Gruyter GmbH & Co. KG, Berlin/New York.

Gefördert von dem Bundesministerium für Bildung und Forschung und dem Land Niedersachsen

ISBN 978-3-11-026830-0
e-ISBN 978-3-11-026848-5

Bibliografische Information der Deutschen Nationalbibliothek

Die Deutsche Nationalbibliothek verzeichnet diese Publikation in der Deutschen
Nationalbibliografie; detaillierte bibliografische Daten sind im Internet
über http://dnb.d-nb.de abrufbar.

© 2011 Walter de Gruyter GmbH & Co. KG, Berlin/Boston

Bildnachweis: akg-images
Druck und Bindung: Hubert & Co. GmbH und Co. KG, Göttingen
∞ Gedruckt auf säurefreiem Papier

Printed in Germany

www.degruyter.com

Vorwort zur zweiten Auflage

Seit dem Erscheinen des Beitrages „Fibel und Fibeltracht" im Reallexikon der Germanischen Altertumskunde Band 8 im Jahre 1994 und als separat gedruckter Studienausgabe im Jahre 2000 sind einige Jahre vergangen. Auf vielfache Nachfrage hat sich der Verlag zu einer zweiten Auflage der länger vergriffenen Studienausgabe entschlossen, die nun in unveränderter Form vorgelegt werden kann. Die Neuauflage folgt dem Beitrag im Reallexikon im Abstand von weniger als zwei Jahrzehnten. Das bedeutet gemessen am prähistorischen Zeitablauf einen kurzen Augenblick, hinsichtlich der archäologischen Forschungsgeschichte dagegen einen langen Zeitraum. Denn im Gegensatz zu anderen historischen Wissenschaften erlebt die Ur- und Frühgeschichte gegenwärtig einen immens hohen Zuwachs an primär zur Verfügung stehenden Quellen. Er ist vor allem bedingt durch gewaltige menschliche Eingriffe, in erster Linie verursacht durch Baumaßnahmen wie beispielsweise in Tagebauen oder Industriebauten, von Straßen- und Bahnführungen. Bei der Aufarbeitung und Interpretation des dabei ausgegrabenen Quellenmateriales beschreitet die archäologische Forschung inzwischen neue Wege, die weit über Gräberarchäologie und Fundanalyse hinausführen. Neben den forschungsgeschichtlich gewandelten Voraussetzungen haben sich auch in der Lehre weit reichende Modifikationen vollzogen, die aus veränderten Studienbedingungen und dementsprechend anderen Hochschulabschlüssen resultieren. Es ist daher nur verständlich, dass der aktuelle Publikationsstand mit dieser rasanten Entwicklung nicht mithalten kann. Daher will die hier vorgelegte zweite Auflage der Studienausgabe *Fibel und Fibeltracht* dem Ruf aus Forschung wie Lehre nach einer Grundlage bei der wissenschaftlichen Beschäftigung mit einer der aussagefähigsten Quellen der Prähistorie nachgehen.

Gemäß der Zielsetzung des Reallexikons hat die Studienausgabe mit Fibeln Realien zum Gegenstand. Im Unterschied zu grundlegenden älteren Arbeiten, auf die in § 2 dieser Ausgabe unter „Altertumskundliche Bedeutung" eingegangen ist, kann der Versuch einer Darstellung und Bewertung von Fibeln als einer Sachquelle auf Fundlisten- bzw. einen Herkunftsnachweis aller bekannt gewordenen Stücke verzichten. Ebenso erschien für die Drucklegung eine Aktualisierung der Literatur nicht erforderlich. Im Gegenteil wird vielmehr deutlich, dass das in der vorliegenden Studie von 18 Autorinnen und Autoren zugrunde gelegte Niveau der Erforschung, Kenntnis und Interpretation von Fibeln und ihrer vielfältigen Aussagemöglichkeiten den Wissensstand eines fest umrissenen Zeitraumes im ausgehenden 20. Jahrhundert wiedergibt, der zudem leicht auffindbar an *einer* Stelle publiziert ist.

Nach dem besonderen Charakter archäologischer Quellen, die nicht als fest umrissene Größe kalkulierbar vorauszusetzen sind, besitzt vorliegende Studie keinen Handbuchcharakter etwa im Sinn einer „Anatomie" für eine ausgewählte Quellengattung. Sie ist vielmehr in erster Linie für die heranwachsende Generation Studierender wie Interessierter als Leitfaden und Orientierungshilfe gedacht.

Als ich 1992 mit der Leitung der Arbeitsstelle Hoops RGA in der Göttinger Akademie der Wissenschaften betraut wurde, gehörte die Bearbeitung eines Stichwortes zur Thematik von Fibeln zu meinen ersten großen Aufgaben. Nachdem das Lexikon mit 35 Bänden und zwei Registerbänden im Jahre 2008 zu Ende geführt werden konnte, ist die Freude darüber umso größer, die an dem Bedarf gerade dieses umfangreichen Beitrages besteht. So bleibt vorliegender Studienausgabe erneut ein weit gefächerter Leserkreis zu wünschen.

Rosemarie Müller   Göttingen, Ostern 2011

Schon im Vorwort zur ersten Auflage dieser Studienausgabe wurde darauf hingewiesen, dass im Rahmen der Zielsetzung des Reallexikons der Germanischen Altertumskunde (RGA) nicht alle Realien, wenn man darunter Sachgüter im archäologischen Fundstoff versteht, in gleicher Breite behandelt werden können und sollen wie „Fibel und Fibeltracht".

An diesem Beispiel wird jedoch gewissermaßen paradigmatisch gezeigt, unter welch vielseitigen, unter chronologischen, formenkundlichen, handwerklichen und kulturgeschichtlichen Aspekten eine solche Realie und ihre Entwicklung beschrieben und analysiert werden kann.

Wenn hier mit der zweiten Auflage keine neue Bearbeitung vorgelegt wird, dann auch deshalb, weil sich nach Abschluss des Lexikons mit seinen 35 Bänden und zwei Registerbänden im Jahr 2008 nun vom Verlag de Gruyter eine neue „zukunftsweisende" Möglichkeit eröffnet wird: Das RGA wird als „Germanische Altertumskunde Online" (GAO) im Netz fortgesetzt. Hier wird dann auch zu gegebener Zeit ein Stichwortkomplex wie „Fibel und Fibeltracht" durch neue Beiträge ergänzt und erweitert werden, aber immer auf der Basis und vor dem Hintergrund des hier wieder vorgelegten Bandes.

Heiko Steuer   Freiburg, Ostern 2011

Vorwort

Vor sechs Jahren wurde im Reallexikon der Germanischen Altertumskunde das umfangreiche Stichwort „Fibel und Fibeltracht" veröffentlicht, geschrieben bis auf die sprachliche Worterklärung ausschließlich von Archäologinnen und Archäologen. Die Herausgeber des Reallexikons wollten damit beispielhaft zeigen, mit welchen kulturgeschichtlichen Fragestellungen eine archäologische Sachgruppe ausgewertet wird, was im Rahmen eines Lexikons jedoch nicht für alle Realien in derselben Breite erfolgen kann. Das Echo auf diese weitgespannte Publikation war so vielfältig, die Frage nach einem Sonderdruck so häufig, daß sich der Verlag entschlossen hat, einen Separatdruck herauszugeben, der archäologisch Interessierten handbuchartig die Spannweite der Fibelformen vorstellt und für die benachbarten Wissenschaften verständlich macht, warum in der Archäologie die „Fibel" als Leitform eine so große Rolle spielt.

Das Prinzip der Sicherheitsnadel, durch einen spiralförmig gewickelten Metalldraht Spannung zu erzeugen und damit Kleidungsbestandteile zusammenzuhalten, wurde mit Aufkommen der Metallverwendung in der Bronzezeit erfunden und hielt sich durch alle Kulturepochen bis in die Gegenwart. Als sichtbarer Teil der Kleidung bei Frauen und Männern blieb es nicht aus, daß über die schlichte Funktion hinaus das Schmuckbedürfnis zu Lösungen führte, deren Variationsreichtum erstaunt. Alle Metalle, Bronze oder Eisen, Silber oder Gold wurden verwendet, und die zusätzliche Zier mit edlen Steinen oder Korallen erweiterte das mögliche Spektrum noch einmal erheblich. Der Stil der Zeit ist in der Fibelgestalt eingefangen und macht die Stücke unverwechselbar. Größe und Anzahl der Fibeln spiegeln indirekt Kleidermode, auch wenn die Textilien weitgehend vergangen sind.

Schon Tacitus spricht in seiner Germania (c. 17) davon, daß allen ein Umhang als Kleidung diente, der mit einer Fibel oder, wenn eine solche fehlt, mit einem Dorn zusammengehalten wird: *tegumen omnibus sagum fibula aut, si desit, spina consertum*, d. h. die heutige Verwendung als altertumskundlicher Fachterminus findet seine Begründung in den Quellen, was die zeitweilige Vorliebe für das deutsche Wort Gewandspange als politisch motiviert erkennbar macht. Die Fibel als sich schnell wandelnde und damit für Fragen der Chronologie aufschlußreiche archäologische Leitform hatte früh zu Nachschlagewerken geführt. Zum Beispiel erschien 1923 in Leipzig: Oscar Almgren, Studien über Nordeuropäische Fibelformen der ersten nachchristlichen Jahrhunderte, ein Werk, daß 50 Jahre später 1973 nachgedruckt wurde und noch einmal 25 Jahre später 1998 Anlaß zu einer großen Tagung in Berlin gewesen ist.

Der Lexikon-Artikel kann die ganze Breite der Geschichte der Fibel nur skizzieren, was dann doch schon zu einem umfangreichen Buch geführt hat, das im Sinne des Reallexikons die Jahrhunderte von der Bronzezeit bis in die Karolinger- und Wikingerzeit, also ungefähr 2500 Jahre umspannt.

Rosemarie Müller, Heiko Steuer

Inhalt

I. Sprachliches 1 (411)
    § 1: Wort und Sache

II. Archäologisches 2 (412)
    § 2: Altertumskundliche Bedeutung

  A. Bronzezeit in Nord- und Mitteleuropa 7 (417)
    § 3: Allgemeines – § 4: Ält. BZ – § 5: Jüng. BZ – § 6: Lüneburger BZ – § 7: Zusammenfassung

  B. Jüngere Bronzezeit im südlichen Mitteleuropa 19 (429)
    § 8: Allgemeines – § 9: F.-Typen und arch. Bedeutung – § 10: Zusammenfassung

  C. Ältere Eisenzeit im südlichen Mitteleuropa 24 (434)
    § 11: Allgemeines – § 12: F.-Typen – § 13: W. Späthallstatt-F.n

  D. Bronzezeit und ältere Eisenzeit im östlichen Mitteleuropa, Beziehungen zum Mittelmeergebiet 34 (444)
    § 14: Allgemeines – § 15: F.-Typen, Zeitstellung und Verbreitung

  E. Latènezeit 46 (456)
    § 16: Allgemeines – § 17: F.-Typen und Verbreitung – § 18: Tracht und Herstellung

  F. Vorrömische Eisenzeit in Norddeutschland und Skandinavien 57 (467)
    § 19: Allgemeines – § 20: F.-Typen in N-Deutschland – § 21: Tragweise und Herstellung – § 22: F.n in Skandinavien

  G. Vorrömische Eisenzeit und Römische Kaiserzeit im östlichen Mitteleuropa und in Osteuropa 68 (478)
    § 23: Vorröm. EZ – § 24: Ält. RKZ – § 25: Jüng. RKZ – § 26: F.-Tracht

  H. Römische Kaiserzeit und Völkerwanderungszeit zwischen Rhein und Elbe 86 (496)
    § 27: Ält. RKZ – § 28: Jüng. RKZ – § 29: Frühe VWZ – § 30: Gebrauchsspuren an F.n der ält. RKZ

  I. Römische Kaiserzeit im Provinzialrömischen Gebiet und Beziehungen zur Germania magna 101 (511)
    § 31: Prov.-röm. F.n – § 32: Prov.-röm.-germ. F.-Kontakte

  J. Römische Kaiserzeit und Völkerwanderungszeit in Skandinavien ... 113 (523)
    § 33: Ält. RKZ – § 34: Jüng. RKZ – § 35: VWZ – § 36: VZ – § 37: F.n mit Runeninschr.

K. Späte Völkerwanderungszeit und Merowingerzeit auf dem Kontinent 131 (541)

§ 38: Allgemeines – § 39: F. und F.-Tracht der germ. Frau – § 40: Ostgerm. F. und F.-Tracht – § 41: Westgerm. F. und F.-Tracht – § 42: W. geprägte Ostgerm. – § 43: Frk., Alem. und Bajuwaren – § 44: Thür. – § 45.: Langob. – § 46: Zusammenfassung – § 47: F. und F.-Tracht der roman. Frau – § 48: Soziale und ethnische Aussage zur weiblichen F.-Tracht – § 49: F. und F.-Tracht des Mannes

L. Völkerwanderungszeit in England 172 (582)

§ 50: Ags. F.n

M. Karolingerzeit 176 (586)

§ 51: Allgemeines – § 52: F.-Typen und Zeitstellung – § 53: Ikonographie – § 54: F.-Tracht

N. Wikingerzeit 192 (602)

§ 55: Allgemeines – § 56: F.-Formen und Tracht

Fibel und Fibeltracht

I. Sprachliches
§ 1: Wort und Sache
II. Archäologisches
§ 2: Altertumskundliche Bedeutung
A. Bronzezeit in Nord- und Mitteleuropa
§ 3: Allgemeines — § 4: Ält. BZ — § 5: Jüng. BZ — § 6: Lüneburger BZ — § 7: Zusammenfassung
B. Jüngere Bronzezeit im südlichen Mitteleuropa
§ 8: Allgemeines — § 9: F.-Typen und arch. Bedeutung — § 10: Zusammenfassung
C. Ältere Eisenzeit im südlichen Mitteleuropa
§ 11: Allgemeines — § 12: F.-Typen — § 13: W. Späthallstatt-F.n
D. Bronzezeit und ältere Eisenzeit im östlichen Mitteleuropa, Beziehungen zum Mittelmeergebiet
§ 14: Allgemeines — § 15: F.-Typen, Zeitstellung und Verbreitung
E. Latènezeit
§ 16: Allgemeines — § 17: F.-Typen und Verbreitung — § 18: Tracht und Herstellung
F. Vorrömische Eisenzeit in Norddeutschland und Skandinavien
§ 19: Allgemeines — § 20: F.-Typen in N-Deutschland — § 21: Tragweise und Herstellung — § 22: F.n in Skandinavien
Vorrömische Eisenzeit und Römische Kaiserzeit im östlichen Mitteleuropa und in Osteuropa
§ 23: Vorröm. EZ — § 24: Ält. RKZ — § 25: Jüng. RKZ — § 26: F.-Tracht
H. Römische Kaiserzeit und Völkerwanderungszeit zwischen Rhein und Elbe
§ 27: Ält. RKZ — § 28: Jüng. RKZ — § 29: Frühe VWZ — § 30: Gebrauchsspuren an F.n der ält. RKZ
I. Römische Kaiserzeit im Provinzialrömischen Gebiet und Beziehungen zur Germania magna
§ 31: Prov.-röm. F.n — § 32: Prov.-röm.—germ. F.-Kontakte
J. Römische Kaiserzeit und Völkerwanderungszeit in Skandinavien
§ 33: Ält. RKZ — § 34: Jüng. RKZ — § 35: VWZ — § 36: VZ — § 37. F.n mit Runeninschr.
K. Späte Völkerwanderungszeit und Merowingerzeit auf dem Kontinent
§ 38: Allgemeines — § 39: F. und F.-Tracht der germ. Frau — § 40: Ostgerm. F. und F.-Tracht — § 41: Westgerm. F. und F.-Tracht — § 42: W. geprägte Ostgerm. — § 43: Frk., Alem. und Bajuwaren — § 44: Thür. — § 45: Langob. — § 46: Zusammenfassung — § 47: F. und F.-Tracht der roman. Frau — § 48: Soziale und ethnische Aussage zur weiblichen F.-Tracht — § 49: F. und F.-Tracht des Mannes
L. Völkerwanderungszeit in England
§ 50: Ags. F.n
M. Karolingerzeit
§ 51: Allgemeines — § 52: F.-Typen und Zeitstellung — § 53: Ikonographie — § 54: F.-Tracht
N. Wikingerzeit
§ 55: Allgemeines — § 56: F.-Formen und Tracht

I. Sprachliches

§ 1. **Wort und Sache.** *Fibel* ist im Dt. wie *fibule* im Frz. (7,III,490) ein Fachausdruck der Altertumswiss. Eine einheitliche Bezeichnung der F. im Germ. existiert nicht, was mit dem doppelten Zweck des Heftens und des Schmückens zusammenhängt (2,344). Das aus lat. *fibula* entlehnte Wort findet sich lediglich als *fifele* in einem ae. Glossenbeleg (Ags. Voc. 2,35,42; Bosworth—Toller, Anglo-Sax. Dict., Suppl., 217; 2,344, Anm. 61).

Um was es sich bei fibula sachlich handelt, ist dem lesenden und schreibenden MA durch die entsprechende Erläuterung in Isid. Orig. XIX,31,17 geläufig, die sich etwa als Scholion im clm 15962 zur Psychomachia (449) des Prudentius findet (Ahd. Gl. V,32,17—19): *Fibulę* [*fibula* Ed.] *sunt nuske quibus pectus feminarum ornatur. uel pallium uiris in humeris. siue cingulum in lumbis.* Das ahd. Wort für die Spange oder die Schnalle ist zunächst das in zahlreichen Glossenbelegen bezeugte starke und schwache Fem. *nusca* (*nuska, -e, nuscha, -e, núsga, nusga, -e, nusgia, nustia*). Es stellt sich hauptsächlich zum Lemma *fibula*, neben dem seltener *lacinia, bulla, lunula, monile, ligula* und *spinter* erscheinen (Nachweise 6,446). Fast ebenso häufig ist das starke Neutr. *nuskil* (6,446) vertreten, das neben sich das schwache Fem. *nuskila* (6,447) und das Diminutivum *nuskilīn, nuskilī* (ebd.) hat. Ferner kommen das starke und schwache Fem. *nusta* bei Notker („Verbindung, Band' 5,142) und in den Glossen („Schnalle, Schlinge', Lemmata *ansa, ansula*, siehe 6,447) und das starke Mask. *nustil* ‚Spange, Schnalle' (ebd.) vor. Bei *nusta* tritt das Lemma *fibula* selbst nicht auf.

Gelegentliche *fibula*-Bezüge (4,165) weisen die Wörter *ring* (5,153; 6,485), *nestila* starkes Fem., *nestilīn* starkes Neutr. (Ahd. Gl. I,330,34—36) ‚Kopfbinde' (6,436), *spenela* ‚Haarnadel, Stecknadel' (6,573) auf. Bei *ring* geht es um die Rundform des oberen Schmuckteils (2,345), bei *nestila* wie bei *nusca* und deren Verwandten um das Zusammenheften und Verbinden (2,344). Das Wort *spasal*, das ansonsten zu den Lemmata *spinter* und *bahen* steht (6,571) und insgesamt eine Bezeichnung der (Arm-)Spange und der Halskette sein mag, kommt zweimal (Ahd. Gl. I,296,9; 689,3) zu *fibula* vor (Vorlagetext 1 Maccabäer 14,44 und 10,89). Den Eindruck einer erläuternden Gelegenheitsbildung macht das einmal belegte Kompositum *tragafadam* ‚Kordel' (6,630) in der Glossierung *fibula tragafadam nusca* (Ahd. Gl. II,653,27). In der Textvorlage Vergil Aeneis 4,139 ist eher von einer goldenen Spange die Rede.

Erst im Mhd. treten für die F. die Bezeichnungen *haftel, heftel, heftelin* und das Kompositum *brusthefftlin* (Diefenbach, L., 233) auf (2,344), desgleichen *vor-, furspan, -spang, spange* (Diefenbach, L., 232 f.) und das Lehnwort *bratze* (> *Brosche*), das sich mit it. *brocco* ‚spitzes Holz', frz. *broche* ‚Haarnadel, Spieß' vergleicht (7,I,543—548) und auf das Einstechen der Nadel zielt (2,345). Dem ahd. *spanga*, mhd. *spange* entspricht an. *spóng*, das aber zum einen die dünne Metallplatte, das Metallband bezeichnet, zum anderen das Eisstück, die Eisscholle, die Eisbrücke (Fritzner, Ordbog III,505; 1,594; de Vries, An. etym. Wb. 540; 3,886).

Im Ae. ist außer dem Mask. *hring* (Bosworth—Toller, Anglo-Sax. Dict. 561) das Wort *preón* (vgl. *Pfriem*) (ebd. 778) und aus dem Kelt. stammendes *dalc* oder *dolc* (ebd. 195) belegt. Die beiden Wörter gehen von der Bezeichnung des Einstechens aus (2,345). Ae. *oferfeng* (Bosworth—Toller, Anglo-Sax. Dict. 732) ist Reflex der breiten Ausladung einer Schmuckfibel über dem Gewand; ae. *sigel* (ebd. 873) bezieht sich auf die Verzierung der F. mit Anhängseln (2,345).

(1) W. Baetke, Wb. zur an. Prosalit., 2. Aufl. 1976. (2) M. Heyne, Körperpflege und Kleidung bei den Deutschen, 1903. (3) A. Jóhannesson, Isl. etym. Wb., 1956. (4) G. Köbler, Lat.-germanistisches Lex., 1975. (5) R. Schützeichel, Ahd. Wb., 3. Aufl. 1981. (6) T. Starck, J. C. Wells, Ahd. Glossenwb., Lfg. 1 ff., 1972 ff. (7) W. von Wartburg, Frz. etym. Wb., Bd. 1—24, 1928—1969/83.

E. Meineke

II. Archäologisches.

§ 2. Altertumskundliche Bedeutung

Bezeichnung. Die F., Trachtbestandteil, Gewandspange zum Zusammenhalten und Verschließen von Kleidung nach dem Prinzip der Sicherheitsnadel, hat für die Wissenschaftsdisziplin „Ur- und Frühgeschichte" von Anfang an die Rolle einer Leitform übernommen, vor allem für die Frage der Chron., der Handwerksgesch. und der ethnischen Zuordnung.

Die Fachwiss. greift mit der Bezeichnung F. einen zumindest seit dem MA geläufigen Begriff auf (vgl. I § 1), während sie zur näheren Kennzeichnung künstliche, nach formalen Kriterien gebildete Termini für die Benennung schafft, die ein auffälliges Formmerkmal oder den ersten, wichtigen Fundplatz oder gar eine weitergehende, z. B. ethnische Interpretation wählt (→ Zwiebelknopf-F., → Nauheimer F., → Thüringer F.).

Der unterschiedliche Verwendungszweck von F.n während der Frühgesch. ist die Ursache für das Fehlen eines gemeinsamen Namens im Germanischen, wie die Sprachwiss. glaubhaft machen kann (vgl. I § 1). Dagegen muß die auf Registrieren und Ordnen angewiesene ur- und frühgeschichtl. Wiss. verschiedene Verwendungen aus den Fundumständen erschließen.

Für die allgemeine Formenbeschreibung gelten für die meisten Typen Bezeichnungen, die nicht immer mit der tatsächlichen Tragweise übereinstimmen (Abb. 68). So spricht man z. B. von F.-Fuß und F.-Kopf bei F.n der VWZ und MZ, auch wenn diese Stücke mit dem Kopf nach unten und dem Fuß nach oben angesteckt waren.

Quellenlage und Forschungsstand. F.n sind überwiegend als Toten- bzw. Grabausstattung überliefert und ermöglichen Trachtstudien; sie kommen auch in Hort- und Schatzfunden vor (→ Depotfund) sowie in Opferfunden (8), z. B. in Brunnen (→ Dux; → Pyrmont [2]) oder Mooren, dann oft in großer Anzahl. Sogar Händlerdepots werden vermutet, so beim Fund von Strückhausen/Oldenburg (12) mit 28 gleichartigen silbernen F.n. (Taf. 24) Als Bestandteil der alltägli-

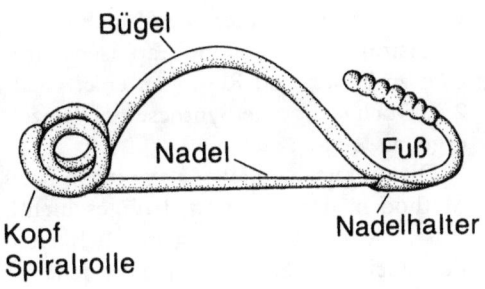

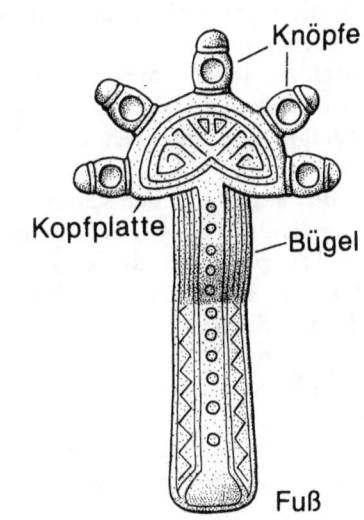

Abb. 68. Fibeln und die Benennung ihrer Teile, als Muster oben eine Fibel vom sog. Frühlatène-Schema, unten eine Bügelfibel der Merowingerzeit (Abb. nach Filip [9])

chen Tracht sind F.n auch in Siedlungen verlorengegangen (vgl. C § 11).

Anhand der Verbreitung von F.n und deren Kombinationen mannigfaltige Kulturverbindungen zu studieren, bleibt eine Aufgabe auch der zukünftigen Forsch. Ansätze dazu stammen bereits aus forschungsgeschichtl. frühen Zeitabschnitten, als eine Gesamtschau der F.-Funde noch einfacher zu gewinnen war (14; 19; 20; 22–25). So sind Übersichtswerke zu F.n aus unterschiedlichen Epochen (vor allem BZ, EZ, RKZ) und für verschiedene geogr. Räume (1; 3; 4; 10; 15–18; 26) bereits seit der Frühzeit der Forsch.

vorhanden und werden mit Zunahme des Fundstoffes durch monographische Studien zu Typen und Regionen ersetzt (21; 23). Doch steht eine Synthese der Einzelergebnisse noch aus.

Die unterschiedliche Bewertung von Methoden der ur- und frühgeschichtl. Wiss., von Auswertungsmöglichkeiten des Quellenbestandes sowie abweichende Fragestellungen führen zwangsläufig zu nicht konkordanten Darstellungen, wenn verschiedene Autoren zur Gesch. der F. als Trachtbestandteil Stellung nehmen. Beispielhaft werden daher in den folgenden Paragraphen Epochen der F.-Entwicklung sowie der F.-Tracht erörtert, wobei die Sichtweise der verschiedenen Verf. jeweils charakteristisch für eine typische Arbeitsweise der ur- und frühgeschichtl. Wiss. ist und zugleich den unterschiedlichen Stellenwert für die Zeitabschnitte verdeutlicht.

Jedes Lex. zur Ur- und Frühgesch., so schon die 1. Aufl. des Reallex. der germ. Altkde (Bd. 2, 33–39), weiterhin Eberts Reallex. (5) und das von J. Filip herausgegebene Enzyklopädische Handb. zur Ur- und Frühgesch. (9) bringen das Stichwort F. als markantes Beispiel für stilistisch auswertbare Altertümer.

F.-Tracht. Seit der ält. BZ und bis ins MA, also über zwei Jahrtausende hinweg, war die F. gleichzeitig Gewandspange und Schmuckstück und bestimmte die Tracht, ehe der Knopf, das Tassel (Mantelschließe) etc. im MA zu neuen Lösungen für das Zusammenhalten von Kleidungsstücken führte. Nicht alle Kulturgruppen, Völkerschaften oder Zeitabschnitte haben die F.-Tracht gewählt, parallel dazu gibt es Tracht, bei der die → Nadel die entsprechende Aufgabe übernommen hat.

Da die Textilien selbst zumeist vergangen sind, bilden F.n die erhaltenen Trachtelemente, die unmittelbar Teil der Kleidung waren, anders als → Hals-, → Arm-, → Finger- oder → Ohrringe. Entwickelte Konservierungs- und Auswertungsmethoden haben es ermöglicht, anhand der geringen Spuren von Textilien, die an den F.n festkorrodiert sind, Teile der Kleidung zu rekonstruieren, einerseits wie die Stoffarten und -muster beschaffen waren und andererseits welche Kleidungsstücke F.n zum Zusammenhalten benötigten (7; 11).

Unmittelbar faßbar über den Grabbrauch wird die Tracht der Bestatteten. Die Lage der F.n bei den Toten beschreibt ihre Rolle als Trachtbestandteil und erlaubt, sofern die F.n in ihrer Funktion an der Kleidung befestigt waren, Trachtstudien, wobei die Tracht der Lebenden, eine spezielle Grab- oder Totentracht oder andere Verwendungen der F.n, z. B. zum Zusammenstecken eines Leichentuches etc., erschlossen werden. Es lassen sich die Männer- und die Frauen-Tracht, zu denen jeweils eine oder mehrere F.n gehört haben können, rekonstruieren. F.n haben — in der Mehrzahl getragen — auch zu mehreren Gewändern gehört, zu Ober- und Unterkleidern.

Das Material, anfänglich Bronze, später auch Messing oder Eisen, daneben aber auch Silber oder Gold sowie zusätzlicher Besatz aus farbigen Steinen, erlaubt über den materiellen Wert der Schmuckstücke Studien zu den Vermögensverhältnissen der Toten und gar zur sozialen Position. Neben die Funktion trat die Repräsentation.

Die Analyse von Abnutzungsspuren an F.n (vgl. H § 30) unter Berücksichtigung der anthrop. Auswertung kann Auskunft geben über die altersabhängige Tragweise der F.n und damit der Tracht. Manchen Mädchen wurden F.-Paare zur Kleidung gegeben, die sie dann das ganze Leben getragen haben; für andere Zeitabschnitte konnte eine Auswechslung des F.-Schmucks registriert werden. Fragen nach Verwendungsdauer, Eigentum oder Vererbung rücken ins Blickfeld.

Daß F.n vielfach weniger als Kleiderverschluß, sondern als auffallende Schmuckstücke getragen worden sind, illustrieren Beispiele wie die großen Platten-F.n der BZ, die in einigen Fällen mit Goldblech belegt sind (vgl. A § 5), die sog. „monströsen F.n" der jüng. RKZ (vgl. G § 25 und § 26) oder die oft über 20 cm langen Silberblech-F.n der Mitte und 2. Hälfte des 5. Jh.s (vgl. K § 40).

Nur in seltenen Fällen scheinen F.n erst als Schmuck für den Toten bzw. für die Bestattung gearbeitet worden zu sein, während in der Regel den Verstorbenen ihre schon lange getragenen F.n als Teil der Tracht der Lebenden mitgegeben worden sind.

Im kelt. Fürstengrab von → Hochdorf sind mindestens 25 F.n gefunden worden, die zum Befestigen von Stoffbahnen an den Kammerwänden gedient haben und — da sie alle identisch sind — vielleicht erst für die Grablegung hergestellt wurden (6, 136 f.). F.n werden im Grab nicht immer in einer Position gefunden, die auf die Tragweise an der Kleidung zurückzuführen ist, sondern oftmals auch in Lagen, aus denen sich keine Funktion an der Kleidung, wie z. B. das Zusammenhalten von Trägern oder das Schließen eines Gewandes, ablesen läßt, sondern oftmals auch in Positionen, die eine reine Schmuckfunktion spiegeln, z. B. an einem herabhängenden Gürtelband. Beispielhaft für die Aussagemöglichkeiten von F.n im Grab, die aus der unterschiedlichen Deponierung resultieren, sind die Unters. von G. Clauss zu F.n der MZ (7).

F.-Typologie. Die F. hat neben ihrem praktischen Zweck als Kleiderverschluß andererseits immer zugleich auch die Funktion als Zier- bzw. Schmuckelement übernommen. Sie bietet zahlreiche Ansätze für eine Gestaltsveränderung, und ihre Formvielfalt dient deshalb zur Lösung von Datierungsfragen.

Eine der Grundlagen ur- und frühgeschichtl. Forsch., die typol. Methode (→ Chronologie, I § 2; → Typologie), legt zu einem wesentlichen Teil Beobachtungen zugrunde, die auf Veränderungen von F.n aus zusammenhängenden Quellenkomplexen beruhen. Bezeichnenderweise trägt eine der forschungsgeschichtl. maßgebenden Arbeiten den Titel „Ein Beitrag zur Geschichte der Fibel" (13).

Die Möglichkeit, die Vielfalt der F.n in Typen zu ordnen und deren relative Nähe oder Ferne zueinander als Formverwandtschaft zu interpretieren (1; 3—5; 9; 21), wurde im 19. Jh. durch die Dominanz der Entwicklungskategorie intensiviert und wiss. außerordentlich fruchtbar gemacht. Die ethnos-, sitte- und modeabhängige reiche räumliche Differenzierung und die rasche Veränderbarkeit der F. ließen nicht nur eine typol. Feingliederung des Materials zu, sondern erlaubten durch Vergleiche relativ- und absolutchron. Auswertungen. F.n wurden deshalb zu einer Leitform der prähist. Arch. mit hohen hist. Aussagemöglichkeiten. So wurde in S-Deutschland per definitionem das Erscheinen von F.n mit der Späthallstattstufe (später „Hallstatt D") gleichgestellt (22). Doch wird es methodisch bedenklich, wenn tatsächlich in der sich verändernden äußeren Form eine gesetzmäßige chron. normierte Entwicklung gesehen wird. Ein anschauliches Beispiel bietet die Entwicklung der Latène-Fibel (vgl. § 16).

Die quellenkundliche Ergiebigkeit der F. hat wiederum eine Verfeinerung der Methoden der Beobachtung, der Auswertung und der Deutung vorangetrieben. Die beschreibende Ur- und Frühgesch. geht dabei von den formalen Unterschieden, von Phänotyp und Maßverhältnis, von Material und Dekor aus und analysiert mit statistischen und naturwiss. Verfahren (→ Chronologie §§ 17, 19; → Magdalenenberg) eine Fülle vieler bestimmter Einzelfaktoren (27; 16; 17). Für einige urgeschichtl. Zeitabschnitte wird der F. ein unterschiedlicher Stellenwert beigemessen, doch zielt er grundsätzlich überwiegend auf chron. Resultate.

Weitere altertumskundliche Auswertungsansätze. F.n sind Erzeugnisse des Kunsthandwerks. Die Schmuckfunktion hat die F. für Veränderungen empfindlich gemacht, so daß sie sich nicht nur für Datierungsfragen bes. eignet, sondern auch zu kunstgewerblichen Stud., da die F. den Zeitgeschmack und das Stilempfinden eingefangen hat. Die Herstellung der F.n unterliegt dem Zeitstil, den Traditionen der Handwerker, der Werkstätten in einem Gebiet. Sie werden durch die Mobilität der Personen, auch durch Handel über mehr oder weniger große Gebiete verbreitet. Hist. Interpretationen von F.-Formen mit ihrer Zeitstellung und ihrer Verbreitung müssen daher auch von der Analyse der handwerklichen Voraussetzungen ausgehen und die Organisationsformen des Handels kennen, also damit die sozialen Verhältnisse gesellschaftlicher Gruppen berücksichtigen, ehe weitgreifende Deutungen vorgeschlagen werden.

Über F.n und deren Träger auf die Zugehörigkeit zu einem bestimmten Ethnos zu schließen, verbietet sich aus diesen angeführten Bemerkungen zu den methodischen Grundlagen. Dennoch ist versucht worden, einzelne F.-Typen, wenn auch nicht ausschließlich, so doch mehrheitlich, bestimmten germ. Stämmen bzw. Völkern zuzuweisen (vgl. G § 26, K § 39 und § 48). So spricht man von Thüringer F.n, von Ostgot. F.n oder mit ersten Einschränkungen gegenwärtig von F.n des Ostgot. Typs (→ Thüringer Fibel; vgl. → Goten, → Langobarden).

Ebenso ist in Einzelfällen versucht worden, F.n zusammen mit ihrem arch. Zusammenhang als sichtbaren Ausdruck hist. bezeugter Wanderbewegungen zu interpretieren. So steht z. B. der arch. Terminus „Flachgräberzivilisation" stellvertretend für die kelt. Wanderzeit, und die Ausstattung mit F.n, Schmuck und Waffen auf großen Bestattungsplätzen, die über ganz Mitteleuropa verbreitet sind, wird als Ausdruck zahlreicher in den Schriftquellen genannter — aber auch von ungenannten — Bewegungen verstanden. Zudem fehlt es nicht an Versuchen, frühe germ. Wanderungen ebenfalls arch. dokumentiert zu finden (→ Przeworsk-Kultur).

Auch wird angestrebt, arch. Funde unmittelbar mit schriftlich überlieferten Vorgängen zu verknüpfen; z. B. wird eine hist. Verbindung der mitteldt. spätkaiserzeitlichen → Fürstengräber vom Typ → Leuna und → Haßleben (vgl. auch → Gommern) mit dem → Gallischen Sonderreich über die Grabausstattung, die Münzen und Importstücke, aber nicht zuletzt auch über die röm. Tragweise der F.n vorgeschlagen (28).

Auch für die Suche nach hist. Hintergründen für den inschriftlich mit Goten zu verbindenden ostgerm. Königsschatz von → Pietroassa wird die Arch. über die großen goldenen Adler-F.n einen Beitrag zu leisten haben (→ Adlersymbolik).

(1) O. Almgren, Stud. über nordeurop. F.-Formen, ²1923. (2) F. M. Andraschko, W.-R. Teegen, Der Brunnenfund von Bad Pyrmont, 1988. (3) R. Beltz, Die Latène-F.n, Zeitschr. f. Ethn. 43, 1911, 664—817, Nachträge: 930—943. (4) Ders., Die bronze- und hallstattzeitlichen F.n, ebd. 45, 1913, 659—900. (5) Ders. u. a., F.n, in: Ebert III, 283—315 mit 18 Typentafeln. (6) J. Biel, Der Keltenfürst von Hochdorf, 1985. (7) G. Clauss, Die Tragsitte von Bügel-F.n, Jahrb. RGZM 34, 1987 (1989), 491—603. (8) R. Dehn, „Das Heidentor" bei Egesheim, Kr. Tuttlingen: Ein bedeutendes arch. Denkmal der Ha- und Früh-LTZ durch Raubgrabungen zerstört, Arch. Ausgrabungen in Baden-Württ. 1991, 1992, 102—105. (9) J. Filip, Enzykl. Handb. I, 356—359 mit drei Typentafeln. (10) R. Hachmann, Die Chron. der jüng. vorröm. EZ, Stud. zum Stand der Forsch. im n. Mitteleuropa und in Skand., Ber. RGK 41, 1960 (1961), 1—276. (11) I. Hägg, Textilfunde aus der Siedlung und aus den Gräbern von Haithabu, Ber. Haithabu

29, 1991, 99–104 mit Lit. (12) R. Halpaap, Der F.-Fund von Strückhausen, Kr. Wesermarsch, Arch. Mitt. aus Nordwestdeutschland, Beih. 5, 1991, 57–66. (13) H. Hildebrand, Bidrag till spännets historia, Antikv. Tidskr. f. Sverige 4, 1–3, 1882–83. (14)Ders., Les fibules de l'âge du bronze. Aperçu provisoire tiré des préparations pour une ouvrage sur la civilisation de l'âge du bronze, 1871. (15) F. R. Hodson, Hallstatt. The Ramsauer Graves, 1990. (16) Ders., La Tène Chronology, Continental and British, Bull. of the Inst. of Arch. 4, 1964, 123–141. (17) Ders., The La Tène Cemetery at Münsingen-Rain, 1968. (18) C. A. Moberg, Between La Tène II and III, Acta Arch. 23, 1952, 1–29. (19) O. Montelius, Om tidsbestämning inom bronsåldern med särskildt afseende på Skandinavien, 1885. (20) Ders., Spännen från bronsåldern, Antikv. Tidskr. f. Sverige 6, 3, 1882, 1–194. (21) Prähist. Bronzefunde, begründet von H. Müller-Karpe, hrsg. von A. Jockenhövel, Abt. XIV: F.n (bis 1992 acht Bde). (22) P. Reinecke, Funde der Späthallstattstufe aus Süddeutschland, AuhV 5, 1911, 144–150 mit Taf. 27. (23) U. Ruoff u. a., Die BZ im schweizerischen Mittelland, in: Chron. Arch. Daten der Schweiz, 1986, 73–79. (24) O. Tischler, Gliederung der vorröm. Metallzeit, Correspondenz-Bl. der dt. Ges. f. Anthrop., Ethn. und Urgesch. 12, 1881, 121–127. (25) Ders., Über die Formen der Gewandnadeln (F.) nach ihrer hist. Bedeutung, Beitr. z. Anthr. und Urgesch. Bayerns 4, 1881, 47–84. (26) D. Viollier, Etude sur les fibules de l'âge du fer trouvées en Suisse, Anz. f. schweiz. Altkde NF 9, 1907, 8–22, 73–82, 177–185, 279–292. (27) J. Waldhauser (Hrsg.), Das kelt. Gräberfeld bei Jenišův Újezd in Böhmen, 1978. (28) J. Werner, Zu den röm. Mantel-F.n zweier Kriegergräber von Leuna, Jahresschr. Halle 72, 1989, 121–134.

R. Müller, H. Steuer

A. Bronzezeit in Nord- und Mitteleuropa

§ 3. Allgemeines. Aufgrund ihrer Form- und Verzierungsvielfalt kommt den bronzezeitlichen F.n in N-Europa seit Beginn einer arch. Forsch. in diesem Raum (Mitte 19. Jh.) ein leittypol. Aussagewert für chron. Überlegungen zu (20; 21; 34).

Die F.n N-Europas sind bisher noch nicht zusammenfassend bearbeitet worden. Zumindest für den älterbronzezeitlichen Fundstoff bietet das von E. Aner und K. Kersten (2) begründete und mittlerweile von Kersten bzw. von K.-H. Willroth (33) fortgeführte Projekt, die Funde und Befunde der ält. BZ in N-Europa in Wort und Abb. komplett vorzulegen, einen Zugang.

Während der frühen BZ (Per. I; → Bronzezeit) sind F.n noch unbekannt; es waren hier offensichtlich die Rollenkopfnadeln, die als Gewandschließe dienten. Rollenkopfnadeln und die Nadeln der mitteleurop. Hügelgräberkultur mit verdicktem, durchbohrten Hals (→ Nadeln) werden als typol. Vorläufer der bronzezeitlichen F.n in N-Europa gewertet (1; 14). Der Befund aus Hohenlockstedt, Kr. Steinburg in Schleswig-Holstein könnte eine solche Übergangsform von der Nadel zur F. repräsentieren (11; 14; 15).

Je nachdem, ob Halterung und Bügel der F. aus einem Stück oder getrennt gefertigt wurden, unterscheidet die Forsch. zw. eingliedrigen und zweigliedrigen F.n.

Die F.n in N-Europa sind ohne Ausnahme zweigliedrig konstruiert mit einem Bügelteil, dessen Form, Verzierung und Endpartien mit der Nadelrast unterschiedlich gestaltet sind, und mit einer Nadel, deren Kopfende zum einen aus funktionalen Gründen durchlocht ist, zum anderen aus ästhetischen Gründen sehr differenziert modelliert sein kann. Zumindest die älterbronzezeitlichen F.n stammen zum weitaus größten Teil aus Gräbern, während sie in Horten ausgesprochen selten niedergelegt wurden; wenn die Gesamtzahl aller bisher bekannt gewordenen geschlossenen Funde mit F.n zugrundegelegt wird, so zeigt sich, daß — mit regionalen Unterschieden — nur 5–8% der F.n aus Horten, aber über 90% aus Gräbern stammen (33; 35). Setzt man weiterhin die Zahl derjenigen F.n, die aus geschlossenen Grabfunden stammen, in Bezug zu der Gesamtzahl aller älterbronzezeitlichen Grabfunde, so ergeben sich

Werte zw. 25% und über 30%; d. h. in jedem 4. Grab, mancherorts — z. B. im N Jütlands — in jedem 3. Grab sind eine oder mehrere F.n dem oder der Toten beigegeben worden (35). Diese Werte werden nur noch von denen für das Schwert als Grabbeigabe übertroffen, das in immerhin bis zu 40% der Gräber niedergelegt worden ist. Deutlich wird damit die herausragende Bedeutung der F. als Schmuckbeigabe in älterbronzezeitlichen Gräbern.

Während der jüng. BZ verschieben sich diese Verhältniszahlen zugunsten der Hortfunde, so daß die F.n der Per. IV noch in etwa zu gleichen Teilen aus Gräbern und Horten stammen, diejenigen der Per. V und VI jedoch fast ausschließlich in Horten niedergelegt worden sind (3; 23). Die Funktion der Gewandschließe übernehmen in zunehmendem Maße erneut Nadeln.

§ 4. Ält. BZ. Während über lokale bzw. regionale Formvarianten und über unterschiedliche Nomenklaturen weiterhin diskutiert wird, können die Grundtypen der bronzezeitlichen F.n in N-Europa, deren relativchron. Einordnung und deren unterschiedliche Verbreitung als weitgehend geklärt gelten (3; 4; 7; 14; 23; 27; 28; 32; 35). Danach lassen sich die älterbronzezeitlichen F.n, die ab der Per. II und ohne erkennbare typol. Vorläufer in Gräbern beigegeben wurden, in vier Grundtypen mit jeweils mehreren Varianten differenzieren (Ur-F.n, Spiral-F.n mit flachem Nadelkopf, Spiral-F.n mit Kreuzkopfnadel, Ringkopf-F.n).

Die sog. Ur-F.n sind gekennzeichnet einerseits durch einen einfachen Nadelteil, der am verdickten, vasenförmigen Kopfende durchlocht ist, und andererseits durch einen unterschiedlich gestalteten Bügelteil, dessen Enden jedoch nicht in Spiralen auslaufen, sondern lediglich zu kleinen Haken zur Befestigung am Nadelkopf bzw. als Nadelrast umgebogen sind. Sie gelten als typische Beigabe in Körpergräbern der ält. wie auch einer jüng. Phase der Per. II und stellen somit die ältesten F.n in N-Europa überhaupt dar. Bekannt sind allerdings auch einige Ur-F.n aus Brandgräbern (Leichenbrandschüttungen; → Grab und Grabbrauch) und in einem Falle aus einem Urnengrab von Hammah, Ldkrs. Stade (24). Die Bügel können entweder in gedrehter Form ausgebildet sein (Variante A 1, Abb. 69,1), oder aber sie sind spitzoval-punzverziert (Variante A 2; Abb. 69,2), langschmal-punzverziert (Variante A 4; Abb. 69,4) bzw. mit konzentrischen Kreisen (Variante A 3; Abb. 69,3) versehen (14). Aus geschlossenen Grabkomplexen sind bisher über 100 Exemplare dieser Ur-F.n, die bis 15 cm lang sein können, bekannt geworden. Sie stammen zum größten Teil vom dän. Festland, aus Schleswig-Holstein und aus dem Raum Cuxhaven im NW Niedersachsens (Abb. 70). Während Mecklenburg-Vorpommern und das Kulturgebiet der Lüneburger BZ (s. u.) bisher völlig fundleer bleiben, stammen noch einige Ur-F.n von den dän. Inseln (Fünen, Seeland, Bornholm) und aus dem S Schwedens (Prov. Schonen). Ob die drei spitzovalen, verzierten Goldbleche von Landvad, Thisted Amt und von Kampen, Kr. N-Friesland, auf Sylt ehemals als Auflage für bronzene F.-Bügel gedient haben, ist ungeklärt, da in beiden Grabkomplexen die dann zugehörigen Bügel und Nadeln fehlen. Innerhalb des Verbreitungsgebietes der Ur-F. läßt sich für die Variante A 3 eine Fundkonzentration im N Niedersachsens und im SW Schleswig-Holsteins erkennen; hier im Dithmarscher Raum, aber auch in N-Jütland (w. Limfjord-Gebiet), sind Ur-F.n aller 4 Varianten bes. häufig vertreten, doch ist ein Herkunfts- bzw. Herstellungszentrum aus diesem Verbreitungsbild nicht ableitbar. Allerdings werden dieses und weitere Verbreitungsbilder

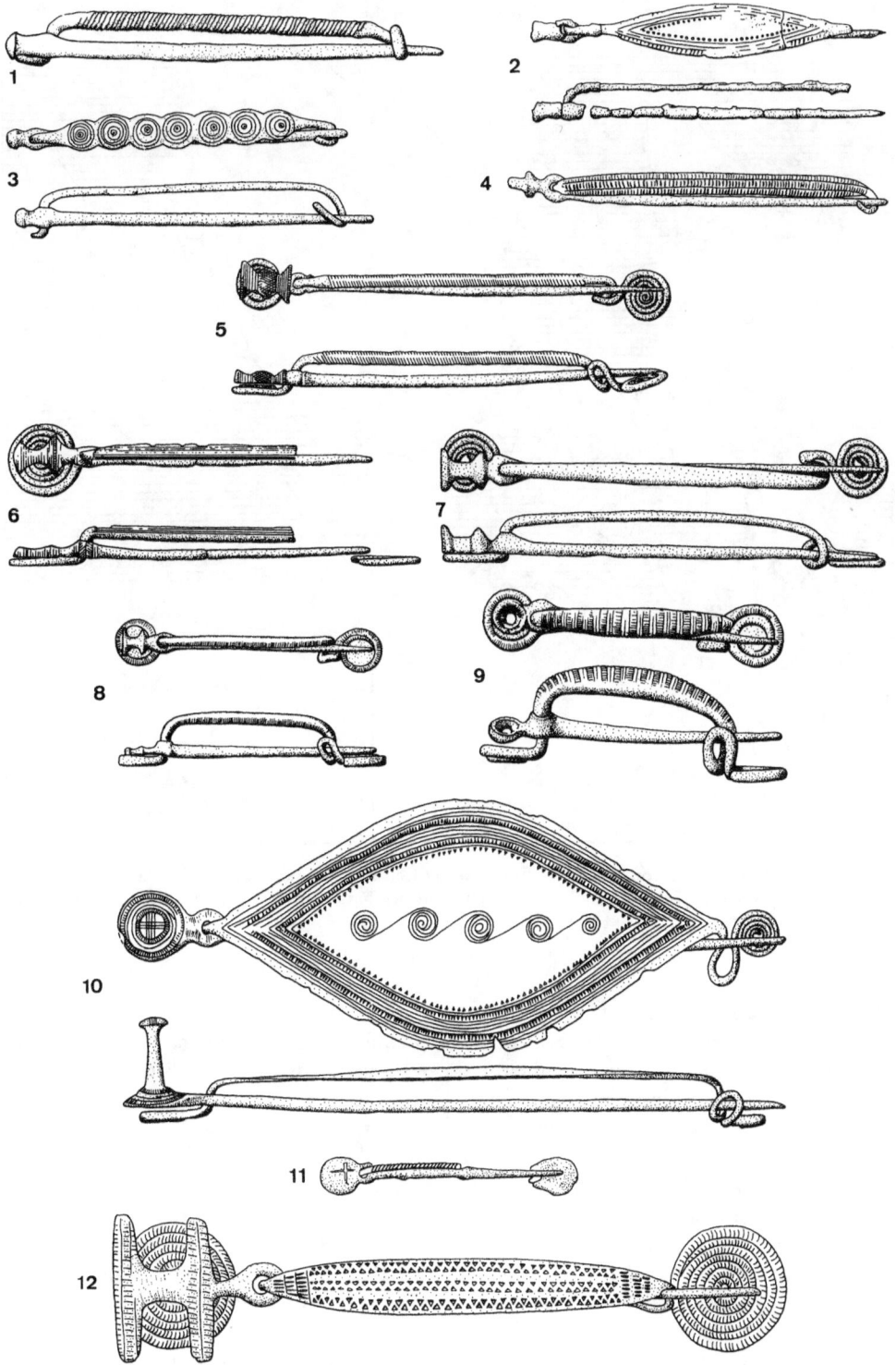

Abb. 69. Typen älterbronzezeitlicher Fibeln in Nordeuropa (M 1:2). 1—4 Urfibeln (Varianten A1—A4); 5—7 Spiralfibeln mit flachem Nadelkopf (Varianten B1—B3); 8 Kreuzkopffibel; 9 Ringkopffibel; 10 Fibel vom Bornholmer Typ; 11 Fibel mit Scheibennadelkopf; 12 Fibel mit kräftigem Kreuzbalkenkopf

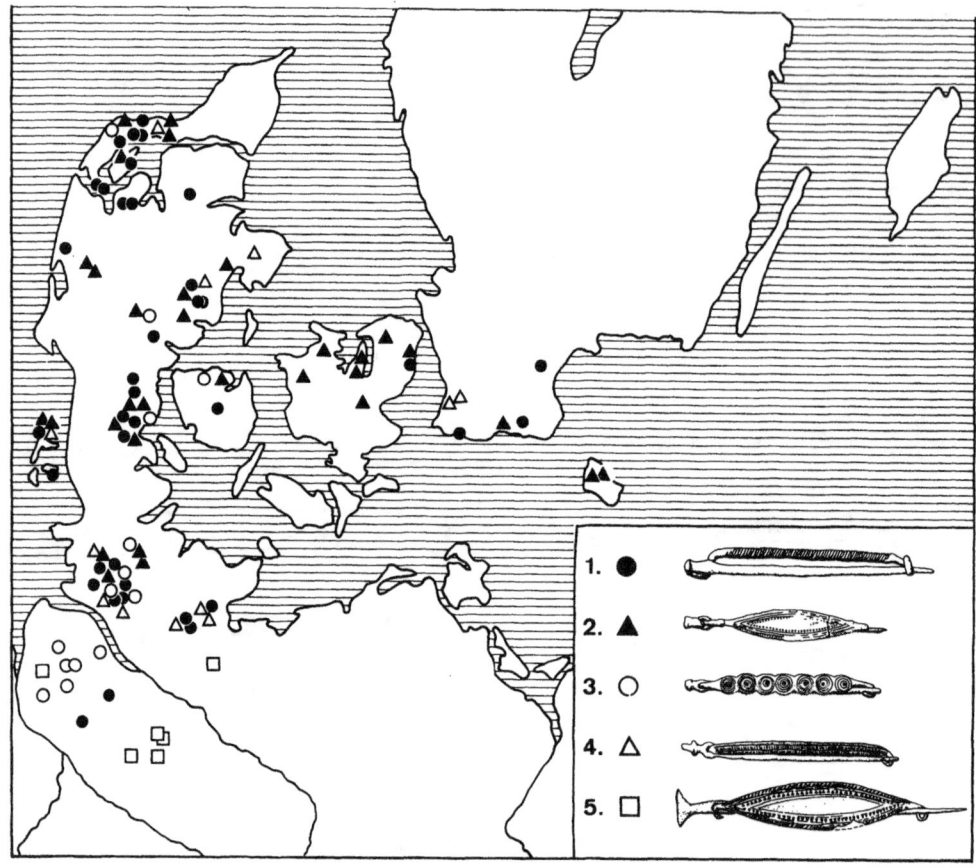

Abb. 70. Verbreitung älterbronzezeitlicher Fibeln aus geschlossenen Grabbefunden der Per. II (Nord. BZ) bzw. der Zeitgruppe II (Lüneburger BZ). 1–4 Urfibeln der Varianten A 1, A 2, A 3, A 4; 5 Lüneburger Vorfibel

typischer Grabbeigaben der Per. II als Indiz dafür gewertet, daß das Kulturgebiet der ält. nord. BZ nicht einheitlich strukturiert ist, sondern Möglichkeiten für eine Regionalgliederung bietet (35).

Ur-F.n sind recht gleichmäßig sowohl auf Waffen- als auch auf Schmuckgräber verteilt, so daß sie nicht als eine geschlechtsspezifische Grabbeigabe gelten können. Paarig beigegebene Ur-F.n — dann auch unterschiedlicher Varianten — entstammen allerdings Inventaren, die als bes. reich ausgestattete Waffengräber angesprochen werden, wie ganz allg. Ur-F.n in den meisten Fällen mit weiteren, oft qualitätvollen Grabbeigaben kombiniert gefunden wurden, so daß die Interpretation dieser Gräber als sozial herausgehoben möglich erscheint. Weitergehende Aussagen zur Wertigkeit der F. im Beigabenspektrum geschlossener Grabfunde sind kaum und zur Trageweise nur in Einzelfällen möglich, in denen die Lage der Beigaben beobachtet worden ist. So fanden sich die F.n in Männergräbern im Schulter- und im Brust-Beckenbereich, diejenigen in Frauengräbern dagegen überwiegend in der Nähe des Kopfes der

Bestatteten (13). Ausnahmsweise mit F.n überlieferte Textilreste der Bekleidung wie im Männergrab von Muldbjerg bei Ringkjøbing/Jütland (5) deuten darauf hin, daß Ur-F.n auch im Totenkult nicht ausschließlich als Kleiderverschluß Verwendung fanden. Ebenso ist aus ihrer Lage im gleichen Grab nicht generell auf eine bestimmte Tragweise zu Lebzeiten der/des Bestatteten zu schließen.

Die nächstjüng. F.-Form der ält. BZ in N-Europa ist gekennzeichnet durch Bügelenden, die aus rundem Bronzedraht zu Spiralen aufgerollt sind. Auf einer dieser Spiralen liegt der unterseitig flach gegossene Nadelkopf; die zweite Spirale dient — zusammen mit einem Haken — als Rast und Widerlager für die Nadelspitze. Als typol. Bindeglied zw. der Ur-F. und dieser ält. Spiralfibelform werden die wenigen F.n aus S-Schweden und von den dän. Inseln angesehen, die nur einspiralig konstruiert sind (23). Der Nadelkopf ist — einseitig flach — meist sanduhrförmig oder aber rhombisch ausgeformt und durch Querrippen bzw. -rillen profiliert (14). Eine Unterscheidung dieses F.-Typs von den jüng. Spiral-F.n mit Kreuzkopfnadel ist nicht in allen Fällen möglich. Aufgrund der Bügelform und deren Verzierung sind allerdings drei Varianten zu differenzieren, wobei diejenige mit rundem, schrägrillenverziertem, d. h. „gedrehtem" Bügel (Var. B 1; Abb. 69,5) am häufigsten gefunden wurde. F.n mit langschmalem, bandförmigen Bügel, der mit Längsrillen oder mit Punzmustern verziert sein kann, bilden die Variante B 2 (Abb. 69,7) und solche mit langschmalem, rhomboiden Bügel die Variante B 3 (Abb. 69,6 [14]). Nicht durchgesetzt hat sich eine Feintypol. dieses Spiralfibeltyps aufgrund unterschiedlicher Ausformung des Nadelkopfes mit insgesamt 13 Typen bzw. Serien (27); sie hat aber regionale Unterschiede und einen bruchlosen Übergang zw. später Per. II und ält. Per. III aufgezeigt.

Mit Längen bis über 20 cm sind Spiral-F.n mit flachem Nadelkopf die größten F.n der ält. BZ. Sie datieren hauptsächlich in einen jüng. Abschnitt der Per. II und — regional unterschiedlich — in eine ält. Phase der Per. III (meist kleinere Formen unter 10 cm Lg.). Daß sie auch gleichzeitig mit den Ur-F.n in Gebrauch sind, zeigen einige geschlossene Grabinventare, in denen beide Typen beigegeben worden sind (z. B. Kirke Værløse, Nordseeland). Das Verbreitungsgebiet der Spiral-F. mit flachem Nadelkopf deckt sich mit dem des gesamten nord. Kreises während dieser Per. II. Bes. häufig finden sie sich im N Jütlands, im N Seelands, in S-Schweden sowie auf Bornholm, seltener in Mecklenburg-Vorpommern und im S Schleswig-Holsteins. F.n dieses Typs sind meist einzeln beigegeben und entstammen Grabbefunden, die zusätzlich Waffen enthalten. Sie scheinen somit als typische Männergrabbeigaben gelten zu können; gefunden wurden sie häufig im Schulter- bzw. Brustbereich des Bestatteten. Weitere Aussagen zur Trageweise und zur F.-Tracht sind in diesem Falle kaum möglich.

Als typol. Weiterentwicklung der Spiral-F. mit flachem Nadelkopf werden die Kreuzkopf-F.n angesprochen (14); sie zeigen zusätzlich zur namengebenden Ausformung des Nadelkopfes einen „gedrehten" bzw. runden Bügel mit Schrägstrichverzierung und Spiralen, deren innere Umläufe aus dünnem, flachen Draht gefertigt sind (Abb. 69,8). Der äußere Spiralumlauf ist meist zusätzlich schrägstrichverziert, dies v. a. dann, wenn die inneren Umläufe zu runden Platten flachgehämmert sind. Es ergeben sich dadurch formale Ähnlichkeiten mit der für Mecklenburg-Vorpommern typischen Scheiben-F. (s. u.) der Per. III. In diese Per. III datieren alle Spiral-F.n mit kreuzförmigem Nadelkopf. Entsprechend einem allg.

Trend zur Verkleinerung der Grabbeigaben ab einer ält. Phase der Per. III sind sie recht zierlich geformt und nicht über 10 cm lg. Da sich gleichzeitig der sukzessive Übergang im Grabbrauch von der Körper- zur Brandbestattung vollzieht, sind Aussagen zur Funktion oder zur Trageweise der Kreuzkopf-F.n kaum möglich. Sie sind gleichermaßen in Männer- und in Frauengräbern gefunden worden. Ihre Verbreitung entspricht dem Kulturgebiet der ält. BZ in seiner gesamten Ausdehnung. Nur im NW Niedersachsens und in Mittelschweden sind sie kaum vertreten.

Noch während einer jüng. Phase der Per. III werden einerseits wieder größere und profiliertere F.-Formen modern und andererseits Sonderformen entwickelt, die dann nur kleinräumiger verbreitet sind. Die nach den Kreuzkopf-F.n sehr häufig vertretene Form dieser Zeit ist die der Ringkopf-F., die zusätzlich zur namengebenden Ausformung des Nadelkopfes einen hochgewölbten, kräftigen Bügel aufweist, der zudem mit Querrippen oder geometrischen Linienmustern verziert sein kann (Abb. 69,9). Die Endspiralen des Bügels sind — mit Ausnahme des äußeren Umlaufs — oft als Platten geformt. Ihre Verbreitung beschränkt sich hauptsächlich auf N-Jütland, auf die dän. Inseln, auf S-Schweden und auf Mecklenburg-Vorpommern (4; 14; 23; 29; 35). Im letztgenannten Raum sind zusätzlich und gleichzeitig mit den Ringkopf-F.n große Spiral-F.n in Gebrauch (Abb. 69,12), deren Nadelkopf als kräftiges, z. T. auch doppeltes Kreuz geformt ist und die einen breiten, punz- oder kerbverzierten Bandbügel zeigen (29). Ihre Hauptverbreitung liegt in Mitteldeutschland; bekannt sind sie aber auch weiter w. im Raum der Lüneburger BZ (16; 17). Ebenfalls in Mecklenburg-Vorpommern finden sich zeitgleich F.n, deren Nadelkopf als Scheibe geformt und mit einem Kreuzmuster verziert ist (Abb. 69,11). Diese Verzierung wird als rudimentärer Kreuzbalkenkopf interpretiert (4; 29).

Schließlich sei auf einen F.-Typ der ält. BZ verwiesen, der vereinzelt in S-Schweden, hauptsächlich aber auf Bornholm während der Per. III modern war und der daher als F. vom Bornholmer Typ (→ Boda; → Bornholm) benannt wird (14; 23). Der flache und rhombische Bügel dieser F. ist punz- oder spiralverziert und endet in Spiralen aus rundem Bronzedraht. Der Nadelkopf ist als Scheibe mit hohem Mitteldorn ausgebildet (Abb. 69,10). Die Bornholmer F. wird als Weiterentwicklung der Ur-F. (Variante A 2) der Per. II gedeutet (14). Sie zeigt aber in ganz besonderem Maße auf, daß trotz aller formalen Gemeinsamkeiten im Typenspektrum älterbronzezeitlicher Grabbeigaben N-Europas doch regionale Unterschiede als Ausdruck einer kleinräumigen Struktur mit differierenden Moden, Traditionen und Entwicklungen vorhanden zu sein scheinen.

§ 5. Jüng. BZ. Die Entwicklung der F.-Formen während der jüng. BZ basiert hauptsächlich auf Traditionen, die bereits der ält. BZ entstammen (3; 30); allg. wird von einer Kontinuität in der formalen Entwicklung der Bronzerealien von der ält. zur jüng. BZ ausgegangen (32), was sich auch anhand der F.n manifestiert. Wesentliche Neuerungen fehlen daher; die jungbronzezeitlichen F.-Formen lassen sich zurückführen zum einen auf die Ringkopf-F. der Per. III und zum anderen auf die Kreuzkopf-F. mit flachgehämmerten Endspiralen.

In eine Schlußphase der ält. BZ bzw. an den Beginn der Per. IV datieren kleine Ringkopf-F.n (7—9 cm lg.), die aufgrund der kräftigen Querrippung des meist hohl gegossenen Halbrundbügels als Raupenbügel-F.n (Abb. 71,4) bezeichnet werden (3; 6; 23; 28; 30; 32). Ihre Hauptverbreitungsgebiete liegen im Mittelelbegebiet, im s. Mecklenburg-Vorpommern, im N der dän. Hauptinsel Seeland und im N Jütlands, am Limfjord (32). Raupenbügel-F.n entstammen sowohl Hort- als auch Grabinventaren einer Übergangsphase zw. den Per.n III und IV; sie bilden somit die chron. jüngste F.-Form, die im bronzezeitlichen Bestattungsritual N-Europas eine nennenswerte Rolle innehatte.

Jungbronzezeitliche F.n entstammen ansonsten — mit nur wenigen Ausnahmen — den zahlreichen Hortfunden, deren Verbreitung in der Per. IV noch mit der der älterbronzezeitlichen Per. III-Gräber übereinstimmt, die dann aber in den folgenden Per.n V und VI hauptsächlich im östlicheren N-Europa (O- und N-Jütland, dän. Inseln, S- und O-Schweden, Vorpommern und N-Polen) niedergelegt wurden. Dagegen bleiben die westlicheren Gebiete (W-Jütland, Schleswig-Holstein, N-Niedersachsen und Mecklenburg) während dieser Zeit in zunehmendem Maße arm an Hortfunden (3; 12; 30; 31). Diese Entwicklung ist im übrigen bisher lediglich beschrieben, nicht aber erklärt worden.

Alle jungbronzezeitlichen F.n in N-Europa sind dem Typus der Platten-F. (irreführenderweise auch Brillen-F. genannt) zuzuordnen, deren Nadelkopf als Ring, Scheibe oder aber zangenartig geformt ist; die Bügelenden bilden die namengebenden runden oder rundovalen Platten dieses Typs, während der Bügel selbst kurz, schmal und gewölbt gegossen ist. Aufgrund differierender Plattenkonstruktionen und -verzierungen lassen sich mehrere Varianten unterschiedlicher Zeitstellung und Verbreitung aussondern. Leider differieren in der Lit. Terminologie und Feinchron. der Varianten dieses Typs (3–4; 9; 12; 17; 23; 30–32).

Folgt man der derzeit jüngsten Abhandl., die den gesamten Fundstoff der jüng. BZ in N-Europa berücksichtigt (3), so sind — kleine (Per. III/IV) und große Formen (Per. IV) der erwähnten Raupenbügel-F. ausgenommen — neun Varianten des Typs Platten-F. zu unterscheiden. Sie sind in der Regel 10–15 cm lg. (Per. IV bzw. IV/V), doch ist eine kontinuierliche Vergrößerung der Formen in der Per. V zu beobachten bis hin zu den 20 bis 30 cm langen Platten-F.n der Per. VI in Mittelschweden und auf Gotland. Die Miniaturplatten-F.n (6–8 cm lg.) bilden hier eine Ausnahme; sie wurden während einer Übergangszeit zw. den Per.n IV und V sowohl als Grab- als auch als Hortbeigabe niedergelegt.

Die runden, meist aber rundovalen Platten sind entweder flach oder schwach bis stark konvex in der Form eines hohlen Kugelabschnittes gewölbt (Per. V und VI). Dagegen ist die als „flache" (4) oder „alte" (30) Platten-F. bezeichnete Variante gekennzeichnet durch flache oder leicht gewölbte Platten, die meist unverziert oder aber durch einfache geometrische Punzmuster ornamentiert sind (Abb. 71,1). In diese Gruppe, die in die Per. IV datiert, gehören auch die wenigen F.n, deren unverziert gegossene Bronzeplatten mit Goldblechen belegt sind (19; 36); diese in Treibtechnik hergestellten und mit plastischen Mustern verzierten Goldbleche sind entweder durch einfaches Umlegen oder aber durch Einbördeln in dafür vorgesehene Schlitze auf der Platte befestigt (Abb. 71,2). Durch die plastischen Verzierungen leiten diese F.n zu den „gewölbten Plattenfibeln" (4) der späten Per. IV und hauptsächlich der Per. V, deren Platten treffend als der „Tummelplatz der barocken Ornamentik der jüngeren nordischen Bronzezeit" bezeichnet wurden (4). Das Verzierungsspektrum der in der Technik des Gusses in verlorener Form (→ Gußtechnik) hergestellten Platten reicht von einfach geschlossenen Bandschlingen (Abb. 71,3 „Mondsichelband" [30]), über Hufeisenmuster (Abb.

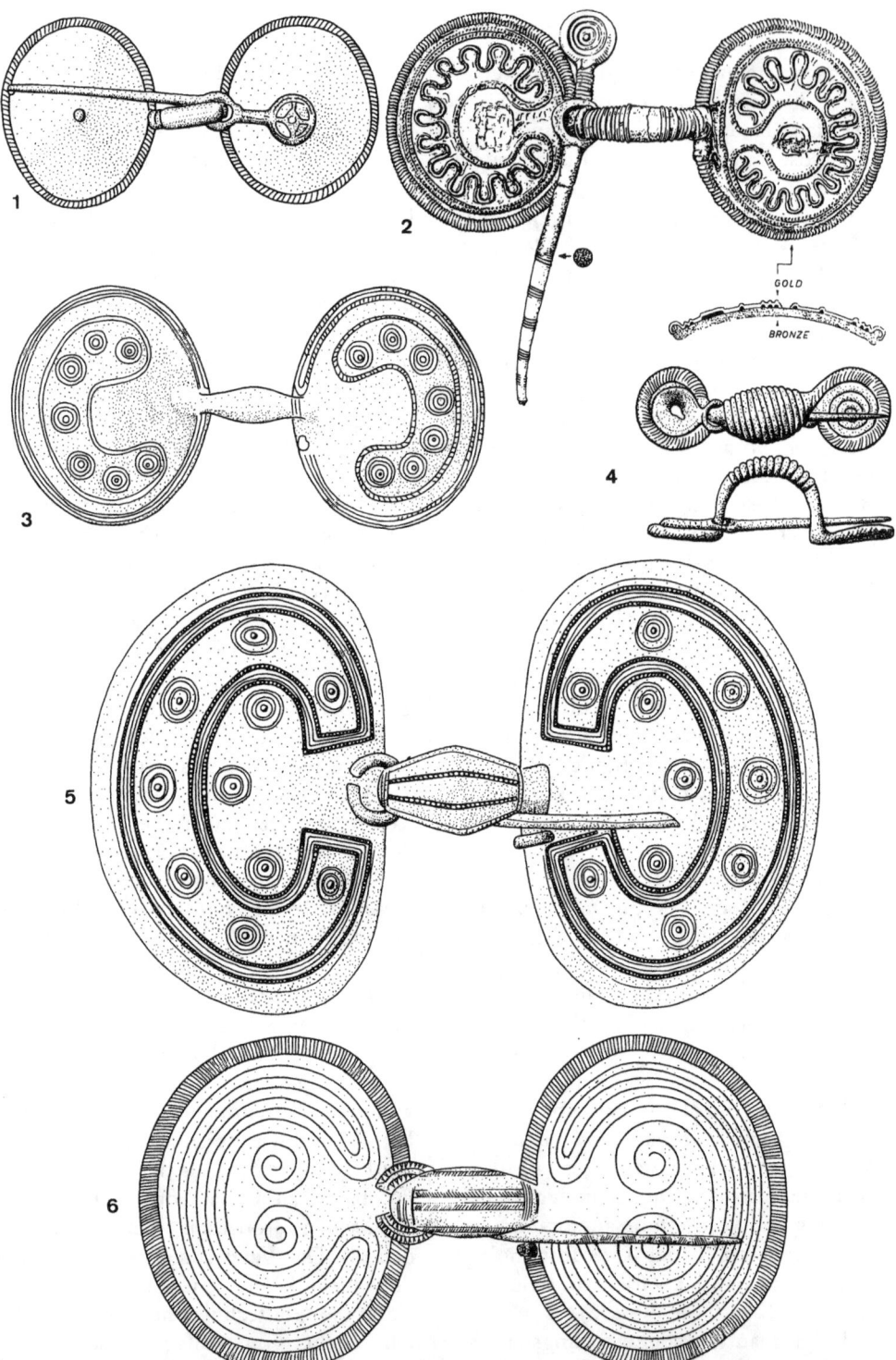

Abb. 71. Typen jungbronzezeitlicher Fibeln in Nordeuropa (M. 1:2). 1 Flache Plattenfibel der Per. IV; 2 Goldblechbelegte Plattenfibel der Per. IV; 3 Gewölbte Plattenfibel mit Bandschlingenmuster (Per. V); 4 Raupenbügelfibel Per. III/IV; 5 Gewölbte Plattenfibel mit Hufeisenmuster (Per. V); 6 Gewölbte Plattenfibel mit Spiralmuster (Per. V)

71,5) bis hin zu komplizierter aufgebauten Ornamenten mit Wellenbändern, konzentrischen Kreisen und Spiralen (Abb. 71,6 [3; 31]). Die wenigen Platten-F.n der Per. VI — sie stammen ausschließlich aus mittelschwed. und gotländischen Horten — unterscheiden sich von den Varianten der vorangehenden Per.n weniger durch abweichende Verzierungen als vielmehr durch ihre außerordentliche Größe (3).

Mit dieser jüngsten Variante bronzezeitlicher Platten-F.n bricht die Tradition der zweigliedrigen Bronze-F.n in N-Europa ab, während die Sitte, F.n in Gräbern beizugeben, bereits früher — in Per. IV — endete. Daher besteht für den Brauch, Gräber ohne F.n auszustatten, zw. der jüng. BZ und der ält. vorröm. EZ in N-Europa generell kein Traditionsbruch. Der für die vorröm. EZ entscheidende Tatbestand liegt vielmehr darin begründet, daß ein regional begrenztes F.-Aufkommen im Grabbrauch N-Niedersachsens, Mecklenburg-Vorpommerns und in Schleswig-Holstein auf andere kulturelle Verbindungen als in die Nord. BZ weist (vgl. §§ 19, 20).

§ 6. Lüneburger BZ. Lediglich in einem relativ eng begrenzten Raum der norddt. Tiefebene kommen F.n in direkter Nachbarschaft zum Kulturgebiet der ält. Nord. BZ in Gebrauch (16). Sie sind hier Ausdruck einer kulturellen Sonderstellung, die im einzelnen noch einer Klärung bedarf. So gilt die Lüneburger BZ (→ Lüneburger Gruppe) als Ausläuferin der süddt. Hügelgräberkultur, in der F.n noch unbekannt sind (zum Aufkommen der F.n in S-Deutschland vgl. B § 8). Aufgrund unterschiedlicher Konstruktion, Funktion und Trageweise sind drei Grundtypen mit jeweils mehreren Varianten zu unterscheiden (16; 17). Gebräuchlich sind sie mit nur wenigen Ausnahmen in der Zeitgruppe III der Lüneburger BZ (16), einem Zeitabschnitt, der in etwa mit der Per. III der Nord. BZ parallel läuft; die Zeitgruppe II (Lüneburger BZ) entspricht dagegen einer jüng. Phase der Per. II (Nord. BZ). In diese Zeitgruppe II datieren einige F.n mit trompetenförmigem Nadelkopf, verdicktem und durchlochten Nadelhals sowie mit weidenblattförmigem, punzverziertem Bügel (Abb. 72,1). Die Bügelenden sind hakenförmig umgeschlagen, Endspiralen fehlen. Ob diese Lüneburger Vor-F.n (16), von denen bisher nur wenige Stücke aus geschlossenen Grabbefunden in N-Niedersachsen bekannt geworden sind (Abb. 70), zu denjenigen Formelementen gehören, die im N zur Entwicklung der ersten F.n (Ur-F.n) angeregt haben (22), erscheint zweifelhaft; denn die Lüneburger Vor-F.n datieren in keinem nachgewiesenen Fall ält. als die nord. Ur-F.n Jütlands, Schleswig-Holsteins und NW-Niedersachsens, so daß eher noch an eine gleichzeitig aufkommende Modeerscheinung zu denken ist.

Für die Zeitgruppe III in NO-Niedersachsen kann aufgrund unterschiedlicher Grabbeigabenspektren und F.-Formen eine W-Gruppe (n. und s. Lüneburger Heide) von einer O-Gruppe (Ilmenau-Tal; → Ilmenau Gruppe) differenziert werden (16; 17).

In der W-Gruppe sind „Lüneburger Fibeln mit weidenblattförmigem Bügel" (Abb. 72,3) und mit zwei kleinen Stehspiralen charakteristisch und werden als Weiterentwicklung der „Lüneburger Vorfibel" gedeutet. Die Nadel endet meist in einem trompetenförmigen Kopf, während unterschiedliche Verzierungsmuster auf dem langovalen Bügel eine Gliederung in Varianten gestatten (17; 25). Sie stammen ausschließlich aus Männergräbern, charakterisiert durch Waffenbeigaben, wurden der Befundlage folgend offensichtlich schräg auf der Brust mit den Spiralen zum Kopf des Bestatteten zeigend getragen und dienten als Gewand-F.n.

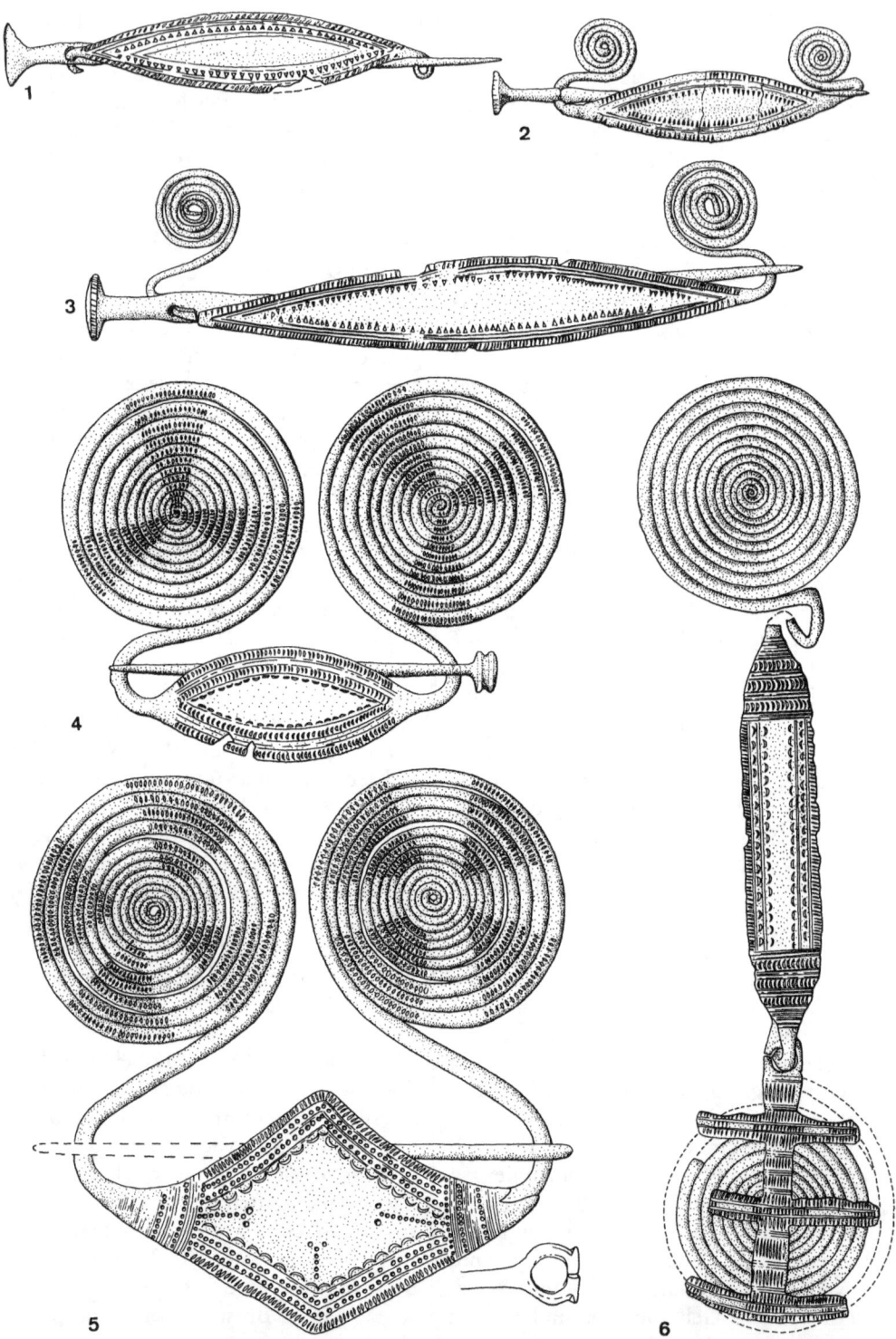

Abb. 72. Fibeln der Lüneburger BZ (M. 1:2). 1 Lüneburger Vorfibel; 2 Haarknotenfibel der Westgruppe; 3 Lüneburger Fibel mit weidenblattförmigem Bügel (Westgruppe); 4 Haarknotenfibel der Ostgruppe; 5 Jungbronzezeitliche Haarknotenfibel; 6 Spiralfibel mit dreifachem Kreuzbalkenkopf (Ostgruppe)

Aus zeitgleichen Frauengräbern, charakterisiert durch Schmuckbeigaben, ist dagegen eine F.-Form bekannt, die aufgrund der Lage im Grab unter dem Hinterhaupt der Bestatteten als „Haarknoten-Fibel" angesprochen wird. Diese Haarknoten-F.n, früher als „Hannoversche Fibel" (4) oder als „Lüneburger Fibel" (25) bezeichnet, sind chorologisch beschränkt auf NO-Niedersachsen (O- und W-Gruppe) und bilden ein Spezifikum der Lüneburger BZ. Die Rekonstruktion der Trageweise dieser F.n am Hinterhaupt (Abb. 73) entspricht den Grabungsbefunden, z. B. von Bleckmar, Kr. Celle, Grabhügelgruppe „Kahlberg" (26), doch muß offen bleiben, ob die betreffenden F.n zur Fixierung eines Haarknotens oder aber von Textilien am Kopf der Bestatteten gedient haben. Innerhalb der W-Gruppe sind „Haarknoten"-F.n von den ähnlichen, aber bis über 20 cm langen Gewand-F.n in Männergräbern durch ihre geringere Lg. (10—12 cm) zu unterscheiden (Abb. 72,2). Die Haarknoten-F.n der O-Gruppe dagegen, ebenfalls ausschließlich aus Frauengräbern bekannt, zeichnen sich durch ovale bis breitovale, meist punzverzierte Bügelplatten aus. Die großen, aufrecht stehenden Spiralen sind zudem oft mit Kerbmustern verziert (Abb. 72,4). Sie datieren ebenfalls in die Zeitgruppe III der Lüneburger BZ und sind im Ilmenau-Tal, aber auch n. der Elbe, im sö. Schleswig-Holstein, verbreitet.

Als Gewand-F.n haben im Ilmenau-Tal (O-Gruppe) während dieser Zeit große Spiral-F.n mit doppeltem oder auch dreifachem Kreuzbalkenkopf der Nadel gedient (Abb. 72,6). Wie die Haarknoten-F.n gelten sie als typische Beigabe in Frauengräbern.

Dieser F.-Typ, dessen Nadellänge bis 30 cm erreichen kann, zeigt formale Ähnlichkeiten mit den älterbronzezeitlichen Kreuzbalken-F.n Mecklenburgs und Mitteldeutschlands. Aufgrund einer breiteren

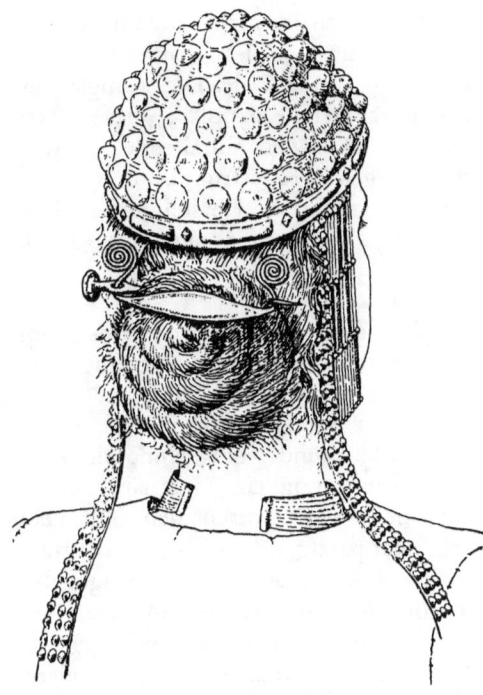

Abb. 73. Bleckmar, Kr. Celle, Kahlberggruppe, Hügel 3, Grab 1. Vermutliche Trageweise einer Haarknotenfibel der Zeitgruppe III (H. Piesker [26], nach K. Schlabow); die Rekonstruktion des übrigen Kopfschmuckes wird mittlerweile angezweifelt (F. Laux [18])

Bügelform ist die Lüneburger Variante jedoch von derjenigen, die hauptsächlich in Mecklenburg, aber auch an der Ilmenau verbreitet ist, zu trennen (8). Mit Beginn der Zeitgruppe IV der Lüneburger BZ (Per. IV, Nord. Kreis) bricht die Sitte, F.n in Gräbern beizugeben, auch in NO-Niedersachsen ab. Der sukzessive Übergang von der Körperbestattung über das Leichenbrandschüttungsgrab zur Urnenbestattung (→ Grab und Grabbrauch) ab der Zeitgruppe III geht einher mit einer Verkleinerung des Beigabenspektrums, zu dem die F. nicht mehr gehört. Nur die Haarknoten-F. erfährt in der jüng. BZ eine Weiterentwicklung, gelangt jedoch nach derzeitigem Wissensstand lediglich als Hortbeigabe — nicht selten in Kombination mit nord. Platten-F.n der Per. IV — in die Erde. Die wenigen bisher bekannten Exemplare dieses Typs (Abb. 72,5) zeigen auffallende Übereinstimmungen in Konstruktion und Verzierung, so daß nur ein Herstellungsort bzw. eine Werkstatt angenommen wird (10; 17).

§ 7. Zusammenfassung. Insgesamt sind nach derzeitigem Forschungsstand Aussagen zur Funktion und zur Trageweise der bronzezeitlichen F.n in N-Europa aufgrund wenig eindeutiger Befunde kaum möglich. Zwar läßt sich für einzelne F.-Typen entscheiden, ob sie einzeln oder paarig, oder ob sie vorrangig in Männer- oder Frauengräbern beigegeben wurden, doch bleiben weitergehende Vermutungen, die nur auf der beobachteten Befundlage im Grab basieren, spekulativ. Da Unters. auf Abnutzungs- bzw. Reparaturspuren an F.n noch ausstehen, kann weiterhin nicht ausgeschlossen werden, daß die F.n möglicherweise nur im Grabritual (Leichentuch etc.) eine Rolle innehatten, nicht aber zu Lebzeiten der zu Bestattenden.

Etwas begründetere Aussagen scheinen bezüglich der F.-Tracht während der ält. Lüneburger BZ möglich. Hier sind u. a. aufgrund unterschiedlicher Formen und Funktionen der F.n zwei Gruppen bzw. Grabsittenkreise (Westheide, Ostheide) voneinander zu trennen. Haarknoten-F.n bilden hier zudem ein Charakteristikum der Frauengräber; die Benennung dieses F.-Typs erfolgte allerdings ausschließlich aufgrund der Befundlage am Hinterhaupt der Bestatteten. Ein klärender Befund fehlt bisher, und die Interpretation sowie die Rekonstruktion der Trageweise erfolgten in Anlehnung an eine Frisur, wie sie in den 30er Jahren dieses Jh.s modern war. Gleichwohl bieten bes. die Frauengrabbefunde der Lüneburger BZ interessante Aussagemöglichkeiten zur damaligen F.- und Kopfschmucktracht (18).

(1) J. Alexander, S. Hopkin, The origins and early development of European fibulae, Proc. Prehist. Soc. 48, 1982, 401–416. (2) E. Aner, K. Kersten, Die Funde der ält. BZ des nord. Kreises in Dänemark, Schleswig-Holstein und Niedersachsen 1–9, 1973–1990. (3) E. Baudou, Die regionale und chron. Einteilung der jüng. BZ im Nord. Kreis, 1960. (4) R. Beltz, Die bronze- und hallstattzeitlichen F.n, Zeitschr. f. Ethn. 45, 1913, 659–900. (5) W. Boye, Fund af Egekister fra Bronzealderen i Danmark, 1896. (6) H. C. Broholm, Studier over den yngre Bronzealder i Danmark, med særligt henblik paa Gravfundene, 1933. (7) Ders., Danmarks Bronzealder, 1–4, 1943–1949. (8) W. A. von Brunn, Ein Grabhügel bei Osternienburg (Anhalt), in: Jahrb. RGZM 2 (Festschr. E. Sprockhoff) 1955, 76–94. (9) Ders., Mitteldt. Hortfunde der Jüng. BZ, 1968. (10) H. Drescher, Die technische Entwicklung und Anfertigung der Lüneburger F., Hammaburg 9, 1953, 23–34. (11) R. Hachmann, Die frühe BZ im w. Ostseegebiet und ihre mittel- und südosteurop. Beziehungen, 1957. (12) H.-J. Hundt, Versuch zur Deutung der Depotfunde der nord. jüng. BZ, in: Jahrb. RGZM 2 (Festschr. E. Sprockhoff) 1955, 95–140. (13) Ph. Ille, Totenbrauchtum in der ält. BZ auf den dän. Inseln, 1991. (14) K. Kersten, Zur ält. nord. BZ, 1936. (15) Ders., Vorgesch. des Kr.es Steinburg, 1939. (16) F. Laux, Die BZ in der Lüneburger Heide, 1971. (17) Ders., Die F.n in Niedersachsen, 1973. (18) Ders., Flügelhauben und andere Kopfbedeckungen der bronzezeitlichen Lüneburger Gruppe, Hammaburg NF 6, 1981–1983 (1984), 49–76. (19) E. Mikkelsen, Gullspenne fra bronsealderen i Larkollen, Rygge, Østfold, Viking 49, 1985/86, 31–58. (20) O. Montelius, Om tidsbestämning inom bronsåldern med särskildt afseende på Skandinavien, 1885. (21) S. Müller, Ordning af Danmarks Oldsager, Bd. III: Bronzealderen, 1891. (22) Müller-Karpe, Handb. der Vorgesch., Bd. IV: BZ, 1980. (23) A. Oldeberg, Det nordiska bronsåldersspännets historia med särskild hänsyn till dess gjuttekniska utformning i Sverige, 1933. (24) E. Pantzer, Eine Urnenbestattung der Per. II nord. BZ aus Hammah, Ldkr. Stade, Arch. Korrenspondenzbl. 14, 1984, 273–279. (25) H. Piesker, Ur-F.n des Lüneburger Typs, in: E. Sprockhoff (Hrsg.), Marburger Stud. (Festschr. G. Merhart von Bernegg) 1938, 193–201. (26) Ders., Unters. zur ält. Lüneburgischen BZ, 1958. (27) K. Randsborg, Von Per. II zu III.

Chron. Stud. über die ält. BZ Südskand.s und Norddeutschlands, Acta Arch. 39, 1968, 1—142. (28) Ders., From Period III to Period IV. Chronological Studies of the Bronze Age in Southern Scandinavia and Northern Germany, 1972. (29) H. Schubart, Die Funde der ält. BZ in Mecklenburg, 1972. (30) E. Sprockhoff, Jungbronzezeitliche Hortfunde Norddeutschlands (Per. IV), 1937. (31) Ders., Jungbronzezeitliche Hortfunde der Südzone des Nord. Kreises (Per. V), 1956. (32) H. Thrane, Drei dän. Hortfunde der jüng. BZ mit einheimischen und fremden Formen, Acta Arch. 31, 1960, 1—62. (33) K.-H. Willroth, Die Hortfunde der ält. BZ in Südschweden und auf den dän. Inseln, 1985. (34) J. J. Worsaae, Om en ny Deling af Steen- og Broncealderen, 1859. (35) U. Zimmermann, Nordeuropa während der ält. BZ. Unters. zur Chron. und Gruppengliederung, 1988. (36) W. H. Zimmermann, Ein Hortfund mit goldblechbelegter Platten-F. und Goldarmreif von Eekhöltjen bei Flögeln (Niedersachsen), Germania 54, 1976, 1—16.

U. Zimmermann

B. Jüngere Bronzezeit im südlichen Mitteleuropa

§ 8. Allgemeines. Der Übergang von der mittleren zur jüng. BZ, d. h. von der Hügelgräber-BZ (BZ C) zur Urnenfelderzeit (BZ D), ist in ganz Mitteleuropa durch tiefgreifende Veränderungen gekennzeichnet (1; 8; 10—12). Diese finden ihren Ausdruck im Grabkult mit dem Wechsel von der Körper- zur Brandbestattung (10; 11), im arch. Sachbestand durch das Aufkommen neuer Formen im Bronze- und Keramikinventar sowie innerhalb der Tracht durch die Verwendung der F. Doch setzt sich die F. weder in ein- noch in zweiteiliger Machart überall gleichzeitig durch. Umstritten ist ihr Nachweis in der frühen Urnenfelderzeit (BZ D [vgl. § 9]). In S-Deutschland, Österr. und der Schweiz sind F.n erst mit der Stufe Ha A1 bekannt.

Verbreitung. F.n sind verstärkt in Oberitalien (13), weniger häufig im O-Alpengebiet (vgl. § 14—15) während der älteren Urnenfelderzeit (Ha A1—2) bezeugt. F.n setzen sich in S-Deutschland und der Schweiz während der gesamten Urnenfelderzeit nicht durch, und → Nadeln bestimmen weiterhin die Tracht, auf denen auch die Chron. dieser Gebiete beruht (2; 10). Erst mit Beginn der EZ wird die Nadel endgültig durch die F. abgelöst, die dann für das folgende Jt. zum festen Bestandteil der Tracht wird.

Quellenlage. Im Gegensatz zur Nord. BZ (vgl. § 3—5) lassen sich F.n im s. Mitteleuropa auch von Wohnstellen nachweisen. Eine Anzahl der im folgenden aufgeführten F.n stammt aus Land- oder Seeufersiedlungen, aber auch aus Horten (→ Depot). Der größte Teil der F.n ist aus Brandgräbern überliefert und daher infolge der Kremation oft völlig zerschmolzen (→ Grab; Grabbrauch).

§ 9. F.-Typen und arch. Bedeutung. Die Forsch. unterscheidet nach der Gestalt des Bügels verschiedene F.-Gruppen.

a. Drahtbügel-F. Unter den einteiligen Vertretern dieser Form ist die Violinbogen-F. die älteste Ausprägung und datiert überwiegend in das 13. Jh., möglicherweise existierte sie bereits am Ende des 14. Jh.s v. Chr. Sie besitzt regional viele Varianten (Abb. 82). Die bekannteste Vertreterin unter ihnen ist die Peschiera-F., die in der ält. Forsch. namengebend für alle Violinbogen-F.n war. Sie ist drahtförmig und besitzt eine einfache Spirale, Nadel und Bügel verlaufen parallel zueinander (1). Von ihrer Verbreitung bis in den nw-alpinen Raum ist nicht vor Ha A1 auszugehen, denn für angeblich ält. (inzwischen verschollene) Peschiera-F.n aus Corcelettes am Neuenburger See (Kant. Waadt) ist die Herkunft nicht sicher verbürgt (4; 12).

Dem Typ Peschiera sehr nahe steht die Variante Mühlau (Abb. 74,2), die sich von diesem nur durch einen erhöhten Fuß und eine kleinere Spiralwindung unterscheidet und in die Anfangsstufe der ält. Urnenfelderzeit Ha A1 datiert wird (1).

Der Typ Großmugl (Abb. 74,3) hat einen mit Rillen oder Zickzackmuster verzierten Bügel und kommt nur in wenigen Exemplaren vor. Er datiert ebenfalls in die Stufe Ha A1 (1).

Häufiger sind Draht-F.n vom Typ Unter-Radl (Abb. 74,4), die aus einem vierkantigen Draht bestehen. Der Nadelhalter wird durch eine Drahtschlinge gebildet, die in einer leicht hochgewölbten Spiralscheibe endet. F.n dieses Typs sind zw. 11 und 16 cm lg. und damit in der Regel größer als die vorherigen Typen. Die meisten Stücke kommen aus Gräbern. Ihre häufige Vergesellschaftung mit Waffen zeigt, daß sie von Männern getragen wurden, wobei Frauenbestattungen nicht ausgeschlossen werden können. Diese F.n gehören noch in die Stufe Ha A1 (1).

Eine einteilige Drahtbügel-F. ganz anderer Form stellt der Typ Grünwald dar (Abb. 74,5). Der F.-Bügel besteht aus Achterschleifen, die leicht schräg zur Bügelrichtung nebeneinanderliegen. Beide Bügelenden laufen in Spiralscheiben aus. Die F.n haben eine Lg. zw. 5 und 8 cm und sind oft mit Schmuck vergesellschaftet, aber nie mit Waffen, was für die Zugehörigkeit zur weiblichen Tracht spricht. Sie kommen in der Stufe Ha A1 in Gebrauch und werden während der ganzen ält. Urnenfelderzeit getragen (1).

Zu den zweiteiligen Drahtbügel-F.n gehören solche vom Typ Burladingen. Der vierkantige Draht bildet den Bügel, der aus in einer Ebene gebogenen Schleifen besteht. Beide Bügelenden laufen in Spiralscheiben aus, die mit Rillenmustern verziert sind. In den Bügeldraht ist eine Rollennadel eingehängt. Die Lg. der F.n schwankt zw. 7,5 und 23 cm. Aus Grabverband läßt sie sich vorwiegend aus Männergräbern nachweisen, sie stammt aber auch aus Siedlungen und einem Moorfund und kann nach Ha A1 bis Ha A2 datiert werden (1). Einzigartig ist eine goldene F. aus dem Gräberfeld von Wiesbaden-Erbenheim (7,756, Abb. 43).

Ebenfalls zweiteilig sind F.n des Typs Hanau (Abb. 74,7), die einen Bügel aus dünnem rundem Draht besitzen, der in mehrere enge Spiralen gelegt ist. In den Bügel ist die Rollennadel eingehängt. Beide Bügelenden besitzen Spiralscheiben. Die F.n haben eine Lg. zw. 5 und 10 cm. Sie wurden nie in Gräbern mit Waffen gefunden, weshalb sie wohl zur Frauentracht zu rechnen sind. Zeitlich gehören sie in die Stufe Ha A2 (1).

b. Blattbügel-F.n. Sie sind ebenfalls in ein- und zweiteiliger Form überliefert. Einteilig ist der Typ Kreuznach (Abb. 74,8), mit einem blattförmig ausgehämmerten Bügel mit Ritz- und Punzmustern, der am Nadelhalterende spiralig eingerollt ist. Die F.-Lg. variiert zw. 5,5 und 10 cm. Die F.n sind aus Gräbern, Siedlungen und aus einem Depot bekannt. Sie werden zur Frauentracht gerechnet, da sie nie mit typischen Männerbeigaben in den Gräbern vorkommen. Ihr ältester Nachweis fällt in die frühe Urnenfelderzeit, in der Hauptsache gehören sie in die folgende Stufe Ha A1 (1).

Zweiteilig ist die Blattbügel-F. des Typs Gemeinlebarn (Abb. 74,9 [zum eponymen Fundort → Gemeinlebarn]), deren Bügel mit Ritz- und Punzverzierungen bedeckt ist. Die Nadel hat einen flachen durchbohrten Kopf, der vor dem Winden einer der beiden Bügelendspiralen in den Bügel eingehängt wurde. Auch diese F. kommt in Gräbern, Siedlungen und Depots vor. Sie wird zur Frauentracht gerechnet, da sie ebenfalls nie mit Männerbeigaben in den Gräbern gefunden wurde. Einige Exemplare datieren in die frühe Urnenfelderzeit BZ D, sie werden aber auch in Ha A1 getragen (1).

Einen sehr breiten, dünn ausgehämmerten Blechbügel besitzen die Blattbügel-F.n vom Typ Reisen (Abb. 74,10). Der

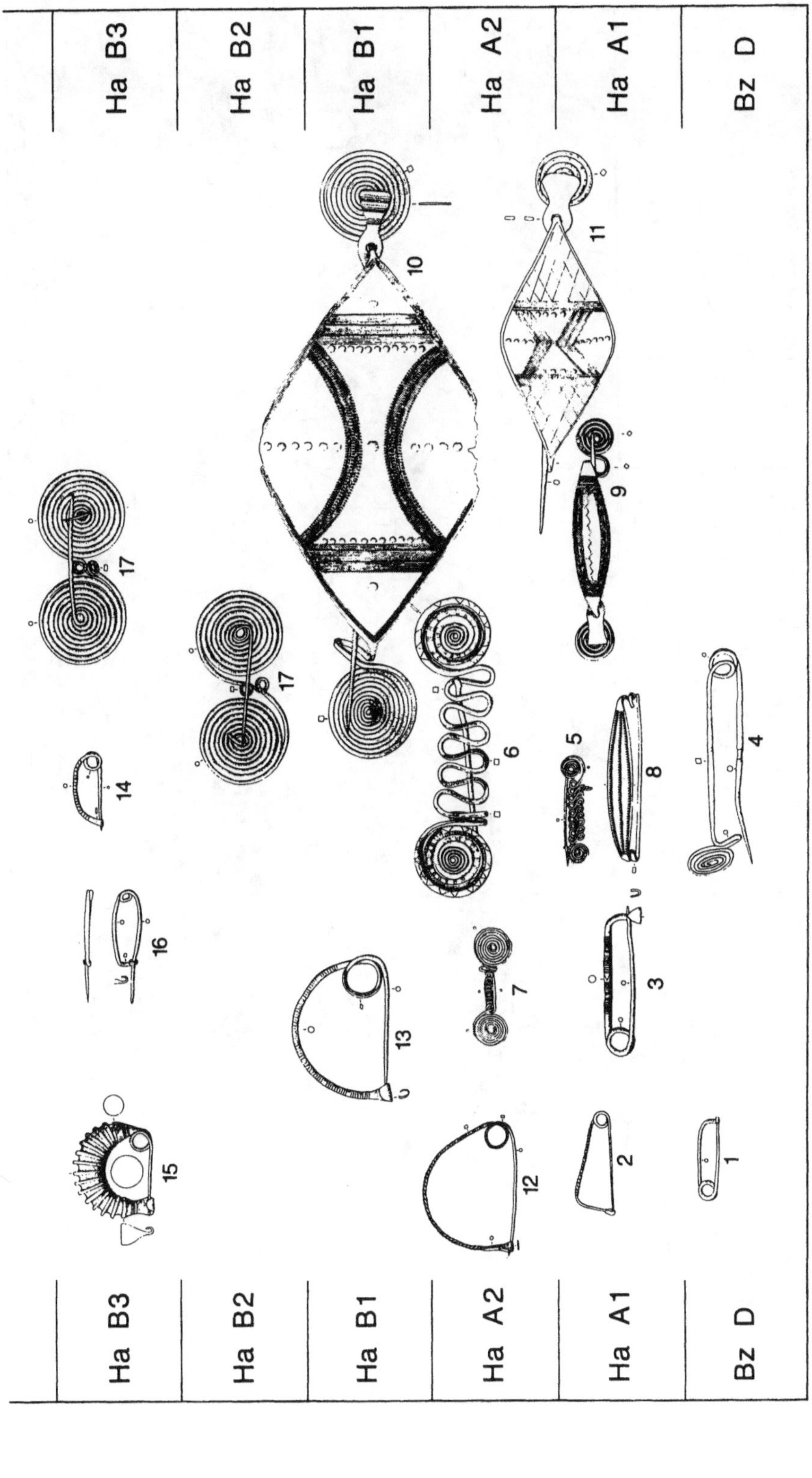

Abb. 74. Chron. Stellung urnenfelderzeitlicher Fibeltypen

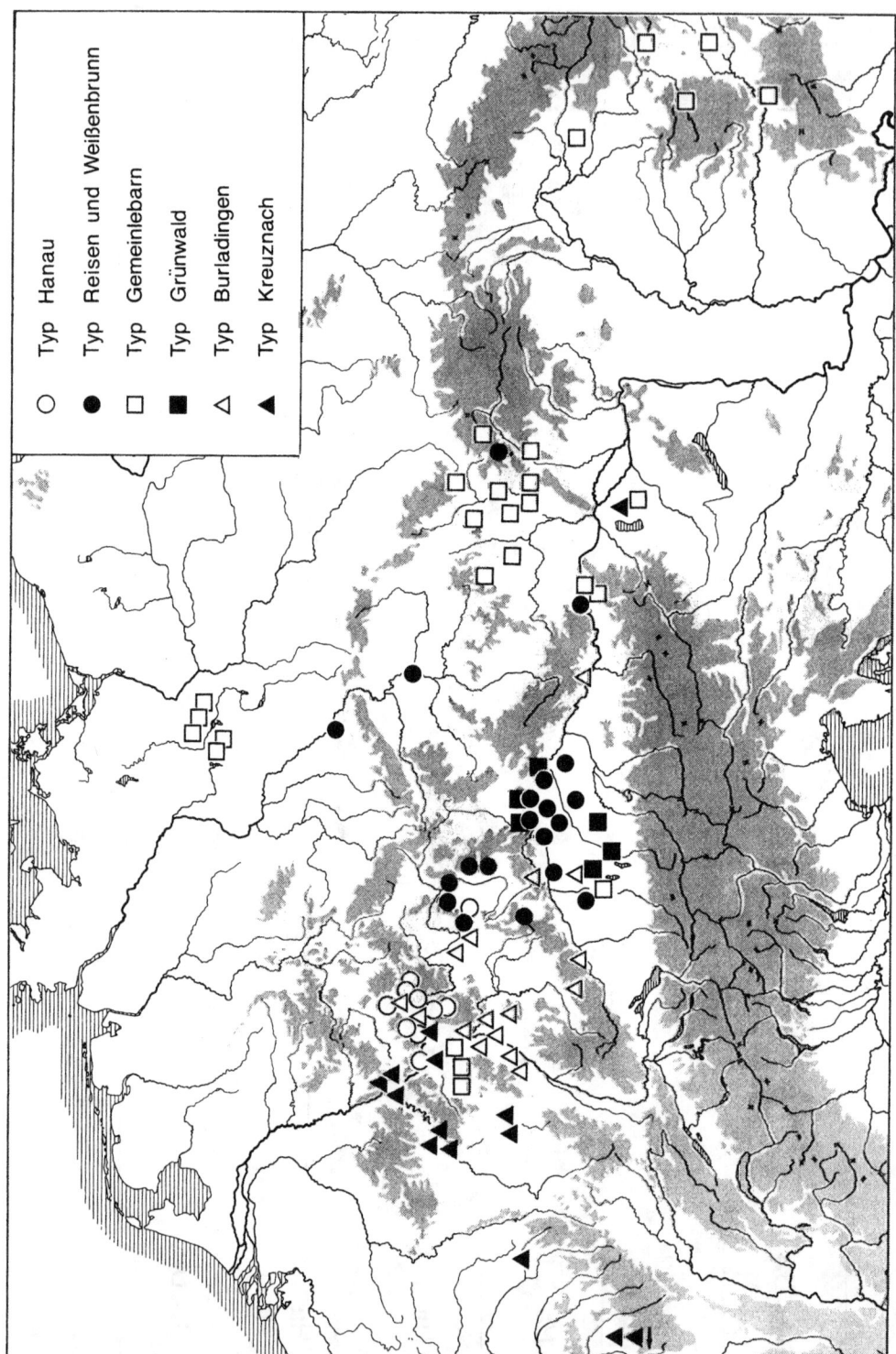

Abb. 75. Verbreitung urnenfelderzeitlicher Fibeltypen

Bügel ist immer mit einem Sanduhrmuster und oft mit Buckeln oder Buckelreihen verziert und läuft an beiden Enden in Spiralen aus. Die Nadel mit durchlochtem ruderförmigem Kopf wurde vor der Windung einer dieser Spiralen in den Bügel eingehängt. Die Lg. der F.n liegt zw. 18 und 35 cm. Die F.n aus dem Depot von Reisen sind damit die größten süddt. F.n der Urnenfelderzeit. Die wenigen bisher gefundenen Exemplare stammen aus zwei Depots, einem Brandgrab und aus einer Siedlung. F.n dieser Form lassen sich in Ha A2 bis Ha B1 nachweisen (1). Zu dieser F.-Gruppe gehört auch der Typ Weißenbrunn (Abb. 74,11), der nur eine andere Bügelverzierung besitzt als der Typ Reisen. Er ist bisher fast ausschließlich aus Gräbern bekannt. Im Körpergrab von Weißenbrunn lag eine solche F. an der linken Schulter einer Frau. Die Größe der F. spricht für ein Kleidungsstück aus grobem Stoff (Umhang, Mantel). F.n dieses Typs datieren nach ihren Begleitfunden in die ält. Urnenfelderzeit (Ha A1 und A2).

c. Bogen-F.n. Ihr Name nimmt Bezug auf unterschiedliche Bügelformen. Es werden u. a. unterschieden: Bogen-F.n mit tordiertem Bügel (Abb. 74,12). Der Bügel besteht aus einem tordierten hochgewölbten Draht mit einschleifiger Spirale. Die F.n kommen in den Schweizer Seeufersiedlungen und in Tessiner Brandgräbern vor und gehören wahrscheinlich zur Frauentracht. Das Hauptverbreitungsgebiet der Bogen-F.n liegt aber in Italien und der Ägäis. Diese Form gehört in den frühen Horizont der Bogen-F.n, in die Stufe Ha A2. Gleichzeitig waren auch Bogen-F.n mit glattem oder strichverziertem Bügel (Abb. 74,13) in Gebrauch (1; 10; 13).

Kleine Bogen-F.n mit flach gewölbtem Bügel (Abb. 74,14) aus Ufersiedlungen des Neuenburger Sees (Kant. Waadt) besitzen einen dünnen, runden, mit Querrillen verzierten Bügel und eine einschleifige Spirale. Für ihre genaue Datierung gibt es bisher keine Anhaltspunkte. Betzler weist sie am ehesten der späten Urnenfelderzeit Ha B3 zu (1).

Die Bogen-F.n vom Typ Estavayer-le-Lac (Abb. 74,16) stehen den Violinbogen-F.n nahe. Sie sind ausschließlich am Neuenburger See und Bodensee verbreitet. Wegen ihres leicht gewölbten Bügels rechnet Betzler sie typol. zu den späturnenfelderzeitlichen Bogen-F.n, wobei aber auch ihre Ähnlichkeit zu den Violinbogen-F.n auffällt. Nach den neuesten dendrochron. Erkenntnissen aus UK-Seeufersiedlungen ist mit einer Einstufung nach Ha A2/Ha B1 zu rechnen (1; 4; 12).

Raupenfibeln vom Typ Mörigen (Abb. 74,15) mit einem dicken, massiv gegossenen, halbkreisförmig gebogenen, gerippten Bügel haben ihr Entstehungsgebiet sicher in Italien, wo gerippte F.-Bügel schon seit der Protovillanovakultur bekannt sind. Wie die vorher beschriebenen Bogen-F.n sind sie relativ klein mit Längen zw. 3,5 und 6 cm. Sie datieren an das Ende der jüng. Urnenfelderzeit Ha B3 (1; 3; 9; 13).

d. Brillen-F.n. Sie bilden die letzte der hier zu besprechenden F.-Formen. Brillen-F.n vom Typ Haslau-Regelsbrunn (Abb. 74,17 [vgl. Verbreitungskarte Abb. 84]) bestehen aus einem Stück Draht, der zu zwei gleich großen flachen Spiralscheiben aufgerollt ist. Die Scheiben sind durch eine Achterschleife voneinander getrennt. Im mittleren Donauraum sind Brillen-F.n mit Achterschleifen schon seit dem Beginn der jüng. Urnenfelderzeit bekannt. Sie gehören zur häufigsten F.-Form dieser Zeit. Ihre Hauptmasse gehört allerdings erst der folgenden EZ an, wie ihr häufiger Nachweis im Gräberfeld von Hallstatt zeigt (1).

§ 10. Zusammenfassung. F.n gehören in der Urnenfelderzeit nicht nur zur

Grabausstattung. Nahezu alle beschriebenen Formen finden sich auch in Siedlungen und Depots. Die F. wurde in der Regel einzeln getragen. Nur wenige Gräber enthalten zwei F.n, dann aber in unterschiedlicher Größe. Vermutlich wurde in solchen Fällen die kleinere F. für einen feineren, die größere für einen gröberen Stoff verwendet. Paarig kommen F.n z. B. im Depot von Reisen, Gemeinde Eitting, Ldkrs. Erding, Bayern, vor. Aus Mangel an anthrop. Leichenbrandbestimmungen wurde in der Regel von den Beifunden auf das Geschlecht der Toten geschlossen. Eindeutig als F. des Mannes können nur die einteiligen Draht-F.n vom Typ Großmugl und Unter-Radl angesprochen werden, da sie in den Gräbern meist mit Waffenbeigaben gefunden wurden. Alle anderen F.n scheinen mehrheitlich von Frauen getragen worden zu sein. Das deutet darauf hin, daß von Männern weiterhin Nadeln bevorzugt worden sind.

Die Kartierung einzelner F.-Formen zeigt, daß in der Urnenfelderzeit eine regionale Gruppenbildung feststellbar ist, hinter der jeweils eigene Werkstattkreise gesehen werden können (Abb. 75 [1; 6; 9]).

(1) P. Betzler, Die F.n in Süddeutschland, Österr. und der Schweiz I, (Urnenfelderzeitliche Typen), 1974. (2) A. Beck, Beitr. zur frühen und ält. UK im nordw. Alpenvorland, 1980. (3) B. Becker u. a., Dendrochron. in der Ur- und Frühgesch. Die absolute Datierung von Pfahlbausiedlungen n. der Alpen im Jahrringkalender Mitteleuropas, 1985. (4) M. Bernatzky-Goetze, Mörigen. Die spätbronzezeitlichen Funde, 1987, 69 f. (5) A.-C. Castella u. a., Etude du matériel céramique de la station bronze final de Corcelettes (Grandson, VD), Jahrb. Schweiz. Ges. für Urgesch. 76, 1993 (im Druck). (6) H. Hennig, Einige Bemerkungen zu den Urnenfeldern im Regensburger Raum, Arch. Korrespondenzbl. 16, 1986, 289–301. (7) Jahresber. des RGZM, Forschungsinst. für Vor- und Frühgesch., in: Jahrb. RGZM 36, 1989 (1992), 687–793. (8) W. Kimmig, Bemerkungen zur Terminologie der UK, Arch. Korrespondenzbl. 12, 1982, 33–45. (9) R. Lunz, Stud. zur End-BZ und ält. EZ im Südalpenraum, 1974, 135 und Taf. 85A. (10) H. Müller-Karpe, Beitr. zur Chron. der Urnenfelderzeit n. und s. der Alpen, 1959. (11) P. Reinecke, Mainzer Aufsätze zur Chron. der Bronze- und EZ, 1965 (Nachdrucke). (12) U. Ruoff u. a., Die BZ im schweizerischen Mittelland, in: Chron. Arch. Daten der Schweiz, 1986, 73–79. (13) J. Sundwall, Die ält. ital. F.n, 1943.

M. Maute

C. Ältere Eisenzeit im südlichen Mitteleuropa

§ 11. Allgemeines. Die F. besitzt aufgrund ihrer Konstruktion gegenüber der angestammten Gewandnadel einen doppelten Vorteil. Die unter Spannung gesetzte Nadelspitze konnte sich nach Einrasten nicht von selbst lösen und lagerte so gesichert, daß man sich nicht daran verletzen konnte. Mit dieser Art der F. war das Prinzip der „Sicherheitsnadel" voll entwickelt.

Aus den vorangegangenen §§ geht hervor, daß die technische Neuerung allein nicht maßgebend für die Übernahme der F. gewesen ist, denn die F. setzte sich regional und zeitlich sehr unterschiedlich durch. Gebietsweise hat die F. erst in der ält. EZ die → Nadel abgelöst. Das ist der Fall im Raum der nw. → Hallstattkultur, in deren Verbreitungsgebiet zw. Saône und Neckar sich dann allerdings die F. mit großer Vielfalt repräsentiert. Dabei wurde der auf dem Kleidungsstück sichtbare Bügel (F.-Körper) in unterschiedlicher Weise modifiziert, so daß sich die F. immer mehr zu einem Schmuckstück gestaltete und damit den Gesetzen der Mode unterlag.

Forschungsgeschichtl. Bedeutung. Die F. kann als Verbindungsglied über größere Räume hinweg und als chron. Indikator ausgewertet werden. Allerdings hat die Forsch. schon früh erkannt, daß sich die F. nach dem Prinzip der „Mode" sprunghaft verändert. Diese Einschränkung für eine allg. Vergleichbarkeit wird insbesondere bei der Datierung der spätesten HaZ deutlich.

So versucht die Ur- und Frühgeschichtswiss. seit langem, diesen Sachverhalt für die kulturgeschichtl. Auswertung zu berücksichtigen. Für die späte HaZ wurden daher dem jeweiligen Forschungsstand entsprechend unterschiedliche methodische Ansätze verfolgt. Eine wesentliche Grundlage für die Späthallstatt-Chron. hat H. Zürn (27–30) gelegt. Er beobachtete aufgrund seiner profunden Kenntnis des Altertümerbestandes in S-Württ. eine „auffällige Isoliertheit" von Schlangen- und Pauken-F.n (zu den F.-Typen vgl. § 12) und wertete den Befund eines unterschiedlichen F.-Bestandes als Ausdruck aufeinanderfolgender Zeitstufen (28). Langjährige und umfangreiche Ausgrabungen auf der → Heuneburg mit ihrem typenreichen F.-Spektrum, z. T. aus stratigraphischer Lage, ergaben schließlich, daß die Abfolge von Späthallstatt-F.n kein Nacheinander verkörpert, sondern ihre unterschiedlichen Varietäten fanden durchaus auch zeitgleich Verwendung (14; 15).

Um zu diesem Resultat zu gelangen, war ein weiter Weg zurückgelegt worden. Zwei Ansätze seien dafür stellvertretend genannt. J. Bergmann (1) untergliederte auf stilistisch-typologischem Wege die Variationsbreite der Pauken-F. in 13 Untertypen, um durch eine verfeinerte Chron. eine Vergleichsbasis zu schaffen. Dagegen versuchte G. Mansfeld (14), eine differenzierte phänomenologische Ordnung aller Späthallstatt-F.n zu erlangen. Damit war die Grundlage für eine Sachordnung der späten Hallstatt-F.n gelegt. Sie hat als Gliederungsprinzip bis heute Bestand und wurde auch von anderen Wissenschaftlern, vor allem frz. Forschern (4; 12), übernommen und ausgebaut und dient heute als allg. Bezugsschema für Hallstatt-F.n (13, 11 ff.).

Die Vorgehensweise, F.n über ihre Lage innerhalb von Siedlungsschichten zu datieren, stieß auf erhebliche Schwierigkeiten. Sie bestanden darin, daß für das gewählte Beispiel Heuneburg zunächst nicht sicher war, ob auf der vielfach erneuerten und mehrmals abgebrannten Siedlung die Fundlage in den einzelnen Schichten der Originallage der F.n entspräche oder nicht. E. Gersbach (7) und S. Sievers (21) konnten schließlich die spekulative Annahme einer Tieferverlagerung von F.n entkräften. Sie bestätigten damit prinzipiell das Resultat Mansfelds, unterschiedliche F.-Typen nicht mit Repräsentanten selbständiger Zeitabschnitte gleichzusetzen, wie Zürn gemeint hatte. Unabhängig davon bestehen bis heute Meinungsverschiedenheiten in der Zuweisung von F.-Varianten zu speziellen Siedlungsschichten der Heuneburg (3; 7; 9; 11; 14; 23; 24). Andererseits enthalten die Ergebnisse der F.-Chron. der Heuneburg Voraussetzungen, die wiederum für weitere Fragestellungen bedeutend sind. So ist der arch. Übergang von der → Hallstattkultur zur → Latènekultur, zweier materiell gut belegbarer und ausgeprägter Kulturen, in seiner hist. Aussage mit der Ethnogenese der → Kelten verbunden. Dafür bietet die Datierung von F.n, günstigenfalls zusammen mit Südimporten, wichtige Ansatzpunkte. Schließlich hat die Problematik der Heuneburg-F.-Chron. ein Resultat allg.-methodischer Art geliefert. In aller Regel bringt der Prähistoriker entsprechend der Quellenlage F.n aus Grabkontext miteinander in Bezug. So wurde auch für die einschlägigen Inventare N-Württ.s verfahren, indem das Gräbermaterial kombinationsstatistisch (→ Chronologie, A–3e) aber auch anthropologisch/soziologisch (18) ausgewertet wurde. Der Vergleich der Siedlungsabfolge auf der Heuneburg mit den Ergebnissen der Gräberfeldchron. in N-Württ. ergab jedoch, daß für F.n im sw. Späthallstattbereich mit einer längeren Laufzeit zu rechnen ist als ihr Vorkommen im Grabverband es vorgab.

Gegenwärtig existieren unterschiedliche Vorgehensweisen für eine sachliche und zeitliche Gliederung von Späthallstatt-F.n (3; 7; 9; 17). Ihre Darst. in den folgenden §§ beruht auf einer phänomenologischen Ordnung und geht darüberhinaus von der F.-Tracht als Kriterium für die gleichzeitige Tragweise unterschiedlicher F.-Typen aus.

Quellenlage. Obwohl im O-Hallstattkreis die F. während der EZ ebenfalls geläufig ist (vgl. D § 14–15), hebt sich ein deutlicher Schwerpunkt für die Verwendung von F.n im w. Teilbereich ab. Eine Sonderstellung nimmt das namengebende Gräberfeld → Hallstatt ein, das zahlreiche F.n innerhalb seiner überdurchschnittlich umfangreichen Totenausstattung enthält, doch lassen sie sich nur schwer zeitlich bestimmen (8; 10). Die Ursache dafür liegt im Charakter des Gräberfeldes begründet, dessen Zusammensetzung als Begräbnisstätte eines mit dem Salzabbau und dessen Verteilung beschäftigten Personenkreises nicht nur auf heimischen Wurzeln basiert.

Von den Randgebieten, in denen Hallstatt-F.n vereinzelt auftreten, seien nur einige Beispiele angeführt. Im S sind es die F.n von Este (2), von Como (19), von Mechel (6) und die aus den Tessiner Gräberfeldern (25). Aus dem N sind Späthallstatt-F.n in nennenswerter Zahl vor allem aus S-Thüringen belegt (→ Gleichberge; → Jüchsen), vereinzelt aber auch aus der S-Zone der → Jastorfkultur nachzuweisen.

§ 12. F.-Typen. Alle Hallstatt-F.n — mit Ausnahme der ält. ö. Brillen-F. — sind mit einer Spannung versehen, die dafür sorgt, daß die Nadelspitze in den Nadelhalter einrastet und nur willentlich wieder gelöst werden kann. Zu diesem Zweck wurden drei Konstruktionen entwickelt, die zu einer ersten Gliederung der F.n führen: 1. Die Spannung wird durch den elastischen F.-Bügel erzeugt; dies Prinzip ist in den Schlangen-F.n verwirklicht. 2. Eine mindestens zweiwindige Spirale am Kopfende sorgt für die nötige Nadelspannung; danach sind alle Bogen- und Kahn-F.n konstruiert. 3. Eine vielwindige Spirale mit symmetrischer Gegenspirale am F.-Kopf bewirkt die Spannung; diese Art (Armbrustkonstruktion) besitzen alle F.n mit Fußzier. Die Pauken-F.n beschränken sich nicht auf eine dieser Möglichkeiten, sondern begegnen mit allen Varianten der Spannungserzeugung. So erscheint diese F.-Form als Experimentierfeld, eine Beobachtung, die für die chron. Ordnung nicht ohne Belang ist. Von dieser Grundkonzeption ausgehend, ergibt sich die weitere Formdifferenzierung fast von selbst (Abb. 76; 77). Die F.n mit Bügelspannung (Schlangen-F.n: Sigel S) lassen sich unterteilen in F.n mit einfachem Bogen (S1), mit einmal geschwungenem Bogen (S2), mehrmals geschwungenem Bogen (S3), einmal spiralig (S4) und zweimal spiralig (S5) gewundenem Bogen und in eine Form, die durch Windungen und Durchbrüche eine entsprechende Spannung erzielt (S6). Die F.n mit kurzer einseitiger Spirale besitzen entweder einen stabförmigen bzw. massiven (Bogen-F.n, Sigel B) oder einen ausgehöhlten Bügel (Kahn-F.n: Sigel K). Beide Ausführungen begegnen mit halbkreisförmiger (B1 und K1), dreieckiger (B2 und K2, auch „Knie-F."

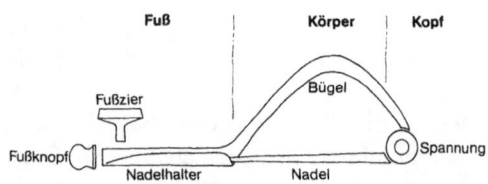

Abb. 76. Die Hallstattfibel und ihre Teile

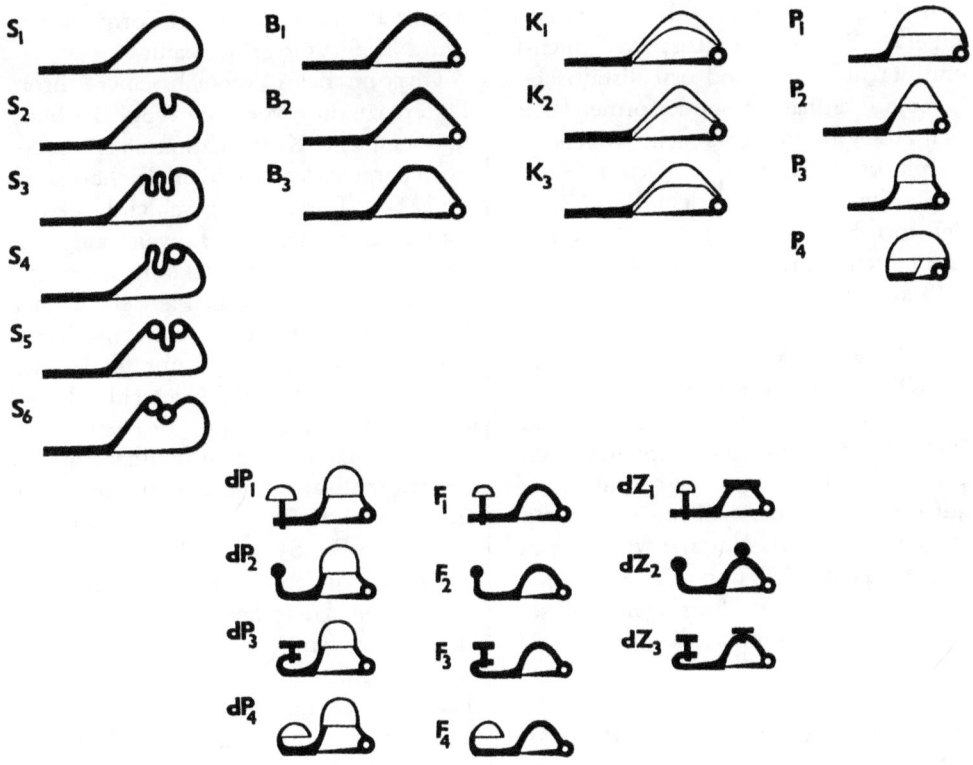

Abb. 77. Schema der Hallstattfibeln (nach Mansfeld)

genannt) und trapezförmiger (B3 und K3) Seitenansicht. Alle diese F.n besitzen im W-Hallstattkreis als Fußabschluß einen profilierten Knopf, durch den sie sich signifikant von ital. und frühen osthallstättischen Exemplaren unterscheiden. Als Übergang zur dritten Spannungskonstruktion ist hier die Pauken-F. (Sigel P) einzuordnen, die gleichermaßen mit den ersten beiden Konstruktionen versehen ist (P1) wie mit der Armbrustkonstruktion. Eine größere Variante entspricht etwa der Dreiecksansicht der Bogen- und Kahn-F.n (P2), während die kleinere Variante die Form der P1 beibehält (P3). Eine weitere Ausführung verdeckt alle Konstruktionsdetails unter der Pauke (P4). Die Reihe der F.n, die ausschließlich nach dem Spannungsprinzip der Armbrustspirale konstruiert sind, beginnt — ebenfalls rein phänomenologisch — mit bogenförmigem Bügel und einer senkrecht auf das Fußende aufgesetzten Zier (Fußzier-F.n: Sigel F). Sie wird fortgesetzt durch eine kleine Pauken-F. der Art P3 mit einer entsprechenden Fußzier (Doppelpauken-F.: Sigel dP) und endet in einer Form, welche die Fußzier auf dem Bügel wiederholt (Doppelzier-F.: Sigel dZ). Bei allen drei Formen ist der Fuß entweder horizontal gerade mit hochstehend eingenieteter Fußzier (F1 — dP1 — dZ1) oder am Ende hochgebogen, um selbst die Fußzier zu tragen (F2 — dp2 — dZ2), oder am Ende hoch-, dann wieder zurückgebogen, um so erhöht die Fußzier zu halten (F3 — dP3 — dZ3), oder zurückgebogen und selbst als Fußzier gestaltet (F4 — dP4).

In diesem System sind alle Hallstatt-F.n außer der ält. osthallstättischen Brillen-F. und der jüng. ital. und osthallstättischen Certosa-F. enthalten. Sonderformen lassen sich zwanglos angliedern; die Vogelkopf-F. mit als Fußzier ausgebildetem Entenkopf (Sigel Vk) entspricht der F2, die Scheiben-F. (Sigel Sch) der P4, und die Doppelscheiben-F. ist normalerweise als dZ3 konstruiert.

§ 13. W. Späthallstatt-F.n. Herkunft und Entstehung.

Die frühesten eigenständigen F.n des W-Hallstattkreises sind verhältnismäßig groß (12–16 cm) und beschränken sich auf die Formen der Schlangen- (S4) und Bogen-F. (B1). Als Material wird eine besondere Hochschätzung des Eisens spürbar (wie bei frühen Halsringen), die sich später wieder zugunsten der Bronze verliert.

Der für jene frühen Formen typische lange bis überlange Nadelhalter kann schwerlich von ält. ital. F.n abgeleitet werden, zumal sich in jener Zeit auch sonst kein Kontakt zu Oberitalien erkennen läßt. Die Verbindungslinien verlaufen vielmehr n. der Alpen von O nach W. So tritt am Beginn der Spät-HaZ in dem „Grabhügelfriedhof" des → Magdalenenberges bei Villingen (mehr als 123 Bestattungen in einem Hügel) eine Bestattungssitte auf (22; 16), die im W als fremd erscheint, im O-Hallstattkreis (Slowenien) hingegen häufiger anzutreffen ist (vgl. § 15). Entsprechend wird man die Anregung für eine eigenständige F.-Entwicklung des W-Hallstattkreises im O suchen müssen. Dafür sprechen die im W sporadisch auftauchenden großen Hörnchen-F.n (S2 und S6) und die kleinen Bogen-F.n mit verziertem Bügel (B1) des O-Hallstattkreises, die im W leicht modifiziert nachgeahmt werden. Schließlich ist auf die osthallstättische große Kahn-F. (K1) mit verziertem Bügel hinzuweisen, welche als absolut älteste F.-Form mit langem Nadelhalter gelten kann.

Chron. Beim Versuch einer chron. Differenzierung versagen typol. Reihung und einfache Kombinationsstatistik aus oben dargelegten Gründen gleichermaßen (vgl. § 11 Forschungsgeschichtl. Bedeutung). Der einzige Hinweis auf eine chron. relevante Entwicklung ist in der Tendenz von sehr großen zu sehr kleinen Formen zu fassen, einer Geschmacksentwicklung, die allerdings nur im Bereich der → Fürstensitze SW-Deutschlands und der Schweiz ausgeprägt erscheint. Gemeint ist damit nicht die Dimension der Einzelexemplare, sondern die Maximalgröße einer F.-Form. So übertreffen die Schlangen-F.n S4 und die Bogen-F.n an Größe alle anderen Formen, während die Dimensionen der Schlangen-F.n S5 und der Pauken-F.n P1 und P2 über den restlichen Formen mit Armbrustkonstruktion liegen. Nach dieser groben Richtschnur und nach den stratigraphischen Ergebnissen der Heuneburg-Grabung lassen sich anhand der F.n etwa drei Zeitphasen innerhalb der Späthallstattperiode fassen. Als älteste eigenständige F.-Formen müssen die Schlangen-F.n S4 und Bogen-F.n B1 angesehen werden. Zusätzlich erscheinen etwas später die großen Kahn-F.n K1. Dies entspricht durchaus der Zürn'schen Stufe „Hallstatt D1". Einer jüng. Phase gehören die Schlangen-F.n S5, die Pauken-F.n P1 und kleinere Kahn- (K1) und Pauken-F.n (P2) an. Allen Widerständen gegenüber muß daran festgehalten werden, da die neuen stratigraphischen Ergebnisse von der → Heuneburg das Bild bestätigt haben und schon vorher eindeutige Indizien für die Zeitgeschichte jener Formen sprachen, wie etwa die gußgleichen Fußknöpfe an einer Schlangen-F. S5 und einer Pauken-F. P2 oder der verdeckte Nadelhalter an Exemplaren der Schlangen-F. S5, der phänomenologisch nur von der Pauken-F. P1 abgeleitet werden kann. Danach ist die zweite Phase nicht auf die Pauken-F. beschränkt, sondern enthält auch die Schlangen-F. S5; in diesem Punkt unterscheidet sie sich wesentlich von der Zürn'schen Definition der Stufe „Hallstatt D2". Offensichtlich noch jüng. sind alle kleinen Formen mit Armbrustspirale, die bisweilen — wegen einer veränderten Trachtsitte (s. u.) — miteinander vergesellschaftet vorkommen können. Die kleinen Pauken-F.n P3, die Fußzier-, Doppelpauken- und Doppelzier-F.n markieren eine dritte Phase, die nicht mit der Zürn'schen „Übergangsphase" identisch ist (28). Ob und inwieweit diese Phase in die LTZ hineinreicht, ist eine ganz andere Frage, die mit Hilfe der F.n nicht eindeutig entschieden werden kann. Das geläufige Argument, es seien niemals Späthallstatt- und Frühlatène-F.n in einem Grabinventar vergesellschaftet gefunden worden, greift nicht angesichts des Modezwangs, jeweils ein formgleiches Paar zu tragen; denn dieser Zwang besteht offensichtlich auch noch in der Früh-LTZ. Demgegenüber sprechen die Fußzier-F.n F4 mit verzierter Fußplatte und die Pferdchen-F., die beide auf der Heuneburg gefunden wurden, für einen Kontakt zu einem bereits in Latènemanier ausgebildeten Geschmack. In diesen Kontext gehören auch die Inventare der Zürn'schen „Übergangsphase", die damit ans Ende der dritten Phase zu setzen wären.

Um Definitionsunklarheiten zu vermeiden, könnte man diese drei Zeitgruppen, die sich mit Hilfe der F.n im ganzen W-Hallstattkreis feststellen lassen, als „Hallstatt D Phase 1" — „Hallstatt D Phase 2" — „Hallstatt D Phase 3" benennen. Vor einer weitergehenden generellen Aufteilung muß gewarnt werden, da entsprechende Versuche bisher stets lokaler Natur sind, wie etwa die Stufeneinteilung der Haguenauer Gräber anhand der Schmuckausstattung durch E. Sangmeister (20) oder die Unterteilung der Stufe Ha D1 anhand der Keramik der Heuneburg durch Dämmer (3) oder die nordwürtt. Stufeneinteilung durch H. Parzinger (15; 16).

Verbreitung. Nach dem heutigen Forschungsstand kann für den W-Hallstattkreis das Gebiet der mittleren Schwäbischen Alb mit Ausläufern in die Baar und den Hegau als Zentrum der frühen F.n angesehen werden (Abb. 78). Eine wesentliche Ausbreitung läßt sich erst am Ende dieser und in der zweiten Phase erkennen, als die entsprechenden Formen in der N-Schweiz, in Haguenau und in N-Württ. auftauchten. Die F.n aus Franken, der bayr. Pfalz und Oberbayern scheinen größtenteils von N-Württ. beeinflußt zu sein, ehe sie mit den Bogen-F.n B2 und Kahn-F.n K2 eine eigenständige Entwicklung durchmachten (Abb. 79). In der jüngsten Phase 3 wird von der N-Schweiz her eine neuerliche Ausweitung erkennbar, die im großen Bogen von der W-Schweiz über die Côte d'Or bis zur Marne reicht (Abb. 80).

Tracht. Die späthallstattzeitliche Trachtsitte läßt sich nur anhand verhältnismäßig weniger gut beobachteter Gräber bestimmen. Der Fülle des Materials stehen nur der Magdalenenberg bei Villingen, der → Hohmichele bei der Heuneburg, einige nordschweizerische und mehrere nordwürtt. Gräber gegenüber. Dies bedeutet, daß bisher aus keiner Region ein durch alle Phasen laufender Befund publiziert ist. So bleibt eine gewisse Unsicherheit, weil man behelfsweise die in einer Region nachgewiesene Trachtensitte als allg. gültig annehmen muß.

Nach den Befunden im Magdalenenberg wurden in der Phase 1 insgesamt erstaunlich wenig F.n an der Tracht der Toten gefunden. Bei 123 Gräbern lagen in 10 von 36 Fällen die F.n auf bzw. über dem Kopf oder zw. den Beinen. Dies kann entweder bedeuten, daß ein „Festgewand" mit F. nur beige-

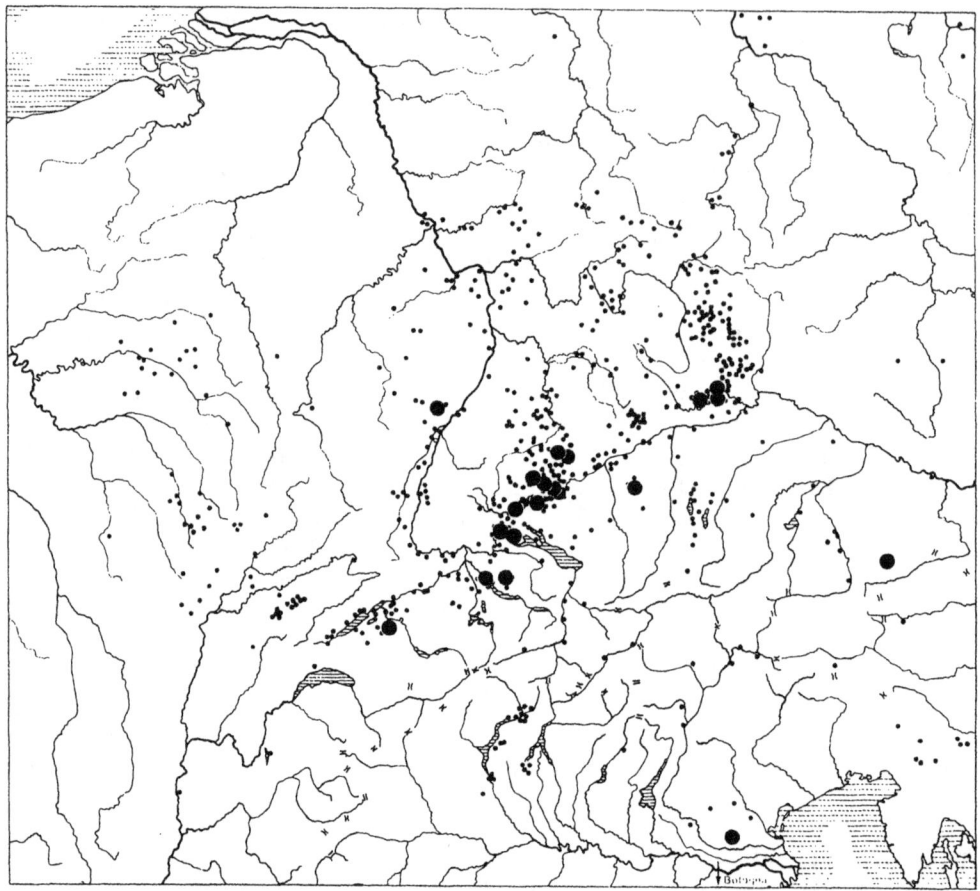

Abb. 78. Verbreitung der Schlangenfibeln S 4 = Ha D Phase 1 (nach Mansfeld, Fundliste 32)

legt wurde, oder daß ein den Toten umhüllendes Leichentuch mit einer oder zwei F.n zugesteckt war. Letztere Möglichkeit ist vor allem bei unbeobachteten Inventaren interessant, in denen mehr als ein F.-Paar enthalten ist. Bei den übrigen F.n ist die Lage recht einheitlich; als Einzelstücke und als Paare wurden sie weit überwiegend an der rechten Schulter der Toten gefunden. Die größeren Exemplare waren meist senkrecht oder schräg, stets mit dem Fuß nach unten, F.-Paare dicht nebeneinander und parallel angeordnet (Abb. 81). Kleinere F.n lagen hingegen mehrheitlich horizontal. Eine geschlechtsdifferenzierte Aufteilung der F.-Formen ist nicht zu erkennen, dahingegen trugen die Frauen durchschnittlich kleinere Exemplare als die Männer.

Dies ändert sich in der Phase 2, indem nunmehr vor allem in der Heuneburgregion und der N-Schweiz die Schlangen-F.n S5 überwiegend von Männern, die Pauken-F.n P1 von Frauen getragen werden: ein weiterer Grund, warum diese F.n nie zusammen gefunden wurden. Bei der Frauentracht wird jetzt eine neue Tragsitte erkennbar: Die paarigen F.n sind symmetrisch rechts und links auf den Schultern angeordnet, teils mit dem Fuß nach unten, teils nach oben.

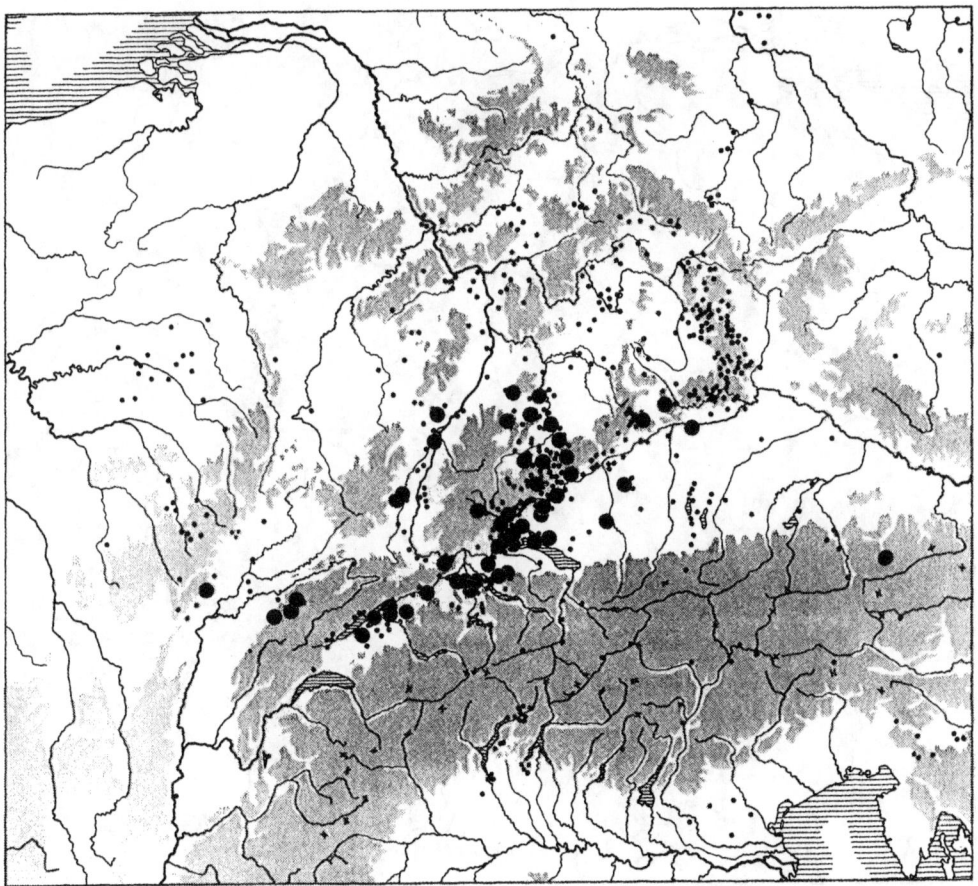

Abb. 79. Verbreitung der Paukenfibeln P 1 = Ha D, Phase 2 (nach Mansfeld, Fundlisten 127—133)

Eine weitere Veränderung findet in der Phase 3 statt, die sich in N-Württ. belegen läßt. Es kommt bei der Frauentracht die Sitte auf, drei F.n zu tragen, und zwar zusätzlich zu dem symmetrischen Schulterpaar ein drittes Exemplar in Brustmitte. Da offensichtlich nicht immer drei gleiche F.n zur Verfügung standen, wurde als Brust-F. ein beliebiges Stück hinzugenommen, und in diesen nicht häufigen Fällen liegen die einzigen echten Formenkombinationen vor.

Mehr als drei F.n sind demnach als Trachtbestandteile ungewöhnlich. In ganz seltenen Fällen können die Schulterpaare verdoppelt werden, so daß Inventare mit vier oder fünf F.n entstehen. Überwiegend ist aber wohl davon auszugehen, daß größere Fundensembles aus Trachtteilen und Grabausstattung (Leichentuchverschluß, Heften für Grabbespannung wie in → Hochdorf) zusammengesetzt sind. Dieses Phänomen läßt sich bis in die Früh-LTZ (Oberwittighausen und Schwiebedingen) verfolgen.

Aus diesen wenigen Daten auf die Kleidung schließen zu wollen, erscheint recht gewagt. Allenfalls kann man vermuten, daß die Tendenz zu kleineren F.-Formen auch von der Stoffqualität beeinflußt war.

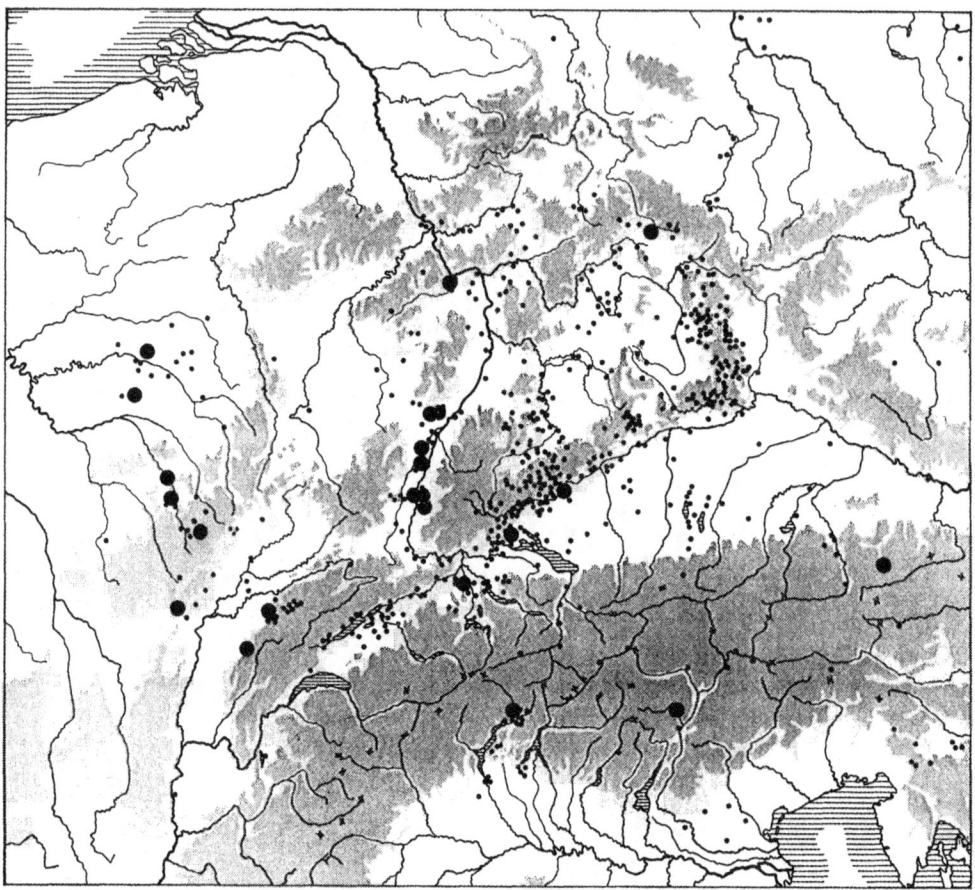

Abb. 80. Verbreitung der Doppelzierfibeln dZ 3 = Ha D, Phase 3 (nach Mansfeld, Fundlisten 287–294 mit Ergänzungen)

Die großen F.n der Frühzeit konnten viel gröbere Stoffe fassen als die kleinen Formen der Spätzeit. Wenn umgekehrt die großen F.n auch feine Gewebe verschließen konnten, so spielt doch auch das Gewicht der F.n eine gewisse Rolle.

Werkstätten. Bekanntermaßen kann Mode nicht ausschließlich als Zeitgeschmack definiert werden, sondern unterliegt teilweise auch einer Steuerung durch die Produzenten. Dieser Gesichtspunkt führt zu den Werkstätten, welche die Späthallstatt-F.n herstellten. In der Spät-HaZ läßt sich wohl zum ersten Male so etwas wie Werkstattkonkurrenz erahnen.

Schon in der Phase 1 stammen die F.-Produkte aus unterschiedlichen Werkstätten: Die Bogen-F. B1 besteht aus einem Bronzeguß, der, im Nadelteil nachträglich ausgeschmiedet, die nötige Elastizität für die Spannung erhielt. Die Schlangen-F. S4 hingegen ist aus Bronze oder Eisen geschmiedet. Diese beiden Werkstattgruppen, Gießerei und Schmiede, beeinflussen nicht unerheblich die Entwicklung der F.-Formen. Nach dem Gleichgewicht der Werkstätten in Phase 1 gelingt es den Toreutikern, mit der Pauken-F. P1 eine Neuerung zu „kreieren", die einen Geschmackswandel herbeiführt und von

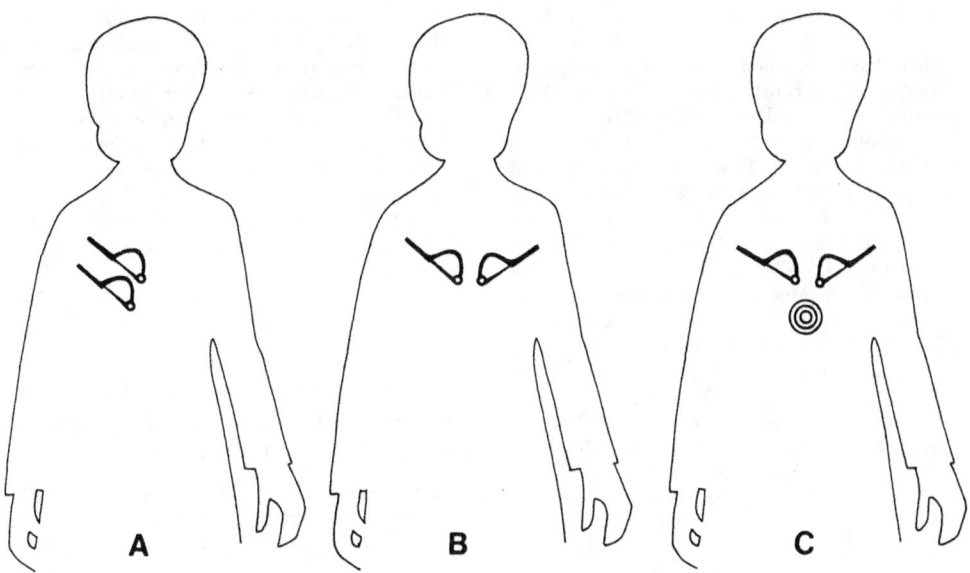

Abb. 81. Tragweise der Fibeln. A = Ha D, Phase 1; B = Ha D, Phase 2; C = Ha D, Phase 3

Gießereien nicht kopiert werden kann: Die getriebene F. liegt mit der großen Pauke flach auf dem Gewand auf, entscheidend ist nicht mehr die Seitenansicht der F., sondern ihre Gestalt in der Draufsicht, und so bleibt es bis zum Ende der HaZ. Zugleich war diese F. aber zu klein, um bei einem Gußstück eine veritable Spannung für die Nadel zu erreichen. Die Lösung dieses Problems wurde von den Gießern innerhalb der Phase 2 durch die Konstruktion der Armbrustspirale erreicht. Der starre gegossene F.-Körper erhielt am Kopf ein Loch zur Aufnahme einer Querachse, auf jener konnte nunmehr eine elastische Drahtspirale aufgerollt werden, welche für die nötige Nadelspannung ausreiche. Von da ab wurde die Armbrustspirale zum modischen Effekt, der bei entsprechender Verlängerung der symmetrischen Spirale dafür sorgte, daß der F.-Körper aufgerichtet auf dem Kleidungsstück saß, auch wenn er in der Phase 3 immer kleiner wurde. Um diesem Trend Rechnung zu tragen, mußten nun im Gegenzug auch die toreutischen Werkstätten eine eigene Version der Armbrustspirale entwickeln. So hielten sich die Werkstätten im westhallstättischen Kernland die Waage, während an der jüngsten Ausbreitung nach Frankreich ausschließlich toreutische Werkstätten beteiligt waren.

Überregionale Beziehungen. Über die jeweils regionale Verbreitung der Späthallstatt-F.n hinweg tauchen einige markante Formen als Einzelstücke im gesamten Hallstattraum auf. Das beginnt mit der gegossenen Bogen- (B1) oder Kahn-F. (K1) mit einer Vogelfigur auf dem Bügelscheitel, setzt sich fort in der Entenkopf-F. (Vk) mit zurückgebogenem Schnabel (5) und endet mit der Fußzier-F. F2 mit rechteckiger Zierplatte (25). Hier werden weiträumige Beziehungen zw. dem O- und dem W-Hallstattkreis faßbar, deren Bedeutung noch nicht genügend geklärt ist.

(1) J. Bergmann, Entwicklung und Verbreitung der Pauken-F., Jahrb. RGZM 5, 1958, 18–93. (2) A. M. Chieco Bianchi u. a., Propo-

sita per una tipologia delle fibule di Este, 1976. (3) H.-W. Dämmer, Die bemalte Keramik der Heuneburg, Die Funde aus den Grabungen von 1950—1973, Heuneburgstud. IV, 1978. (4) M. Feugère, A. Guillot, Fouilles de Bragny (Saône-et-Loire 1: Les petits objets dans leur contexte du Hallstatt final), Rev. Arch. de l'Est et du Centre-Est 37, 1986, 159—221. (5) O.-H. Frey, F.n vom westhallstättischen Typus aus dem Gebiet s. der Alpen, in: Oblatio (Festschr. A. Calderini) 1971, 355—386. (6) B. Gehring, Die F.n vom Mechel (Meclo) im Nonsberg, Arch. Austriaca 59/60, 1976, 143—174. (7) E. Gersbach, Die Pauken-F.n und die Chron. der Heuneburg bei Hundersingen/Donau, Fundber. aus Baden-Württ. 6, 1981, 213—223. (8) F. R. Hodson, Hallstatt. The Ramsauer Graves, 1990. (9) W. Kimmig, Zu einigen Hallstatt-F.n ö. Zuschnitts von der Heuneburg, Situla 20/21, 1980, 315—323. (10) K. Kromer, Das Gräberfeld von Hallstatt, 1959. (11) S. Kurz, Die Bogen-F.n der Heuneburg; Zur Chron. der Stufe Ha D1, Arch. Korrespondenzbl. 21, 1991, 507—516. (12) J.-P. Lagadec u. a., Bilan de sept campagnes de fouilles à la Cité d'Affrique de Messein (1981—1987), Rev. Arch. de l'Est et du Centre-Est 40, 1989, 147—197. (13) M. Lenerz-de-Wilde, Iberia Celtica. Arch. Zeugnisse kelt. Kultur auf der Pyrenäenhalbinsel, Bd. 1—2, 1991. (14) G. Mansfeld, Die F.n der Heuneburg 1950—1970, Heuneburgstud. II, 1973. (15) H. Parzinger, Zur Späthallstatt- und Früh-LTZ in Nordwürtt., Fundber. aus Baden-Württ. 11, 1986, 231—258. (16) Ders., Zur Belegungsabfolge auf dem Magdalenenberg bei Villingen, Germania 64, 1986, 391—407. (17) Ders., Chron. der Späthallstatt- und Früh-LTZ, Stud. zu den Fundgruben zw. Mosel und Save, 1989. (18) L. Pauli, Unters. zur Späthallstattkultur in Nordwürtt., Hamburger Beitr. zur Arch. II,1, 1972. (19) F. Ritattore-Vonwiller, La necropoli preromana della Ca'Morta. Scavi 1955—1965, 1966, Rivista Com 143—147, 1961—1965, 13—292. (20) E. Sangmeister, Die Hallstattgräber im Hagenauer Forst und die relative Chron. der jüng. Hallstattkultur im Westen, in: Fundber. aus Hessen, Beih. 1 (Festschr. W. Dehn) 1969, 154—187. (21) S. Sievers, Die Kleinfunde der Heuneburg. Die Funde aus den Grabungen von 1950—1979, Heuneburgstud. V, 1984. (22) K. Spindler, Magdalenenberg I—IV, 1971—1976. (23) Ders., Zum Beginn der hallstattzeitlichen Besiedlung auf der Heuneburg, Arch. Korrespondenzbl. 5, 1975, 41—45. (24) W. E. Stöckli, Die Zeitstufe Hallstatt D1 und der Beginn der hallstattzeitlichen Besiedlung auf der Heuneburg, ebd. 21, 1991, 369—382. (25) R. Ulrich, Die Gräberfelder in der Umgebung von Bellinzona, Kant. Tessin, 1914. (26) R. Vasić, Prilog proučavanju lučnih fibula sa pravougaonom nogom na Balkanu, Arheološki vestnik 38, 1987, 41—68. (27) H. Zürn, Zur Chron. der Spät-HaZ, Germania 26, 1942, 116—124. (28) Ders., Zum Übergang von Späthallstatt zu Latène A im südwestdt. Raum, ebd. 30, 1952, 38—45. (29) Ders., Hallstattforsch. in Nordwürtt., 1970. (30) Ders., Hallstattzeitliche Grabfunde in Württ. und Hohenzollern, 1987.

G. Mansfeld

D. Bronzezeit und ältere Eisenzeit im ö. Mitteleuropa, Beziehungen zum Mittelmeergebiet

§ 14. Allgemeines. Die vorausgehenden Ausführungen haben die F. in erster Linie als ein Element der Tracht hervorgehoben. Doch kann die Kleidung selbst je nach Erhaltungszustand und Art der Deponierung nur selten rekonstruiert werden, und daher sind auch die F.n in ihrer Funktion nicht immer eindeutig bestimmbar.

Quellenlage. Bildliche Darstellungen einer Tracht mit F.n sind aus der späten BZ und ält. EZ im ö. Mitteleuropa nicht bekannt. Hortfunde sind zwar die wichtigste Qu. für Metallprodukte der frühen und ält. UK, der Anteil der F.n ist aber recht gering und ihre Aussage zur Tracht beschränkt. Gräber sind in der frühen und ält. UK unterrepräsentiert, als kennzeichnendes Phänomen sind sie nur in einigen Regionen bzw. Kulturgruppen vertreten, z. B. im nw. Karpatenbecken (Čaka und Baierdorf-Velatice-Gruppe) und im Westbalkan (Glasinac-Gruppe). Zu einem Wandel in den Deponierungssitten zugunsten der Gräber kommt es erst in der mittleren bis jüng. UK (Ha A2—B1). Von da an erscheinen Gräberfelder auf weitem Raum vom protovillanovazeitlichen Italien (z. B. Bismantova, Fontanella usw.) über den SO- und O-Alpenraum (Ruše-, Dobova-, Stillfried-Gruppe) bis zum Karpatenbecken (Podoli-, Chotin-, Val-, Dalj-

Gruppe usw.). Obwohl es sich überwiegend um Brandgräber handelt, bieten Analysen der Grabbeigaben wichtige Ansätze zur Rekonstruktion der F.-Tracht und zu ihrer eventuellen rang- und geschlechtsspezifischen Bedeutung. Für die ält. EZ (HaZ) verbessert sich die Quellenlage dadurch, daß Gräber dominieren und sich die Körperbestattung in vielen Gebieten durchsetzt — so im Westbalkan, im südost- und inneralpinen Raum, z. T. auch in Niederösterr., während Ha D auch in Transdanubien bzw. im ganzen Karpatenbecken. In Siedlungsfunden erscheinen F.n relativ selten. Ausnahmen bilden die Funde in Feuchtbodensiedlungen (→ Siedlungen) der späten BZ Norditaliens (z. B. Peschiera usw.). Daneben gibt es F.-Gußformen und Halbprodukte, die bes. aus eisenzeitlichen ungarischen Siedlungen bekannt sind (z. B. Velem St. Vid). Innerhalb der Kategorie von → Flußfunden, Feuchtboden- und Höhenfunden u. ä., die oft als → Opferfunde gedeutet werden, treten F.n bemerkenswerterweise kaum auf.

Funktion. Die F. stellt eine Neuheit in der Tracht der UK dar. Wie die weite Verbreitung der Violinbogen-F.n mit ihren Varianten zeigt (Abb. 82), muß sich die Kleidermode mit F. sehr rasch in weiten Gebieten Süd- und Mitteleuropas durchgesetzt haben. Die F.-Tracht scheint in ihrer Ausprägung (entweder überhaupt oder) je nach Zeit und F.-Typ geschlechtsspezifisch zu sein. Von Anfang an ist eine F. vor allem für die Frauentracht kennzeichnend. Erst in der jüng. UK bzw. der frühen EZ kommt die F. gelegentlich im Paar oder zu zwei oder gar mehreren unterschiedlichen Exemplaren in einzelnen Gräbern vor. In der entwickelten HaZ ist eine Vermehrung der F.n erkennbar, und zwar in verschiedenen Formen und Größen, was möglicherweise auf mehrteilige Gewänder aus verschieden dicken Stoffen schließen läßt. In Männergräbern der UK sind F.n sehr selten vertreten. Als der männlichen Tracht zugehörig sind z. B. die Violinbogen-F.n vom Typ Unter Radl und Achterschleifen-F.n vom Typ Čaka interpretiert worden, jedoch können in manchen Fällen Doppelbestattungen (Mann—Frau) nicht ausgeschlossen werden. Erst in der entwickelten ält. HaZ und dann in der jüng. HaZ gehört die F. zum Bestand der männlichen Tracht, und zwar bes. Schlangen- und Drago-F. (mit ital. protovillanovazeitlichem bzw. früheisenzeitlichem Ursprung).

§ 15. Typen und Verbreitung. Kennzeichnend für SO-Europa und das s. Mitteleuropa ist der einteilige F.-Typ (vgl. A § 3). Die zweigliedrige Konstruktion, wie sie für F.n N-Europas und regional im mittleren Mitteleuropa (4; 43) typisch ist, läßt sich nur ausnahmsweise bezeugen, z. B. mit dem adriatischen Typ der Schlangen-F. und einzelnen griech. F.n (8; 18; 25; 35; 41).

Das Berührungsgebiet dieser zwei F.-Arten in der späten BZ/UK liegt wohl im Mitteldonauraum. Darauf weisen z. B. die zweiteiligen Blattbogen-F.n vom Typ Gemeinlebarn hin. Ob ein Entwicklungszusammenhang zw. ein- und zweiteiligen F.n besteht, ist noch fraglich.

Als älteste einteilige F.n treten im gesamten Verbreitungsgebiet — von der Ägäis bis zu den Alpen und dem mittleren Donauraum — Violinbogen-F.n auf, und zwar von vornherein in lokal geprägten Varianten. Über ein Ursprungsgebiet wird diskutiert: ein mediterranes (griech.) wird einem kontinentaleurop. (balkanisch-donauländischen) gegenübergestellt (22; 28; 34; 35; 41).

Die Kartierung (Abb. 82) der einfachsten Formen der Violinbogen-F.n (mit rundem oder tordiertem Bügel und mit kleinem J-förmigem Fußteil, d. h. Typen Peschiera und Mühlau nach Betzler, Typ I nach Kilian) zeigt deutlich eine Verbreitung entlang

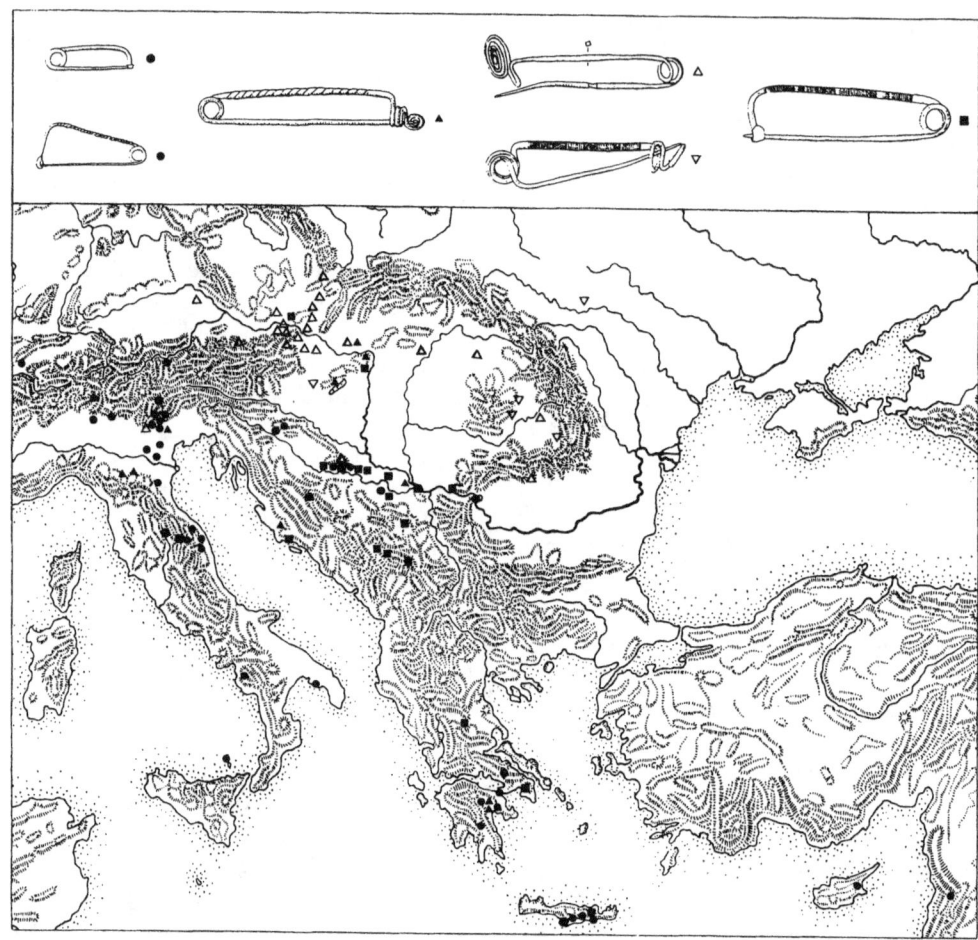

Abb. 82. Verbreitung der Violinbogenfibeln von Typen Peschiera—Mühlau ●, Unešić/Podumci ▲, Großmugl—Štrpci—Konjuša ■, Unter Radl △ und Cernat ▽ nach Betzler (4), Bader (2), von Eles Masi (11), Kilian (28) und Vinski Gasparini (53)

der adriatisch-ion. Achse — möglicherweise ein wichtiger Bestandteil einer „Koine". In Griechenland ist das Auftreten der Violinbogen-F. in der Stufe SH III B 2 nachgewiesen, in Norditalien in der Peschiera-Stufe; sie bleiben dann (bes. Typ Mühlau) in der Protovillanovazeit bzw. in der Stufe SH III C (→ Chronologie) in Gebrauch (4—6; 11; 28; 34; 44).

Ähnliches gilt für die Violinbogen-F.n mit spiralförmigem Nadelhalter (Typ Unešić/Podumci, Typ II/2 nach Kilian): in Mykene sollen sie sogar in die Stufe SH III A 2/B datiert werden, in Italien sind sie peschierazeitlich (4; 11; 28; 34). Eine weitere Parallelentwicklung stellen die Violinbogen-F.n mit rhombischem Bügel (Typ Unter Radl) dar, deren Hauptverbreitungsgebiet im nw. Karpatenbecken bis zur Mährischen Pforte liegt (4). Auch sie sollen schon in die frühe UK gehören und bleiben während der ält. UK in Mode, in der weitere Varianten dieses Typs gestaltet werden, wie z. B. eine pann.

Variante — Typ Vösendorf, und eine transsilvanische Variante — Typ Cernat (Abb. 82 [2; 4; 21]).

Als „balkanisch-donauländisch" stellt sich ein Typ von Violinbogen-F.n (Großmugl und Štrpci-Konjuša) heraus, die massiver und größer sind und auf dem Bügel Strichverzierungen tragen. Die F.n sind vor allem in der ält. UK gut belegt, in der Form des Typs Štrpci-Konjuša ist ihr Auftreten wohl sogar schon früher anzusetzen (4; 22; 53).

Zu den Violinbogen-F.n gehört auch der Typ mit zwei Knoten am Bügel (Variante V nach Kilian), der ebenso in der Stufe SH III B 2 nachgewiesen ist und eine griech.-ital. Verbreitung hat (6; 11; 28; 40).

Trotz der überregionalen Gemeinsamkeiten in der Kleidung weist diese regionale Gruppengliederung der Violinbogen-F.n auf einzelne Trachtprovinzen und gleichzeitig auf schon ausgebildete Handwerkskreise hin. Dies wird bes. deutlich, wenn man den Violinbogen-F.n die Posamenterie-F.n (vom Typ Rimavská Sobota [Abb. 83]) gegenüberstellt, die eine ausgeprägt zentral- und ostkarpatische Verbreitung haben (2; 35). Diese sind ein kennzeichnendes Produkt des karpatenländischen „Drahtschmuck-Handwerks" der ält. UK — zusammen mit Drahtbügel-F.n mit Achterschleife (Typ Čaka [2; 4]) und verschiedenen Formen von Blattbügel-F.n (2; 4; 7) usw. Auch unter den Blattbügel-F.n lassen sich lokal geprägte Varianten herausstellen, die auf Trachtprovinzen hindeuten: Im Gegensatz zur Verbreitung des Typs Röschitz-Sanislau (2; 4), die sich mit der der Posamenterie- und Achterschleifen-F.n deckt, fällt das Hauptverbreitungsgebiet der zweiteiligen Blattbügel-F.n vom Typ Gemeinlebarn-Bohdalice (2; 4) fast mit dem der Violinbogen-F.n vom Typ Unter Radl zusammen. Dabei sei hier darauf hingewiesen, daß F.n vom Typ Gemeinlebarn eine lokale, südlichste Variante der zweiteiligen Spindlersfelder F.n (43) darstellen, die auch einige Formen der Posamenterie-F.n des ö. Karpatenbeckens beeinflußt haben müssen (z. B. Gruppe C nach Bader [2; 4; 43]).

Blattbügel-F.n sind auch in der adriatisch-ion. Koine bekannt, wo sie nach dem strengen Schema der Violinbogen-F. gestaltet sind und in die Stufe SH III B 2/C sowie in die Protovillanovazeit datiert werden (6; 11; 28; 40).

In der karpatenländischen Drahtschmucktradition stehen auch die Brillen-F.n (Abb. 84). Sie sind eine charakteristische F.-Form der jüng. UK und ält. EZ (Ha B—C) und auch in mehreren Varianten vorhanden (1; 2; 4). Die ältesten scheinen die Brillen-F.n ohne Achterschleife zu sein (Typ Sv. Lucija), da sie in den transsilvanischen Hortfunden der ält. UK vorkommen. Sie sind sonst erst in der frühen und ält. EZ wieder in Mode, und zwar in Ländern am Rande des Karpatenbeckens — im zentral- und westbalkanischen, im südostalpinen (Sv. Lucija-Gruppe) und im alpinen (Hallstatt-)Raum (2; 4).

Die zweite Variante, die Brillen-F. mit Achterschleife (Typ Haslau-Regelsbrunn), gehört zu den häufigsten und charakteristischen F.n der jüng. UK, und zwar bes. im pann. südostalpinen, westbalkanischen und maked. Bereich (Abb. 84). In manchen Gebieten behalten sie ihre Funktion auch während der ält. HaZ oder sogar noch länger bei (Ha C 2/D 1 — z. B. in Hallstatt). Als eisenzeitlich sind auch die griech. Brillen-F.n zu betrachten, die meistens aus Heiligtümern — wahrscheinlich als Fremdgut — bekannt sind.

Merkwürdigerweise sind Brillen-F.n (vom Typ Sv. Lucija und Haslau-Regelsbrunn) w. der Flüsse Soča und Inn sowie auf der Apenninhalbinsel fast unbekannt (2; 4; 6; 16; 26; 27). Eine Ausnahme stellen nur eisenzeitliche zweiteilige adriatische Brillen-F.n dar, die einerseits im liburnisch-japodischen Gebiet, andererseits

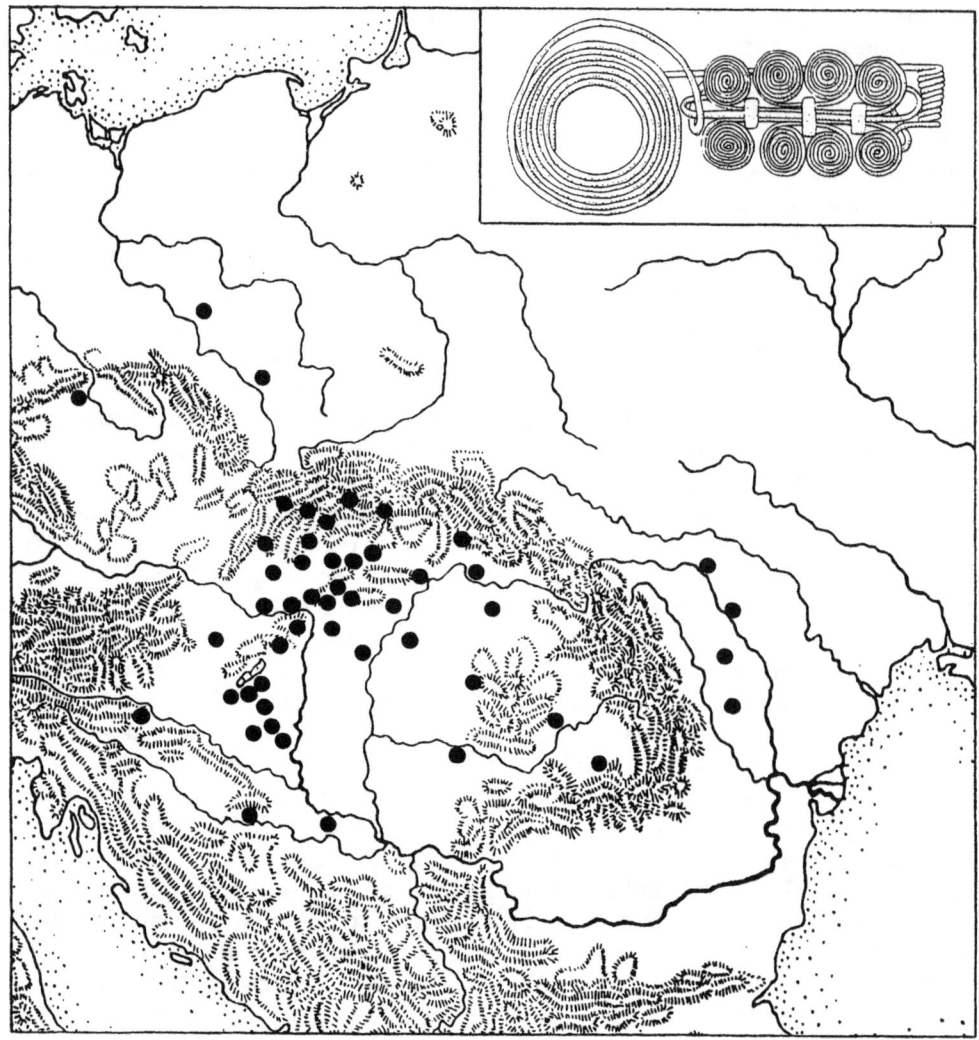

Abb. 83. Verbreitung der Posamenteriefibeln vom Typ Rimavská Sobota nach Bader (2)

von Picenum bis Apulien und Basilicata verbreitet sind (1; 3).

Mit den Brillen-F.n mit Achterschleife (Typ Haslau-Regelsbrunn) stehen augenscheinlich sog. mehrteilige Brillen-F.n (mit gesondert genieteter Nadel und mit zwei Tutuli) in Zusammenhang, deren Fundstellen sich am Rande des Verbreitungsgebietes von Brillen-F.n verfolgen lassen (Abb. 84), und zwar nach W — im frk.-oberpfälzischen Raum (Typ Schrotzhofen), nach N — von den N-Karpaten bis zur pommerschen Ostsee (Ostdeutscher Typ) und nach SO — im serb.-südtranssilvanischen Raum (2; 4; 15; 48). Alle diese Sonderformen der Brillen-F.n gehören in die ält. HaZ und reichen manchmal sogar in die jüng. HaZ hinein.

Mit den Brillen-F.n verwandt sind Vierpaß-F.n und Plattenbrillen-F.n, die ebenfalls früh- bis ältereisenzeitlich sind. Den Brillen-F.n gegenüber zeigen auch sie eine

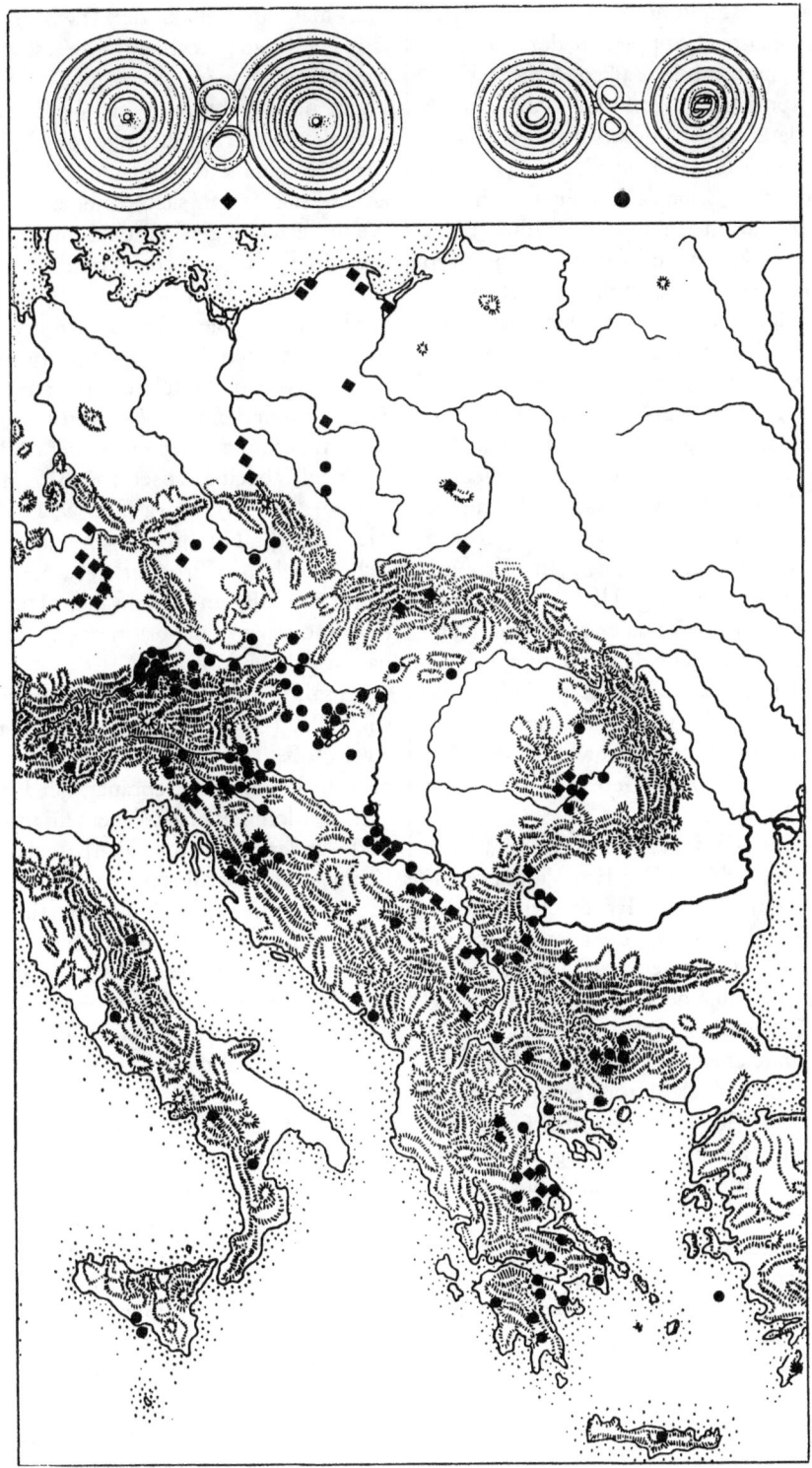

Abb. 84. Verbreitung der Brillenfibeln vom Typ Haslau-Regelsbrunn ● und der mehrteiligen Brillenfibeln mit Tutuli ◆ nach Betzler (4) und Bader (2)

randliche Ausbreitung, da sie einerseits in lokal geprägten Gruppen in der Ägäis, in S-Italien und im W-Balkan (Glasinac, liburno-japodische Gruppe) vorkommen und andererseits n. der Alpen zw. March und Main zu finden sind (2; 25; 41).

Neben den Brillen-F.n stehen auch Sattel- und Harfen-F.n in der Tradition der pann. ält. UK, da sie in den F.n vom Typ Unter Radl – Vösendorf ihre unverkennbaren Vorläufer haben. Auch hier wird eine räumliche Kontinuität faßbar, wenn man ihr Hauptverbreitungsgebiet vom SO-Alpenraum über die Mährische Pforte bis in den schlesischen Bereich verfolgt. Sie sind in einzelne lokale Varianten gegliedert: in der Form vom Typ Ruše (südostalpine Gruppe), mit dickem Bügel (ungarische Gruppe), mit dünnem Bügel (n. Gruppe) und sind für die jüng. UK (Ha B) kennzeichnend. Sie finden aber auch eine früh- bis ältereisenzeitliche Entwicklung in den Harfen-F.n (Abb. 85) vom Typ Hadersdorf und Roggendorf und in den eisernen Harfen-F.n (Abb. 85), die sogar bis in die Zeit des frühen Ha D in Gebrauch geblieben sind (4; 15; 29; 35).

Im adriatisch-ion. Bereich erfolgt eine andere Entwicklung der F.n. Violinbogen-F.n sind durch Bogen-F.n ersetzt worden. In Griechenland treten die ältesten Bogen-F.n schon in der Stufe SH III C auf, so daß sie eine Zeitlang neben den Violinbogen-F.n in Gebrauch gewesen sein müssen. In ihren zahlreichen Varianten (mit glattem, rhombischem, ovalem, tordiertem usw. Bügel) sind die Bogen-F.n kennzeichnend für die submykenische und protogeometrische Tracht in Griechenland, und nur in bestimmten Varianten bleiben sie bis in die archaische Zeit in Funktion (6; 41).

Ähnlich ist es im ital. Raum: Hier treten Bogen-F.n in der sog. Protovillanovazeit auf und sind in zahlreichen Varianten über die ganze Apenninhalbinsel bis zu den Alpen verbreitet und zum Teil bis in die frühe EZ vertreten (4; 5; 11; 40; 42). Daher muß man einerseits in der Tracht mit lokalen Traditionen rechnen, wie es z. B. die tordierten Bogen-F.n zeigen, die nach Form und Verbreitung als Weiterentwicklung der tordierten Violinbogen-F.n der Typen Peschiera und Mühlau anzusehen sind; andererseits zeigt sich daneben auch das Weiterbestehen der Verbindungen entlang der adriatisch-ion. Achse, wie es z. B. große verzierte Bogen-F.n mit zwei Bügelknoten verdeutlichen. Sie gehören nämlich einem weitverbreiteten Typ an, der in lokalen Varianten vom ö. Mittelmeer bis zur oberen Adria vorhanden war. Ihre Verbreitung läßt sich im gesamten Gebiet als mehr oder weniger gleichzeitig ansetzen (SH III C – Mitte –, Protovillanova [3–5; 9; 11; 17; 31; 41; 42; 44]). Nur in einigen Ländern hat sich eine lokale Produktion weiterentwickelt, wie z. B. im adriatischen Hinterland (Typ Golinjevo), die bis in das 9.–8. Jh. erhalten geblieben ist (10).

Zusammenfassend kann man für die späte BZ (UK) und die Schwelle zur EZ zwei große Trachtprovinzen feststellen, die auch in Form und Gebrauch der F.n deutlich werden: einerseits die adriatisch-ion. und andererseits die karpatenländische Koine. Ihre Berührungszonen liegen im südpann. und südostalpinen Bereich.

Obwohl sich in der F.-Tracht der ält. EZ (HaZ) eine Fortführung der lokal gebundenen traditionellen Trachten zeigt (z. B. Brillen-F.n, Harfen-F.n), weisen neue F.-Formen darauf hin, daß es zu Verschiebungen der „Trachtzentren" gekommen ist: Zunächst wurde das balkanische Gebiet maßgebend, dann aber Italien mit seinem etruskischen Hintergrund.

Gesamtbalkanisch ist die zweischleifige Bogen-F. (Abb. 86), merkwürdigerweise fehlt sie aber im adriatischen Küstengebiet (Istrien, Japodien, Liburnien). Ihre Ausbreitung nach W überschreitet kaum die Flüsse Soča und Inn – fast übereinstimmend mit der der Brillen-F.n; nach N verläuft sie tief in das Karpatenbecken hinein

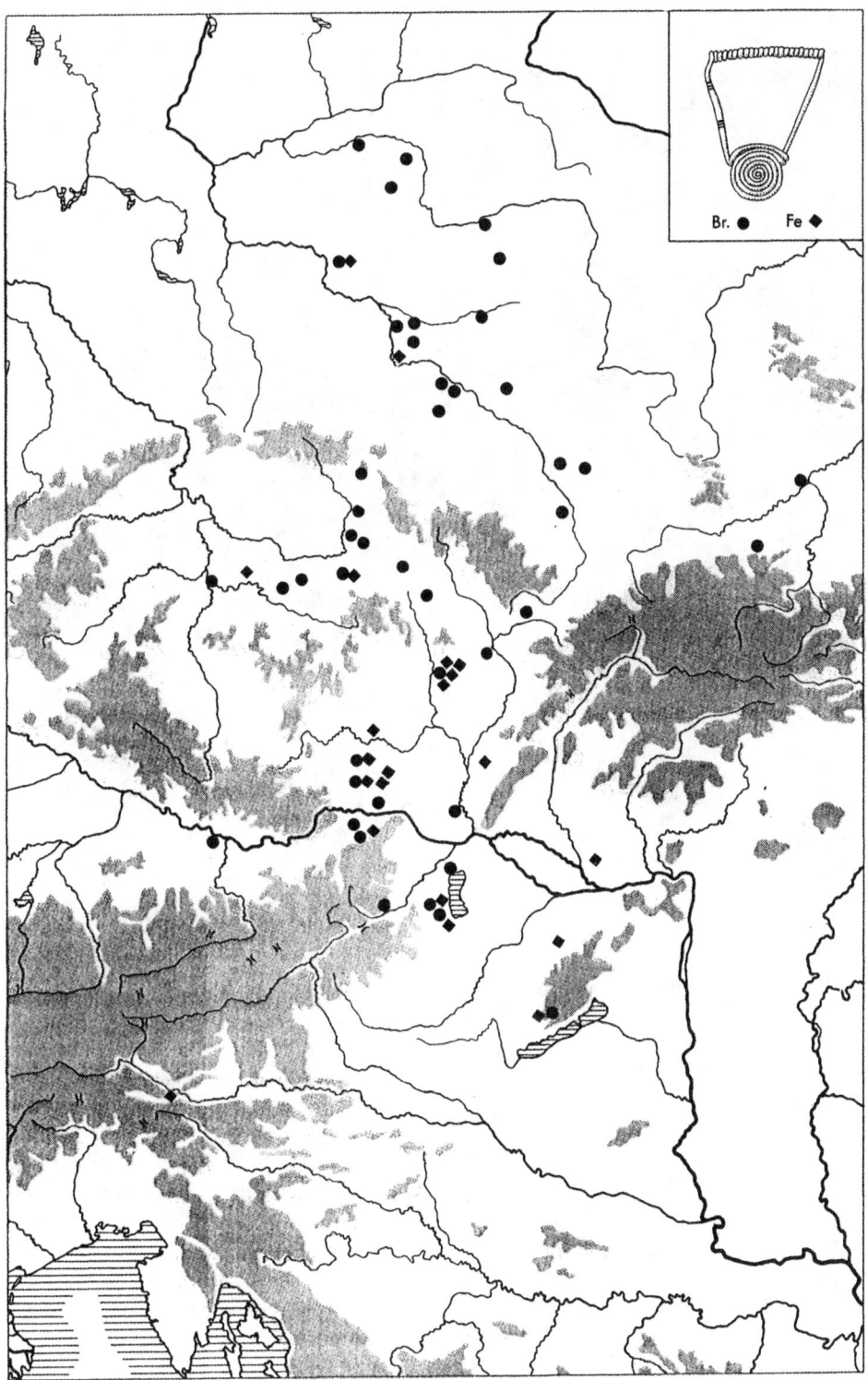

Abb. 85. Verbreitung der Harfenfibeln der Typen Hadersdorf und Roggendorf ● und der eisernen Harfenfibeln ◆ nach Betzler (4) und Gedl (15)

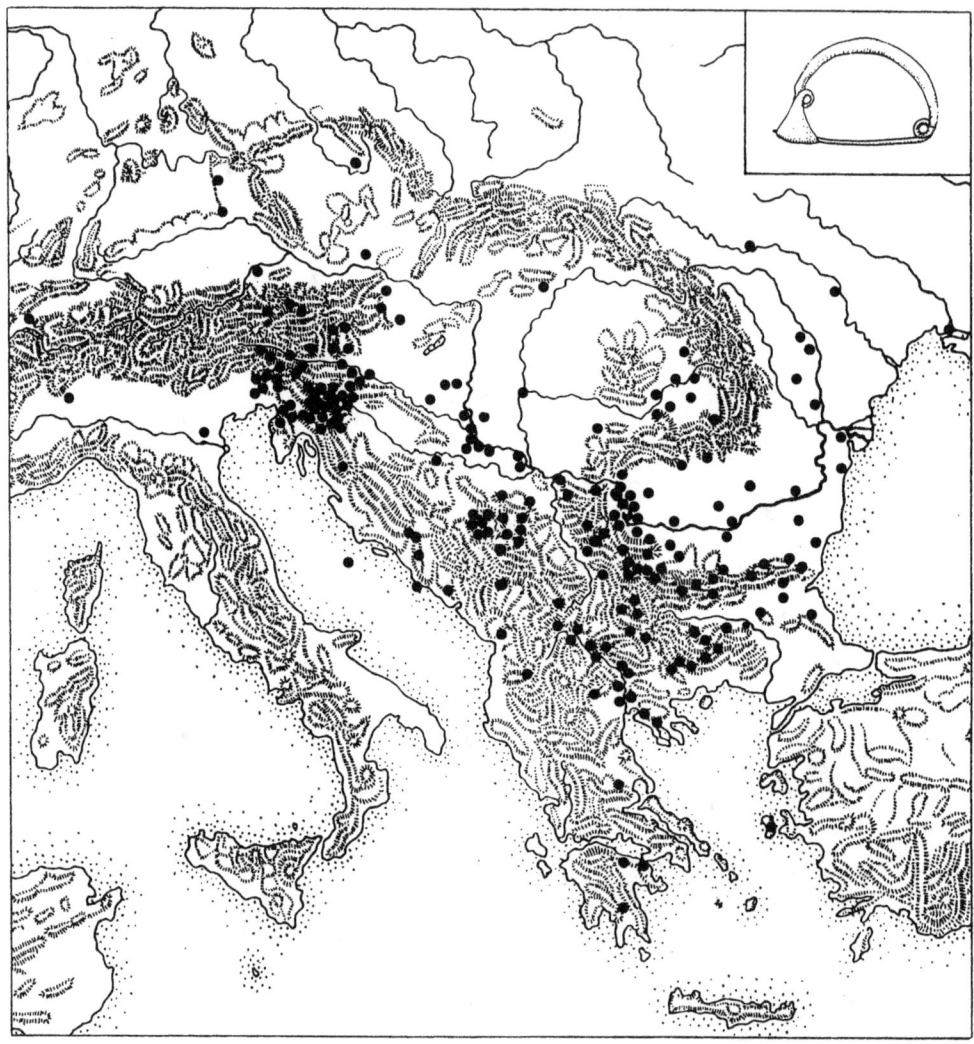

Abb. 86. Verbreitung der zweischleifigen Bogenfibeln nach Gabrovec (14), Bader (2), Gergova (16) und Mitrevski (37)

und in einigen Fällen sogar über die Karpaten hinaus. Auch diese F.-Art ist in zahlreiche, meistens sehr lokal gebundene Varianten gegliedert. Sie sind in ihrem gesamten Verbreitungsgebiet kennzeichnend für die frühe und ält. EZ. Bes. ält. Varianten sind oft aus Eisen oder bimetallisch hergestellt. Obwohl es sich um eine für die ält. EZ charakteristische F. handelt, bleibt sie anscheinend in manchen Gebieten bis ins 6. Jh. Bestandteil der lokalen Tracht (z. B. Bulgarien, Glasinac [2; 14; 16; 26; 37; 50]).

Im Verlauf der ält. EZ (Ha C) setzt sich die ital. F.-Mode in den s. und ö. Teilen Mitteleuropas durch, und zwar bis Transdanubien und in den W-Balkan hinein. Aus dem ital. Repertoire ist zunächst die Kahn-F. die am meisten verbreitete F.-Form, die nicht nur übernommen (z. B. F.n mit zickzackverziertem Bügel), sondern vielfach lokal variiert wurde (Abb. 87 – z. B. mit quergekerbten Längsrippen/Typ Šmarjeta, mit quergeripptem, netzverziertem Bügel, mit rhombischem Bügel, mit Bügelknöpfen usw.). Kahn-F.n sind für die Stufe Ha C 2/D 1 kennzeichnend (11; 12; 29; 39; 49).

Zu den frühen ital. beeinflußten F.n gehören auch theriomorphe F.n, am häufigsten in der Form eines Pferdchens, die ähnlich weit – bis zur oberen und mittleren Donau – verbreitet sind (45; 48). Erst in der jüng. HaZ vermehrt sich die Auswahl der dargestellten Tiere (Katze, Hund, Ente, Sphinx usw.), jedoch bleiben diese späten Varianten der theriomorphen F.n – mit Armbrustkonstruktion – auf den südostalpinen Raum beschränkt (20; 38).

Eine bedeutende neue F.-Form, die erst im späten Ha C aus Italien übernommen wird, stellen Schlangen- und Drago-F.n dar. Sie stehen mit einer Neuerung bes. in der männlichen Tracht in Zusammenhang und ersetzen Nadeln. Auch unter diesen F.n sind viele Varianten zu unterscheiden, die sich innerhalb der Zeitspanne von Ha C2 bis D2 ablösen, z. B. einfache Schlangen-F.n, Schlangen-F.n S4, F.n mit Hörnchen, Rosetten, Antennen, Plättchen usw. Ihr Hauptverbreitungsgebiet liegt einerseits im SO-Alpenraum (Abb. 88), andererseits im

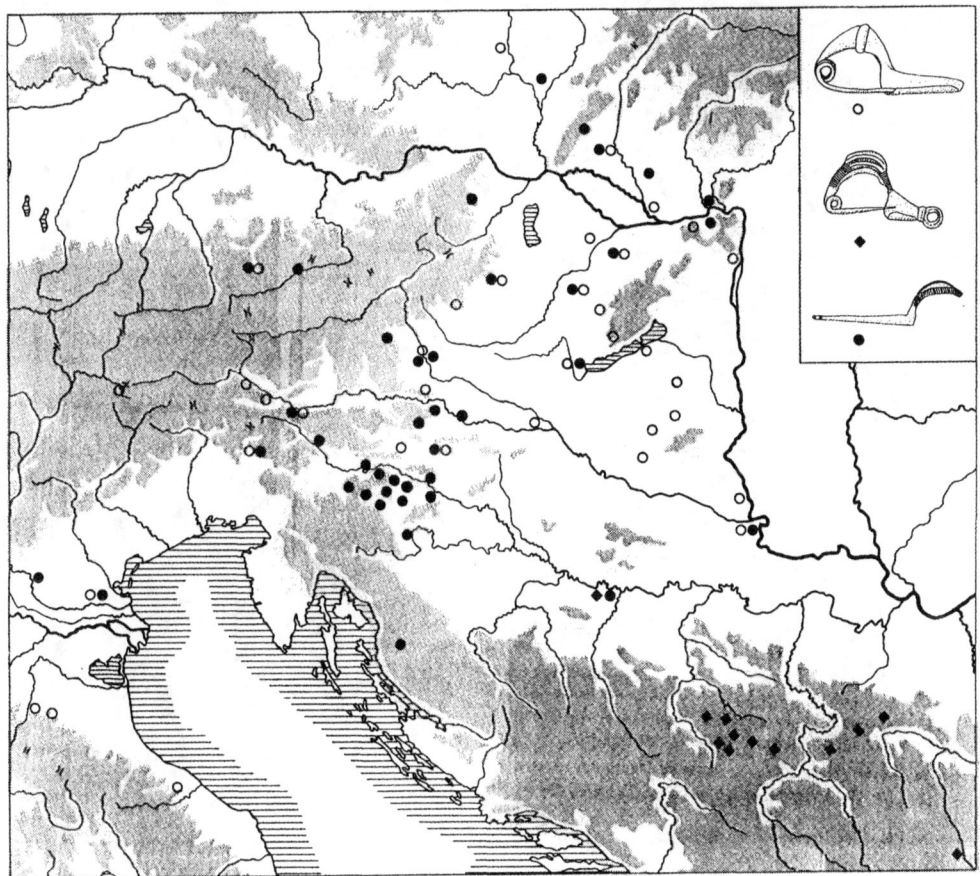

Abb. 87. Verbreitung der Kahnfibeln der Typen Šmarjeta ●, Rusanovići ◆ und der Kahnfibeln mit quergeripptem Bügel ○ nach Teržan (48; 49)

W-Hallstattkreis, und reicht weder nach Transdanubien noch in das innere Alpengebiet hinein (mit einigen Ausnahmen wie z. B. → Hallstatt [29; 32; 39]).

Etwa gleichzeitig mit Schlangen-F.n treten auch die frühesten Sanguisuga-F.n (Bogen-F.n mit langem Fuß) auf, die dann im 6. Jh. sehr beliebt werden (11; 39). Ihre Sonderformen sind F.n mit Glasfluß-, Knochen- und Bernsteinbesatz, die ihre Verbreitung außerhalb Italiens vor allem im südostalpinen Raum finden (23; 25; 39). In Transdanubien dagegen kommt es nach dem Kahnfibelhorizont zu einer eigenen F.-Entwicklung: Kennzeichnend sind Bogen-F.n mit geripptem oder geritztem Bügel, oft zusätzlich mit drei kleinen Warzen oder Ösen verziert (Typ Velem St. Vid [Abb. 88]). Sie sind in die jüng. HaZ zu datieren. Daß es sich um lokale Produktio-

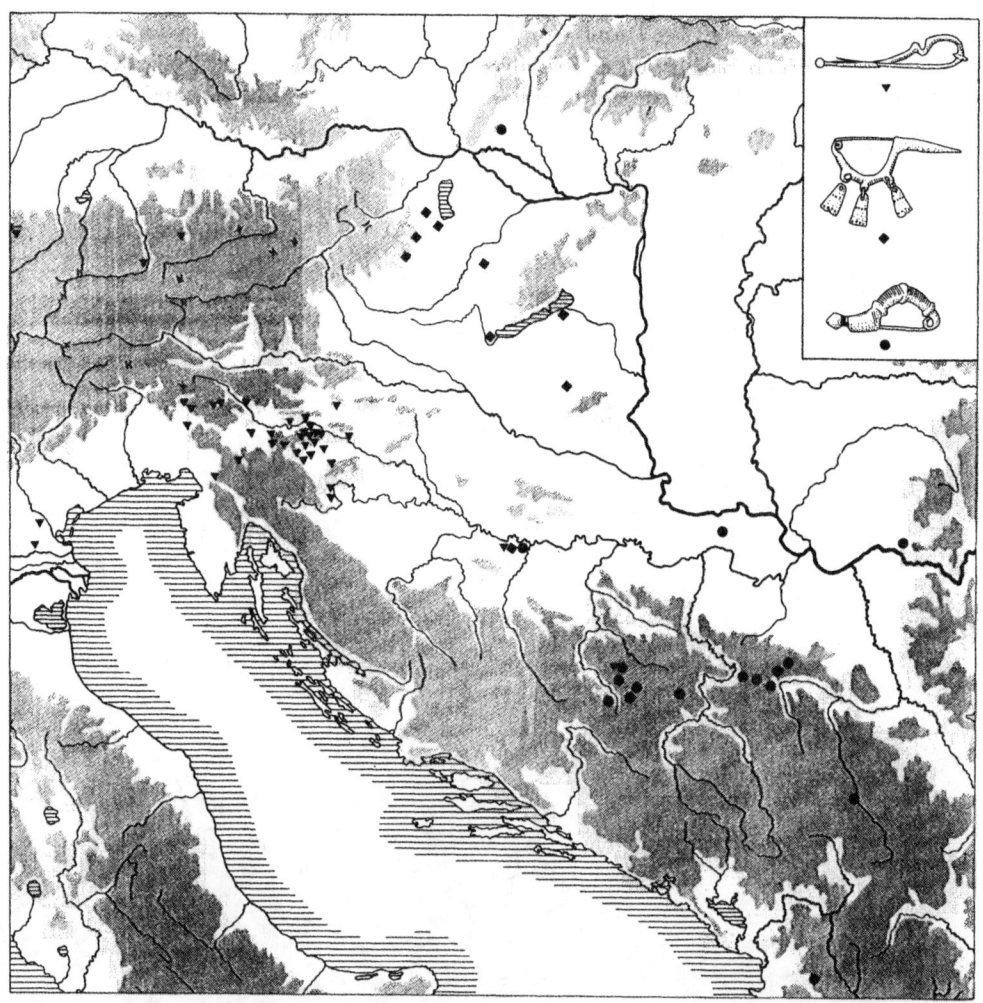

Abb. 88. Verbreitung der südalpinen Schlangenfibeln ohne Bügelbesatz ▼ nach Parzinger (39), der Bogenfibel vom Typ Velem St. Vid ▼ nach Jerem (24) und der gerippten Bogenfibeln vom Typ Potpećine ● nach Teržan (48)

nen handelt, beweisen zahlreiche Gußformen und Halbprodukte aus verschiedenen Siedlungen (12; 24; 46).

Ähnliches gilt auch für den w. Balkan, wo ebenso mehrere lokale Gruppen – als gut erkennbare Trachtprovinzen – festzustellen sind. Im Glasinac-Bereich z. B. sind die charakteristischen F.n der jüng. HaZ (Glasinac IV C–V) ebenfalls Bogen-F.n – mit geperltem, ritzverziertem oder stark profiliertem Bügel –, daneben massive Kahn-F.n, die mit einem asymmetrischen, langen, fast dreieckigen bis trapezoiden Nadelhalter ausgestattet sind (Abb. 87 und 88 [48]).

Im nordadriatischen Bereich setzen sich an der Schwelle zur jüng. HaZ F.n mit einem C-förmigen Fußprofil durch (z. B. Protocertosa-, Zwei- und Dreiknopf-F.n usw.), die ein Novum bei der Gestaltung des Nadelhalters für einen sichereren Halt der F. bedeuten (3; 19). Ein weiteres Merkmal dieser F.n ist ein aufrecht angesetzter Fußknopf, der möglicherweise mit gleichzeitigen zentralbalkanischen F.n mit rechteckiger Fußplatte vom Typ Donja Dolina in Verbindung gebracht werden kann (2; 52).

Die → Certosa-F. stellt die letzte späthallstättische (bis frühlatènezeitliche) F.-Form dar und bringt in der F.-Tracht, wenn auch mit zahlreichen Varianten, wieder eine „Vereinheitlichung", da sie von Etruria Padana über die Alpen bis zur oberen und mittleren Donau und bis zum W-Balkan verbreitet ist (47). An die Certosafibelvarianten mit Armbrustkonstruktion schließt sich die ostalpine Tierkopf-F. an, deren Hauptverbreitungsgebiet sich zw. Slowenien und Bayern erstreckt (13; 30; 33; 39).

Im Zentralbalkan dagegen entwickeln sich in der Certosazeit F.n vom Typ Atenica-Novi Pazar, eine späte Form von F.n mit rechteckiger Fußplatte vom Typ Donja Dolina. Sie sind oft aus Silber und Gold hergestellt (52). In der Mitte des 5. Jh.s werden sie durch eine neue F.-Art ersetzt, die auf eine neue, nordgriech.-maked. beeinflußte Mode zurückzuführen ist (2; 51), die Scharnier-F.

Ein ö. „Pendant" zur Certosa-F. kann man in den F.n des sog. thrakischen Typs sehen, die ebenso ab dem 5. Jh. auftreten und vor allem im O-Balkan verbreitet sind, mit einer Ausstrahlung über die Donau in das ö. Karpatenbecken und in den unteren Donauraum (36).

In den n. Teilen Mitteleuropas, n. der Donau und der Karpaten, ist die F.-Tracht in der jüng. HaZ nicht sehr verbreitet. Die wenigen Bogen-, Kahn- und Fußzier-F.n (meist mit Armbrustkonstruktion) zeigen, daß sie unter dem Einfluß der F.-Tracht aus dem W-Hallstattkreis stehen (15).

(1) J. Alexander, The Spectacle Fibulae of Southern Europe, American Journ. of Arch. 69, 1965, 7–23. (2) T. Bader, Die F.n in Rumänien, 1983. (3) Š. Batović, Le relazioni culturali tra le sponde adriatiche nell'eta del ferro, Jadranska obala u protohistoriji, Simpozij Dubrovnik 1972, 1976, 11–93. (4) P. Betzler, Die F.n in Süddeutschland, Österr. und in der Schweiz I (Urnenfelderzeitliche Typen), 1974. (5) A. M. Bietti Sestieri, The metal industry of continental Italy, 13th to the 11th century BC, and its connections with the Aegean, Proc. Prehist. Soc. 39, 1973, 383–424. (6) Ch. Blinkenberg, Fibules grecques et orientales, 1926. (7) W. A. von Brunn, Mitteldt. Hortfunde der jüng. BZ, 1968. (8) R. Drechsler-Bižić, Japodske dvodelne fibule tipa Prozor (Zweiteilige japodische F.n vom Typus Prozor), Arheološki radovi i rasprave 2, 1962, 295–312. (9) Dies., Porijeklo lučnih jednopetljasih fibula u Japoda (Origine des fibules à arc à une boucle chez les Japodes), Godišnjak Sarajevo 13/11, 1976, 143–151. (10) B. Čović, Zwei spezifische Typen der westbalkanischen Bogen-F., Wiss. Mitt. Bosnien und Herzegowina 5A, 1975, 29–39. (11) P. von Eles Masi, Le fibule dell'Italia settentrionale, 1986. (12) M. Fekete, Früheisenzeitliche F.-Herstellung in Transdanubien, Veröffentl. des Mus.s für Ur- und Frühgesch. Potsdam 20, 1986, 249–266. (13) S. Gabrovec, Zagorje v prazgodovini (Zagorje in der Vorgesch.), Arheološki vestnik 17, 1966, 19–50. (14) Ders., Dvozankaste ločne fibule (Die zweischleifigen Bogen-F.n), Godišnjak Sarajevo 8/6, 1970, 5–65. (15) M. Gedl, Die Hallstatteinflüsse auf den poln. Gebieten in der Früh-EZ, 1991. (16) D. Gergova, Früh- und ältereisenzeitliche F.n in Bulgarien, 1987. (17) D. Glogović, Nalaz iz Šule na Krku i

problem lučnih fibula s dva dugmeta na luku iz Liburnije (Findings from Šula on the Island of Krk and the Problem of Bow Fibulas with two Knobs), Arheološki radovi i rasprave 10, 1987, 73–91. (18) Dies., Dvodijelne zmijaste fibule iz Jugoslavije (Two part snake-like fibulae from Yugoslavia), Diadora 10, 1988, 5–18. (19) M. Guštin, T. Knific, Halštatske in antične najdbe iz Javora (Funde aus Hallstatt- und Römerzeit in Javor), Arheološki vestnik 24, 1973, 831–847. (20) Ders., Gomile starejše železne dobe iz okolice Boštanja (Die eisenzeitlichen Grabhügel aus der Umgebung von Boštanj), Varia arch. Posavski muzej Brežice 1, 1974, 87–119. (21) B. Hänsel, Beitr. zur regionalen und chron. Gliederung der ält. HaZ an der unteren Donau, 1976. (22) Ders., Bespr. von [27] und [41], in: Prähist. Zeitschr. 55, 1980, 160–162. (23) Th. E. Haevernick, Beitr. zur Gesch. des ant. Glases I. Zu den Glasbügel-F.n, Jahrb. RGZM 6, 1959, 57–63. (23a) Dies., Beitr. zur Glasforsch., 1981, 53–59. (24) E. Jerem, S. Beziehungen einiger hallstattzeitlichen Fundtypen Transdanubiens, Materijali Novi Sad 19, 1981, 201–220. (25) K. Kilian, Zum ital. und griech. F.-Handwerk des 8. und 7. Jh.s, Hamburger Beitr. zur Arch. 3, 1973, 1–39. (26) Ders., Trachtzubehör der EZ zw. Ägäis und Adria, Prähist. Zeitschr. 50, 1975, 9–140. (27) Ders., F.n in Thessalien, 1975. (28) Ders., Violinbogen-F.n und Blattbügel-F.n des griech. Festlandes aus mykenischer Zeit, Prähist. Zeitschr. 60, 1985, 145–203. (29) G. Kossack, Südbayern während der HaZ, 1959. (30) Ders., Südbayern im 5. Jh. v. Chr. Zur Frage der Überlieferungskontinuität, Bayer. Vorgeschichtsbl. 47, 1982, 9–25. (31) Ders., F.n aus Uruk, Baghdader Mitt. 18, 1987, 199–217. (32) G. Mansfeld, Die F.n der Heuneburg 1950–1970, Heuneburgstud. II, 1973. (33) G. von Merhart, Arch. zur Frage der Illyrer in Tirol, Wiener Prähist. Zeitschr. 14, 1927, 65–118; wiederabgedruckt in: Hallstatt und Italien, 1969, 399–435. (34) Ders., Urnengrab mit Peschiera-F. aus Nordtirol, in: Festschr. K. Schumacher, 1930, 116–121; wiederabgedruckt in: ebd., 7–15. (35) Ders., Donauländische Beziehungen der früheisenzeitlichen Kulturen Mittelitaliens, Bonner Jahrb. 147, 1942, 1–90; wiederabgedruckt in: ebd., 16–110. (36) V. Mikov, Trajiski tip fibuli (Thrakische F.n), Bull. Inst. Arch. Bulgare 6, 1930–31, 171–182. (37) D. Mitrevski, Bow Fibulae from Iron Age Sites in the Vardar Valley, Arch. Iugoslavica 24, 1987, 29–42. (38) H. Müller-Karpe, Die späthallstattzeitliche Tier-F. vom Kastlhof, Ldkrs. Riedenburg (Oberpfalz), in: Aus Bayerns Frühzeit, Festschr. F. Wagner, 1962, 101–108. (39) H. Parzinger, Chron. der Späthallstatt- und Früh-LTZ. Stud. zu Fundgruppen zw. Mosel und Save, 1989. (40) R. Peroni, Il bronzo finale in Italia, 1980. (41) E. Sapouna-Sakellarakis, Die F.n der griech. Inseln, 1978. (42) F. Lo Schiavo, R. Peroni, Il bronzo finale in Calabria, Atti della XXI Riunione Scientifica. Il bronzo finale in Italia, Firenze 1977, 1979, 551–568. (43) E. Sprockhoff, Die Spindlersfelder F., in: Ders. (Hrsg.), Marburger Stud. (Festschr. G. Merhart von Bernegg) 1938, 205–233. (44) D. Stronach, The Development of the Fibula in the Near East, Iraq 21, 1959, 181–206. (45) J. Sundwall, Die ält. ital. F.n, 1943. (46) B. Teržan, Halštatske gomile iz Brusnic na Dolenjskem (Die hallstattzeitlichen Grabhügel aus Brusnice bei Novo mesto), Varia arch. Posavski muzej Brežice 1, 1974, 31–66. (47) Dies., Certoška fibula (Certosa-F.), Arheološki vestnik 27, 1976, 317–536. (48) Dies., The Early Iron Age Chronology of the Central Balkans, Arch. Iugoslavica 24, 1987, 7–27. (49) Dies., Starejša železna doba na Slovenskem Štajerskem (The Early Iron Age in Slovenian Styria), 1990. (50) Dies., Polmesečaste fibule (Die Halbmond-F.n), Arheološki vestnik 41, 1990, 49–88. (51) R. Vasić, Prilog proučavanju šarnirskih fibula u Jugoslaviji (A Contribution to the Study of „Scharnier" Fibulae in Yugoslavia), Godišnjak Sarajevo 23/21, 1985, 121–155. (52) Ders., Prilog proučavanju lučnih fibula s pravougaonom nogom na Balkanu (Beitr. zur Erforsch. der Bogen-F.n mit viereckiger Fußplatte auf dem Balkan), Arheološki vestnik 38, 1987, 41–68. (53) K. Vinski Gasparini, Fibule u obliku violinskog gudala u Jugoslaviji (Die Violinbogen-F.n in Jugoslawien), Vjesnik Arheološkog Muzeja u Zagrebu, Serija 3, 8, 1974, 1–28.

B. Teržan

E. Latènezeit

§ 16. Allgemeines. Forschungsgeschichtl. Bedeutung: Der Altertümerbestand aus der zweiten Hälfte des letzten Jt.s v. Chr. (→ Latènezeit) wird in Mitteleuropa traditionell vor allem aufgrund der F.n untergliedert (2; 22). Deren Konstruktion mit freistehendem, verbundenem oder geschlossenem Fußteil war neben Stilkriterien an anderen Sachaltertümern (→ Schwert) ausschlaggebend für eine Ordnung des Denkmälerbestandes in eine Früh-, Mittel- und Spätlatènezeit (53; 54). Doch wurde bald erkannt, daß das Fertigungsprinzip von Latène-F.n nicht die chron. Bedeutung besitzt, die ihm zunächst beigemessen worden war (41–44). Daher zielen die derzeit

TAFEL 24

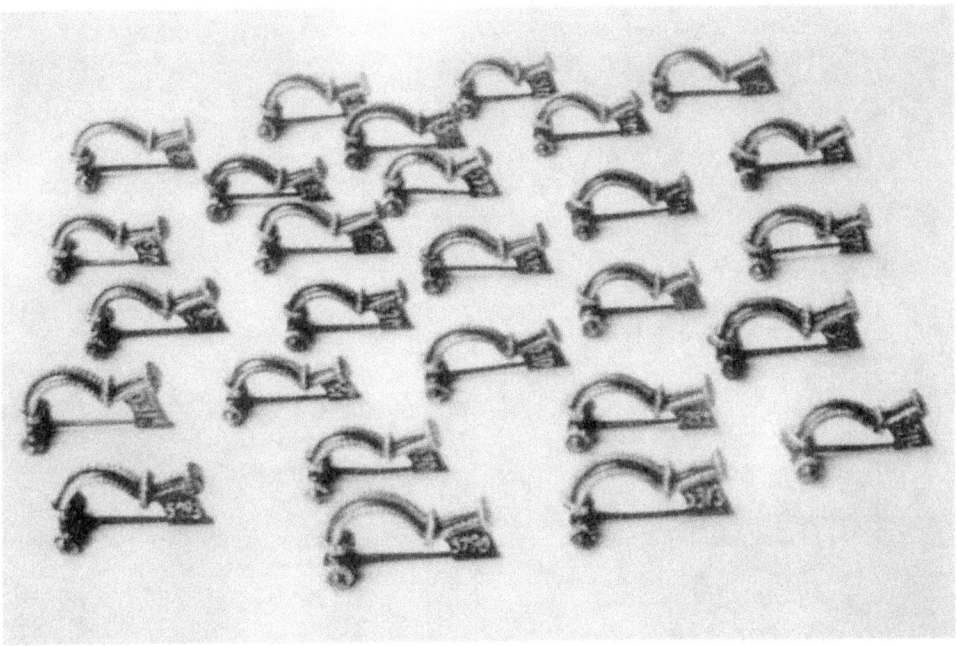

a

b

a. Der Fibelfund von Strückhausen, Kr. Wesermarsch (ohne M.); b. Fibeln auf Stoff geheftet (ohne M.)

in der prähist. Forsch. gebräuchlichen Bezeichnungen für den F.-Aufbau nicht mehr auf eine Zeitaussage, sondern unterscheiden F.n wertfrei in solche von Früh-, Mittel- und Spätlatèneschema (s. u. § 17). Dieses Resultat steht im Einklang mit den Ergebnissen für die Späthallstatt-Forsch. (vgl. § 13), wonach F.n unterschiedlicher Größe, Form und Fertigungstechnik durch die Tracht miteinander verbunden sein können und nicht verschiedene Zeitabschnitte repräsentieren müssen. Während für die F.n ält. Epochen im wesentlichen aufgrund empirischer Beobachtungen kulturgeschichtl. Aussagen getroffen werden können, gelingt es für das s. Mitteleuropa, seit der späten HaZ, Sach-Qu. zeitweise und regional in hist. Abläufe einzubinden. Das ist für den Bereich der → Latènekultur eine Folge kelt. Aktivitäten, denn von der Anwesenheit kelt. Stämme (→ Kelten) in vielen Gebieten Europas ist mindestens seit dem 4. vorchr. Jh. auszugehen. Aus der Verbindung von arch. Qu. und hist. Geschehen leiten sich zwei wesentliche Resultate ab. Zum einen wird die zeitl. Horizontierung prähist. Qu. überprüfbar, zum anderen geht daraus hervor, daß die F. als Einzeltyp kein allg. wirksames und meßbares Entwicklungsprinzip verkörpert.

Die Verknüpfung von prähist. Befund und hist. Überlieferung findet in der arch.-hist. Bezeichnung von Zeitabschnitten in der LTZ ihren Niederschlag. Dafür spielen F.n eine entscheidende Rolle. Zusammen mit dem dazugehörigen Altertümer-Kontext sind für ihre Gliederung seit Beginn des Jh.s unterschiedliche Chronologien aufgestellt worden (53; 54; 41–44), welche die jeweils übliche Quellensituation berücksichtigen. Sie wurden nachfolgend immer wieder verfeinert und korrigiert (16–18; 24; 37; 38; 49). Als Ergebnis heben sich mehrere geogr. Bereiche ab, innerhalb derer die Abfolge von F.n jeweils mit einem anderen Schema erfaßt und repräsentiert wird, beispielsweise das westalpine Alpenvorland (14; 20; 56–58), S-Deutschland (25; 28; 41–44; 49; 13), Böhmen (60; 10) oder das Mittelrheingebiet (15; 17; 18; 37).

Bei dem Versuch, die unterschiedlichen Chron.-Systeme miteinander in Korrelation zu bringen, werden unabhängig vom regionalen Ablauf Zäsuren deutlich, die nicht aus den Veränderungen des Altertümerbestandes allein resultieren, sondern die erst über ihren Bezug auf die hist. Überlieferung deutlich werden. Als Resultat liegt für das s. Mitteleuropa eine Einteilung vor in die Abschnitte: Frühkelt. Fürstengräberzivilisation, kelt. Flachgräberzivilisation und kelt. Oppidazivilisation.

Diese Vorgehensweise erlaubt es in der Regel nicht, einzelne Sachaltertümer wie einen bestimmten F.-Typ auf einen authentischen hist. Zusammenhang zu beziehen. Ein inzwischen klassisch gewordenes Beispiel dafür ist der Versuch, für die Datierung von Nauheimer F.n über das vermeintliche Ende des vindelikischen Oppidums → Manching als Folge des röm. Alpenfeldzugs unter Drusus Germanicus im J. 15 v. Chr. einen Zeitansatz zu gewinnen (23, 191). Bei dem Beispiel Manching ist die Verknüpfung von arch. Befund und hist. Datum nicht zulässig (4). Auch für tatsächlich kalendarisch fixierbare Plätze lassen sich Zeitmarken als Möglichkeit für eine Verbindung von arch. und hist. Zusammenhängen nur unter bestimmten Vorbehalten erzielen. Das trifft für gall. oppida (→ Oppidum; → Alesia; → Bibracte; → Gergovia), deren Lokalisation und Datierung durch Caes. Gall. zu bestimmen sind, ebenso zu wie für Militärlager (→ Haltern; → Oberaden) im röm. Operationsfeld ö. des Rheins aus den Jahren 12 v. Chr. – 9 n. Chr. (47; 51; 52). In der Regel ergibt sich aus der hist. Überlieferung für die entsprechenden F.-Serien allenfalls ein terminus ad quem, der zur Ermittlung der tatsächlichen Umlaufzeit nur bedingt Aussagen erlaubt.

R. Müller

Quellenlage. Die folgende Betrachtung der Entwicklung der F. bezieht sich auf die heutigen Gebiete SW-Deutschland (Rheinland-Pfalz, Saarland, s. Hessen), S-Deutschland, Schweiz, Österr. und ehem. Tschechoslowakei. In der Früh-LTZ (LT A) dominieren Körperbestattungen in Grabhügeln. Dabei handelt es sich hauptsächlich um Nachbestattungen in ält. Hügeln, was für eine Kontinuität der Bevölkerung spricht. Selten werden neue Hügel angelegt. Gleichzeitig wird aber auch in Flachgräbern bestattet. Im schweizerischen Mittelland und in der W-Schweiz ist diese Form der Grablege bereits in LT A die einzig übliche und in der Stufe LT B fast überall festzustellen. Im ö. Bereich kommt die Latènekultur erst in der Stufe B voll zur Entfaltung, und die Toten werden dort nur in Flachgräbern bestattet. Es handelt sich meistens um größere Flachgräberfelder. Die wichtigsten sind Münsingen-Rain (20), → Andelfingen (56), Saint-Sulpice (57; 58) und Vevey (58) in der Schweiz; Nebringen (25) in Baden-Württ.; die Manchinger Gräberfelder Steinbichl und Hunsrucken (28) in Bayern (→ Manching) und in Böhmen das Gräberfeld Jenišův Újezd (60). Mit dem Übergang zur Mittel-LTZ ändert sich die Quellenlage. Die Zahl der Gräber nimmt stark ab, meistens finden sich nur einzelne Gräber oder kleine Gräbergruppen. Die alten bekannten Friedhöfe werden nur noch für eine kurze Zeit weiterbenutzt. Obwohl in manchen Teilen des Latènebereiches nach wie vor die Flachgräber vorherrschen, gewinnt doch die Leichenverbrennung am Ende der Früh-LTZ immer mehr an Bedeutung. Die Mittel-LTZ zeigt nach den Unters. von H. Lorenz von der Champagne bis Siebenbürgen einen einheitlichen Rahmen, was Brauchtum, Tracht und soziale Ordnung angeht (31). Das Ende der Flachgräberfriedhöfe der Mittel-LTZ in großen Teilen der Zonen n. der Alpen zeigt sich durch eine Änderung im Bestattungsritus und durch den Verfall der Beigabensitte. In der Spät-LTZ fehlen aus weiten Teilen des kelt. Bereiches die Bestattungsplätze. Ausnahmen bilden z. B. das Gräberfeld von → Bad Nauheim (48) in der Wetterau, der große, während der gesamten LTZ belegte Friedhof von Wederath-Belginum (19) im Trierer Land und das Körpergräberfeld bei der alten Gasfabrik in → Basel (32). Im letztgenannten Friedhof enthielt nur noch ein Drittel der Gräber Beigaben. Überwiegende Bestattungsform ist nun das einfache Brandgrab. In S-Deutschland gibt es keine Kontinuität der Friedhöfe von LT C nach LT D. Am Ende der Spät-LTZ, in der Stufe LT D2, finden sich in Bayern einige wenige Brandgräber (28). Aus der gesamten Spät-LTZ sind F.n vor allem von den befestigten kelt. Siedlungen der Spätzeit (→ Oppidum) überliefert.

Schließlich sei noch auf die wenigen Opferplätze und Depotfunde hingewiesen, die auch F.n enthalten haben. Bezogen auf die Zusammensetzung, zeichnen sich generell zwei inhaltlich und zeitlich verschiedene Praktiken ab, über deren Hintergründe noch weitgehend Unkenntnis herrscht. Zum einen handelt es sich um massenhaft deponierte F.n unterschiedlicher Form neben anderen Sachaltertümern (→ Dux, 850 F.n [29]; → La Tène, 400 F.n [59]) aus der Früh- und Mittel-LTZ. Zum anderen wurden einige wenige Spätlatène-F.n (zwei bis vier) vor allem aus Edelmetall und von überwiegend singulärer Fertigung paarig zusammengestellt, so im Lauteracher Moor bei Bregenz (45; 26) und in Langenau im Alb-Donau-Kreis (40) sowie in Le Catillon auf der Insel Jersey (26; 11). Zusammen mit zahlreichen Münzen unterschiedlicher kelt. Prägungen (→ keltische Münzen), manchmal auch mit anderem Silberschmuck (Lauterach) bilden sie ausgesprochene Schatzansammlungen.

§ 17. F.-Typen und Verbreitung. Als klassische Vertreter der Stufe LT A gelten in der Forsch. die figürlichen F.n (3)

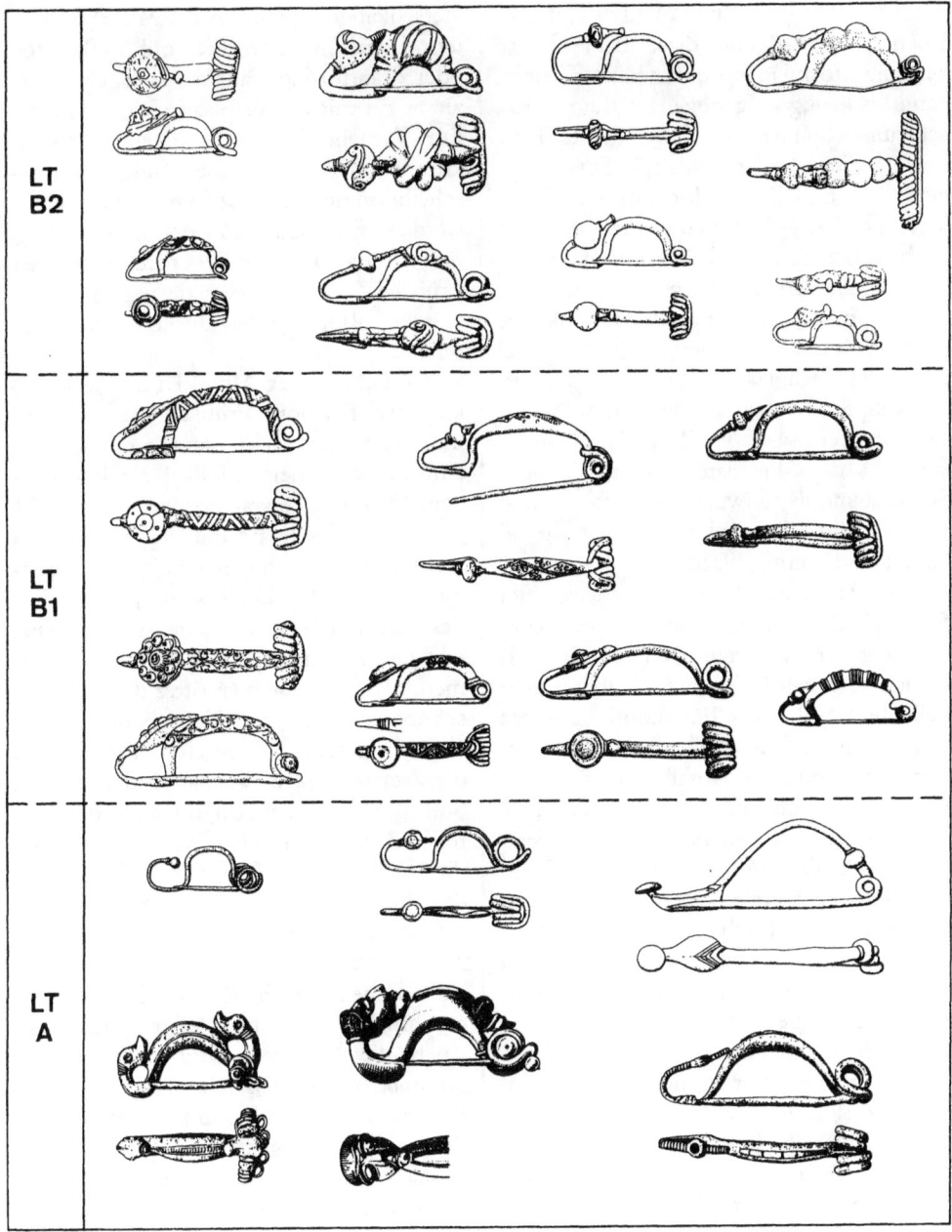

Abb. 89. Fibelformen der Frühlatènezeit

mit Masken, Vogel- oder Tierköpfen (Abb. 89 [8; 30]). Sie finden sich in ganz Mitteleuropa mit Schwerpunkt Hunsrück und dem angrenzenden Rhein-Mosel-Gebiet, im Neckarland, auf der Frk. Alb und im Thüringer Wald (→ Gleichberge) bis nach Böhmen (→ Böhmen und Mähren [5; 6]). Ebenfalls typisch für diese frühe Phase sind drahtförmige F.n mit symmetrischem, rund bis kantig aufgebogenem Bügel, vierschleifiger Spirale und oberer Sehne. Eine Differenzierung der beiden F.-Formen in einen ält. und jüng. Abschnitt von LT A kann nicht vorgenommen werden, da beide auch zusammen in Gräbern vorkommen (15; 46). Zu den Draht-F.n gehört auch die Marzabotto-F., die eine große vierschleifige Spirale mit oberer Sehne besitzt. Ihr Bügel ist kantig hochgewölbt mit einem kleinen Fußknopf. Ebenfalls in die Frühphase gehört die Certosa-F. (vgl. D § 15), die im ö. Bereich der Frühlatènekultur, in der Schweiz und in Südwürtt. verbreitet ist und die in einigen Exemplaren noch während LT B1 vorkommt (39; 50).

Die F.n vom Frühlatèneschema der Stufe LT B1 haben meistens einen abgeflachten, verbreiterten Bügel, und als Schlußstück wird die Fußscheibe immer beliebter, während Fußknöpfe seltener werden. In den Fußscheiben sind oft Einlagen aus roter →Koralle oder rotem →Email zu finden. Auch der Spiralteil wird kleiner. Auf den Bügeln kommt jetzt eine große Ornamentfreudigkeit in Form von Ranken, Spiralen oder volutenartigen Motiven (→Keltische Kunst; →Kunst; →Waldalgesheim) zum Ausdruck. Dies ist vor allem auf F.n mit Fußscheiben (Münsinger F.n) zu beobachten, während auf F.n mit Fußknopf hauptsächlich Rippen, Buckel oder Kreismuster auf dem Bügel zu finden sind (Duxer Typ).

In LT B2 fällt die Blütezeit des von P. Jacobsthal definierten „Plastischen Stiles" (21), der auch auf F.n anzutreffen ist (→Keltische Kunst; →Kunst). Dies betrifft vor allem die Münsinger F. mit sechsschleifiger Spirale, mit einem plastisch verzierten Bügel in Form von Rippen oder Voluten und einer aufgenieteten Fußscheibe aus Bronzeblech. Andere F.-Typen des plastischen Stils sind Draht-F.n mit vierschleifiger Spirale, in der Mitte verdicktem Bügel mit S-Volute und Fußknoten oder drahtförmige, auf dem Bügel unverzierte F.n mit großer plastischer Fußkugel. Die Vorliebe für große kugelige Schlußknöpfe oder die Überbetonung der Fußscheibe nimmt in dieser Phase zu, ebenso werden die Spiralen wieder breiter. Allg. fällt auf, daß während der späten Phase der Früh-LTZ die Bügelverzierungen ärmer werden (Rippen oder Buckel) oder ganz fehlen.

Zu Beginn der Mittel-LTZ (Abb. 90) kommen F.n vom Frühlatèneschema immer noch vor. Meist handelt es sich um einfache unverzierte Draht-F.n mit kugeligem Fußende. Charakteristisch für LT C1 sind jedoch Draht-F.n mit langem Fuß und rechteckigem bis trapezförmigem Fußrahmen (37; 38; 49). Die Fixierung des F.-Fußes auf dem Bügel wird meist durch eine einfache Klammer oder Kugel vorgenommen. Der Fuß selber ist öfter durch aufgeschobene Kugeln oder kleine Scheiben verziert. Insgesamt ist aber festzuhalten, daß die Zierfreudigkeit, wie sie an den F.n der Stufe LT B zu beobachten war, in der Mittel-LTZ verloren geht. In LT C2 werden die F.-Füße kürzer, was eine Verkleinerung des Fußrahmens bewirkt, der nun eine spitzwinklig-dreieckige Form besitzt (37; 38; 49). Die F.n haben jetzt einen sehr flachen Bügel, dessen höchster Punkt meist erst am F.-Kopf kurz vor der Spirale liegt. Auch die Nadelrast wird kürzer, dafür kommen wieder F.n mit mehr Spiralwindungen auf. Einen besonderen Typ stellen die massiven gegossenen F.n vom Typ Mötschwil (20) dar, die vor allem im ö. Latènebereich, in der Schweiz und Bayern vorkommen.

Einfache drahtförmige F.n vom Mittellatèneschema mit unterer Sehne gehören ans Ende der Entwicklung, an den Übergang zur Stufe LT D.

Die jüngste Form der F.n vom Mittellatèneschema, die Variante J nach Beltz

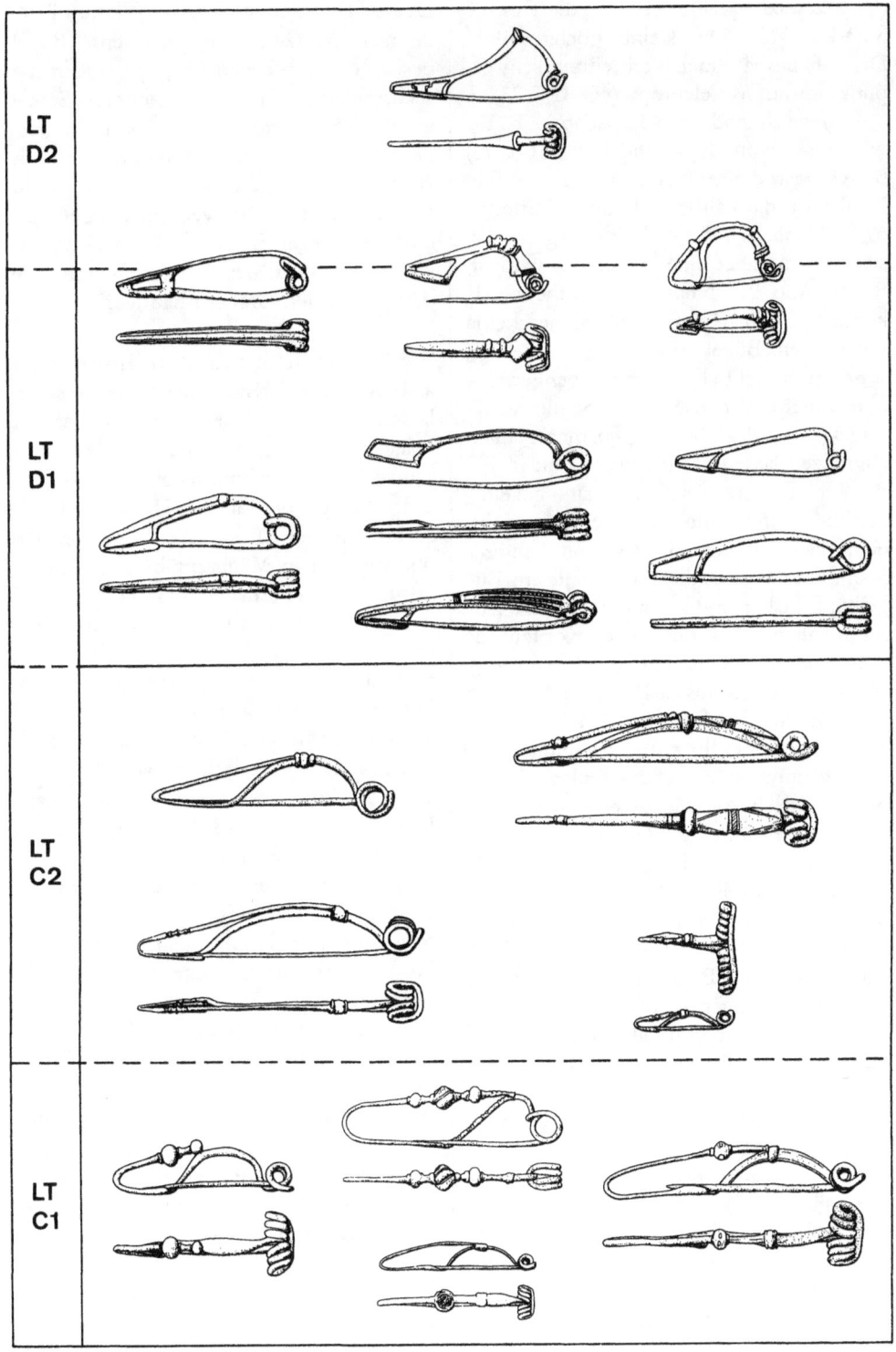

(Kostrzewski Variante G–H) datiert in die Spät-LTZ (2). Die kleine hochgewölbte Draht-F. besitzt einen Verbreitungsschwerpunkt im nö. Mitteleuropa (vgl. G § 23).

Kennzeichnend für die Spätlatène-F., für die Einheit von Bügel und Fuß (Abb. 90) besteht, ist die → Nauheimer F. (→ Bad Nauheim), die häufigste F. im s. Mitteleuropa (48; 55; 61). Ihr Verbreitungsgebiet erstreckt sich über den gesamten spätkelt. Raum (Abb. 91). Neben der Nauheimer F. kommen Draht-F.n vom Spätlatèneschema mit flachem Bügel und unterer Sehne vor, dagegen sind Draht-F.n mit hochgewölbtem Bügel und meist oberer Sehne relativ selten (35). Ob sich beide Formen zeitlich abgrenzen lassen, ist bis heute unklar. F.n des Typs Lauterach (vgl. § 16) sind gekennzeichnet durch eine flache Seitenansicht, eine vierschleifige Spirale mit unterer Sehne und zwei seitlichen Zipfeln am Bügelkopf. Bisher sind sie nur aus LT D1-Zusammenhang bekannt. Die Kopfausbildung der Lauteracher F.n könnte eine Vorform zu den Schüssel-F.n darstellen, die während der Laufzeit der Nauheimer F. aufkommen. Bei ihr wird die Spirale vollständig durch eine „schüsselartige" Kopfplatte verdeckt. Die Schüssel-F., normalerweise aus Bronze, wurde öfter aus Silber und einmal aus Gold angefertigt (26).

Etwa gleichzeitig mit Schüssel-F.n kommen die massiven gegossenen F.n Typ Almgren 65 (1) auf. Diese F. besitzt einen Bügelknick mit Bügelknoten und einen trompetenförmigen Kopf. Die Anlehnung an die F.n vom Mittellatèneschema ist durch den Bügelknoten offensichtlich, und auch die obere Sehne erinnert an die Mittellatène-F.n. Die F. vom Typ Almgren 65 ist wie die Nauheimer F. weit verbreitet und kommt auch noch auf germ. Gebiet vor (vgl. G § 23).

Sowohl die Schüssel-F. als auch die F. vom Typ Almgren 65 entstehen während der Stufe LT D1, werden aber noch bis in die Stufe LT D2 getragen, die in S-Deutschland durch die „geschweifte Fibel" definiert ist (24). Der geschweifte Bügel besitzt einen Bügelknoten, und die meist sechsschleifige Spirale mit oberer Sehne wird öfter durch einen Stützbalken verdeckt. Außer in einigen Brandgräbern in S-Bayern ist die geschweifte F. im süddt. Raum und in der Schweiz in wenigen Exemplaren aus Siedlungen bekannt. Im Trierer Land und in der Wetterau kommt sie dagegen in den Gräbern häufiger vor.

§ 18. Tracht und Herstellung.
a. Tracht. Die latènezeitlichen Trachtsitten lassen sich anhand der vielen Gräber gut belegen (31), zeigen aber regionale Unterschiede im Bearbeitungsgebiet.

Im Bereich der jüng. → Hunsrück-Eifel-Kultur wurden Tier- und Vogelkopf-F.n überwiegend in Männergräbern gefunden, während sie außerhalb des Gebietes sowohl in Männer- als auch in Frauengräbern vorkommen (46). Im Verlauf der Früh-LTZ sind F.n in Männer- und Frauengräbern im Mittelrheingebiet sehr selten. Wurden F.n getragen, so besaßen Frauen eine oder zwei F.n, Männer nur ein Exemplar. Die F.-Lg. lag bei 6 cm. Aussagen über die genaue Lage sind nicht möglich, da die Skelette vollständig vergangen waren.

Im Raum Baden-Württ. sind F.n in den Gräbern etwas häufiger. Männer besaßen meist nur ein Exemplar aus Eisen mit einer Lg. von 6 cm. Ist die Lage der F. bekannt, zeigt sich eine Bevorzugung der linken Schulter. Auch in der Mittel-LTZ wird nur eine F. mitgegeben, die allerdings 10 und mehr cm lg. sein kann. Da Brandbestattung vorherrscht, ist über die Lage der F.n selten eine Aussage möglich. Bei den Frauen werden eine F., häufiger zwei oder mehr F.n auf der rechten oder linken Schulter angetroffen. Die Einzel-F. hat eine Lg. von 5–6 cm, kommen mehrere Exemplare vor, sind meist eine größere und mehrere kleine F.n vorhanden.

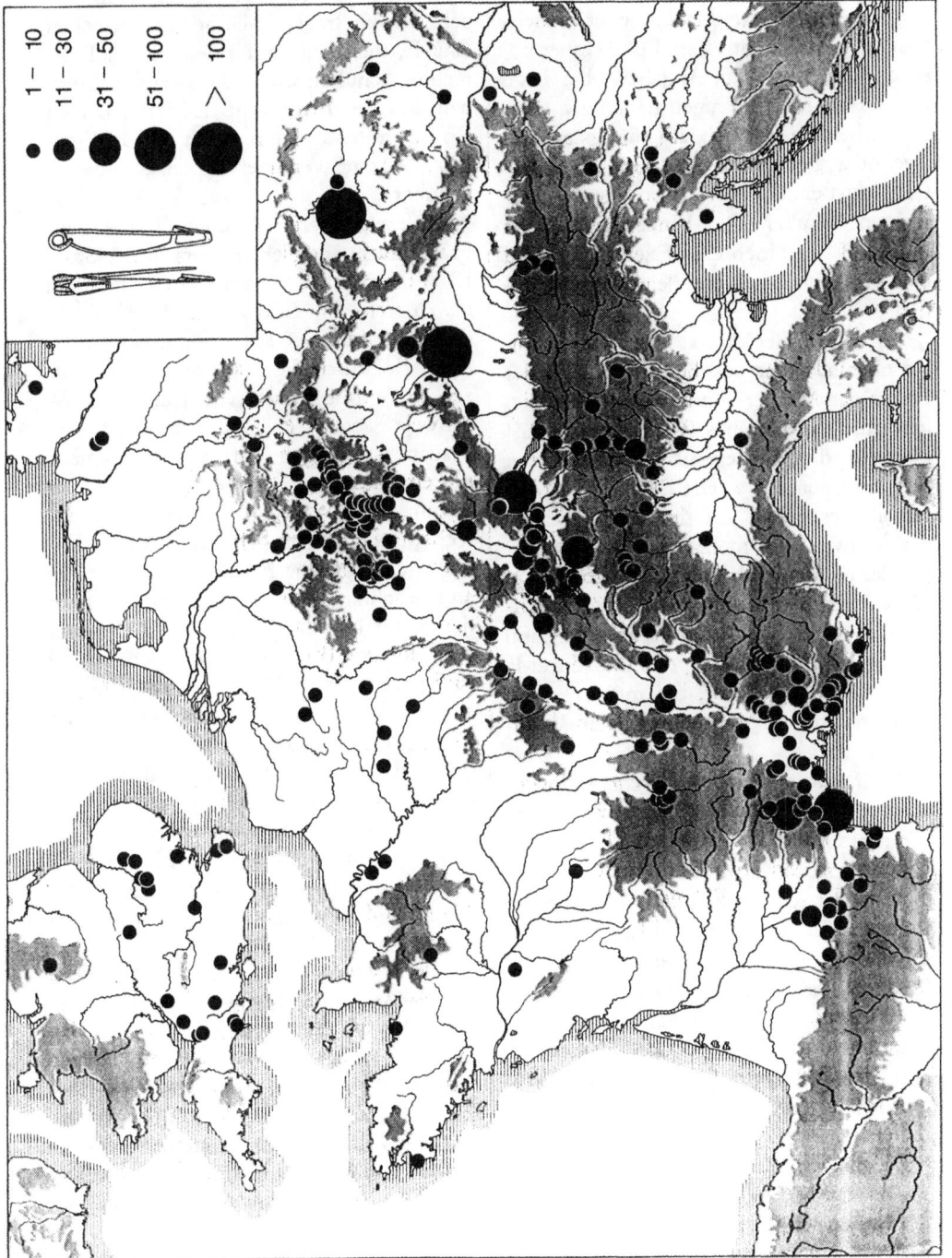

Abb. 91. Verbreitungskarte der Nauheimer Fibel

Im Raum S-Bayern sind in der Mehrzahl der Männergräber und fast in jeder Frauenbestattung F.n anzutreffen. Die Männer besitzen meist zwei F.n, Angaben über Lage und Größe fehlen. Frauen haben zw. einer und sieben F.n im Grab, am häufigsten sind zwei oder drei Stücke. Sie liegen im Schulter-Brust-Bereich mit Bevorzugung der rechten Schulter. Die Einzel-F. ist 5 cm und größer, bei mehreren Exemplaren sind eine große und mehrere kleine F.n vorhanden.

Im österr. Gebiet war das Tragen von F.n ebenfalls sehr beliebt. In mehr als der Hälfte der Männer- und Frauengräber liegen F.n. Der Mann besaß selten eine, meist zwei F.n, die vorwiegend auf der rechten Schulter lagen, das zweite Exemplar lag unterhalb des ersten auf der Brust. Frauen hatten zwei oder mehr F.n, die entweder auf der rechten oder linken Schulter saßen. Zwei Exemplare lagen meist eng zusammen an einer Schulter. Für Männer- und Frauen-F.n gilt auch hier, daß die Einzel-F. ein größeres Stück ist, bei mehreren F.n aber eine größere und mehrere kleine kombiniert sind.

Auch auf dem Gebiet der ehem. Tschechoslowakei wurden in mehr als zwei Dritteln aller Gräber F.n gefunden. Die Männer haben meist ein etwa 6 cm langes Exemplar auf der rechten Schulter, während die Frauen meist eine oder zwei F.n, aber auch mehr Exemplare im Schulter-Brust-Bereich besitzen. Bevorzugung einer Schulter ist nicht erkennbar. Zwei F.n liegen meist nahe zusammen an einer Schulter. Einzel-F.n sind etwa 5 cm groß, bei mehreren Exemplaren wird eine große mit kleineren kombiniert.

In der Schweiz sind wegen der reichen Trachtbeigaben in den Gräbern während der Stufen LT A bis C1 im Mittelland und in der W-Schweiz die besten Voraussetzungen vorhanden, Aussagen über die Kleidung zu erhalten (33; 34; 36).

In der gesamten Schweiz war es allg. üblich, F.n zu tragen. Männer haben selten eine F., meistens zwei Exemplare auf der rechten Schulter, wobei die zweite F. unterhalb auf der Brust liegt. Eine der beiden F.n ist größer als 5 cm. Auch in der Mittel-LTZ ist keine Veränderung dieser Sitte erkennbar.

Differenziertere Aussagen sind zur Frauentracht möglich. Bereits in der Stufe LT A besitzen die Frauen mehr als drei und bis zu sechs F.n. In der Stufe LT B erhöht sich ihre Zahl auf acht, neun, zehn oder mehr F.n. Auch die Mädchengräber besitzen eine große Anzahl von F.n. In der W-Schweiz liegen ebenfalls in fast allen Frauenbestattungen F.n, allerdings meist nur ein oder zwei Exemplare.

Einzelne F.n liegen entweder auf der rechten oder linken Schulter, bei zwei Exemplaren liegt eine F. auf der Schulter, die andere schräg darunter, oder beide F.n werden nahe beieinander auf einer Schulter oder auf der Brust gefunden. Sehr häufig sind jetzt F.-Paare. Drei oder vier F.n sind entweder auf beide Schultern verteilt oder häufen sich auf einer Schulter. Bei einer höheren F.-Anzahl muß daran gedacht werden, daß die F.n keine direkte Funktion an der Kleidung der Toten besaßen, sondern daß sie vielmehr den gesamten F.-Schmuck der Frau darstellten. Mit dem Übergang zur Mittel-LTZ sind keinerlei Veränderungen in der Tracht zu beobachten.

Die Tragweise der F.n läßt Rückschlüsse auf die Art der Kleidung zu. Bei den Männern deuten die einzelnen größeren F.n darauf hin, daß sie zum Zusammenhalten eines groben Stoffes, wahrscheinlich eines Mantels gedient haben, der auf der rechten oder linken Schulter zusammengehalten wurde. Die kleinere F. könnte zum Schließen eines Obergewandes benutzt worden sein.

Grundlage der Frauenkleidung ist ein Überkleid, das mit je einer F. auf den Schultern an einem Untergewand befestigt

Fibel und Fibeltracht 55 (465)

Abb. 92. Trachtbeispiel für Frau und Mädchen, freie Rekonstruktion (nach F. Müller [36])

wurde (Abb. 92). Die kleineren F.n im Brustbereich könnten zum Verschließen des an Hals und Brust offenen Unterkleides benutzt worden sein. Über dem Kleid wurde ein Mantel getragen, der aus einem rechteckigen Stück Stoff bestand und auf einer Schulter mit einer F. zusammengehalten wurde. Teilweise besaßen Mädchen schon die Tracht der erwachsenen Frau.

Schwieriger werden die Verhältnisse in der Spät-LTZ, da vor allem aus S-Deutschland die Gräber fehlen. Im spätlatènezeitlichen Körpergräberfeld von Basel (32) können für diese Zeitspanne keine Aussagen zur Tracht gemacht werden, da auch in Frauengräbern nie mehr als eine F. gefunden wurde. Im Trierer Land, z.B. im Gräberfeld von Wederath-Belginum (19), ist die Beigabensitte in den Brandgräbern stärker ausgeprägt. Obwohl hier keine Angaben über die Lage der F.n möglich sind, ist festzustellen, daß paarige F.n auch jetzt noch Bestandteil in reicheren Frauengräbern sind. Auch mehr als drei F.n kommen öfter vor. Sie belegen ebenfalls für die Spät-LTZ die typische F.-Kombination der Frauen. Ob einzelne F.-Formen für Männer und Frauen typisch sind, wurde bisher nur für die Nauheimer F. untersucht. J. Werner stellte die These auf, daß die Nauheimer F. zur Frauentracht gehöre (61). Bisher gibt es keine stichhaltigen Argumente gegen ihr Auftreten als typisches Element der Frauentracht. Eiserne F.n kommen in Männer- und Frauengräbern vor, wobei die großen Exemplare verstärkt bei den Männern zu beobachten sind und als Mantel-F.n interpretiert werden.

b. Produktion und Werkstätten. Über Werkstätten, in denen F.n hergestellt wurden, ist für die gesamte Dauer der LTZ kaum etwas bekannt. Dies liegt in der Früh- und Mittel-LTZ vor allem daran, daß die meisten F.n aus Gräbern oder Horten stammen. In der Spät-LTZ findet man zwar in den Oppida und den offenen Siedlungen F.-Halbfabrikate oder ganz selten Gußformen, aber genau lokalisierbar sind die Werkstätten in den Siedlungen kaum. Sicher wurden Bronze- und Eisen-F.n von verschiedenen Handwerkern angefertigt, da Bronze-F.n meist gegossen sind, Eisen-F.n aber geschmiedet werden mußten.

Die Masken- und Tierkopf-F.n der Früh-LTZ sind meist in der verlorenen Form gegossen und zweigliedrig, d.h. der Bügel bekam am Kopf eine Öse, durch die ein Achsstift gesteckt wurde, um den dann der Spiraldraht gewickelt werden konnte. Um das Herausrutschen der Spirale zu verhindern, wurden kleine Kugeln auf die Achsstiftenden aufgeschoben. Die Unters. von H. Drescher (9) zeigten, daß bei eingliedrigen Frühlatène-F.n teilweise im Überfangguß gearbeitet wurde, d.h. daß der vorbereitete F.-Draht an dieser Stelle plattgeschlagen wurde, um eine bessere Haftung zu ermöglichen. Dann wurde er in die Form eingelegt und diese mit Bronze ausgegossen. Auch der Fußabschluß wurde manchmal in dieser Technik angebracht. Selten sind Vernietungen des Spiral- und Nadelteils mit dem Bügel, wobei hier abzuklären ist, ob es sich nicht auch um eine sekundäre Befestigung, also um eine Reparatur handeln könnte.

In der Mittel-LTZ werden die F.n meist drahtförmig, wobei die Verzierung in die Konstruktion miteinbezogen wird, z. B. am Bügelknoten. Auch jetzt wird noch in der Überfangtechnik gearbeitet. Die auf den Fuß aufgegossenen Kugeln besitzen teilweise einen Lehmkern.

Aus den Siedlungen der Spät-LTZ kommen einige F.-Halbfabrikate, unter denen die der → Nauheimer F. am häufigsten vertreten sind (12).

Die drahtförmigen Spätlatène-F.n wurden aus Eisen- und Bronzedraht gebogen. In der Mitte der Spät-LTZ kommt wieder vermehrt der Bronzeguß auf. Es werden wieder wie in der Frühzeit schwerere, üppigere F.-Formen bevorzugt. Es entsteht ein breiteres F.-Spektrum als zur Zeit der Nauheimer F. Aus dieser Zeit sind nun zum erstenmal auch zweiteilige Gußformen belegt, die mehrmals verwendet werden konnten (9; 7). Daß auch mit dem Guß in der verlorenen Form eine „Massenproduktion" möglich war, zeigt eine tönerne Gußform aus den augusteischen Schichten in → Bibracte. Mit ihr konnten zwölf F.n auf einmal gegossen werden (14). Wenn auch für die LTZ bisher keine derartigen Gußformen bekannt sind, so ist trotzdem damit zu rechnen, daß die Kelten solche Formen kannten und verwendet haben.

Neben dem Gußverfahren wurden auch Eisen-F.n geschmiedet, deren Herstellung zeitaufwendiger war als die gegossener Bronze-F.n. Dies zeigt sich vor allem an den zahlreichen Varianten der F. vom Typ Almgren 65, wie sie z. B. im Oppidum von → Altenburg-Rheinau vorkommen (35).

Der Materialbedarf für Eisen- und Bronze-F.n ist äußerst gering. Für eine Eisen-F. wurden etwa 7–20 g und für eine Bronze-F. 3–10 g Material gebraucht.

Während der Stufe LT D ist bei den Spiralkonstruktionen der F.n eine Wandlung von der unteren zur oberen Sehne zu beobachten, obwohl diese keinen Einfluß auf die F.-Funktion hat.

Bis heute fehlen weiträumige Vergleiche über gußgleiche Stücke, Punzen und Verzierungen, die vielleicht neue Erkenntnisse zur Organisation des Handwerks oder zu Werkstattkreisen bringen könnten.

(1) Almgren, Fibelformen. (2) R. Beltz, Die Latène-F.n, Zeitschr. f. Ethn. 43, 1911, 664–817, Nachträge: 930–943. (3) U. Binding, Stud. zu den figürlichen F.n der Früh-LTZ, 1993. (4) R. Christlein, Datierungsfragen der spätlatènezeitlichen Brandgräber Südbayerns, Bayer. Vorgeschichtsbl. 29, 1964, 241–249. (5) M. Čižmář, Zur relativ-chron. Stellung des jüngsten Horizontes kelt. Gräberfelder in Mähren, Arch. Rozhledy 22, 1970, 569–573. (6) Ders., Relativní chronologie keltských pohřebišť na Moravě, Památky Arch. 66/2, 1975, 417–436. (7) Déchelette, Manuel IV, 751 ff. und 1045–1053. (8) W. Dehn, Die Doppelvogelkopf-F. aus dem Val-de-Travers, in: Helvetia antiqua (Festschr. E. Vogt) 1966, 137–146. (9) H. Drescher, Der Überfangguß. Ein Beitr. zur vorgeschichtl. Metalltechnik, 1958. (10) J. Filip, Keltové ve střední Evropě, 1956. (11) A. Fitzpatrick, J. V. S. Megaw, Further Finds from the Le Câtillon Hoard, Proc. Prehist. Soc. 53, 1987, 433–444. (12) A. Furger-Gunti, Zur Herstellungstechnik der Nauheimer-F., in: Festschr. E. Schmid, 1977, 73–84. (13) R. Gebhard, Der Glasschmuck aus dem Oppidum von Manching, 1989. (14) J. P. Guillaumet, Les fibules de Bibracte. Technique et typologie, Université de Dijon 1984. (15) A. Haffner, Ein Grabhügel der Spät-HaZ von Riegelsberg, Ldkrs. Saarbrücken, Ber. der staatlichen Denkmalpflege Saarland 16, 1969, 49–60, bes. 56 f. (16) Ders., Rezension zu G. Mahr, Die Jüng. Latènekultur des Trierer Landes, Germania 47, 1969, 233–243. (17) Ders., Zum Ende der LTZ im Mittelrheingebiet unter bes. Berücksichtigung des Trierer Landes, Arch. Korrespondenzbl. 4, 1974, 59–72. (18) Ders., Zur absoluten Chron. der Mittel-LTZ, ebd. 9, 1979, 405–409. (19) Ders., Gräber, Spiegel des Lebens. Zum Totenbrauchtum der Kelt. und Röm. am Beispiel des Treverer-Gräberfeldes Wederath Belginum, in: Ausstellungskat. Rhein. Landesmus. Trier, 1989, mit sämtlicher Lit. auf S. 433. (20) F.-R. Hodson, The La Tène Cemetery at Münsingen-Rain, 1968. (21) P. Jacobs-

thal, Early Celtic Art, 1944. (22) K. Kostrzewski, Die ostgerm. Kultur der Spät-LTZ, 1919. (23) W. Krämer, Manching, ein vindelikisches Oppidum an der Donau, in: Neue Ausgrabungen in Deutschland 1958, 175–202. (24) Ders., Manching II. Zu den Ausgrabungen in den Jahren 1957–1961, Germania 40, 1962, 293–317. (25) Ders., Das kelt. Gräberfeld von Nebringen (Kr. Böblingen), 1964. (26) Ders., Silberne F.-Paare aus dem letzten vorchristl. Jh., Germania 49, 1971, 111–132. (27) Ders., Das kelt. Oppidum bei Manching, in: Vor- und frühgeschichtl. Arch. in Bayern, 1972, 119–129. (28) Ders., Die Grabfunde von Manching und die latènezeitlichen Flachgräber in Südbayern, 1985. (29) V. Kruta, Le trésor de Duchcov dans les collections tchécoslovaques, 1971. (30) S. Kurz, Figürliche F.n der Früh-LTZ in Mitteleuropa, Fundber. aus Baden-Württ. 9, 1984, 249–278. (31) H. Lorenz, Totenbrauchtum und Tracht. Unters. zur regionalen Gliederung in der frühen LTZ, Ber. RGK 59, 1978, 1–380. (32) E. Major, Gall. Ansiedlung mit Gräberfeld bei Basel, 1940. (33) S. Martin-Kilchner, Zur Tracht- und Beigabensitte im kelt. Gräberfeld von Münsingen-Rain (Kant. Bern), Zeitschr. f. Arch. und Kunstgesch. 30, 1973, 26–39. (34) Dies., Das kelt. Gräberfeld von Vevey VD, Jahrb. Schweiz. Ges. für Urgesch. 64, 1981, 107–129. (35) M. Maute, Das F.-Spektrum aus dem spätlatènezeitlichen Oppidum Altenburg, Kr. Waldshut, Arch. Korrespondenzbl. 21, 1991, 393–397. (36) F. Müller, „Kulturelle Vielfalt" – Das Bild der Frau in der Schweiz vor 2350 Jahren, Arch. der Schweiz 14, 1991, 115–123. (37) H. Polenz, Mittel- und Spätlatènezeitliche Brandgräber aus Dietzenbach, Ldkrs. Offenbach am Main, Stud. und Forsch. N F 4, 1971, 3–115. (38) Ders., Gedanken zu einer F. vom Mittellatèneschema aus Káyseri in Anatolien, Bonner Jahrb. 178, 1978, 181–216. (39) M. Primas, Zur Verbreitung und Zeitstellung der Certosa-F., Jahrb. RGZM 14, 1967 (1970), 99–133. (40) H. Reim, Ein Versteckfund von Münzen und F.n aus der Spät-LTZ bei Langenau, Alb-Donau-Kr., Arch. Ausgrabungen 1979, 1980, 50–53. (41) P. Reinecke, Grabfunde der ersten La Tènestufe aus NO-Bayern, AuhV 5, 1911, 281–287. (42) Ders., Grabfunde der zweiten La Tènestufe aus der Zone nordwärts der Alpen, ebd., 330–337. (43) Ders., Grabfunde der dritten La Tènestufe aus dem bayer. Donautal, ebd., 288–294. (44) Ders., Funde vom Ende der LTZ aus den Wohnstätten bei Karlstein unweit Reichenhall, Oberbayern, ebd., 364–369. (45) S. Rieckhoff-Pauli, Der Lauteracher Schatzfund aus arch. Sicht, Num. Zeitschr. 95, 1981, 11–21 mit ält. Lit. (46) U. Schaaff, Ein kelt. Fürstengrab von Worms-Herrnsheim, Jahrb. RGZM 18, 1971 (1974), 51–113. (47) S. von Schnurbein, Unters. zur Gesch. der röm. Militärlager an der Lippe, Ber. RGK 62, 1981 (1982), 5–101. (48) H. Schönberger, Die Spät-LTZ in der Wetterau, Saalburg-Jahrb. 11, 1952, 21–130. (49) W. E. Stöckli, Bemerkungen zur räumlichen und zeitlichen Gruppierung der Funde im Oppidum von Manching, Germania 52, 1974, 368–385. (50) B. Teržan, Die Certosa-F., Arheološki Vestnik 27, 1976, 317–536. (51) D. Timpe, Der Triumph des Germanicus, 1968. (52) Ders., Zur Gesch. und Überlieferung der Okkupation Germaniens unter Augustus, Saeculum 18, 1967, 278–293. (53) O. Tischler, Ueber Gliederung der La-Tène-Per. und über die Dekorierung der Eisenwaffen in dieser Zeit, Correspondenz-Bl. Dt. Ges. für Anthrop., Ethn. und Urgesch. 16, 1885, 157–161. (54) Ders., Die Gewandnadeln oder F.n, in: A. B. Meyer, Gurina im Obergailthal (Kärnthen), 1885, 15–37. (55) Ders., Über die Formen der Gewandnadeln nach ihrer hist. Bedeutung, Beitr. z. Anthr. u. Urgesch. Bayerns 4, 1881, 47–84. (56) D. Viollier, Fouilles exécutées par les soins du Musée National VII. Le cimetière gallo-helvète d'Andelfingen (Zürich), Anz. f. Schweiz. Altkde., N F 14, 1912, 16–57. (57) Ders., Le cimetière gaulois de Saint-Sulpice (Vaud). Deuxième partie, ebd. 17, 1914, 1–18. (58) Ders., Les sépultures du second âge du Fer sur le Plateau suisse, 1916. (59) P. Vouga, La Tène, 1923. (60) J. Waldhauser (Hrsg.), Das kelt. Gräberfeld bei Jenišův Újezd in Böhmen, 1978. (61) J. Werner, Die Nauheimer F., Jahrb. RGZM 2, 1955, 170–195.

M. Maute

F. Vorrömische Eisenzeit in Norddeutschland und Skandinavien
§ 19. Allgemeines. Obwohl die F. im N seit der ält. BZ bekannt war und zur Tracht gehörte (vgl. § 3), ist sie aus der jüng. BZ N-Deutschlands und Skand.s (4) infolge des gewandelten Bestattungs- und Beigabenritus aus Gräbern kaum überliefert (vgl. § 5). Doch sind F.n im N noch über Jhh. gefertigt worden, wie aus ihrem Nachweis in → Depotfunden hervorgeht (35). Aus der Fundüberlieferung wird ersichtlich, daß F.n in der jüng. Nord. BZ (→ Bronzezeit II § 18e) im Laufe der Zeit größer und schwerer werden (vgl. § 5), so daß ihre Verwendung als Trachtbestandteil zumindest zweifelhaft erscheint. Zum anderen zeigt sich, daß die Qu.-Lage das tat-

sächliche Erscheinungsbild für die Tracht nicht wiederzugeben vermag. Andererseits ist auch damit zu rechnen, daß der → Knopf in Form des Doppelknopfes, der nahezu während der gesamten Nord. BZ bekannt war, aber auch → Nadeln wieder die Funktion des Gewandverschlusses übernahmen (3; [→ Chronologie II, § 24c]).

Soweit aus der Ausstattung in Gräbern auf die Tracht geschlossen werden kann, sind im N seit der jüng. BZ und während der gesamten ält. vorröm. EZ überwiegend Nadeln zum Zusammenhalten des Gewandes verwendet worden. Die F.n der vorröm. EZ im N schließen nach Konstruktion und Gestalt nicht an die jüngstbronzezeitl. Platten-F.n (vgl. § 5) an, sondern besitzen Vorbilder im s-mitteleurop. Hallstattbereich. Hier ist die F. als Kleiderschließe jüngerer Entstehung (vgl. §§ 8, 14, 15) und hat die Nadel gebietsweise erst im Laufe der EZ mehr und mehr verdrängt.

Zudem sind im regionalen Zwischenbereich von Nord. Kreis und s-mitteleurop. UK temporär F.-Ausprägungen bekannt, die ohne Auswirkung auf die jüng. F.-Gestaltung blieben. Das sind beispielsweise aus dem Lüneburger Bereich überlieferte F.n (vgl. § 6), die sowohl in der Haartracht als auch in der Kleidung Verwendung fanden, sowie sog. Spindlersfelder F.n, deren Verbreitung sich stellenweise bis in den s-dt. Urnenfelderbereich erstreckt (49).

R. Müller

Quellenlage. Grundsätzlich wird die Qu.-Lage im Untersuchungsgebiet während der gesamten vorröm. EZ durch die Brandbestattung geprägt. Auch wenn es in den letzten Jahrzehnten gelang, Urnengräberfelder jener Zeit umfassend auszugraben und dadurch einen repräsentativen Einblick in die auf den Scheiterhaufen gelangten metallenen Materialien zu gewinnen, wird davon auszugehen sein, daß ein Großteil der mitgegebenen Kleinfunde, bes. auch solche aus Bronze, im Brand verlorengegangen sein können. Auch zeigen im Bereich der → Nienburger Gruppe ausgegrabene Scheiterhaufengräber (→ Grab und Grabbrauch), daß ein großer Teil der Brandrückstände inklusive der ange- oder zerschmolzenen Beigaben in den Brandrückständen liegen blieben und auch nur ein Teil des Leichenbrandes in die jeweilige Urne gelangte (15). Jede Unters. zu Objektgruppen aus Urnengräbern muß daher ins Kalkül ziehen, daß die Komplettheit des Fundes, aber auch dessen Geschlossenheit nicht gesichert ist. Damit entfallen jedoch prinzipiell grundlegende methodologische Voraussetzungen für eine wiss. Beurteilung des Fundguts aus Brandgräbern nicht nur für chron. Fragen, sondern auch für soziale Fragestellungen oder Überlegungen zur Tracht etc. Dieser Einschränkung muß man sich bei der Diskussion auch der F.n bewußt sein.

Kennzeichnend für das Gebiet der → Jastorfkultur im n-dt. Tiefland sind große Urnenbestattungsplätze mit einem z. T. sehr einheitlichen Materialbestand. In Siedlungen, wie sie für jene Zeit etwa aus dem Nordseeküstenbereich (z. B. Boomborg/→ Hatzum; → Wurtensiedlungen) oder aus Jütland (z. B. → Hodde) vorliegen, sind F.-Funde die Ausnahme.

§ 20. F.-Typen in N-Deutschland – a. Hallstattabhängige F.n und daraus weiterentwickelte Formen. Das früheisenzeitliche F.-Spektrum in der Jastorfkultur beginnt mit Formen der Späthallstatt-/Frühlatènekultur (z. B. 40, Abb. 4a), unter ihnen relativ häufig Doppelpauken-F.n, seltener kleine Fußzier-F.n (vgl. zu beiden § 12 f.) wie etwa das als Importfund anzusehende Exemplar aus dem Urnengräberfeld von Garbsen bei Hannover (7) oder certosafibelähnliche Exemplare mit massivem Fußknopf (53; 16; vgl. auch 8, 15 f.). Von wenigen Importen abgesehen sind die meisten der Doppelpauken-F.n, die im Bereich der Jastorfkultur eine besondere Aufnahme erfahren, Produkte des Gebietes. Am verbreitetsten ist wohl der Typ VI, 1 nach J. Bergmann (vgl. § 11), eine einfache, aus Bronzeblech getriebene F., deren Bügel und kleinerer Fuß halbkugelförmig ausgetrieben sind, wobei die Wölbungen abgeflacht sein können

In Mitteldeutschland, dem Schwerpunkt ihrer n. Verbreitung, hat H. Seyer die dort gefundenen Exemplare in drei Varianten weiter untergliedert (47; 48). F.n der Varianten A sind gänzlich aus Bronze gefertigt und gleichen den hallstättischen Vorlagen. Bei den Exemplaren der Varianten B ist die Spiralkonstruktion aus Eisen, und nur die Pauken sind aus Bronze, Formen der Varianten C hingegen wurden vollständig aus Eisen gefertigt. Da die Varianten B und C in der Hallstattkultur nicht vertreten sind, kennzeichnet Seyer sie als lokale Umgestaltungen. Diese Formen weisen teilweise formale und technische Merkmale (Ösennadelkonstruktion, Unterkonstruktion, auf der die Bronzepauken aufgenietet sind, aus Eisen) mit den Heitbracker und Tinsdahler F.n auf (s. u.), so daß für diese eine Beeinflussung durch die Varianten B und C der Doppelpauken-F. angenommen wird (47, 22). Allerdings wird die Unterteilung Seyers angezweifelt und auch die Variante A als regionale Imitation hallstättischer Vorlagen gedeutet (25). Die Kartierung der Varianten zeigt eine Konzentration der F.n Variante A im Gebiet zw. Elbe und Havel, während die Varianten B und C an der Peripherie dieses Schwerpunktes liegen bzw. eine nw. daran anschließende Verbreitung aufweisen (48; 25). Variante A wird übereinstimmend in den Zeitraum Hallstatt D3/ Latène A bzw. in Stufe Ia nach Keiling und Seyer datiert (32; 48), die Varianten B und C sind offenbar jüng. und werden dem Zeitraum Stufen Ib bis Ic bzw. Latène A/ B zugeordnet (48; 5).

Von den Pauken-F.n abgeleitet werden die Band- oder Altmärkischen F.n, die paarweise getragen und oft kombiniert mit einem Kettenplattenschmuck, dem sog. „Altmärkischen Kettengehänge" (s. u.), benutzt wurden (Abb. 94,1). Bei den Altmärkischen oder Band-F.n handelt es sich um Formen mit meist leicht geblähtem und ovalem, öfter mit einer Mittelrippe verziertem Bügel und aufwärtsgebogenem Fuß, der paukenförmig ausgestaltet ist. Die Stücke sind meist aus Eisen, seltener aus Bronze gefertigt. Ihr Verbreitungsschwerpunkt in der Altmark und im Elbe-Havel-Gebiet mit Exemplaren im Lüneburgischen und in Ostholstein ist etwa identisch mit dem Vorkommen der Doppelpauken-F. (19; 48). Chron. gehören sie der Stufe Ib nach Keiling oder Seyer (20; 48) bzw. der Stufe Jastorf b nach Schwantes (45) an.

Zu den auffälligsten F.n der ält. vorröm. EZ gehören die Platten-F.n, die bes. für das Lüneburger Gebiet typisch sind, aber auch in der Altmark, in Mecklenburg und in Holstein vorkommen (48). Ihre Entstehung wird auf Hallstattformen zurückgeführt (20). Drei Typen werden allg. unterschieden: Die Tinsdahler, die Heitbracker und die Malenter F.n. Kennzeichnend für diese einheimischen Produkte ist, daß — nach Behrends — „deren Schmuckteile sich um eine zentrale Platte gruppieren" (5, 43). Leider sind die Bronzeschmuckteile dieser F.n wegen Brandzerstörung in der Regel nicht erhalten.

Die Tinsdahler F. mit ihrer Lg. bis annähernd 20 cm (Abb. 93,1) hat eine aus Eisen geschmiedete bandförmige Unterkonstruktion und eine einfache Scharnierkonstruktion der Nadel. Die große Mittelscheibe und die darüber bzw. darunter anschließenden kleeblattförmig angeordneten drei kleinen Bronzeblechscheiben sind auf die eiserne Unterkonstruktion aufgenietet und können mit Rillen oder Sicken verziert sein.

Kleiner sind die „Heitbracker F.n", deren kennzeichnendes Merkmal wiederum die große, auf einer bandförmigen Unterkonstruktion aus Eisen aufgenietete bronzene Mittelscheibe ist, die aber statt der drei jeweils darüber und darunter liegenden

Scheiben Querstege aufweist und deren Kopfteil in einem Dorn mit einer Perle oder einer länglichen Kugel endet (Abb. 93,2).

Bei der als „Malenter F." oder „Flügelnadel-F." bezeichneten dritten Form der Platten-F. soll es sich um eine Weiterentwicklung der Heitbracker F. handeln. Kleiner als jene, hat sie wiederum eine bandförmige eiserne Unterkonstruktion, aber eine bedeutend kleinere bronzene Mittelplatte, die beidseitig dreizackige „Flügelchen" trägt. Kennzeichnend sind darüber hinaus die ober- und unterhalb dieser Mittelplatte angenieteten bronzenen Stege und der am Kopfteil der Unterkonstruktion aufgesetzte lange, mit drei Kügelchen besetzte dornenförmige Fortsatz aus Bronze (Abb. 93,3).

Abb. 93. Hallstattabhängige Fibeln

Ihr verwandt sind die Zachower F.n, die einen von jenen ostwärts liegenden Verbreitungsschwerpunkt bis an die Oder aufweisen (44; 20). Sie sind gegossen, ringförmig gestaltet und besitzen einen trompetenförmigen Kopf, wobei die flügelförmigen Fortsätze am ringförmigen Körper die formale Verbindung zu den Malenter oder Flügelnadel-F.n implizieren. Bei der Spiral-Nadel-Konstruktion handelt es sich auch bei diesem F.-Typ um eine einfache Ösenkonstruktion (Abb. 93,4).

Die Tinsdahler und Heitbracker F.n datieren in die Stufe Jastorf b und c nach Schwantes (45) oder Ic nach Keiling (20) bzw. Behrends (5). Eine frühere Datierung in die Stufe Ia nach Keiling (19) läßt sich aus dem Fundbestand nicht deutlich ableiten. Sie kennzeichnen die fortgeschrittene ält. vorröm. EZ. Die Malenter oder Flügelnadel-F.n sind nach den Unters. auf dem Bestattungsplatz → Schwissel jüng. Gleichalt und jüng. sind die Zachower F.n , die in mehreren geschlossenen Funden auch aus der Spät-LTZ vorliegen (44).

Eine zu den Platten-F.n gehörende lokale Variante ist die im Gebiet der Uckermark vorkommende Doppelscheiben-F. Bei dieser sind zwei Bronzescheiben mit nach unten umgebördeltem Rand auf eine bandförmige eiserne, am Kopfende mit einem Quersteg versehene Unterkonstruktion aufgenietet. Auf diesem Quersteg sind zwei Bronzeschälchen angebracht, deren Niete durch zwei weitere, ebenfalls gestiftete Schälchen geführt werden, die jene nach oben weisenden Bronzeschälchen halten. Dabei kann die Anzahl der angenieteten Schälchen variieren. Die Doppelscheiben-F.n werden von den Pauken-F.n abgeleitet. Ihr Vorkommen ist bis in die Stufe Ic nach Keiling nachzuweisen (25).

Eine weitere F.-Form der Jastorfkultur mit lokaler Verbreitung ist die Pommersche F. (Abb. 93,5). Hierbei handelt es sich um einen aus Bronze gegossenen, z. T. recht schweren F.-Typ (bis 200 g) mit bandförmigem, unverziertem Bügel und drei im Dreieck angeordneten Schalenknöpfen, die am Bügel befestigt sind und durch Spiralen miteinander verbunden werden. Man findet sie meist paarweise. Sie wurden wahrscheinlich an den Schultern getragen und durch U-förmig durchhängende längere Ketten verbunden (20). Datiert werden diese F.n in die Stufe IIa–IIc nach Keiling, was dem Zeitraum des Übergangs der Stufen Latène B2/C entspricht. Ihren Verbreitungsschwerpunkt haben die Pommerschen F.n zw. Schweriner See und Odermündungsgebiet (19; 20; 22; 39; 18).

H.-J. Häßler

b. Latène-F.n. Allgemeines. Die F. hat sich als Trachtzubehör im n. Mitteleuropa, nach ihrer Niederlegung in Gräbern zu urteilen, endgültig erst in einem fortgeschrittenen Stadium der EZ unter Verwendung des Latèneschemas und nicht als Weiterführung vereinzelt bereits vorhandener Späthallstattformen durchgesetzt (vgl. § 11). Die Aufnahme der Latène-F. im N fällt zusammen mit der Übernahme weiterer Sachgüter aus dem kelt. Latènebereich und liefert damit entsprechend ihrer dortigen Datierung auch für den heimischen Sachbestand eine meßbare Größe. Die Forsch. trennt daher für den arch. Sachbestand im n. Mitteleuropa eine ält. vorröm. EZ ohne erkennbaren Latèneeinfluß von einer jüng. vorröm. EZ, in der dieser Einfluß überwiegt. Die Zäsur zw. beiden Abschnitten fällt mit einer deutlich ausgeprägten Dominanz von Sach-Qu. zusammen, die aus der Latènekultur übernommen bzw. entlehnt worden sind, insbesondere mit F.n. Doch ist diese Markierung nicht überall gleichzeitig, sondern sie verschiebt sich je nach Beginn des Einflusses zeitlich und regional nach N (→ Chronologie II, § 25b [37]).

Die Analogien im Denkmälerbestand des s. und n. Mitteleuropas, in dem F.n nach Zahl und Bedeutung eine wesentliche

Rolle spielen, führten zur Bezeichnung → Latènezeit, einem Begriff, der Unterschiede sozialer, ethnischer oder geistiger Natur unberücksichtigt läßt. Für latènezeitliche F.n gelten daher vielfach gleiche Namen, unabhängig von geogr. Herkunft oder kultureller Zugehörigkeit, auch dann, wenn sich ihr Duktus mitunter erheblich von dem der „echten" Latène-F.n unterscheidet. Auch ist trotz weitgehender Übereinstimmung bzw. Ähnlichkeit in Gestalt, Konstruktion (Früh-, Mittel- und Spätlatèneschema, vgl. § 17) und Material nicht zwangsläufig auf gleiche Verwendung und Bedeutung für den Träger bzw. die Trägerin auszugehen.

Andererseits ist anzunehmen, daß sich dieser Einfluß, der sich in der verstärkten Übernahme der F. und anderer Erzeugnisse und Fertigkeiten zeigt, nicht allein auf das Sachgut beschränkt hat. Das deutet sich bes. im Kontaktbereich zur kelt. Latènekultur u. a. in der Anlage und Ausstattung von Höhensiedlungen (→ Burg; → Burgenkunde), aber auch im Gebrauch von → Glas, → Münzen (→ Handel; → Handelswege) und dgl. an, doch besteht darüber, ob und welche Formen menschlichen Zusammenlebens – soziale Bindungen, geistige Vorstellungen – mit der Übernahme der F. in die Tracht bzw. den Grabbrauch verbunden waren, noch weitgehend Unkenntnis (vgl. ausschließlich oder z. T. mit F.n versehene Opferfunde aus kelt. und nachmals germ. Bereich [→ Dux; → Illerup; → Pyrmont; → Quellfunde]). Wenn auch keine ‚Erfindung' der Kelten, so haben diese die F. als Gewandverschluß in Europa auch durch ihre z. T. hist. überlieferten Aktivitäten (→ Wanderung) zu allg. Gebrauch geführt und sie nach Form und Gestalt bis in die frühe RKZ bestimmt (vgl. § 31).

War der durchgreifende Wechsel von der Nadel- zur F.-Tracht während der jüng. vorröm. EZ durch die Übernahme der Latène-F. herbeigeführt worden, so wurden zunächst im 3./2. Jh. v. Chr. während der Ripdorfzeit (→ Ripdorf) solche Gewandhaften gefertigt, die bei Wahrung des Latèneschemas im N eigenständige Fabrikate bilden. Dazu zählen unter Verwendung des Duxer Schemas aus Bronze gegossene oder geschmiedete F.n, sog. Eichel-F.n (46) oder F.n mit angegossenem Fuß, letztere manchmal auch nach Vorbild des Münsinger Schemas gefertigt (31, 70 ff.). Die erst in dieser Zeit in Blüte stehenden und durch ein kompliziertes und Erfahrung voraussetzendes Gußverfahren (→ Überfangguß) gefertigten → Holsteiner Nadeln sowie die regional gebräuchlichen Weiterentwicklungen später Hallstatt-F.n (43; 44) beleuchten im einzelnen diesen Übergang.

Erst mit der Spätlatènezeit (2./1. Jh. v. Chr.) dominieren im N wie nahezu im gesamteurop. Raum gleiche Konstruktionsschemata und F.-Typen (41). Die Frage, inwiefern daher auch auf Ähnlichkeiten in der Tracht zu schließen ist, tritt in der prähist. Forsch., nicht zuletzt durch die Qu.-Lage begründet, noch immer hinter eine Beantwortung von sachbezogenen Themen zurück, in denen die Lösung chron. und chorologischer Fragen Vorrang besitzt (z. B. [21]).

Andererseits hat gerade die Beschäftigung mit F.n außerordentlich fruchtbare Resultate für methodische Fragen erzielt und die F. in ihrer Bedeutung als chron. ‚Leitform' relativiert. Das wird innerhalb des n-dt. Tieflandes beispielsweise auf mehreren Bestattungsplätzen deutlich, deren Alter und die auf ihnen erkannte Belegungsabfolge eben nicht – wie für → Cammer, Kr. Belzig/Brandenburg angenommen – aus der überregional gewonnenen Zeitstellung von F.n resultiert, sondern sich vielmehr aus der von Platz zu Platz unterschiedlich gehandhabten Praxis der F.-Beigabe bestimmen läßt (36).

Über die grundsätzlichen Bedenken einer Verbindung von arch. Qu. und Ethnos hinaus verbietet die weite Verbreitung gleicher und ähnlicher F.-Typen eine ethnische Zuordnung (11; 12), auch wenn sie immer wieder versucht wird (z. B. [24]). Andererseits werden F.n fremder Herkunft sowohl auf Mobilität von Einzelpersonen (27) als auch auf direkte Zuwanderung von Bevölkerungsgruppen nicht nur mit entsprechender F.-Tracht bzw. Grabausstattung zurückgeführt (2, 136 ff.). Für die danach zu stellende Frage einer ethn. Zuordnung sind F.n allein innerhalb des n. Mitteleuropas in diesem Zeitraum noch wenig hilfreich. Ein beredtes Zeugnis dafür bildet die lang andauernde Kontroverse darüber, ob F.n der Var. J (bzw. G/H [vgl. § 23]) eine ‚kelt.‘ oder eine ‚germ.‘ Bevölkerung repräsentieren (38, bes. 170 ff.; zuletzt 39).

§ 21. Tragweise und Herstellung. Die vorausgehenden Ausführungen haben die Verwendung der F. als Nachfolgerin der Nadel deutlich gemacht. Diese war entsprechend späthallstättischer Sitte oft mit Ringen in Gebrauch, die im N vor allem als Halsschmuck in Form des → Wendelringes überliefert sind (17). Das Nebeneinander von Rezeption und Neuschöpfung in der Tracht geht aus einem Zusammenhang von Twietfurt, Kr. Lübz, Mecklenburg, hervor, wozu zwei Nadeln und zwei Ringe jeweils unterschiedlicher Gestalt sowie eine imitierte Fußzier-F. gehören (40, 133, Abb. 4a). Später ist mit der Übernahme der Latène-F. auch der im s. Mitteleuropa geläufige Halsschmuck in Form des kelt. → Torques im N aufgenommen und wie die F. hier überwiegend autochthon gefertigt worden (51).

Nach allgemeiner Auffassung ist im n-dt. Tiefland außerdem während der Jastorfkultur das Tragen der → Hose mit Gürtel eingeführt worden (42, 6 f.), doch läßt sich eine Tracht für den Mann bzw. die Frau anhand der Funde nicht generell unterscheiden. Aufgrund der Qu.-Lage (s. o. und [14]) läßt sich auch die Zahl der F.n für ein Gewand nicht eindeutig feststellen (vgl. Versuche zur Trachtrekonstruktion bei [48, bes. 78] sowie [9; 29]). Immer noch selten vorliegende Ergebnisse von Leichenbranduntersuchungen geben einen Hinweis darauf, daß verschiedene F.n in einer Urne mitunter mehreren Personen unterschiedlichen Alters zugeordnet werden müssen (10).

Relativ gut hebt sich davon die Kenntnis von Gehängeschmuck (Abb. 94) ab, der mit F.n am Gewand arretiert, innerhalb des n-dt. Tieflandes während der ält. vorröm. EZ weit verbreitet war (22). In der Regel waren beide Enden der vier bis sechs dazugehörenden Ketten, an denen mitunter noch Klapperbleche hingen, an je einer blechförmigen Platte befestigt, die ihrerseits mit einer F. verbunden war. Ist die Zusammensetzung solcher Gehänge überwiegend gleichartig, so variieren sowohl Größe und Gestalt der Platten als auch die jeweils gewählte F.-Form und deren Befestigung an der Kettenplatte.

Die Tragweise solchen Schmuckes läßt sich aufgrund der Überlieferung in Brandgräbern schwer ausmachen, doch wird man eine vergleichbare Funktion annehmen dürfen, wie sie aus der Lage in Körpergräbern der Hallstatt- und Latènekultur erschlossen ist (28). Danach haben überwiegend an der rechten und linken Schulter, selten in der Beckengegend gefundene, meist gleichartige F.n dazu gedient, ein Kleidungsstück zu verschließen oder zwei Gewandteile miteinander zu verbinden.

Sind die feingliedrigen Kettchen auf unterschiedliche Weise mit der F. verbunden, im Hallstattbereich direkt in die Sehne eingehängt, im N dagegen mit Hilfe einer Plattenkonstruktion, so dienten sie überall neben einem praktischen Zweck vor allem zusätzlich als Schmuck (vgl. auch [54, 452]).

Der Gebrauch solcher Kolliers, die zunächst und vielfach noch bis in die LTZ mit Nadeln verbunden waren, bis die F. die Funktion als Kleiderschließe übernahm,

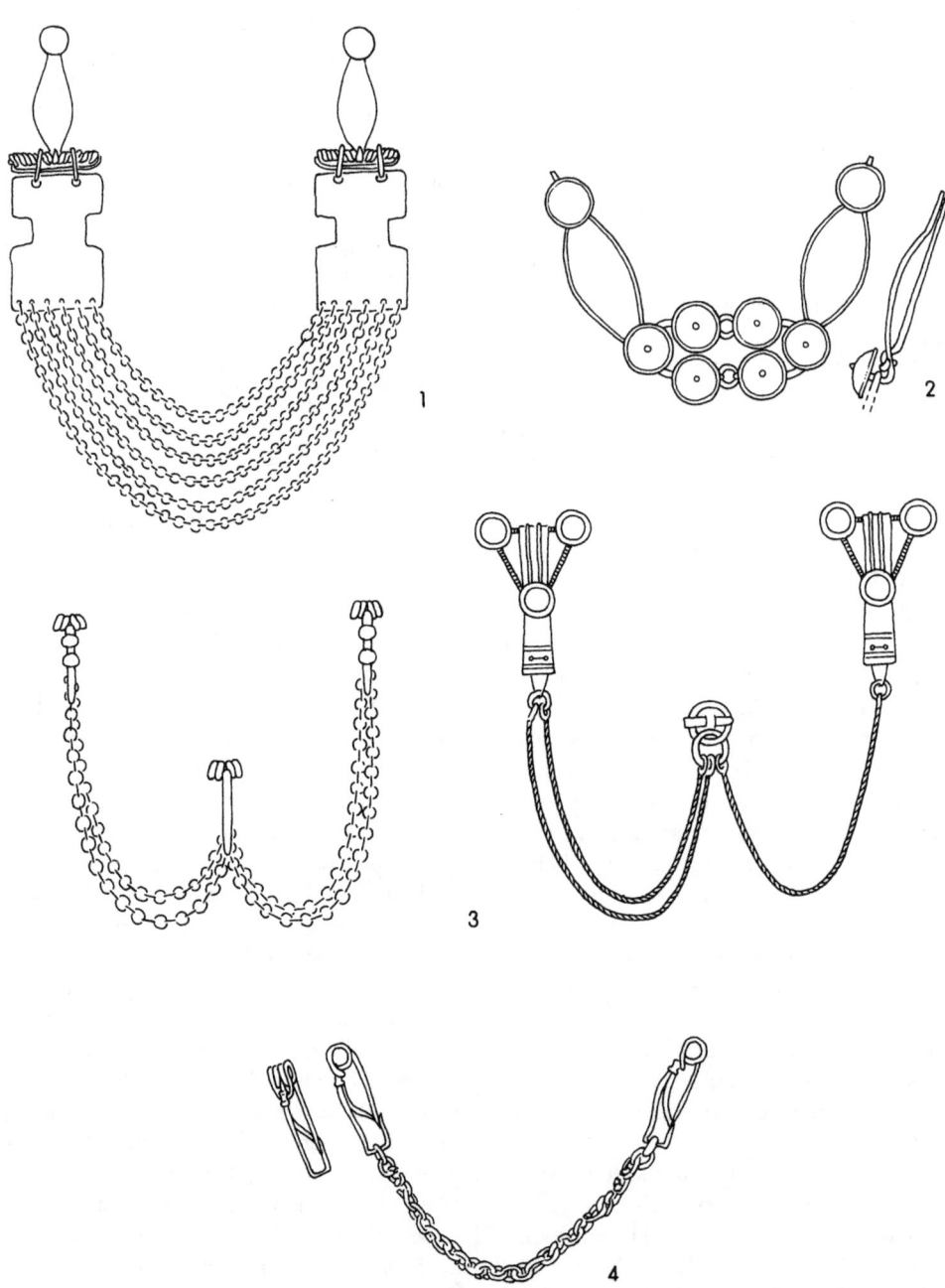

Abb. 94. Fibelkettengehänge der vorröm. EZ (2,4 M. 1:4; 1,3 ohne M.)

steht in der bes. für den O-Hallstattkreis charakteristischen Tradition, Gehängeschmuck reich mit Ketten und Klapperblechen zu versehen, und lebt gebietsweise noch relativ lange bis in die Spät-LTZ fort – wobei dann die F.-Kettengehänge im n-dt. Tiefland dem Konstruktionsprinzip ohne Verwendung von Platten folgen (23).

Übereinstimmung besteht in der Forsch. darüber, daß die mit Kettenplattenschmuck getragenen F.n aufgrund ihrer relativ-chron. Datierung die Dauer dieser ‚Mode' umreißen. Kontrovers wird dagegen die Frage nach dem Aufkommen der Schmuck-Tracht beantwortet (26; 32), je nachdem, ob Vorbilder und Imitate der dafür benutzten F.n als gleichzeitig oder aufeinander folgend eingeschätzt werden. Eine jüng. Studie (29, bes. 500 ff.) vertritt in dieser Frage die Position der Gleichzeitigkeit. Als Beweis dafür dienen n-jütische Dronninglund-F.n, die den mitteleurop. Band-F.n nahestehen und die ebenfalls mit Brustschmuck getragen wurden (Abb. 94,2). Doch ist damit noch nicht das Alter aller mit Kettenplattenschmuck getragener F.n bestimmt. Die vordergründig als Datierungsproblematik in Erscheinung tretende Frage betrifft in Wirklichkeit eine alte Kontroverse. Diese besteht in der Suche nach entscheidenden Wurzeln der vorröm. EZ im N entweder in der Hallstatt- oder in der Latènekultur (6, 162 ff.).

§ 22. F.n in Skandinavien. Allgemeines. Der Beginn der EZ (Per. VI der BZ-, Per. I der EZ-Gliederung; → Chronologie II § 25b) hebt sich im Altertümerbestand des Ns mehr durch lokale Verschiedenheiten, denn durch eine zeitlich meßbare Grenze ab (1), doch wird in der Regel vor allem aufgrund von Handels- und Kulturverbindungen im Ostseeraum nicht von einer ‚Kulturverspätung' ausgegangen. Während Sach-Qu. der Per. I (ca. 500–300 v. Chr.) nicht überall vertreten sind, lassen sich Brandgräber in S-Jütland direkt mit der Jastorfkultur in Verbindung bringen. Eine kontinuierliche Bestattung auf Gräberfeldern ist erst ab Per. II (ca. 300–150 v. Chr.) feststellbar, wobei als Grabform die Brandgrube (→ Grab und Grabsitten) vor allem in Jütland, Bornholm und dem s. Mittelschweden dominiert, während die jüngste Per. III (ca. 150–0) vorwiegend mit Keramik repräsentiert wird. Die Belegung auf den Gräberfeldern erfolgt häufig fortlaufend bis in die RKZ oder zumindest über längere Abschnitte der vorröm. EZ. Abgesehen von vereinzelten ital. Hallstatt-F.-Importen (50,18 mit Anm. 81) hebt sich auch in Skand. wie im n. Mitteleuropa (vgl. § 20b) mit der Ablösung der ‚Nadelkultur' durch die ‚F.-Kultur' eine Zeitmarke ab, die eine ält. von einer jüng. vorröm. EZ trennt. Doch kommt diese Wende, die sich annähernd gleichzeitig während des 3./2. Jh.s v. Chr. im Verlaufe der Ripdorfzeit vollzog, anders als im N Mitteleuropas, wo sich sowohl in der Nadel- als auch der F.-Tracht deutlich sichtbare Übergänge erkennen lassen (vgl. § 19), einem Neubeginn gleich, der nach Ansicht der schwed. Forsch. als die am besten feststellbare Phase im Kulturbild Skand.s in Erscheinung tritt (33). Damit vollzog sich erst in diesem Zeitraum tatsächlich die Wende von der BZ zur EZ (52), die neben den Latène-F.n auch durch andere Erzeugnisse der Sachkultur hervortritt.

Gegenwärtig werden vor allem ökonomische Ursachen für die Aufnahme des Latèneeinflusses und die sich daran anschließende Prosperität in Skand. vermutet. Als eine entscheidende Voraussetzung für den kulturellen Umbruch zw. der BZ und EZ während der nord. EZ Per. II wird vor allem von E. Nylén ([34]; vgl. auch [50]) die Veränderung der Schiffstypen von Küstenfahrzeugen im Ostseegebiet vom Hjortspringtyp zum seetüchtigen Nydam-Typ bewertet (→ Hjortspring; → Nydam), als deren Folge ein weitaus größerer Raum als zuvor erschlossen werden konnte. Nicht zuletzt dadurch entstand eine technische Voraussetzung für die nun zw. dem Kontinent und Skand. verstärkt auftretenden Kontakte (vgl. § 23). Nicht jeder Kulturstrom auf dem Kontinent erreichte alle Regionen Skand.s, so daß gerade in Gebrauch und Form der F. ein eigenständiger Rhythmus in den einzelnen Landschaften zum Ausdruck kommt (13, bes. 227).

F.-Typen. Abgesehen von ersten Versuchen in N-Dänemark, während der ält. vorröm. EZ Hallstatt-F.n zu kopieren (vgl. § 21), bilden die F.n in Skand. Abkömmlinge kontinentaleurop. Formen, wobei im einzelnen das Konstruktionsprinzip des Mittel- und Spätlatèneschemas verwendet wird. Zu F.n vom Mittellatèneschema zählen vor allem zahlreiche Varianten der Ku-

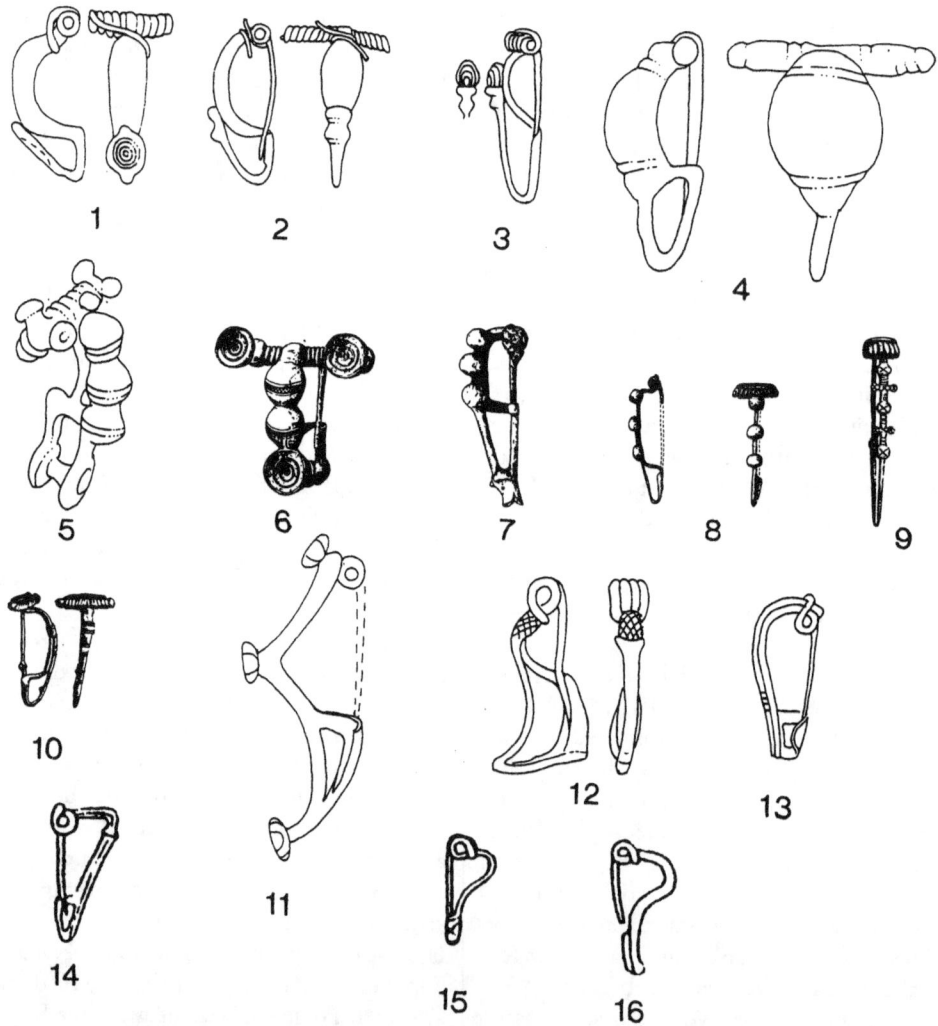

Abb. 95. Fibeln der jüng. vorröm. EZ im n. Mitteleuropa und in Skand. (M. 1 : 2)

gel-F. wie eiserne F.n mit langer, echter Spirale und großer gegossener Bronzezier auf dem Bügel, die auf Vorbilder mit drei Bügelkugeln zurückgehen (Abb. 95,5–9), aber auch F.n der Varianten A und B (vgl. § 23). Diese erhalten regional bes. Ausformungen wie beispielsweise mit aufwärts gebogenem Nadelhalter (Abb. 95,11–12). F.n vom Spätlatèneschema sind in Form der Variante K ebenfalls mit verschiedenen Derivaten (Abb. 95) aus Gräbern überliefert, während geschweifte F.n zahlenmäßig stark zurücktreten (Abb. 95,14–16).

R. Müller

(1) E. Albrectsen, Fynske jernaldergrave, I–IX, 1954–1971. (2) M. Babeş, Die Frühgerm. im ö. Dakien in den letzten Jhh. v. u. Z. Arch. und hist. Belege, in: F. Horst u. a. (Hrsg.), Frühe Völker in Mitteleuropa, 1988, 129–156. (3) E. Baudou, Die regionale und chron. Einteilung der jüng. BZ im Nord. Krs., 1960. (4) C. J. Becker, Einige dän. F.-Formen der jüngsten BZ, Berliner Beitr. zur Vor- und Frühgesch. 2, 1959, 12–18. (5) R.-H. Behrends, Schwissel. Ein Urnengräberfeld der vorröm. EZ aus Holstein, 1986. (6) H. Birkhan, Germ. und Kelt. bis zum Ausgang der Römerzeit, 1970. (7) D. Bohnsack, Die Urnengräber der frühen EZ aus Garbsen (Kr. Neustadt a. Rbg.) und aus dem Stadtgebiet Hannover, Veröffentl. der Urgeschichtl. Slg. des Landesmus.s zu Hannover 22, 1973, 16 f. und Taf. 39, 185:37. (8) R. Fenske, Cosa. Ein Gräberfeld der vorröm. EZ im Krs. Neubrandenburg, 1986. (9) P. Glüsing, Stud. zur Chron. und Trachtgesch. der Spät-LTZ und der frühen RKZ, 1972. (10) G. und S. Gustavs, Das Urnengräberfeld der Spät-LTZ von Gräfenhainichen, Jahresschr. Halle 59, 1976, 25–172. (11) R. Hachmann, O-germ. Funde der Spät-LTZ in Mittel- und W-Deutschland, Arch. Geographica 5/6, 1956/57, 55–68. (12) Ders., Zur Gesellschaftsordnung der Germ. in der Zeit um Chr. Geb., ebd., 7–24. (13) Ders., Die Chron. der jüng. vorröm. EZ. Stud. zum Stand der Forsch. im n. Mitteleuropa und in Skand., Ber. RGK 41, 1960 (1961), 1–276. (14) H.-J. Häßler, Sommer- und Wintergräber. Bemerkungen zur Bestattungssitte der vorröm. und röm. EZ, in: Arch. Informationen 1, 1972, 73–75. (15) Ders., Zur Nienburger Kultur während der vorröm. EZ in NW-Deutschland, in: wie [2], 307–341. (16) O. Harck, Das Gräberfeld auf dem Heidberg bei Billerbeck, Kr. Lüchow-Dannenberg, Materialh. zur Ur- und Frühgesch. Niedersachsens 13, 1978, Grab 85, Taf. 9. (17) R. Heynowski, Eisenzeitlicher Trachtschmuck der Mittelgebirgszone zw. Rhein und Thüringer Bekken, 1992. (18) E. Kaszewska, Bemerkungen zur Frage der Kulturverbindungen zw. W-Pommern und Skand. während der LTZ, in: Die vorröm. EZ im Kattegatt-Gebiet und in Skand., 1980, 31–53. (19) H. Keiling, Die Formenkreise der vorröm. EZ in N-Deutschland und das Problem der Entstehung der Jastorf-Kultur, Zeitschr. f. Arch. 2, 1968, 161–177. (20) Ders., Die vorröm. EZ im Elde-Karthane-Gebiet (Kr. Perleberg und Kr. Ludwigslust), 1969. (21) Ders., Ein Urnengrab mit Kugel-F. aus der jüng. vorröm. EZ von Schönbeck, Kr. Strasburg, Ausgrabungen und Funde 1970, 196–206. (22) Ders., Eine besondere Kettenplattenschmuckform der vorröm. EZ von Tangermünde, Kr. Stendal, Jahresschr. Halle 55, 1971, 189–219. (23) Ders., Spätlatènezeitliche Grabfunde vom frühkaiserzeitlichen Bestattungsplatz in Badow, Kr. Gadebusch, Ausgrabungen und Funde 16, 1971, 186–194. (24) Ders., Zur Frage der Besiedlung W-Mecklenburgs durch Langob. nach dem Kriegszug des Tiberius im J. 5 u. Z. in den unteren Elberaum, SB der Akad. der Wiss. der DDR, Geisteswiss. 15 G, 1982, 45–51. (25) Ders., Ein germ. Urnenfriedhof von der Feldmark Reppentin, Kr. Lübz, Jahrb. f. Bodendenkmalpflege in Mecklenburg 32, 1984 (1985), 153–225. (26) Ders., Eisen- und frühkaiserzeitliche Fundplätze auf der Gemarkung Holdorf, Kr. Gadebusch, ebd. 39, 1991 (1992), 73–119. (27) W. Krämer, Fremder Frauenschmuck aus Manching, Germania 39, 1961, 305–322. (28) Ch. Liebschwager, Ein Frühlatènegrab von Mauchen, Ldkr. Waldshut, Bad. Fundber. 23, 1967, 73–82. (29) A. Lorentzen u. a., Bemerkungen zu Leitformen der ält. vorröm. EZ n. der Mittelgebirge, Germania 68, 1990, 483–508. (30) H. Lorenz, Totenbrauchtum und Tracht. Unters. zur regionalen Gliederung in der frühen LTZ, Ber. RGK 59, 1978 (1979), 1–380. (31) R. Müller, Die Grabfunde der Jastorf- und LTZ an unterer Saale und Mittelelbe, 1985. (32) Dies., Die Chron. der ält. vorröm. EZ im n-dt. Tiefland. Ein Überblick, in: wie [2], 45–54. (33) E. Nylén, Der N und die Verbindungen mit dem thrakisch-dakischen Raum, 25. Kgl. Vitterh., Hist. och Antikv. Akad. Handlingar. Antikv. serien, Studia Gotica, Die eisenzeitlichen Verbindungen zw. Schweden und SO-Europa, 1972, 180–195. (34) Ders., Gotland – Goten und die Balt.-Subkultur, Arch. Baltica 7 ‚Peregrinatio Gothica', 1986, 27–38. (35) J. Øystein, Norske depotfunn fra bronsealderen, 1988. (36) K. Peschel, Ein Gräberfeld der jüng. LTZ von Vehlow, Kr. Kyritz, Veröffentl. des Mus.s für Ur-und Frühgesch. Potsdam 6, 1971, 5–35. (37) Ders., HaZ und LTZ, Ausgrabungen und Funde 21, 1976, 94–107. (38) Ders., Kelt. und Germ. während der jüng. vorröm. EZ

(2.–1. Jh. v. u. Z.), in: wie [2], 167–200. (39) A. Reinecke, Ein Bestattungsplatz der vorröm. EZ von Latzow, Kr. Greifswald, Jahrb. f. Bodendenkmalpflege in Mecklenburg 34, 1986 (1987), 45–91. (40) Ders., Stud. zur vorröm. EZ im Umland der s. Ostsee, Ethnogr.-Arch. Zeitschr. 32, 1991, 129–146. (41) S. Rieckhoff, Überlegungen zur Chron. der Spät-LTZ im s. Mitteleuropa, Bayer. Vorgeschichtsbl. 57, 1992, 103–121. (42) K. Schlabow, Trachten der EZ aus Moorfunden in Schleswig-Holstein, 1950. (43) H. Schubart, F.n der ält. EZ von Ouitzenow, Kr. Teterow, Bodendenkmalpflege in Mecklenburg Jahrb. 1, 1953, 57–68. (44) Ders., Zachower F.n in Berliner Museen, Berliner Bl. für Vor- u. Frühgesch. 6, 1957, 81–96. (45) G. Schwantes, Die ältesten Urnenfriedhöfe bei Uelzen und Lüneburg, Die Urnenfriedhöfe in Niedersachsen, Bd. I, 2, 1911. (46) Ders., Die Gruppen der Ripdorf-Stufe, Jahresschr. Halle 41/42, 1958, 334–388. (47) H. Seyer, Das Brandgräberfeld der vorröm. EZ von Geltow-Wildpark im Potsdamer Havelland, Veröffentl. des Mus.s für Ur- u. Frühgesch. Potsdam 5, 1969, 118–158. (48) Ders., Siedlung und arch. Kultur der Germ. im Havel-Spree-Gebiet in den Jhh. vor Beginn u. Z., 1982. (49) E. Sprockhoff, Die Spindlersfelder F., in: Marburger Stud. (Festschr. G. Merhart von Bernegg), 1938, 205–233. (50) P. F. Stary, Mediterrane Einfuhrgüter während der Früh-EZ in England und Skand., Mitt. des Dt. Arch. Inst.s, Röm Abt. 98, 1991, 1–32. (51) Th. Voigt, Latènezeitliche Halsringe mit Schälchenenden zw. Weser und Oder, Jahresschr. Halle 52, 1968, 143–232. (52) O. Voss, Eisenproduktion und Versorgung mit Eisen in Skand. vor der WZ, Early Medieval Studies 3, 1971, 22–30. (= Antikv. Arkiv 40). (53) W. Wegewitz, Die Urnenfriedhöfe von Dohren und Daensen im Kr. Harburg aus der vorröm. EZ, Die Urnenfriedhöfe in Niedersachsen 5, 1991, Dohren, Grab 49, Taf. 4. (54) Z. Woźniak, Der Einfluß der Kelt. auf die Wirtschaft und die sozialen Verhältnisse auf poln. Gebiet in der vorröm. EZ, Veröffentl. des Zentralinst.s für Arch. und Alte Gesch. 12, 1982, 451–459.

H. J. Häßler, R. Müller

G. Vorrömische Eisenzeit und Römische Kaiserzeit im östlichen Mitteleuropa und in Osteuropa

§ 23. Vorröm. EZ. In den spätesten Funden der → Lausitzer und in der Pommerschen → Gesichtsurnenkultur aus der ält. vorröm. EZ sind F.n relativ selten (13; 79). Neben spätesthallstattzeitlichen Fußzier-F.n mit Armbrustkonstruktion (Abb. 96, 1) sind weit häufiger F.n vom sog. Kaulwitz-(Kowalowice-)Typ (Abb. 96, 2) und solche vom Typ Groß Beckern (Piekary Wielkie) noch bis Latène (= LT) B1 bezeugt. Dagegen sind echte Latène-F.n wie Tierkopf-F.n und Duxer F.n (→ Dux) selten. Aus der Endphase der Pommerschen Kultur sind vereinzelt frühe Mittellatène-F.n bekannt.

Die Aufnahme der F.n bei den n. Anrainern der kelt. Latènekultur hat sich erst spät durchgesetzt und ist eine Folge des nivellierenden Latèneeinflusses („Latènisation'; vgl. § 20b). Die Typol. der F.n vom Mittel- und Spätlatèneschema der jüng. vorröm. EZ aus den sog. ostgerm. Kulturgruppen ö. von Oder und Neiße wurde von J. Kostrzewski (36) aufgestellt. Sie enthält 15 Typen oder Varianten (= Var.) von A bis O (Abb. 96, 3–17) sowie einige F.-Typen (z. B. Kugel-F.n), die vor allem für die Gebiete weiter w. typisch sind. R. Hachmann (20) hat in einer großangelegten Studie versucht, vor allem aus der Beigabe von F.n in Gräbern des n. und ö. Mitteleuropas eine relativchron. Abfolge deutlich zu machen. Für den Bereich der → Przeworsk-Kultur hat T. Dąbrowska (5; 6) die chron. Einordnung und teilweise auch typol. Klassifizierung von F.n der jüng. vorröm. EZ verfeinert und präzisiert. Aus dem Vergleich der Vierstufenabfolge für das n. und ö. Mitteleuropa (→ Chronologie § 25) und der Dreistufengliederung der frühen Przeworsk-Kultur nach Dąbrowska (A1–A3) geht hervor, daß trotz einiger lokaler Unterschiede die Abfolge der F.-Formen in den einzelnen Kulturgruppen im Oder-Weichsel-Raum weitgehend ähnlich verlaufen ist. Die ältesten sind zweifellos die mehr als 10 cm langen, oft verzierten Mittellatène-F.n Var. A und B. Die ältesten Mittellatène-F.n (Spätphase LT C1 [5;6]) gehören der Entstehungsphase der Przeworsk-Kultur im mittleren und s. Polen sowie der → Oksywie-Kultur im Unterweichselgebiet an. Sie sind mehr als

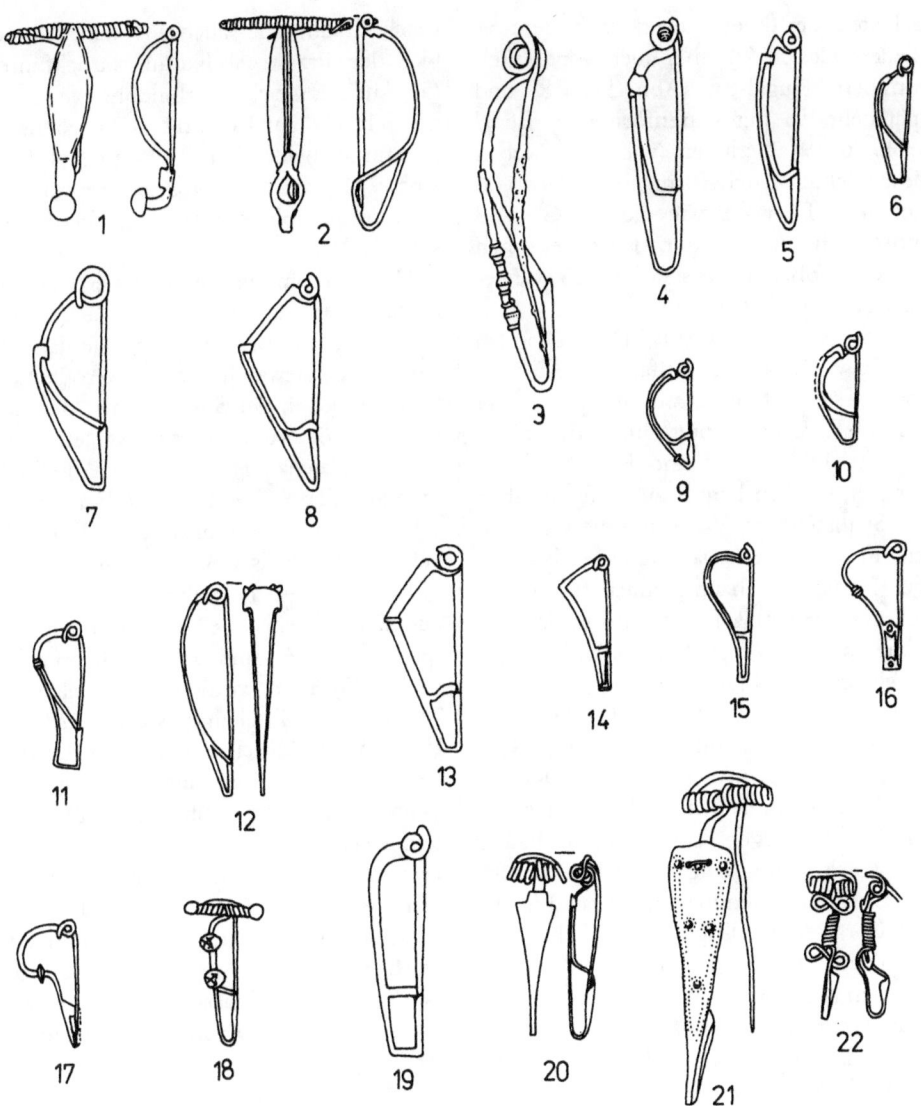

Abb. 96. Fibeln der vorröm. EZ: 1 Fußzierfibel der späten Lausitzer Kultur; 2 Fibel vom Kowalowice-Typ der Pommerschen Kultur; 3–17 Fibeln der jüng. vorröm. EZ, Varianten A–O nach Kostrzewski; 18 Kugelfibel; 19 Spätlatènefibel mit stufenförmigem Bügel; 20–21 Zarubincy-Fibeln; 22 Fibel mit Spiralfuß der Zarubincy-Kultur

10 cm lang und oft verziert. Für die entwikkelte Frühphase dieser Kulturen (Stufe A1 = etwa LT C2) charakteristisch sind lange, unverzierte F.n der Var. A–C. Möglicherweise waren gleichzeitig bereits die ersten kurzen Ausprägungen der genannten F.-Var. in Gebrauch, deren Lg. 8 cm nicht übersteigt. Mitunter kommen in der Verbreitung einzelner F.-Typen regionale und kulturelle Unterschiede zum Ausdruck. So sind im mittleren und s. Polen allein aus den an die →Jastorf-Kultur grenzenden

Gebieten der Niederlausitz und dem w. Niederschlesien (9), aber auch von Mittelpommern Kugel-F.n (Abb. 96, 18) und Spätlatène-F.n mit stufenförmigem Bügel (Abb. 96, 19) überliefert (vgl. § 20). Neben diesen echten Latèneformen stammen von hier auch Derivate, wie die für Gotland und Bornholm charakteristischen eisernen F.n mit großer, gegossener Bronzeverzierung auf dem Bügel.

In der Stufe A2 (etwa LT D1) stehen F.n der Var. A–C ganz am Anfang der Abfolge, doch lassen sich am häufigsten solche der Var. D/E–L und unter ihnen diejenigen der Var. D/E, G/H und K nachweisen. Var. I, J, L leiten bereits zu Stufe A3 über. Die Spätlatène-F.n Var. J und die verwandten, im ö. Mitteleuropa seltenen → Nauheimer Fibeln sind hauptsächlich für den ö. Teil der Przeworsk-Kultur und in der Oksywie-Kultur bezeugt (6, Abb. 1). Dagegen ist ein chron. Unterschied zw. Var. G/H und Var. K nicht faßbar (5, 54). Die Bronze-F.n Var. G sind häufiger in der Oksywie-Kultur als in der Przeworsk-Kultur, wo die sehr ähnlichen, aber eisernen F.n Var. H überwiegen. Überhaupt ist in der Przeworsk-Kultur eine deutliche Vorliebe für Eisen-F.n erkennbar. Selten sind in der Przeworsk- und Oksywie-Kultur die knieförmigen F.n Almgren 65 (2), die offensichtlich mit Kontakten zur kelt. Kultur der Oppidazeit zusammenhängen.

Für die Stufe A3 (etwa LT D2) sind vor allem die geschweiften F.n Var. M–O charakteristisch, deren Gebrauch mit Var. M bereits wenig früher einsetzt und mit Var. O noch länger andauert. Geschweifte F.n sind oft aus Bronze gefertigt. Damit bestätigt sich die Beobachtung, daß dieser Werkstoff am Ende der jüng. vorröm. EZ, auch in der Przeworsk-Kultur, häufiger verwendet wurde. Auf Kontakte zur o-alpinen Zone und der → Púchov-Gruppe (51) in der Slowakei lassen sich F.n Almgren 18 aus dem Bereich der „gemischten", „Kelto-Przeworsker" Tyniec-Gruppe im Oberweichselraum, aber auch aus dem Kerngebiet der Przeworsk-Kultur zurückführen (5). Auf die gleiche Verbindung weisen an der Schwelle zur RKZ die noch selteneren F.n mit ausbeißendem Tierkopf (vgl. § 31, Abb. 111), die zweifellos als Importe aus dem pann.-alpinen Gebiet zu betrachten sind (5; 21).

Das Vorkommen geschweifter F.n steht gebietsweise unmittelbar in Zusammenhang mit germ. Besiedlung. So gilt das Fehlen solcher Gewandhaften im Großteil des Oderraumes in der Stufe A3 als Ausdruck der „Entvölkerung" dieser Gebiete, während sie gleichzeitig weiter s. in Mittelböhmen (42) den frühesten germ. Fundniederschlag (Typ Tišice) nach dem Ende der kelt. Oppidazivilisation repräsentieren.

Ein eigenes F.-Spektrum besitzt die ebenfalls „latènisierte" → Zarubincy-Kultur im mittleren und oberen Dnjeprgebiet (3; 24; 25). Dort wurden neben geläufigen Typen des n. Mitteleuropas auch besondere Formen, wie Mittellatène-F.n mit Spiralfuß (Abb. 96, 22) und vor allem die sog. Zarubincy-F.n getragen (Abb. 96, 20–21). Letztere zeichnen sich durch einen dreieckig verbreiterten Fuß aus und sind offensichtlich von F.n des w. Balkans beeinflußt. Die verschiedenen Abarten der Zarubincy-F.n wurden von A. K. Ambroz (3) in 5 Gruppen unterteilt und lassen sich während der gesamten jüng. vorröm. EZ bis zur ält. RKZ nachweisen.

In der Frühphase der → Poienești-Lukaševka-Kultur im mittleren Prut- und Dnjestrgebiet werden Verbindungen zur Jastorf-Kultur (4; 20) an Kugel-F.n oder Spätlatène-F.n mit stufenförmigem Bügel erkennbar (vgl. § 20). Auch die weitere Entwicklung des F.-Spektrums korrespondiert annähernd mit dem Ablauf in Mitteleuropa.

§ 24. Ält. RKZ. Für die Stufe B1 sind im ganzen Gebiet zw. mittlerer Donau und Ostsee kräftig profilierte F.n (Almgren

Gruppe IV) und Augen-F.n (Almgren Gruppe III) charakteristisch. Hauptsächlich auf Grund der Fundkombinationen mit diesen F.n in Grabkomplexen aus Böhmen (38; 42–44), dem n. Mitteldonauraum (29; 30; 60; 62) und der Przeworsk-Kultur (37) ist eine feinere Unterteilung der Stufe B1 in 3 weitere Phasen möglich: B1a – spätaugusteisch-frühtiberisch, B1b – spättiberisch-claudisch und B1c – neronisch-frühflavisch. Bes. in Böhmen kann man noch eine Übergangsphase zw. jüng. vorröm. EZ und Stufe B1 aussondern. Ihre Leitformen sind die späten geschweiften F.n, wie Almgren 2 (Abb. 97, 1) und Almgren 19, die Prototypen der → Augen-F.n (Almgren 44 Abb. 97, 2) sowie die ältesten Vertreter der prov.-röm. Aucissa-F.n. Für die entwickelte Phase B1a sind bes. die F.n Almgren 67 (Abb. 97, 3), für B1b und B1c dagegen Almgren 68 (Abb. 97, 4) charakteristisch, wobei in Stufe B1c schon die frühen Trompeten-F.n (Abb. 97, 6) gebräuchlich werden.

Die ält. Augen-F.n (Abb. 97, 7), mit geschlitzten oder geschlossenen Lochaugen am Kopf (Almgren 45–49), kommen in B1a und B1b vor. Für B1c sind die späten Augen-F.n (Almgren 50–53) typisch (Abb. 97, 8–9). Die Funde der F.n Almgren 67 konzentrieren sich in Böhmen, in den anderen Gebieten sind sie viel seltener (34; 60; 62). Dagegen sind F.n Almgren 68 im mittleren Donauraum, im Bereich der Przeworsk-Kultur, in der → Wielbark-Kultur, in N-Polen und sogar in O-Europa verbreitet. So gilt der Nachweis von F.n der Form Almgren 68, aber auch das Fehlen von Augen-F.n Almgren 50–53 (62, Abb. 4) als Ausdruck für eine relative Entvölkerung dieses Gebietes nach dem Fall von → Marbod und → Catualda. Die kräftig profilierten F.n Almgren 67–68 sind nor.-pann. Abstammung und mindestens z. T. als prov.-röm. Importe zu betrachten (v. a. Almgren 67). Allerdings dürfte ein Großteil dieser F.n, vor allem solche der überaus zahlreich im Barbaricum nachgewiesenen Form Almgren 68 einheimische Nachahmungen darstellen. Obwohl nicht „germ. Ursprungs" wird auch aus dem Verbreitungsgebiet kräftig profilierter F.n auf germ. Siedlungsverhältnisse geschlossen (vgl. § 23). Überwiegend nor.-pann. Importe verkörpern die Knoten-F.n Almgren 236–237 (Abb. 97, 5) und die Flügel-F.n Almgren 238, deren Verbreitung Litauen erreicht (12). Aber auch diese Formen wurden imitiert, wie eiserne F.n Almgren 236 aus dem Bereich der Przeworsk-Kultur bezeugen. Prov.-röm. F.-Typen w. Provenienz (vgl. § 31) wie Distel- oder Aucissa-F.n sind im ö. Mitteleuropa und in O-Europa viel seltener vertreten.

Im Gegensatz zu Stufe B1 ist für B2 eine weit größere Vielfalt der F.-Typen charakteristisch, die in stärkeren lokalen Unterschieden zw. den einzelnen Gebieten ihren Ausdruck findet. In Gebrauch waren die jüng. Typen von F.n der Gruppen Almgren II–IV sowie verschiedene Varianten der sehr heterogen zusammengestellten Gruppe V mit 12 Serien und einigen Sondertypen (2).

Eine echte überregionale Formengruppe bilden die späten Augen-F.n 57–61 (Abb. 97, 10), Almgrens „preußische Nebenserie", bzw. nach R. Jamka (22) als „Serie B der Augenfibeln" bezeichnet. Ihre größte Funddichte befindet sich im Bereich der Wielbark-Kultur, des balt. Kulturkreises im ehemaligen Ostpreußen und den heutigen balt. Republiken (Almgren 55–56 [2,57]) sowie im ö. Teil der Przeworsk-Kultur ö. der mittleren Weichsel. Darüber hinaus sind sie auch aus anderen Gebieten bezeugt, so bis zur Donau und sogar s. davon in röm. Provinzen und im O bis zum Dnjepr. Damit bilden die Augen-F.n Almgren 57–61 eine der charakteristischsten Leitformen der Stufe B2a, die ungefähr mit der spätflavisch-trajanischen Zeit gleichzusetzen ist.

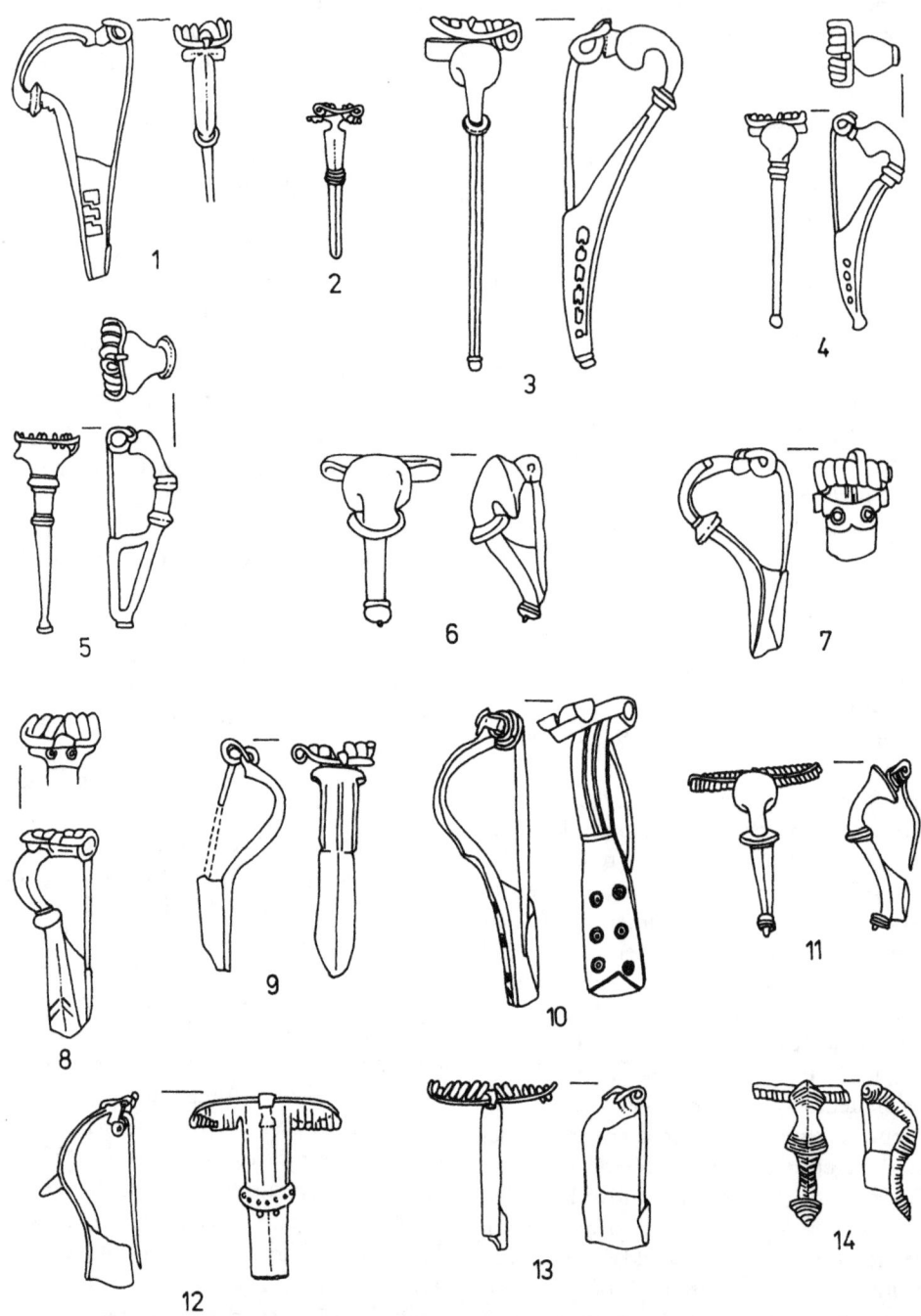

Abb. 97. Fibeln der ält. RKZ (Stufe B 1 und frühe Stufe B 2). 1, 12–14 Böhmen; 4–11 Przeworsk-Kultur

Für Böhmen charakteristisch ist die Entwicklung mannigfaltiger, später Varianten von kräftig profilierten und Trompeten-F.n (Abb. 97, 14). Außerdem werden dort neben elbgerm. F.-Formen (wie Rollenkappen-F.n Almgren 28–29 [Abb. 97, 12] oder Knie-F.n Almgren V Ser. 9 [Abb. 97, 13]) solche Typen geläufig, die in der Przeworsk-Kultur typisch sind (wie bandförmige F.n Almgren Gruppe V Ser. 10 und bes. eiserne Kopfkamm-F.n Almgren Gruppe V Ser. 8). Solche Gemeinsamkei-

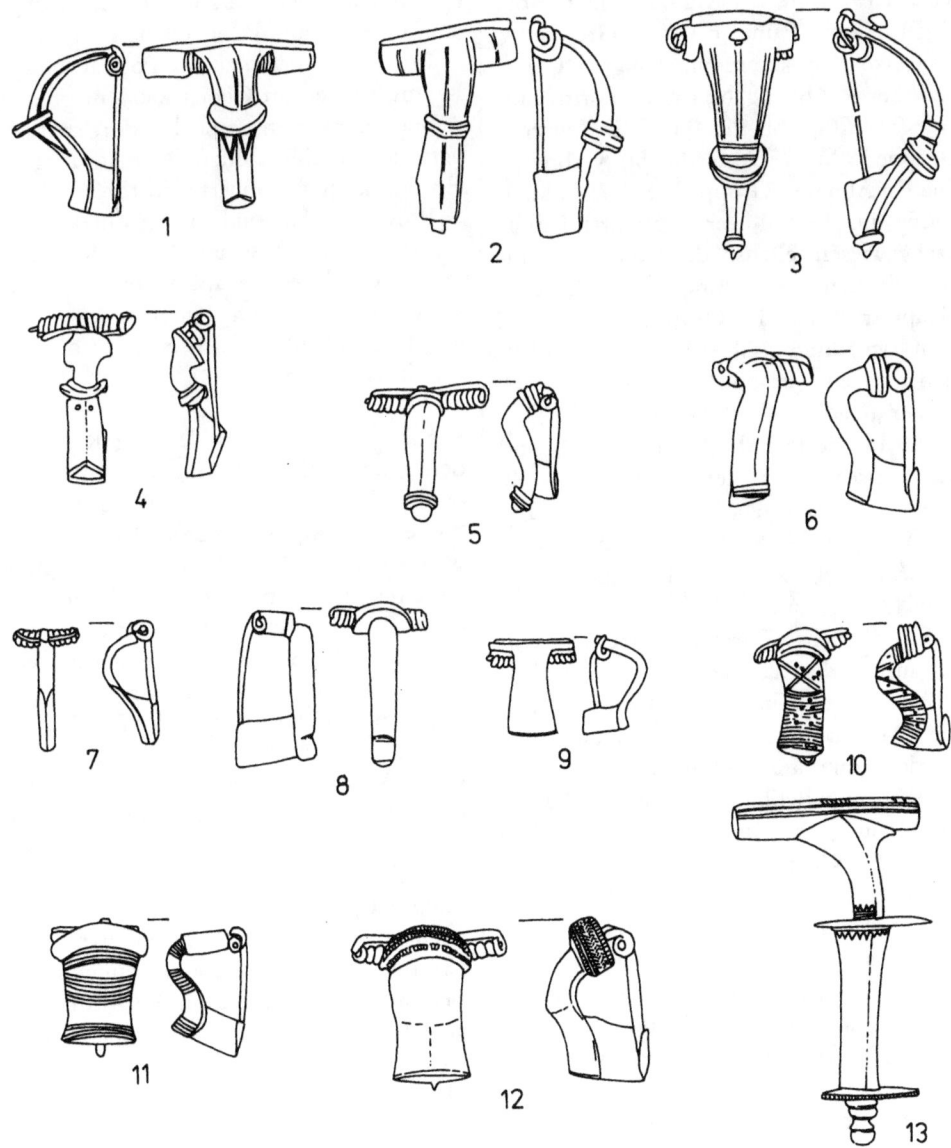

Abb. 98. Fibeln der ält. RKZ (Stufe B 2). 1, 12 Wielbark-Kultur; 2–11 Przeworsk-Kultur; 13 w-balt. Kultur

ten mit der Przeworsk-Kultur sind noch stärker im mährisch-w-slowakischen Raum ausgeprägt. Das bezeugen eiserne Kopfkamm-F.n (Abb. 98, 10–11) der späten Stufe B2 als geläufigste F.-Form (17; 61).

Im Gebiet der Przeworsk-Kultur sind in Stufe B2a außer späten Augen-F.n hauptsächlich jüng. Ausprägungen der Trompeten-F.n (Variante 2 nach Liana [37], Abb. 97, 11) und frühe F.n der Gruppe V (schlanke Kopfkamm-F.n Almgren Gruppe V Ser. 8 [Abb. 98, 6], F.n der Form Almgren 99–100 [Abb. 98, 4] und F.n Almgren Gruppe V Ser. 7 [Abb. 98, 5]) verbreitet. Die F.n Almgren Gruppe V Ser. 7 sind bes. häufig im O-Teil der Przeworsk-Kultur nachgewiesen, ebenso die frühen, schlanken Formen von Almgrens „Östlicher Hauptserie" der II. Gruppe. Neben F.n vom Typ Almgren 38–39 (Abb. 98, 2) läßt sich dort eine besondere Form (Abb. 98, 3), der „Nadkole-Typ" (48) nachweisen.

Für die Stufe B2b charakteristisch sind meist eiserne F.n der Ser. 8 (Abb. 98, 10–11), 10 (Abb. 98, 7) und 11 (sog. Typ Leonów 23 [Abb. 98, 9]) sowie solche vom Typ Almgren 132 (Abb. 98, 8) der Gruppe V (27; 17; 26).

Ein ähnliches Formenspektrum begegnet auch in der in Stufe B2b herausgebildeten Luboszyce-Kultur (10). Auch bezüglich der Materialauswahl zur F.-Herstellung werden mitunter kulturelle Gegensätze deutlich, eine Beobachtung, die sich bereits in der jüng. vorröm. EZ feststellen ließ (vgl. § 23). Während auch in der frühkaiserzeitlichen Przeworsk-Kultur die F.n aus Eisen überwiegen, sind sie in der Wielbark-Kultur fast nur aus Bronze gefertigt. In deren Verbreitungsgebiet an der Niederweichsel war die F.-Produktion sehr entwickelt. R. Wołągiewicz (75; 76) unterscheidet dafür innerhalb der Stufe B2 hauptsächlich drei F.-Horizonte, die den Stufen B2a, B2b und B2c entsprechen (vgl. zu Leitformen Abb. 98, 1 und Abb. 98, 12).

Diese Horizonte überlappen sich jedoch weitgehend.

Ein annähernd ähnliches F.-Spektrum weisen die w-balt. Kulturgruppen in Ostpreußen (11; 47; 70) auf. Dort sind bes. die späten Formen der kräftig profilierten F.n (Typen Almgren 72, Almgren 93 [Abb. 98, 13]) verbreitet (45; 46). Letztere und die späten Augen-F.n verkörpern die häufigsten F.n der Stufe B2 in Litauen (41).

Im Bereich der o-europ. Postzarubincy-Kulturgruppen im Gebiet zw. Dnjepr und s. Bug überwiegen unter den dort spärlich vertretenen Gewandhaften späte Augen-F.n und kräftig profilierte F.n (3; 56).

Prov.-röm. F.n sind im ö. Mitteleuropa in der Stufe B2 selten. Überliefert sind hauptsächlich einige späte, kräftig profilierte pann. F.n, röm. Knie-F.n sowie vor allem emaillierte gleichseitige F.n und Scheiben-F.n (68).

§ 25. Jüng. RKZ. In der jüng. RKZ finden grundsätzliche Veränderungen im F.-Spektrum statt (14). Während der Frühphase der jüng. RKZ (Stufe B2/C1–C1a) waren mit der Zeit die F.n der Gruppen Almgren II, IV und V nicht mehr geläufig und wurden durch andere Formen ersetzt (Gruppe VI und VII nach Almgren; vgl. auch § 34). Die Genese der F.n mit umgeschlagenem Fuß ist trotz vieler Erklärungsversuche ungelöst. Ihr Ursprung aus F.n vom Mittellatèneschema in O-Europa, möglicherweise im Dnjeprgebiet oder im Schwarzmeerraum (2; 3), ist kaum zweifelhaft. Dagegen bleiben das genaue Entstehungsgebiet und die Verbreitung nach Mitteleuropa nach wie vor unklar. Armbrust-F.n mit hohem Nadelhalter entwickelten sich aus F.-Formen der ält. RKZ im Elbegebiet. Wahrscheinlich entstanden unabhängig davon im sarmatischen Gebiet O-Ungarns (49) F.n mit hohem Nadelhalter und oberer Sehne. Das Konstruktionsprinzip mit hohem Nadelhalter war bereits am Ende der ält. RKZ ausgebildet.

Am Anfang der jüng. RKZ (Phase B2/ C1) stehen typol. altkaiserzeitliche F.n neben solchen von eindeutig jungkaiserzeitlicher Ausprägung ([14]; vgl. Abb. 99,1–7). Bes. häufig sind solche typol. ält. Fabrikate im Fundbestand der Wielbark-Kultur und der balt. Kulturgruppen vertreten, aber auch in der Przeworsk- und der Luboszyce-Kultur. Dagegen fehlen solche „Altformen" weitgehend in Böhmen und Mähren sowie in der Slowakei. Interessanterweise wurden zumindest in der Przeworsk- und der Wielbark-Kultur die traditionellen, zierlichen F.n in der jüng. RKZ nur bei der Frauentracht verwendet, während die einfacheren und mehr zweckbetonten F.n mit umgeschlagenem Fuß in die Männertracht aufgenommen wurden (14–16; 76; 77).

Die für die jüng. RKZ im elbgerm. Gebiet so charakteristischen germ. Scheiben-F.n (69) fanden im ö. Germanien nur in Böhmen in der Stufe C1 Eingang (vgl. § 28). Außerdem kommen Scheiben-F.n in Ostpreußen, bes. im Samland und in Litauen vor. Es handelt sich um eigenartige, lokale Formen dieser F.n, u. a. um Tutulus-F.n, durchbrochene Scheiben-F.n und Kreuz-F.n (11; 41). Die Herstellung bestimmter Lokalformen aus der ält. Phase der jüng. RKZ in den balt. Gebieten, bes. Masurens, wie emaillierter Scheiben- und Ring-F.n (Abb. 102, 8) ist sicher auf Einfluß aus dem Rheingebiet zurückzuführen (12; 41). Dagegen sind aus O-Europa auch lokale emaillierte F.n bekannt geworden wie dreieckige, oft durchbrochene F.n (Abb. 102, 9) aus dem Bereich der Kiewer Kultur am Dnjepr und der Moščina-Kultur im Okagebiet (18; 19; 33).

In Böhmen sind während der Stufe C1 ziemlich häufig Armbrust-F.n mit hohem Nadelhalter der Gruppe Almgren VII, Ser. 1 (Abb. 99, 8–9) vertreten. In Mähren und in der Slowakei sowie im Verbreitungsgebiet von Przeworsk-, Luboszyce- und Wielbark-Kultur sind sie weit seltener. In den genannten Bereichen fehlen auch die im w. Germanien geläufigen Armbrust-F.n der Gruppe Almgren VII, Ser. 2, 3 fast vollständig. Nur ganz vereinzelt sind solche F.n in Böhmen und in der → Dębczyno-Gruppe in W-Pommern bezeugt. Eine Ausnahme bildet der Nachweis von F.n der Gruppe Almgren VII, Ser. 3 aus dem n-mährischen Gräberfeld von Kostelec (Abb. 99, 10), deren Auftreten hier zweifellos auf Einwanderung aus dem n-elbgerm. Gebiet in der Stufe C1b zurückzuführen ist (63; 80).

In der Wielbark-Kultur und der w-balt. Kultur in Ostpreußen sind späte, mit Perldraht verzierte Varianten der Armbrust-F.n, etwa vom Typ Almgren 211 (Abb. 99, 11,12) zahlreich. Sie datieren z. T. schon in die Stufe C1b (14). Das gilt im gleichen Raum auch für die weitaus seltener nachgewiesenen „monströsen" F.n mit hohem Nadelhalter wie Almgren 212–217, die darüber hinaus auch aus der Frühphase der Černjachov-Kultur (→ Tscherniachov-Kultur), bes. in Moldawien (Abb. 99, 13), belegt sind (3; 73). Auch ihr Fundniederschlag wird mit Einwanderungen aus dem N in Zusammenhang gebracht. Die genannten Zierformen der Armbrust-F.n mit hohem Nadelhalter, u. a. mit Doppelspirale (Almgren 210 u. ä.), gelegentlich auch aus der Przeworsk-Kultur überliefert (Abb. 99, 12), halten sich möglicherweise bis zur Stufe C2. Neben den Armbrust-F.n mit hohem Nadelhalter sind aus Böhmen, Mähren, der Slowakei und aus der Przeworsk-Kultur während der Stufe C1 (14; 15) F.n mit hohem Nadelhalter und oberer Sehne (Abb. 99, 14–16) bekannt. Nach ihrer Fundhäufigkeit im sarmatischen O-Ungarn (49), aber auch in der Walachei und n. der Karpaten wird der Ursprung der gesamten F.-Gruppe in diesem geogr. Bereich gesucht. Einige dieser F.n sind auf dem Bügel außerdem mit Perldraht verziert (Abb. 99, 16).

Die F.n mit umgeschlagenem Fuß sind im ö. Mitteleuropa ganz am Anfang der

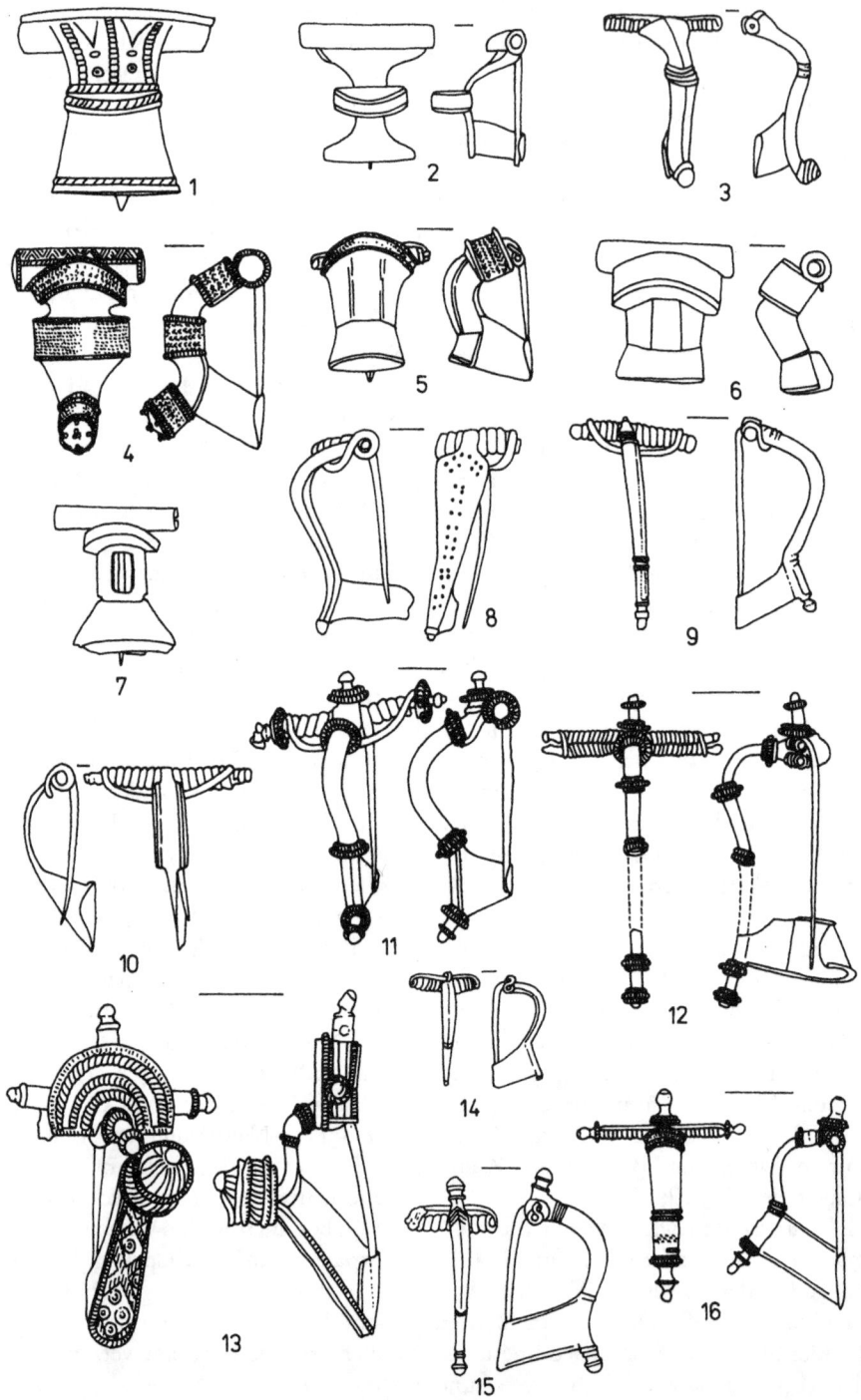

Abb. 99. Fibeln der jüng. RKZ. 1, 4–5 Wielbark-Kultur; 2–3, 6–7, 9, 12, 14–15 Przeworsk-Kultur; 8 Böhmen 10 N-Mähren (Kostelec); 11 w-balt. Kultur; 13 Černjachov-Kultur (Dančeny); 16 Mitteldonaugebiet („Fürstengrab" 2 von Stráže)

jüng. RKZ nachweisbar. Trotz gegenteiliger Ansichten (2; 26) scheint es, daß die beiden Arten dieser F.n – eingliedrige mit oberer Sehne und solche mit Armbrustkonstruktion – ungefähr gleichzeitig in Gebrauch waren. Das bezeugen Fundkomplexe vom Beginn der jüng. RKZ, die einerseits F.n mit breitem oder verbreitertem Fuß (14 [Abb. 100, 2, 6, 8]), andererseits solche mit schmalem Fuß enthalten. Letztere sind allerdings sehr langlebig. So blieben die einfachen Armbrust-F.n mit umgeschlagenem Fuß ähnlich den Typen Almgren 161–162 (Abb. 100, 4–5) und bes. die eingliedrigen vom Typ Almgren 158 (Abb. 100, 1) bis zur frühen VWZ unverändert. Während der Stufen C3–D1 waren bes. die ca. 10 cm langen F.n Almgren 158 (Abb. 100, 3) typisch (64).

Innerhalb der Verbreitung von Armbrust-F.n und derjenigen von eingliedrigen Formen mit umgeschlagenem Fuß existieren deutliche Unterschiede. Armbrust-F.n sind fast ausschließlich in der Wielbark-Kultur und Dębczyno-Gruppe vertreten und aus den balt. Kulturgruppen mehrheitlich überliefert (11; 41; 47; 70). Auch in der Černjachov-Sîntana de Mureș-Kultur waren verschiedene Varianten der Armbrust-F.n (7) üblich. Dagegen war das Tragen eingliedriger Formen (Almgren 158) für das Verbreitungsgebiet der Przeworsk-Kultur, aber auch für den mährisch-slowakisch-niederösterr. Mitteldonauraum (28; 59) und teilweise auch für das sarmatische Gebiet in O-Ungarn typisch, was den Gebrauch der Armbrust-Fn. nicht ausschließt (Abb. 100, 7,8).

Nach wie vor ungeklärt ist das Verhältnis der F.n mit umgeschlagenem Fuß zu den F.n mit festem Nadelhalter. Nach Almgren (2) zählen beide F.-Arten zur Gruppe VI, wobei die F.n mit festem Nadelhalter auf diejenigen mit umgeschlagenem Fuß zurückzuführen seien. M. Schulze (54) hat zuletzt dieser Ansicht widersprochen und suchte die Vorbilder für die F.n mit festem Nadelhalter in prov.-röm. oder auch in anderen germ. F.n, bes. in denen mit hohem Nadelhalter. Das ist jedoch unwahrscheinlich, vielmehr bilden F.n mit umgeschlagenem Fuß und solche mit festem Nadelhalter Paralleltypen, deren Entwicklung zweifellos miteinander zusammenhängt. Dafür scheint auch zu sprechen, daß F.n mit festem Nadelhalter in beiden weiter oben umrissenen geogr.-kulturellen Verbreitungsgebieten der F.n mit umgeschlagenem Fuß nachgewiesen sind. So sind in Böhmen, das nach dem F.-Spektrum einen Teil der elbgerm. Prov. bildet, F.n mit festem Nadelhalter ab Stufe C1b sowohl in verschiedenen Varianten mit Armbrustkonstruktion (Abb. 101, 1), als auch in eingliedriger Machart verbreitet. In der Stufe C3 erscheinen dort die F.n mit festem Nadelhalter und rechteckigem oder spitzem Fuß (Abb. 101, 2–3). Ähnlich wie im elbgerm. Gebiet sind Armbrust-F.n mit festem Nadelhalter in der Dębczyno-Gruppe in W-Pommern häufig; in der Luboszyce-Kultur dagegen sind sie nicht sehr verbreitet. Dasselbe gilt auch für die Wielbark-Kultur, wo hauptsächlich die einfachen Formen der F.n mit festem Nadelhalter und schmalem Fuß (Abb. 101, 4–5) vorkommen. In den Stufen C2–D1 sind dort die sog. Raupen-F.n (Abb. 101, 10) verbreitet (71). In den balt. Kulturgruppen der jüng. RKZ sind Armbrust-F.n mit festem Nadelhalter ziemlich selten, und erst seit den Stufen C3–D erfolgt in diesem Gebiet eine umfangreiche Entwicklung dieser F.-Art, die in der ganzen VWZ und sogar noch länger anhält ([1]; vgl. § 34). Die einfachen Armbrust-F.n mit festem Nadelhalter sind auch in der Černjachov-Kultur bekannt (3; 54), aber im Vergleich zu den F.n mit umgeschlagenem Fuß sind sie deutlich spärlicher vertreten. Das Verbreitungsgebiet der eingliedrigen F.n mit festem Nadelhalter umfaßt den n. Mitteldonauraum und die Przeworsk-Kultur. Im Mitteldonauraum schon im Verlaufe der Stufe C1a be-

78 (488) Fibel und Fibeltracht

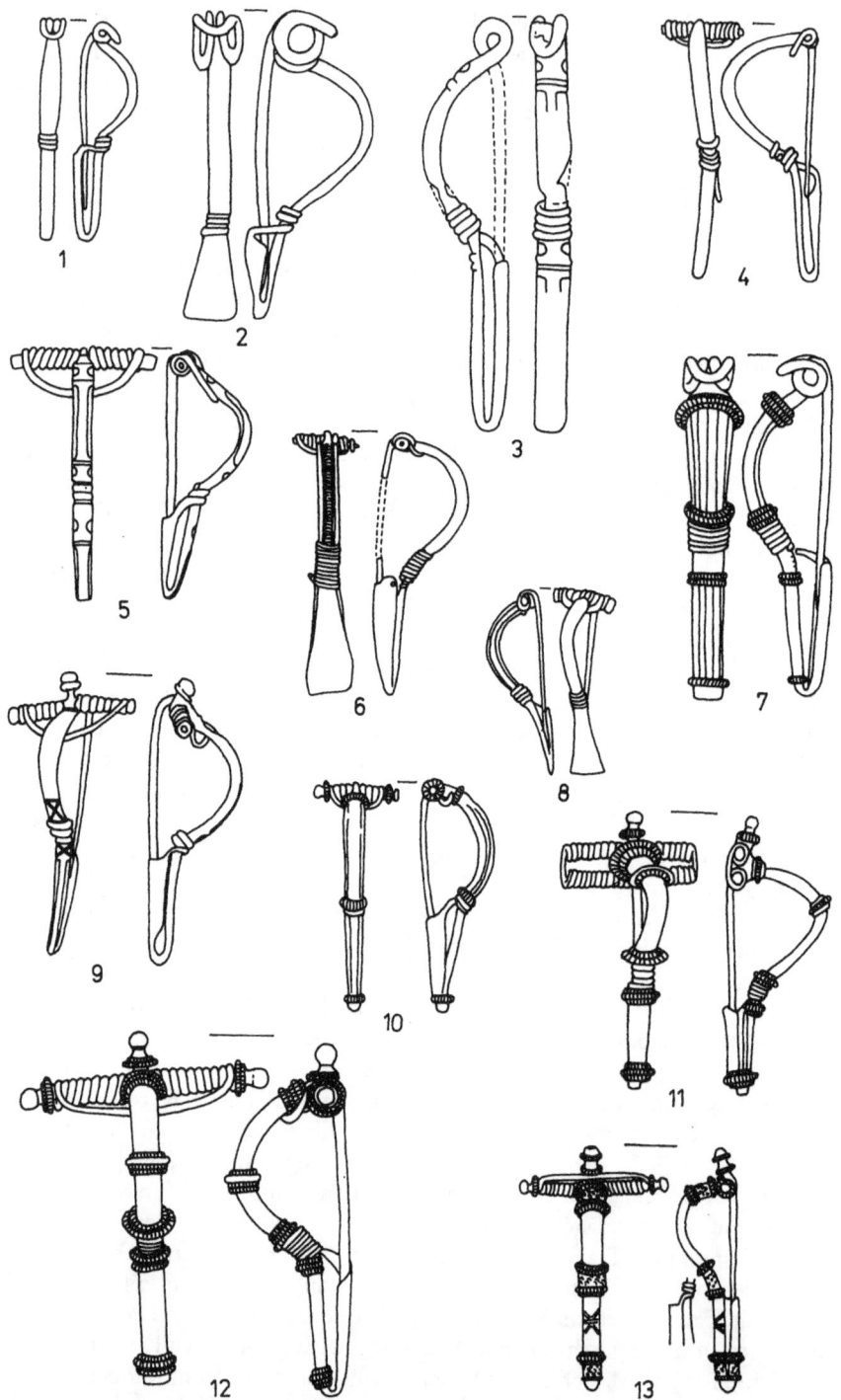

Abb. 100. Fibeln mit umgeschlagenem Fuß der jüng. und späten RKZ. 1–3 Przeworsk-Kultur; 4–6, 9–11 Wielbark-Kultur; 5 Dębczyno-Gruppe; 7 Mitteldonaugebiet; 8 Böhmen; 12 w-balt. Kultur; 13 Mitteldonaugebie

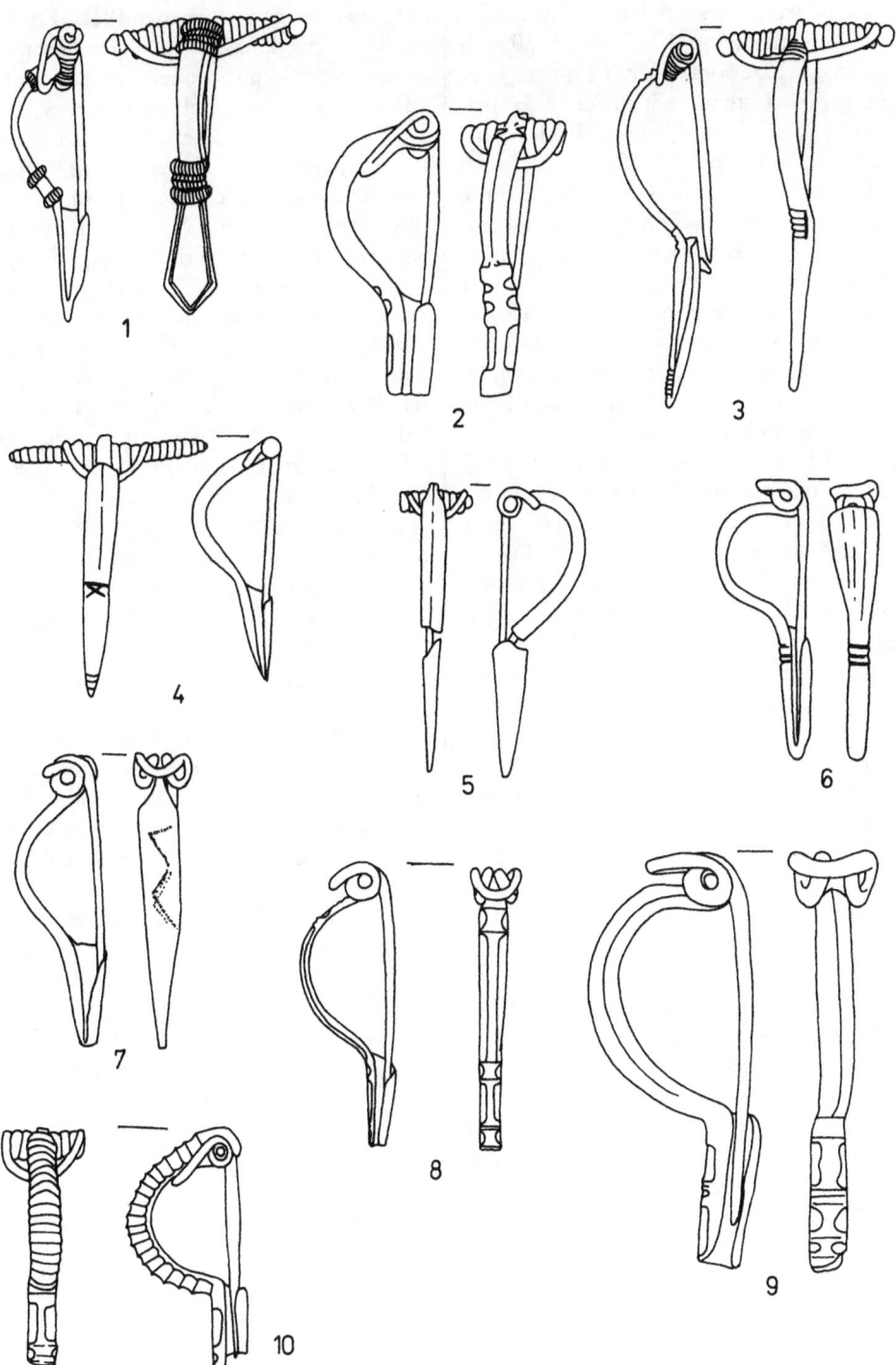

Abb. 101. Fibeln mit festem Nadelhalter der jüng. und späten RKZ. 1–3 Böhmen; 4–5, 10 Wielbark-Kultur; 6 Przeworsk-Kultur; 7–9 Mitteldonaugebiet

zeugt, bilden sie bis zur Stufe C3 verschiedene Varianten (Abb. 101, 7–9 [28; 50; 54]) aus. In der Przeworsk-Kultur sind eingliedrige F.n mit festem Nadelhalter (Abb. 101, 6) nicht so häufig und hauptsächlich für die Stufe C1 überliefert (14; 15).

Die für das elbgerm. Gebiet in der Stufe C2 so charakteristischen Schild-F.n kommen im ö. Germanien, in Böhmen, in Mähren, in der Slowakei sowie in der Dębczyno-Gruppe und in der Wielbark-Kultur nur vereinzelt vor. Hervorzuheben sind die Prunk-F.n aus den → Fürstengräbern der Stufe C2. Sie bestehen aus Edelmetall mit reicher Filigranzier (→ Filigran). Offensichtlich repräsentieren sie Erzeugnisse einzelner hochspezialisierter Goldschmiedewerkstätten für den Bedarf germ. „Adels"- oder „Fürsten"familien. Darum stellen solche F.n unterschiedlicher Provenienz individuelle und manchmal einzigartige Goldschmiedekunstwerke dar, die sich voneinander weitgehend unterscheiden, aber gleichzeitig viele gemeinsame stilistische Züge aufweisen (27; 53). In unserem Gebiet handelt es sich vor allem um die „Schmetterlingsfibeln" aus → Stráže in der W-Slowakei (Abb. 102, 1[13]) und um die F.n des Typs → Sakrau (Zakrzów [Abb. 102, 2]), die durch eine halbkreisförmige Kopfplatte, zwei oder drei Spiralen und einen rautenförmigen oder stumpf abschließenden Fuß charakterisiert sind. Solche F.n wurden in allen drei „Fürstengräbern" in Sakrau gefunden, und zweifellos stammen diese aus einer Werkstatt. Sehr ähnliche F.n sind aus einem erst in der frühen VWZ versteckten Hort in Zamość (58) bekannt; außerdem haben sie viele nahe Parallelen in Dänemark (14,27; vgl. § 34). Auch die goldene Prunk-F. aus dem o-slowakischen Grab I von Ostrovany-Osztropátaka (Abb. 102, 3) gehört zu diesem Kreis (→ Osztropátaka). Diese Prunk-F.n mit halbkreisförmiger Kopfplatte und Doppelspirale beeinflußten höchstwahrscheinlich im Bereich der Černjachov-Kultur die Entwicklung der silbernen und bronzenen Blech-F.n mit ähnlichen Merkmalen (3; 8). Sie kommen in der Stufe C3 auf, wobei die ält. Formen kürzer (bis 5 cm) und gedrungener sind (Abb. 102, 4), die späteren dagegen länger und schmaler (Abb. 102, 5 [64]). Ihre Weiterentwicklung stellen die o-germ. Silberblech-F.n der frühen VWZ aus den Donauländern und auf der Krim dar (vgl. § 40).

Die für die Stufe C3 im elbgerm. Bereich so charakteristischen Bügelknopf-F.n (40; 55) treten im O vor allem in den mit dem elbgerm. Raum verbundenen Gebieten Böhmens und der Dębczyno-Gruppe (Abb. 102, 6) auf. Vereinzelt kommen sie im S (Mähren, Slowakei) und im N (Wielbark-Kultur und w-balt. Kultur) vor. Sogar aus dem Bereich der Černjachov-Kultur sind einige Funde bekannt (55, Abb. 112–113). Dagegen existiert bisher aus der Przeworsk-Kultur nur ein peripheres Beispiel (Korzeń Gr. 37).

In der jüng. RKZ sind im ö. Germanien importierte röm. F.n selten. Neben emaillierten Scheiben-F.n aus dem Anfang der jüng. RKZ handelt es sich um einige Scharnier-F.n des 3. Jh.s, wie z. B. die zwei Gold-F.n aus dem „Fürstengrab" I von Ostrovany-Osztropátaka (32). Sie dürften ähnlich wie die röm. F.n in den „Fürstengräbern" von → Leuna (74) die besonderen Beziehungen des germ. Adels zum röm. Reich widerspiegeln. Auch die in den Gebieten zw. Mitteldonau und Ostsee sehr seltenen → Zwiebelknopf-F.n des 4. Jh.s sind vermutlich nicht als Handelsware, sondern als Ausdruck der Mobilität von Menschen zu deuten. So stammt die einzige Zwiebelknopf-F. im Bereich der Przeworsk-Kultur aus der Siedlung in → Jakuszowice im Oberweichselgebiet, die höchstwahrscheinlich als „Adelssitz" zu deuten ist.

Viele spätkaiserzeitliche F.-Typen sind in manchen Gebieten bis zur Frühphase der VWZ nachzuweisen. Es handelt sich um die schlichten F.n mit umgeschlagenem Fuß sowie um einige Typen der F.n mit fe-

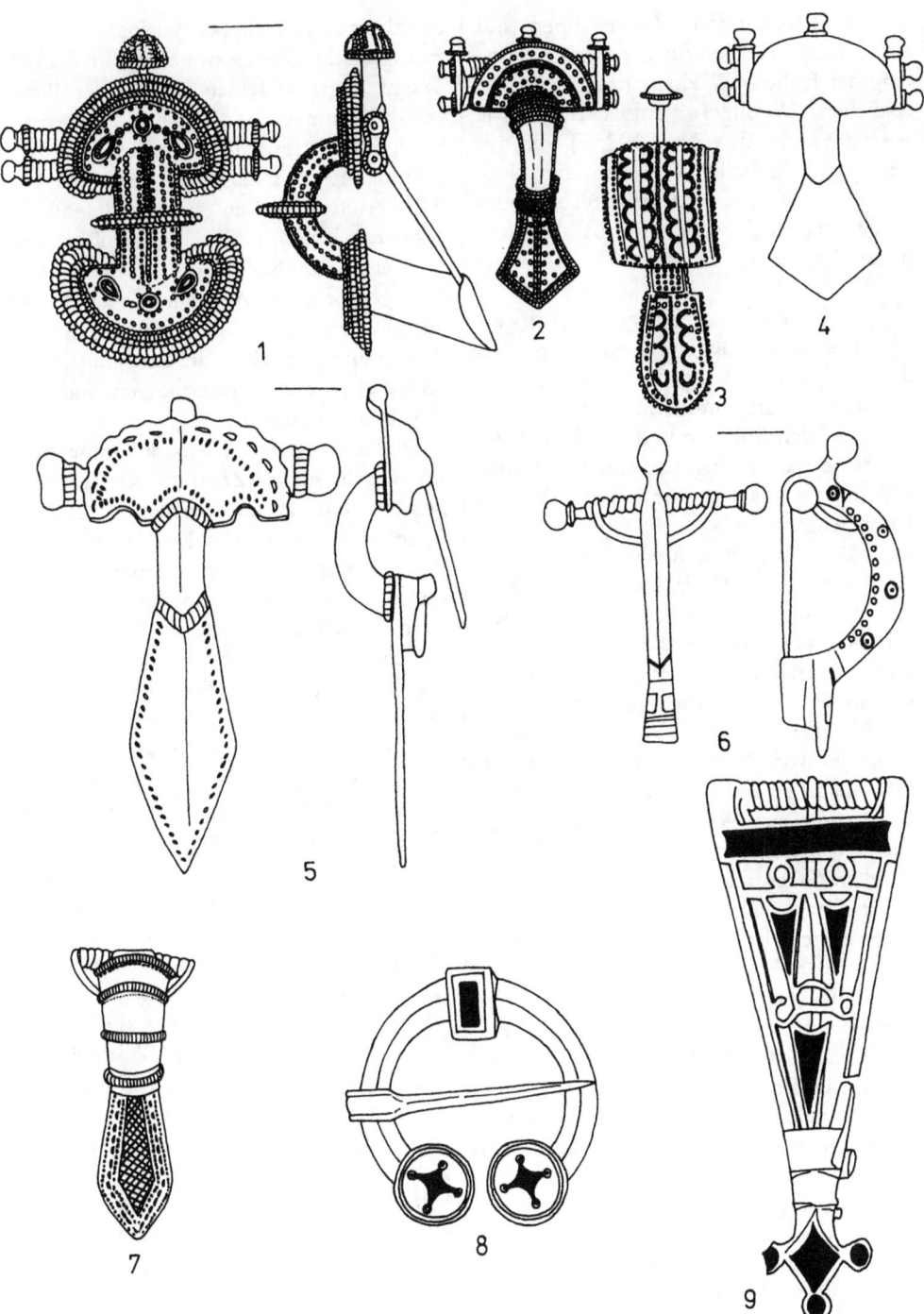

Abb. 102. Fibeln der jüng. und späten RKZ. 1 „Fürstengrab" 2 von Stráže; 2 „Fürstengrab" 3 von Wrocław-Zakrzów (Sakrau); 3 „Fürstengrab" 1 von Ostrovany (Osztropátaka); 4–5 Černjachov-Kultur; 6 Dębczyno-Gruppe; 7 Böhmen (Vinařice); 8 w-balt. Kultur; 9 Ukraine

stem Nadelhalter (55). Zu erwähnen sind einige Varianten dieser F.n, die sich am Anfang der frühen VWZ aus den spätkaiserzeitlichen Vorbildern entwickelten, wie reich verzierte F.n (Abb. 102, 7), die mit dem Typ Wiesbaden (72) verwandt sind. Dasselbe gilt für die frühvölkerwanderungszeitlichen Blech-F.n mit halbkreisförmiger Kopfplatte.

§ 26. F.-Tracht. a. Kulturbeziehungen. Die Ausführungen haben gezeigt, daß das F.-Typenspektrum in den einzelnen Gebieten recht unterschiedlich ist. So orientiert sich Böhmen in der F.-Tracht seit der Stufe B2 am elbgerm. Gebiet, obwohl andererseits manche für die Przeworsk-Kultur charakteristische F.-Typen vorkommen. Diese besitzt während der gesamten RKZ starke Affinitäten sowohl in den Mitteldonauraum als auch zum Ostseebereich (27; 61), was man vor allem mit Handels- und Kulturkontakten entlang der „Bernsteinstraße" (→ Bernstein und Bernsteinhandel) erklären kann, aber auch Einwanderungen von N her kommen in Frage (61). Ganz eindeutig ist eine solche Einwanderung aus dem n-elbgerm. Gebiet nach N-Mähren um die Mitte des 3. Jh.s auf dem Gräberfeld in Kostelec (63; 80) in der F.-Tracht faßbar.

Charakteristisch für die Przeworsk-Kultur ist eine Vorliebe für Eisen-F.n (16). Selbst F.-Typen wie kräftig profilierte F.n Almgren 68, 236 oder Rollenkappen-F.n Almgren 40–41, die in anderen Gebieten immer aus Bronze hergestellt waren, wurden hier gelegentlich in Eisen nachgeahmt. Folgerichtig sind die Bronze-F.n in diesem Gebiet fast immer geschmiedet und nicht gegossen. So besteht z. B. ein deutlicher Unterschied zw. den geschmiedeten bronzenen Kopfkamm-F.n (Almgren Gruppe V Ser. 8) aus der Przeworsk-Kultur (Abb. 99, 6) und den gegossenen in der Wielbark-Kultur (Abb. 99, 5). Aus den genannten Beispielen geht hervor, daß aus der Nähe einzelner Kulturgruppen zueinander nicht zwangsläufig Übereinstimmung in der F.-Tracht folgt. So fehlen z. B. in der Przeworsk-Kultur einige F.-Typen wie Armbrust-F.n mit festem Nadelhalter oder Bügelknopf-F.n fast vollständig, die in den benachbarten Gebieten sw. (Böhmen), w. (elbgerm. Kreis), n. (Wielbark-Kultur) und ö. (Černjachov-Kultur) gut vertreten sind. Dagegen bestehen Analogien in der Tracht wie zw. Przeworsk-Kultur und dem Mitteldonauraum vor allem in der jüng. RKZ selbst über weite Entfernungen und Gebirgsbarrieren hinweg.

Das Gebiet der Wielbark-Kultur hebt sich als ein starkes Zentrum der Bronzefibelherstellung ab, in dem bes. im 2.-3. Jh. eigene Formen entstanden. In der jüng. RKZ bestehen in den F.-Formen recht starke Verbindungen und Ähnlichkeiten zw. der Wielbark- und der Černjachov-Kultur. Einige mittel- und n-europ. F.-Formen wie z. B. „monströse" F.n mit hohem Nadelhalter im Bereich der Černjachov-Kultur darf man sicherlich als Widerspiegelung von Einwanderungen entlang der Achse Ostsee – Schwarzmeergebiet betrachten (73). Andererseits verbreiten sich die für die Černjachov-Kultur in der Stufe C3 so charakteristischen Blech-F.n mit halbkreisförmiger Kopfplatte kaum nach N.

Zu einer besonderen F.-Trachtprov. lassen sich F.n der w-balt. Gebiete (11; 41; 47; 70) zusammenschließen. Hier sind F.n in großer Zahl erst in der Stufe B2 überliefert, doch ist es unklar, ob sich darin ihre späte Aufnahme in die Tracht oder vielmehr Bestattungssitten widerspiegeln. Seit dieser Zeit wird das F.-Spektrum im gesamten balt. Raum sehr reich und vielfältig, wobei prov.-röm. und germ. F.-Formen nachgeahmt bzw. modifiziert wurden. Für dieses Gebiet sind auch starke lokale Unterschiede zw. einzelnen, manchmal relativ kleinen Regionen charakteristisch (65; 45; 46).

b. Tracht. In der ält. vorröm. EZ wurden F.n den Bestatteten der Lausitzer und Pommerschen Kultur immer einzeln beigegeben, was offensichtlich der Tragweise zu Lebzeiten entsprach. Erst zu Beginn der jüng. vorröm. EZ erscheinen F.n in manchen arch. Kulturen des n. Mittel-, N- und O-Europa (Zarubincy-Kultur) in großer Zahl. Zweifellos handelt es sich hier um Einflüsse aus dem Bereich der kelt. Latène-Kultur, was auch die F.-Formen bestätigen. Wie im kelt. Bereich tragen Männer höchstens eine F., Frauen jedoch mehrere Exemplare. Die Zahl der F.n in Gräbern, bes. in Brandbestattungen, kann sich jedoch von den tatsächlich in der Tracht benutzten unterscheiden. Festzuhalten bleibt, daß während der jüng. vorröm. EZ und der RKZ in Männergräbern Einzel-F.n vorherrschen, während Frauenbestattungen meist zwei oder mehrere F.n aufweisen (vgl. dagegen zur F.-Tracht im Raum zw. Elbe und Weser § 27b). Es gibt jedoch auch Ausnahmen von dieser Regel. So enthielten z. B. in einem Gräberfeld der ält. RKZ der Przeworsk-Kultur in Domaradzice (35) einige Männergräber mit Waffen zwei F.n, verschiedene eindeutige Frauengräber dagegen Einzel-F.n. Mehrere F.n stammen auch aus Waffengräbern in überdurchschnittlich reichen Friedhöfen wie → Dobřichov-Pičhora in Böhmen sowie Kostolná pri Dunaji in der W-Slowakei (31). Von den sehr reichen Bestattungen der sog. „Fürstengräber" vom Typ → Lübsow, → Haßleben, → Leuna, → Sakrau enthalten ebenfalls Männergräber mitunter mehrere F.n. Leider wissen wir ohne genaue Kenntnis der Fundumstände nicht, wie sie getragen wurden (vgl. K § 41a). Für die jungkaiserzeitlichen „Fürstengräber" sind besondere Typen von Prunk-F.n aus Edelmetall charakteristisch, aber auch in den „Lübsow-Gräbern" der ält. RKZ kommen öfter Silber-F.n vor. Demnach besaßen wahrscheinlich die Männer der sozialen Oberschicht eine Tracht mit mehreren F.n. Anhaltspunkte für eine „professionelle" Kriegertracht existieren in der Przeworsk-Kultur. Hier sind zwar Schwertgräber reicher als gewöhnlich ausgestattet, doch enthalten sie seltener F.n als die übrigen Waffengräber. Frauen- und Männertracht unterscheiden sich nach Anzahl und Gestalt der F.n. So zählen beispielsweise in der Przeworsk-Kultur der jüng. vorröm. EZ F.n der Varianten G/H und J sowie Nauheimer F.n fast ausschließlich zur weiblichen Kleidung (5; 6). Die Männertracht bevorzugte während der gesamten jüng. vorröm EZ und RKZ Eisen-F.n. Zur Grabausstattung des Mannes gehörten in der späten Stufe B1 eiserne Trompeten-F.n und in B2b solche vom Typ Almgren 132, dagegen fanden sich Rollenkappen-F.n überwiegend in Frauengräbern. Darüber hinaus wurden andere F.-Typen sowohl von Männern als auch Frauen getragen. Das trifft auch für eiserne Kopfkamm-F.n zu, die, wenn in Frauengräbern niedergelegt, oft in Garnituren von zwei bis vier manchmal verzierten F.n oder als F.-Paare auftreten. Während der Stufe B2/C1 enthalten die Frauengräber der Przeworsk-Kultur fast ausschließlich Bronze-F.n (14; 15). Sie sind oft verziert und häufig in Garnituren von zwei bis vier Stück ausgewählt. Die gleichzeitigen Männergräber enthalten ausschließlich schlichte Eisen-F.n mit umgeschlagenem Fuß, die noch während der Stufe C1 auch in die Frauentracht übernommen wurden.

In der Wielbark-Kultur (76) sind in B2/C1 Garnituren von „altkaiserzeitlichen", oft im sog. „Barockstil" verzierten Bronze-F.n typisch (77). Zusammen mit reichlich Schmuck bildeten sie einen Bestandteil der aufwendigen Frauentracht dieser Zeit. In Frauengräbern der Stufe B2/C1 kommen häufig auch F.n mit hohem Nadelhalter, aber nur selten solche mit umgeschlagenem Fuß vor. Die Männergräber der Wielbark-Kultur sind mangels Waffenausstattung schwer faßbar. Im Gegensatz zur Przeworsk-Kultur sind in ihnen nicht nur die F.n mit umgeschlagenem Fuß, sondern auch Gewandschließen mit hohem Nadelhalter als Einzel-F.n vertreten. Jedoch auch dort verbreiten sich die neuen „jungkaiserzeitlichen" F.-Formen zuerst in der Männertracht. In Böhmen finden in der Stufe C1 Scheiben-F.n nur in der Frauentracht Verwendung. Im n-mährischen Gräberfeld von Kostelec kommen in der Stufe C3 in Frauengräbern F.n mit umgeschlagenem Fuß und mit festem Nadelhalter mit rechteckigem, schmalem Fuß (Abb. 101, 8) vor, in Männerbestattungen dagegen eingliedrige massive F.n mit rechteckigem, breitem Fuß (Abb. 101, 9) und Bügelknopf-F.n. Daß die Bügelknopf-F.n hauptsächlich in Männergräbern auftreten, bestätigt sich auch in anderen Gebieten. Offensichtlich waren diese ziemlich massiven, schweren F.n für die Männertracht geeignet und wurden ähnlich wie die röm. Scharnier- und Zwiebelknopf-F.n als Mantel-F.n (74) verwendet.

Für die Frauentracht (39; 65–67; 52) ist der Gebrauch von zwei oder mehreren F.n charakteristisch, daneben wurden aber auch Einzel-F.n getragen. Darauf weisen zahlreiche Brandgräber und bes. Körpergräber mit nur einer F. hin. Es scheint, daß diese F.-Tracht bei Frauen bes. in der späten RKZ verbreitet war, obwohl man hier mit einer Verzerrung des tatsächlichen Bildes durch die allgemeine Verarmung der Grabausstattung in dieser Zeit rechnen muß. Häufig wurden in der Frauentracht drei, seltener vier oder noch mehr F.n verwendet. Die Dreifibeltracht ist bes. für die Wielbark-Kultur (39; 66; 52) in den Stufen B2/C1a charakteristisch. Weniger häufig sind Gräber mit vier F.n. Dies ändert sich ab der Stufe C1b und in einigen Gebieten schon ab C1a, in der sog. Cecele-Phase der Wielbark-Kultur, in der die Zwei- oder Einfibeltracht eindeutig im Vordergrund steht. Ähnlichkeiten sind in der verwandten Černjachov-Kultur vorhanden (39; 67), in der die Tragweise von paarigen F.n zwar üblich ist, Einzel-F.n jedoch sehr oft auch aus Frauengräbern überliefert sind. In der Przeworsk-Kultur dominieren in Frauengräbern paarige F.n vor Einzel-F.n, dagegen sind drei F.n deutlich seltener und vier oder mehrere wiederum im Vergleich mit anderen Gebieten relativ oft vertreten. In den w-balt. Kulturgruppen (65; 67) sind paarige F.n am häufigsten. Gräber mit drei F.n sind häufiger als solche mit Einzel-F.n. Vier oder mehr F.n sind dagegen wieder relativ häufig, bes. in Samland während der Stufe B2. Man kann in diesem Fall Einflüsse seitens der Przeworsk-Kultur vermuten. Möglicherweise bevorzugte man in beiden Gebieten die Verwendung von einem oder zwei Paar F.n. Vier oder mehr F.n stammen hauptsächlich aus den reichsten Bestattungen.

Die F.n wurden von Frauen gewöhnlich auf den Schultern, unter dem Hals oder auf der Brust getragen (66; 67). Bei paarigen F.n befanden sie sich am häufigsten auf beiden Schultern, aber auch auf einer Schulter, auf der Brust oder unter dem Hals. Im s. Teil der Černjachov-Kultur (bes. in Rumänien) ist nach dem Grabbefund oft eine spezielle F.-Anordnung zu beobachten, bei der eine F. auf der linken oder rechten Schulter, die andere dagegen auf der anderen Körperseite zw. unterster Rippe und Becken liegt (67). Bei Dreifibeltracht, bes. in der Wielbark-Kultur, sind zwei F.n auf der Schulter und die dritte auf der Brust typisch. Häufig besitzen zwei F.n gleiche Form, während die dritte zu einem anderen Typ gehört und kleiner ist. Andererseits können auch alle F.n entweder dem gleichen oder drei verschiedenen Typen angehören. Bei mehreren F.n ist auch mit einer Verwendung als Kopftracht zu rechnen. Im w-balt. Samland (11; 65) wurden für die Kopftracht Scheiben- und Tutulus-F.n verwendet. In der RKZ kommen F.n im unteren Körperbereich, in der Beckenzone oder bei den Oberschenkeln selten vor, was später in der MZ üblich wird. Am häufigsten liegen die F.n in den Körpergräbern senkrecht oder auch schräg mit dem F.-Kopf nach unten. Die F.n auf der Brust wurden in einigen Fällen in horizontaler Lage gefunden. F.-Paare auf den Schultern waren gelegentlich mit einer Perlenkette verbunden.

Für Frauen verschiedener Altersklassen, aber auch für Kinder bestanden nach dem arch. Befund in der Regel keine wesentlichen Unterschiede in der Tracht (67). Nur in der Černjachov-Kultur differenzierte man, soweit aus Grabfunden ersichtlich, in der F.-Tracht nach dem Alter der Frauen zw. Einfibeltracht für mature und Zweifibeltracht für adulte Frauen.

Zur typischen Tracht des Mannes gehörte eine F., deren Funktion als Mantel-F. sich aus ihrer Tragweise auf einer Schulter oder seitlich im unteren Bereich des Oberkörpers ergibt (vgl. § 30).

(1) N. Åberg, Ostpreußen in der VWZ, 1919. (2) Almgren, Fibelformen. (3) K. Ambroz, Fibuly juga evropejskoj časti SSSR (II v. do n. ė. – IV v. n. ė.), 1966. (4) M. Babeş, Die Frühgerm. im ö. Dakien in den letzten Jhh. v. u. Z., Arch. und hist. Belege, in: F. Horst u. a. (Hrsg.), Frühe Völker in Mitteleuropa, 1988, 129–156. (5) T. Dąbrowska, Wczesne fazy kultury przeworskiej, 1988. (6) Dies., Bemerkungen zur Entstehung der Przeworsk-Kultur, Prähist. Zeitschr. 63, 1988, 53–80. (7) G. Diaconu, Über die F. mit umgeschlagenem Fuß in Dazien, Dacia NS 15, 1971, 238–267. (8) Ders., Über die F. mit halbkreisförmiger Kopfplatte und rautenförmigem Fuß aus Dazien, ebd. 17, 1973, 257–275. (9) G. Domański, Studia z dziejów środkowego Nadodrza w III-I w. p. n. e., 1975. (10) Ders., Kultura luboszycka między Łabą a Odrą w II–IV wieku, 1979. (11) W. Gaerte, Urgesch. Ostpreußens, 1929. (12) J. Garbsch, Die nor.-pann. Frauentracht im 1. und 2. Jh., 1965. (13) M. Gedl, Die F.n in Polen (im Druck). (14) K. Godłowski, The Chronology of the Late Roman and Early Migration Periods in Central Europe, 1970. (15) Ders., Materiały do poznania kultury przeworskiej na Górnym Śląsku (cześć II), Materiały Starożytne i Wczesnośredniowieczne 4, 1977, 7–237. (16) Ders., Kultura przeworska, in: Prahistoria ziem polskich, Bd. 5, 1981, 57–135. (17) Ders., „Superiores Barbari" und die Markomannenkriege im Lichte arch. Qu., Slovenská Arch.

32/2, 1984, 327–350. (18) E. L. Gorochovskij, O gruppe fibul s vyemčatoj emal'ju iz Srednego Podneprov'ja, in: Novye pamjatniki drevnej i srednevekovoj chudožestvennoj kul'tury, 1982, 115–151. (19) Ders., Chronologija ukrašenij s vyemčatoj emal'ju Srednego Podneprov'ja, in: Materialy po chronologii archeologičeskich pamjatnikov Ukrainy, 1982, 125–140. (20) R. Hachmann, Die Chron. der jüng. vorröm EZ, Ber. RGK, 41, 1960, 1–276. (21) M. Jahn, Zum Fernhandel vom Ostalpengebiet nach Skand. in der Früh-RKZ, Jahresschr. Halle 36, 1952, 93-101. (22) R. Jamka, Fibule typu oczkowatego w Europie Środkowej ze szczególnym uwzględnieniem ziem polskich, Materiały Starożytne 10, 1964, 7–104. (23) Ders., Materiały kultury przeworskiej z Leonowa, stanowisko II, pow. Łódź, Prace Archeologiczne 5, 1963, 59–76. (24) K. V. Kasparova, O fibulach zarubineckogo tipa, Archeologičeskij Sbornik 18, 1977, 68–78. (25) Dies., Zarubineckaja kul'tura v chronologičeskoj sisteme kul'tur epochi latena, ebd. 25, 1984, 108–117. (26) R. Kenk, Stud. zum Beginn der jüng. RKZ in der Przeworsk-Kultur, Ber. RGK, 58/1, 1977, 161–446. (27) T. Kolník, Honosné spony mladšej doby rímskej vo svetle nálezov z juhozápadného Slovenska, Slovenská Arch. 12/2, 1964, 409–446. (28) Ders., K typológii a chronológii niektorých spôn z mladšej doby rímskej na juhozápadnom Slovensku, ebd., 13/1, 1965, 183–236. (29) Ders., Prehl'ad a stav bádania o dobe rímskej a sťahovaní národov, ebd. 19/2, 1971, 499–558. (30) Ders., Anfänge der germ. Besiedlung in der SW-Slowakei und das Regnum Vannianum, in: Symposium Ausklang der Latène-Zivilisation und Anfänge der germ. Besiedlung im mittleren Donaugebiet, Bratislava 1977, 143–171. (31) Ders., Römerzeitliche Gräberfelder in der Slowakei, 1980. (32) Ders., Rímske a germánske umenie na Slovensku, 1984. (33) G. F. Korzuchina, Predmety ubora s vyemčatymi ėmaljami V – pervoj poloviny VI v. n. ė. v Srednem Podneprov'e, 1978. (34) G. Kossack, Frühe röm. F.n aus dem Alpenvorland und ihre chron. Bedeutung für die germ. Kulturverhältnisse, in: Aus Bayerns Frühzeit 1962, 125–137. (35) B. Kostrzewski, Cmentarzysko z okresu późnolateńskiego i rzymskiego w Domaradzicach, pow. Rawicz, Fontes Arch. Posnanienses 4, 1954, 153–274. (36) J. Kostrzewski, Die o-germ. Kultur der Spät-LTZ, 1919. (37) T. Liana, Chronologia względna kultury przeworskiej we wczesnym okresie rzymskim, Wiadomości Arch. 35, 1970, 429–491. (38) J. Lichardus, Körpergräber der frühen Kaiserzeit im Gebiet der s. Elbgerm., 1984. (39) M. Mączyńska, Przemiany stroju kobiecego w kulturach wielbarskiej i czerniachowskiej, in: Problemy kultury wielbarskiej, 1981, 235–343. (40) E. Meyer, Die Bügelknopf-F., Arbeits- und Forschungsber. zur Sächs. Bodendenkmalpflege 8,1960, 216–349. (41) M. Michelbertas, Senasis geležies amžius, Lietuvoje, 1986. (42) K. Motyková–Šneidrová, Žárové pohřebiště ze starší doby římské v Tišicích ve středních Čechách, Památky Arch. 54/2, 1963, 343–347. (43) Dies., Die Anfänge der RKZ in Böhmen, 1963. (44) Dies., Zur Chron. der ältesten RKZ in Böhmen, Berliner Jahrb. für Vor- und Frühgesch. 5, 1965, 103–174. (45) W. Nowakowski, Kultura wielbarska a zachodniobałtyjski krąg kulturowy, in: wie [66], Bd. 2, 1989, 143–159. (46) Ders., Kulturowy krąg zachodnio bałtyjski w okresie wpływów rzymskich. Kwestia definicji i podziałów wewnętrznych, Arch. Bałtyjska 1991, 42–66. (47) J. Okulicz, Pradzieje ziem pruskich od późnego paleolitu do VII w.n.e., 1973. (48) M. Olędzki, Chronologia, typologia i rozprzestrzenienie zapinek typu Nadkole, Fontes Arch. Posnanienses 35, 1986, 139–149. (49) M. Párducz, Denkmäler der Sarmatenzeit Ungarns, Bd. II–III, 1944–1950. (50) I. Peškař, F.n aus der RKZ in Mähren, 1972. (51) K. Pieta, Die Púchov-Kultur, 1982. (52) M. Sajkowska, Próba rekonstrukcji stroju kobiecego w kulturze wielbarskiej we wczesnym okresie wpływów rzymskich, in: [39], 245–265. (53) W. Schulz, Ein F.-Typus der wandal. Hasdingen, Jahresschr. Halle 44, 1960, 298–315. (54) M. Schulze, Die spätkaiserzeitlichen Armbrust-F.n mit festem Nadelhalter, 1977. (55) M. Schulze–Dörrlamm, Roman. oder Germ.? Unters. zu den Armbrust- und Bügelknopf-F.n des 5. und 6. Jh.s n.Chr. aus den Gebieten w. des Rheins und s. der Donau, Jahrb. RGZM 33, 1986, 593–720. (56) M. B. Shchukin, Rome and the Barbarians in Central and Eastern Europe. 1st Century B.C.–1st Century A.D., 1989. (57) M. Šmidechel'm, Archeologičeskie pamjatniki perioda razloženija rodovogo stroja na severovostoke Estonii, 1955. (58) T. Sulimirski, Znalezisko z Zamościa i jego tło, Arch. Polski 11, 1966, 118–161. (59) J. Szydłowski, Die eingliedrigen F.n mit umgeschlagenem Fuß in Österr. im Rahmen ihres Vorkommens in Mitteleuropa, Arch. Austriaca 63, 1979, 21–29. (60) J. Tejral, Zur Chron. der ält. RKZ im Lichte mährischer und w-slowakischer Bodenfunde, Zborník Filozofickej Fakulty Univ. Komenského, Musaica 20 (9), 1969, 27–60. (61) Ders., K interpretaci severovýchodných prvků v hmotné moravské oblasti na sklonku starší doby římské, Památky Arch. 61, 1970, 184–215. (62) Ders., Die Älteste Phase der germ. Besiedlung zw. Donau and March, in: [30], 307–342. (63) Ders., Die Probleme der späten RKZ in Mähren, 1975. (64) Ders., Fremde Einflüsse und kulturelle Veränderungen n. der mittleren Donau zu Beginn der VWZ, Arch. Baltica 7, „Peregrinatio Gothica", 1986, 175–238. (65) M. Tempelmann-Mączyńska, Próba rekonstrukcji stroju kobiecego kultury zachodniobałtyjskiej w okresie wpływów rzymskich, Wiadomości Arch. 48, 1983/1987, 3–19. (66) Dies., Strój kobiecy kultury wielbarskiej i jego powiązania z sąsiednimi obszarami, in: Kultura wielbarska w młodszym okresie rzymskim, Bd. 1,1988, 205–220. (67) Dies., Das Frauentrachtzubehör des mittel- und o-europ. Barbaricums in der RKZ, 1989. (68) S. Thomas, Die prov.-röm. Scheiben-F.n der RKZ im freien Germanien, Berliner Jahrb. für Vor- und Frühgesch. 6, 1966, 119–178. (69) Dies., Die germ. Scheiben-F.n der RKZ, ebd. 7, 1967, 1–187. (70) O. Tischler u. a., Ostpreuß. Altertümer zur Zeit der großen Gräberfelder n. Chr., 1902. (71) M. Tuszyńska, O zapinkach z gąsienicowatym kabłąkiem w obrębie kultury wielbarskiej, in: wie [66], Bd. 1, 177–187. (72) J. Werner, Zu einer elbgerm. F. des 5. Jh.s aus Gaukönigshofen, Ldkr. Würzburg, Bayer. Vorgeschichtsbl. 46, 1981, 225–254. (73) Ders., Dančeny und Brangstrup, Bonner Jahrb. 188, 1988, 241–286. (74) Ders., Zu den röm. Mantel-F.n zweier Kriegergräber von Leuna, Jahresschr. Halle 72, 1989, 121–134. (75) R. Wołągiewicz, Chronologia względna okresu wczesnorzymskiego na Pomorzu Zachodnim w świetle niektórych jej wyznaczników, Materiały Zachodniopomorskie 12, 1966, 169–193. (76) Ders., Kultura oksywska i wielbarska, in: wie [16], 135–178. (77) Ders., Zagadnienie stylu wczesnorzymskiego w kulturze wielbarskiej, in: Studia Arch. Pomeranica, 1974, 129–152. (78) Ders., Kultura jastorfska – 1. Grupa nadodrzańska, in: wie [16], 192–196. (79) Z. Woźniak, Chronologia młodszej fazy kultury pomorskiej w świetle importów i naśladownictw zabytków pochodzenia południowego, in: Problemy kultury pomorskiej, 1979, 125–148. (80) J. Zeman, Severní Morava v mladší době římské, 1961.

K. Godłowski

H. Römische Kaiserzeit und Völkerwanderungszeit zwischen Rhein und Elbe

§ 27. Ält. RKZ – a. F.-Typen. Die F.n der ält. RKZ sind im Gebiet zw. Elbe, Weser und Rhein, bedingt durch Qu.-Lage und Forschungsstand, sehr heterogen überliefert. Nach ihrer Gestalt lassen sie sich entweder auf Spätlatèneformen (vgl. § 17) zurückführen oder von prov.-röm. Vorbildern ableiten (vgl. § 32). Typische Vertreter für diesen Zeitabschnitt bilden die von O.

Almgren (1) in den Gruppen I–V erfaßten F.n, die entweder nach ihrer Konstruktion oder nach bes. hervortretenden äußeren Merkmalen bezeichnet sind und deren Verbreitung räumliche und zeitliche Schwerpunkte erkennen läßt.

Die sehr variabel gestalteten eingliedrigen Armbrust-F.n mit breitem Bügelunterteil (Abb. 103, 1–2) Almgren Gruppe I, Fig. 10–14 (1; 58) entstanden im unteren Elbegebiet kurz n. Chr. aus den geschweiften F.n (vgl. § 19b).

Als Ursprungsgebiet der F.n mit zweilappiger Rollenkappe Almgren Gruppe II wird Böhmen vermutet (31; 11). Dem aus Almgren 7–9 hergeleiteten spätlatènezeitlichen Prototyp Almgren 23 schließen sich frühe Formen Almgren 24/25, 33 (Abb. 103, 3) mit durchbrochenem Nadelhalter an. In Jütland, Schleswig, dem unteren Elbegebiet und O-Mecklenburg sind aus Eisen gefertigte Rollenkappen-F.n Almgren 24–26 (Abb. 103, 4) häufig. Im Mittelelbe-Saale-Gebiet deckt sich das Verbreitungsgebiet (11, Karte 3) von F.n der Gruppen I und II (1; 45; 32; 26; 58). Dagegen werden an F.n in peripherer Verbreitungslage Abweichungen von der Normalform nach Gestalt und bzw. oder in der Wahl des Materials offenkundig. Das äußert sich an silbernen oder mit Silber und Goldblecheinlagen verzierten Rollenkappen-F.n des 1. Jh.s s. der Mainmündung und aus Jütland (11). Die gleiche Beobachtung gilt auch für F.n der Gruppe I, die aus regionalem Zusammenhang im röm.- germ. Grenzbereich Veränderungen erfahren und in den röm. Plätzen am Niederrhein und unteren Main von der Normalform abweichen. Andererseits waren „prov.-röm." „Legions-oder Soldaten-F.n" (§ 31; Abb. 112, 1–2) mit drahtförmigem Bügel Vorbild für zeitlich und räumlich im unteren Elbegebiet, in Friesland und dem Weserbergland anzuschließende F.n, jedoch mit rundem Spiraldraht (11).

Geradezu als Leitform für das 1. nachchristl. Jh. können die in N-, O- und Mitteleuropa gebräuchlichen sog. →Augen-F.n (Almgren Gruppe III) bewertet werden. Ihre Ausbreitung von Böhmen her elbabwärts wird angenommen (1; 59; 45; 11; 37). Die dort entstandene „böhmische Augen-F." mit inneren Augen Almgren 45 (Abb. 103, 5) ist während der Stufe B1 im gesamten Elbe- und Rhein-Weser-Gebiet, O-Mecklenburg und Dänemark geläufig. Wahrscheinlich waren auch prov.-röm. Handwerker mit anderen technischen Fertigkeiten und Geräten – Verwendung von Zentrumsbohrern und Punzstempelbändern – an der Herstellung dieser F.-Formen beteiligt, die außerhalb Böhmens gelegentlich imitiert wurden (11).

Rhein., „westgerm." Augen-F.n Almgren 47 (Abb. 103, 6) aus augusteisch – tiberisch/claudischer Zeit weisen demgegenüber äußere Augen mit z. T. großen Seitenknöpfen auf (11; 19; zu weiteren Augen-F.n vgl. §§ 24 und 32; [37]).

Etwa zeitgleich mit den Augen- und Rollenkappen-F.n wurden kräftig profilierte F.n Almgren Gruppe IV gefertigt, deren elbgerm. Ausprägung sog. „Trompetenfibeln" Almgren 74–84 darstellen. Ält. bronzene, aber auch silberne und eiserne Vertreter Almgren 74/75 (Abb. 103, 9) sind hier neben solchen der ö. Serie mit Stützplatte Almgren 67, vor allem aber Almgren 68, bis in die 2. Hälfte des 1. Jh.s hinein sehr zahlreich. Dabei leiten F.n Almgren 68 und 75 bereits zu denen der Stufe B2 über und kommen auch am Rhein vor (57; 23).

Typol. entwickeltere Formen Almgren 76–84 bzw. 92 (Abb. 103, 10) gehören überwiegend diesem jüng. Abschnitt der ält. RKZ an. Späteste Ausprägungen der F.n Almgren 77/78 und 80 werden an das Ende des 2. Jh.s gestellt (32; 45; 16), eingliedrige F.n Almgren 90/91 sind im unteren Elbegebiet häufiger vorhanden (1; 45).

Gleichfalls in der Mitte bzw. 2. Hälfte des 1. Jh.s erscheinen für Stufe B2 charak-

88 (498) Fibel und Fibeltracht

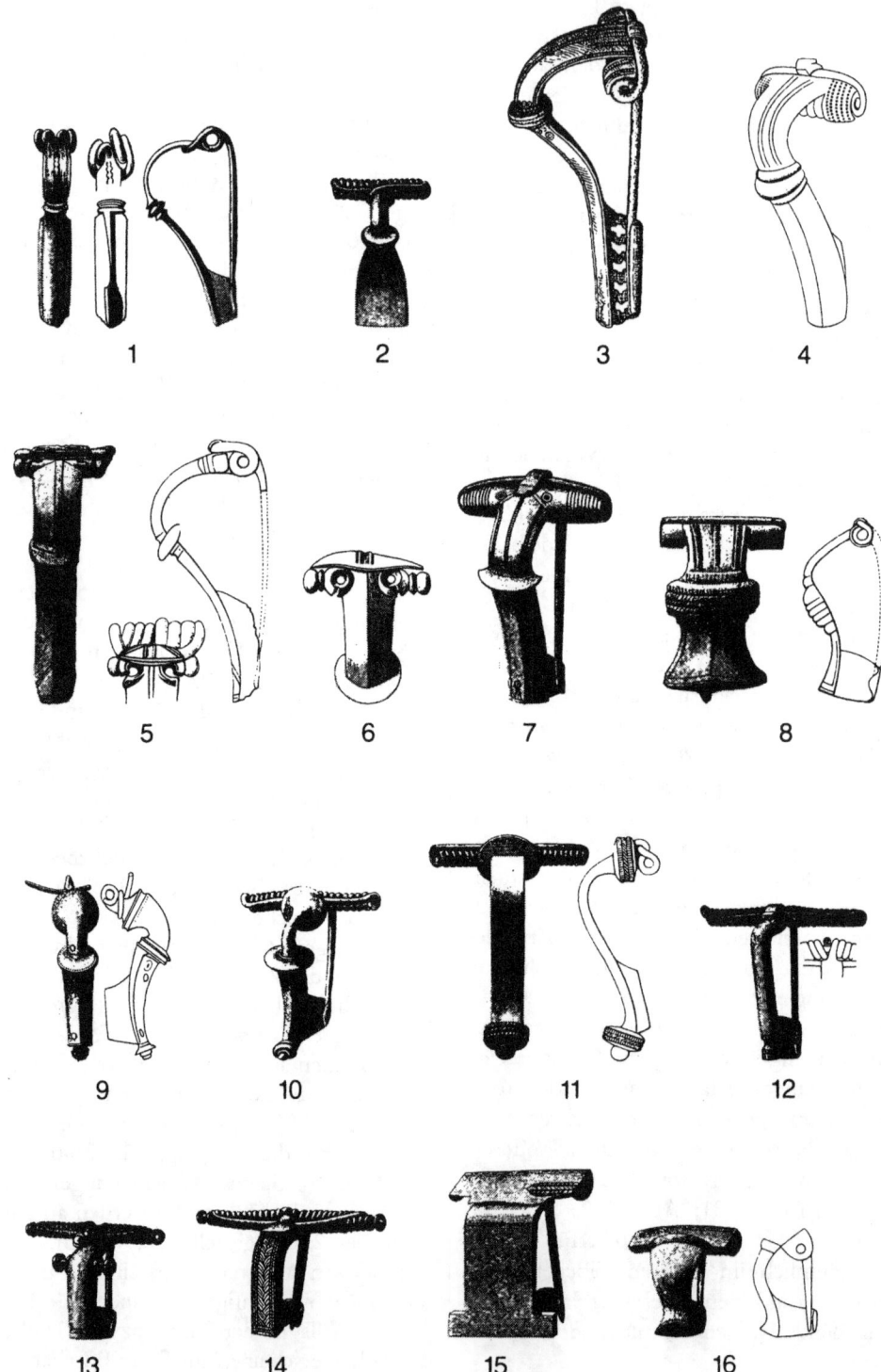

teristische, nur noch selten aus Eisen, dafür häufiger aus Silber gefertigte Rollenkappen-F.n Almgren 28–30 (Abb. 103, 7). Sie weiten deren Verbreitung vor allem nach O-Mecklenburg, dem Havelland, Mittelelbe- und Rhein-Wesergebiet hin aus (11, Karte 8; 26). Wie auf Fünen und w. der unteren Elbe sind zw. Rhein, Weser und Saale außerdem von Almgren als ö. Hauptserie herausgestellte Formen (Fig. 37–41) mit Sehnenhülse anstelle des Sehnenhakens (Abb. 103, 8) recht zahlreich und können dort zu einer eigenen Gruppe zusammengefaßt werden (57; 11).

F.n mit verflachter oder ohne kräftige Profilierung der sehr heterogenen Gruppe V kennzeichnen die Stufe B2 und reichen häufig noch in die späte RKZ hinein. Neben den in Dänemark und N-Deutschland verbreiteten, aus Almgren Gruppe IV, 75, 77, 78 hergeleiteten F.n der Serie 7, bes. der Formen Almgren 110–112 (Abb. 103, 11), gelten die am Ende der Stufe B1 aufkommenden „Knie-F.n" Almgren Serie 9 (Abb. 103, 12–14) sowie die der Serie 12 (Abb. 103, 15–16) als elbgerm. (1; 32; 24; 59).

Im Mittelelbe-Saalegebiet zumindest lokal direkt auf geschweifte F.n folgend (44), weisen andere, jüng. Knie-F.n bereits deutliche Anklänge zu F.n Almgren Gruppe VII der späten RKZ auf (24; 59). Kombinationen mit diesen belegen für F.n Almgren 143/144 und solche der Serie 12 einen Gebrauch bis in das frühe 3. Jh. hinein (15).

Regionale Besonderheiten zeigen sich u. a. im Fehlen der ält., eingliedrigen Knie-F.n Almgren 136–142 im n. Mecklenburg (32; 45). F.n Almgren 141 sind auch am Rhein vertreten (3); andere, niederrhein. Knie-F.n ähneln den Formen Almgren 138/139 und 144/145 (1; 57; 19). Knie-F.n mit bandförmigem Bügel und aufwendiger Preßblech- bzw. Flechtdrahtauflage Almgren 147 (Abb. 103, 14) sind entlang der unteren und mittleren Elbe nachgewiesen, die mit einer „Kniesproßachse" bzw. „Knierosette" versehen F.n Almgren 144 (Abb. 103, 13) sind fast ausschließlich aus der Altmark (24; 65) bekannt. Dort und in O-Hannover konzentriert sich ferner die Verbreitung der sonst aus Kastellen des obergerm. Limes zahlreich überlieferten, meist silbernen F.n Almgren 101 flavischtrajanischer, gelegentlich noch jüng. Zeitstellung. Für sie wird sowohl röm. (12) als auch germ. Herkunft – aus „Trompeten-F.n" Almgren 77 – erwogen (24; 33; 3; vgl. § 32).

O-germ. Formen dieser Gruppe wie „Kopfkamm-" bzw. „Einsprossen-F.n" Almgren Serie 8, 120–132 und F.n Almgren Serie 10, 148–150 sind demgegenüber an unterer und mittlerer Elbe weniger häufig, „Dreisprossen-F.n" Almgren Serie 1, 94–98 in O-Mecklenburg sowie → Rebenstorf, Niedersachsen, nur singulär vertreten (1; 33; 45; 44; 16).

b. F.-Tracht. Die Bindung einzelner F.-Typen an Geschlecht oder Alter ihrer Träger ist bislang nur selten nachgewiesen (vgl. 59; 2; 55), und eine generelle Trennung in „männliche Einfibeltracht" und „weibliche Mehrfibeltracht" kann für das Elbe-Rhein-Weser-Gebiet bisher nicht bestätigt werden (32; 30; 9; 10). Dennoch sind bestimmte Verhaltensregeln bei der Auswahl der F.n

---

Abb. 103. Fibeln der frühen RKZ. 1 eingliedrige Armbrustfibel Almgren I, 10; 2 Almgren I, 14; 3 Rollenkappenfibel Almgren II, 24; 4 Almgren II, 26; 5 Augenfibel Almgren III, 45; 6 Almgren III, 47; 7 Rollenkappenfibel Almgren II, 28; 8 Almgren II, 40; 9 kräftig profilierte Fibel Almgren IV, 75; 10 Almgren IV, 77; 11 Almgren V, Serie 7 Fig. 110; 12 Kniefibel Almgren VI, Serie 9 Fig. 138; 13 Almgren VI, 144; 14 Almgren VI, 147; 15 Almgren V, Serie 12 Fig. 152; 16 Almgren VI, Serie 12 Fig. 155 (1–6 Stufe B 1; 7, 9 Stufe B 1 und B 2; 8, 10–16 Stufe B 2); M. 2:3

zu beobachten: Rollenkappen-F.n Almgren 28 gehören offenbar überwiegend zur Frauentracht (62; 16), ebenso wie breite Knie-F.n Almgren 145/148 und 151–154 (16). Für Almgren Gruppe V wurde zudem eine besondere Häufigkeit in Kindergräbern beobachtet (14; 25). Nicht ausschließlich zur Frauentracht zählen dagegen F.n Almgren 101 (12; 3). Wie ihr Vorkommen in röm. Militärstationen vermuten läßt, sind sie auch in Innergermanien von Männern getragen worden (39).

§ 28. Jüng. RKZ. a. F.-Typen. F.n mit hohem Nadelhalter Almgren Gruppe VII, mit umgeschlagenem Fuß Almgren Gruppe VI, 1, die äußerst vielgestaltigen F.n mit festem Nadelhalter Almgren Gruppe VI, 2 sowie Scheiben-F.n charakterisieren den späten Abschnitt der RKZ.

Im Elbegebiet setzen F.n mit hohem Nadelhalter die Entwicklung von Gewandspangen aus der ält. RKZ fort. Aufgrund formaler Veränderungen haben Almgren, W. Matthes (27) und F. Kuchenbuch (24) für diese F.n jeweils vier Serien unterschieden (Abb. 104, 1–5).

F.n mit hohem Nadelhalter (Gruppe VII) besitzen Bedeutung für die relativchron. Stellung der Zeitstufe C1, deren Umfang zuerst durch die Bestattungsabfolge auf dem Gräberfeld Preetz/Holstein belegt worden ist (8; 20; 34). Ihr Verbreitungsgebiet liegt mit einem Zentrum im mittleren und unteren Elbegebiet, wobei die verschiedenen Ausprägungen („Serien") regionale Unterschiede zeigen: so ist Matthes Serie 2 b in der Altmark bes. häufig (27; 24; 15); Serie 4 ist auch in S-Schweden und Dänemark, jedoch kaum in Mitteldeutschland vertreten (30; 15). F.n Matthes Serie 3 wurden auch in Unterfranken hergestellt (38). Am obergerm. Limes, in röm. Plätzen am Niederrhein und im Wesergebiet sind die Serien 1, 3 und 4 ebenfalls zugleich bezeugt (27; 3; 19).

Zu den gebräuchlichen F.n seit Beginn der jüng. RKZ gehören auch solche mit umgeschlagenem Fuß (Almgren Gruppe VI, 1; vgl. § 25). In der Ausprägung mit breit umgeschlagenem Fuß der Form Almgren 181 (Abb. 104, 6) sind sie für das n. Elbegebiet und die Altmark zahlreich, in Böhmen weniger häufig belegt und zeitlich auf die Stufe C1 beschränkt (27; 24; 34; 29). Die bei weitem häufiger überlieferte Variation mit schmal umgeschlagenem Fuß der Form Almgren 162 (Abb. 104, 7) besitzt gesamtgerm. Verbreitung. Sie ist punktuell wie auf dem Gräberfeld → Pritzier in Mecklenburg für die Stufe C1 nachweisbar (27; 34; 48; 40), doch stand sie ebenso wie andere Variationen der F. mit umgeschlagenem Fuß lange, bis in die frühe VWZ, in Gebrauch. Auch die eingliedrigen Spielarten sind ähnlich verbreitet. Übereinstimmend sind sie wie die Form 162 in Thüringen (57; 3; 30; 29; 21) und SW-Deutschland ab C1 nur spärlich vertreten (48; 40; 29; 34).

Seit Beginn der jüng. RKZ zählten auch die von prov.-röm. Vorbildern herzuleitenden Scheiben-F.n zum elbgerm. F.-Spektrum (24; 56). Neben Scheiben-F.n mit gewölbtem, konisch-dosenförmigem Blechbelag, der konzentrische Nietkreise auf-

Abb. 104. Fibeln der späten RKZ, Stufe C 1. 1 Fibel mit hohem Nadelhalter Almgren IX, 193 (Matthes Serie 1); 2 Almgren IX, 196 (Matthes Serie 1); 3 Almgren IX, 214 (Matthes Serie 2); 4 Almgren VII, 198 (Matthes Serie 3); 5 Almgren VII, 207 (Matthes Serie 4); 6 Fibel mit umgeschlagenem Fuß Almgren VII, 1 Fig. 181; 7 Almgren VI, 1 Fig. 162; 8 blattförmige Scheibenfibel Almgren Fig. 227 (Thomas Typ E); 9 Scheibenfibel mit konischem Blechbelag (Thomas Typ B 1,1); 10 Armbrustfibel Almgren VI, 2 (Schach-Dörges Serie 1a); 11 Almgren VI, 2 wie Fig. 178 (Schach-Dörges Serie 2); 12 Almgren VI, 2 ähnlich Fig. 174–177 („Elbefibel", Schach-Dörges Serie 3); M. 2:3

Fibel und Fibeltracht

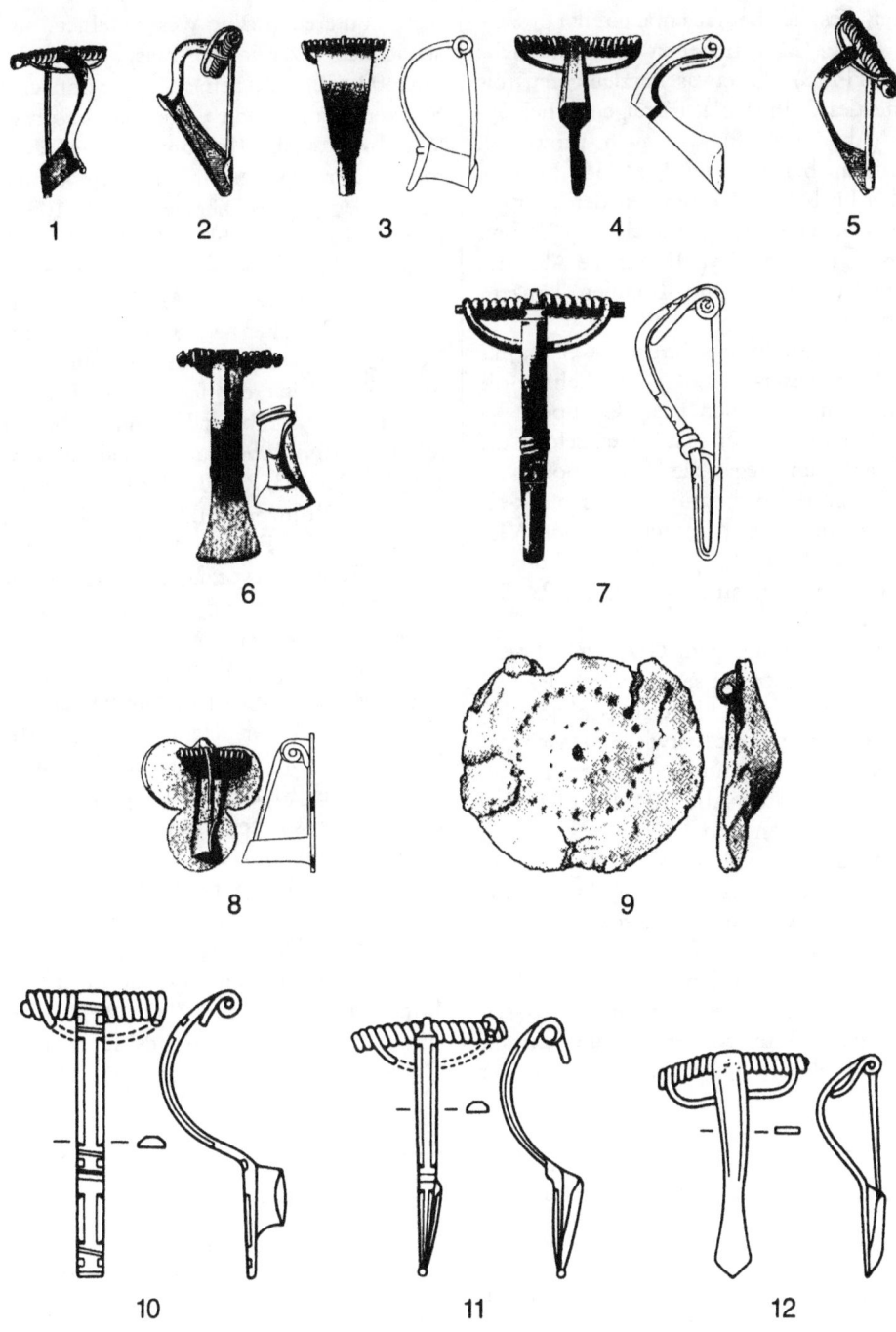

weist (Thomas Typ B 1,1 [Abb. 104, 9]), waren dies die ebenfalls noch in der gesamten Stufe C2 getragenen Tier-F.n (siehe Abb. 114, 8), die etwas kurzlebigeren (bis Mitte des 3. Jh.s) blattförmigen Scheiben-F.n (Abb. 104, 8) wie auch prov.-röm. Emailscheiben-F.n (vgl. § 32 [56; 20; 29]). Dabei blieb das Vorkommen der blattförmigen Scheiben-F.n (Thomas Typ E) und Tier-F.n (Thomas Typ F) auf die Altmark, Mitteldeutschland und Böhmen konzentriert (56).

Die F.-Gestaltung während des 3.–5. Jh.s im Elbe-Weser-Rhein-Gebiet behält die Grundkonstruktionen der Gruppen VI und VII bei, wobei sich im einzelnen die stilistische und regionale Vielfalt noch verstärkt. Ein Beispiel dafür bilden F.n mit festem Nadelhalter Almgren Gruppe VI,2 (zusammenfassend 53). Ihre Entstehung ist nach wie vor umstritten ([17; 40; 29; 53] vgl. auch § 25).

Der Befund auf dem Gräberfeld Preetz (8, Karte K) bezeugt sehr deutlich das Nebeneinander der in 255 „Gruppen" (53; 18) gegliederten F.n, die vorwiegend nach der Gestalt von Fuß und Nadelhalter (27; 17; 8; 48; 40; vgl. auch Abb. 104, 10–12) unterschieden worden sind.

Von den F.n der Gruppe VII waren im Verlauf der Stufe C2 solche mit Fußscheibe (Abb. 104, 2) und „monströse" Formen weiter in Gebrauch (40).

Zu den Scheiben-F.n gehörten vor allem im gesamten Elbegebiet mehrheitlich seit dem späten 3. Jh. vertretene Varianten mit flachem Blechbelag (Abb. 105, 1), ferner Tutulus-F.n des späten 3. und 4. Jh.s aus dem unterem Elbe-Weser-Gebiet und schließlich exzeptionelle Beispiele der Zeit um 300 (56). Zu den außergewöhnlichen Stücken zählen die hakenkreuzförmige Wirtel-F. s-skand. Herkunft aus → Häven, mitteldt. Prunkscheiben-F.n mit gewölbtem Blechbelag Typ → Dienstedt (Abb. 105, 2) und → Haßleben (Abb. 105, 3).

Während des 3. Jh.s weitete sich das Verbreitungsgebiet der Armbrust-F.n mit festem Nadelhalter nach W bis an die röm. Reichsgrenze aus, verbunden mit einer weiteren Variabilität der F.-Formen. Das demonstrieren Armbrust-F.n mit verbreitertem Fuß (Abb. 105, 4) und Schild-F.n (Abb. 105, 5–7 [20; 53; 22]). In der Regel aus Silber oder Bronze gearbeitete, mit einem Fußschild oder Fuß- und Bügelschild versehene F.n sind bevorzugt im n. Elbegebiet und Mitteldeutschland, aber auch an der unteren und mittleren Oder (vgl. § 25) getragen worden (27; 33). Einer der prächtigsten Vertreter dieser F.n stammt aus dem „Fürstengrab" von Haßleben (vgl. Abb. 105, 6 [52; 53]). Sehr qualitätvoll gearbeitete silberne „Elbe-F.n" (40, vgl. auch Abb. 105, 8) aus solchen Bestattungen stehen auch für erkennbare Besonderheiten der Formenentwicklung im n. Elbegebiet, in Mitteldeutschland und Böhmen (Karte Abb. 106). Darin ist ein gemeinsamer Trend (53) zu erkennen, der am Beginn des 4. Jh.s auch das alem. SW-Deutschland erfaßt hatte, wie ein dortiges Derivat der „Elbe-F." (Abb. 105, 9) zeigt (21; 22).

Abb. 105. Fibeln der späten RKZ, Stufe C 2 und C 3. 1 Scheibenfibel mit flachem Blechbelag (Thomas Typ A); 2 Tutulusfibel Typ Dienstedt (Thomas Typ B 1,2); 3 Tutulusfibel Typ Haßleben (Thomas Typ B 2,2); 4 Armbrustfibel Almgren VI, 2 mit verbreitertem Fuß; 5 Schildfibel mit Fußschild (Matthes Typ A 2); 6 Schildfibel mit Bügel- und Fußschild (Matthes Typ A 3); 7 Schildfibel mit rechteckiger Kopfplatte (Matthes Typ C); 8 Armbrustfibel Almgren VI, 2 Fig. 175; 9 Armbrustfibel Almgren VI, 2 mit massivem Bügel; 10 Bügelknopffibel mit zapfenartigem Bügelknopf; 11 Armbrustfibel mit umgeschlagenem Fuß, Vorform der Nydamfibel; 12 Armbrustfibel Almgren VI, 2 mit gleichbreitem, facettiertem Fuß; 13 Armbrustfibel mit Trapezfuß (Böhme Variante A); 14 Stützarmfibel mit Trapezfuß (Böhme ndsächs. Typ A); 15 komponierte Schalenfibel (Böhme Typ Altenwalde); 16 Tutulusfibel (Böhme Typ Ortbrook); M. 1:2

Fibel und Fibeltracht

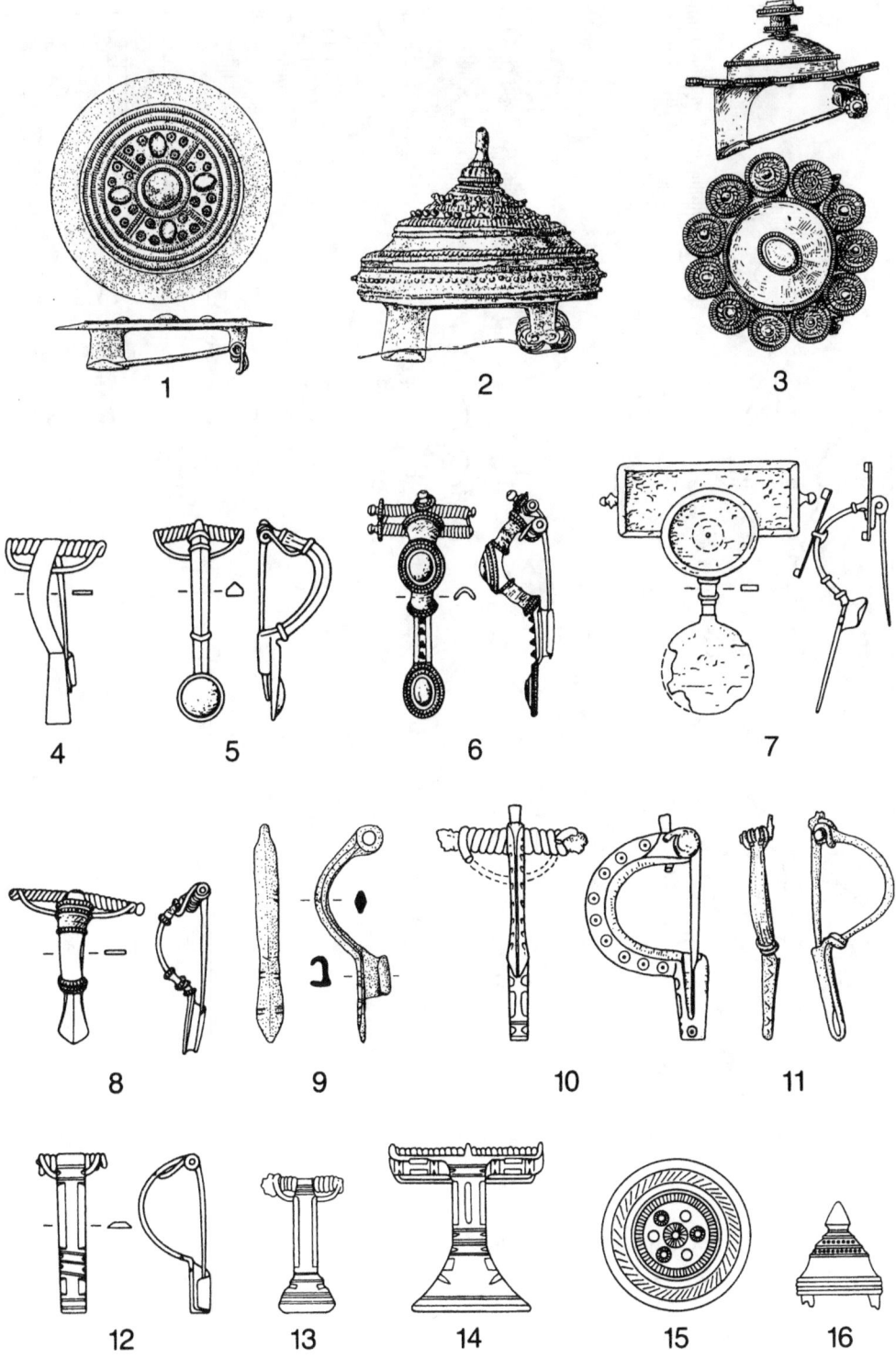

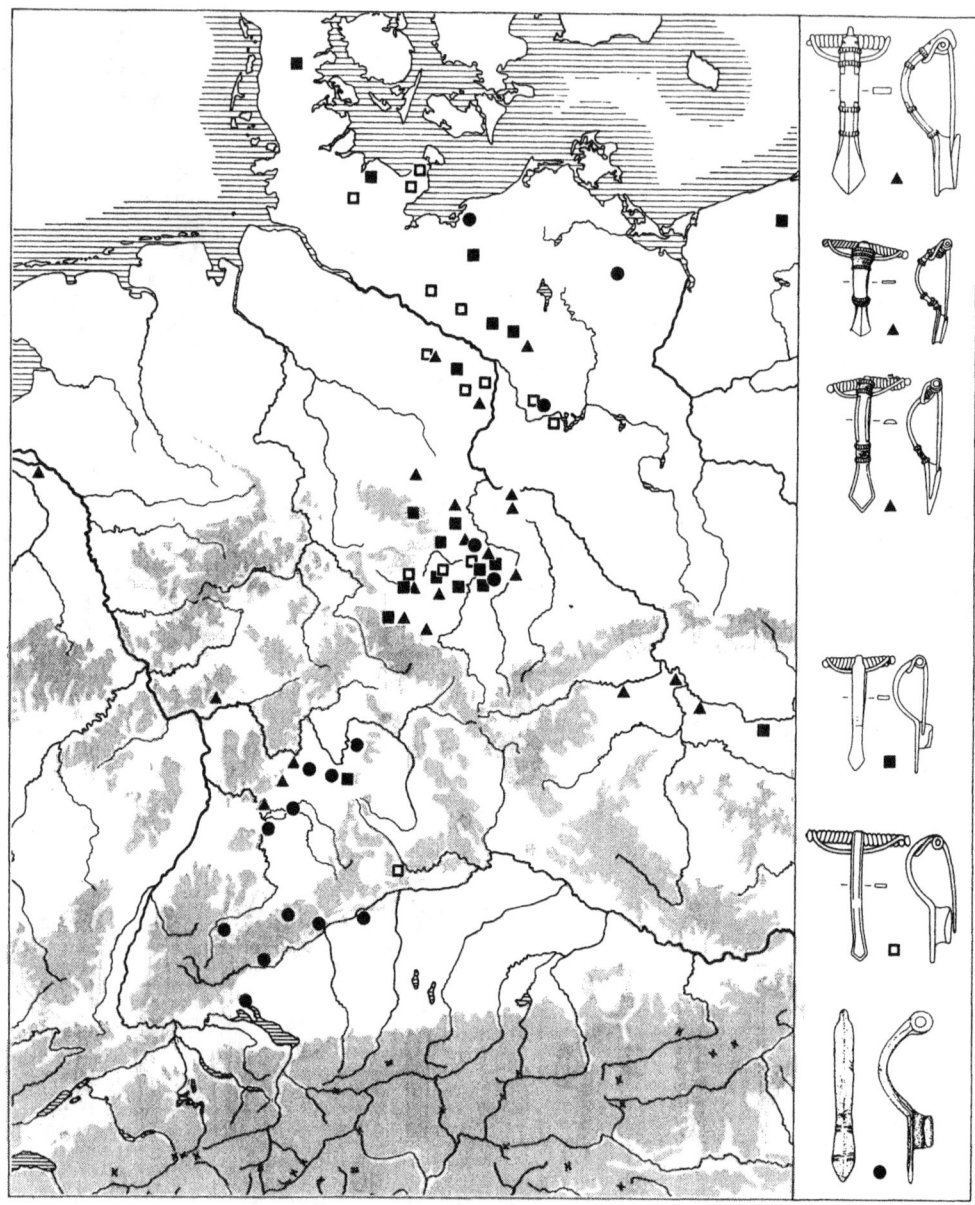

Abb. 106. Verbreitungskarte der Fibeln Almgren VI, 174–176 „Elbefibel" ([53] Formen 167/168/174; 164/182; 177)

Im Rhein-Weser-Gebiet wurden „Elbe-F.n" in der 2. Hälfte des 3. Jh.s zwar ebenfalls getragen, doch dominierten dort im ausgehenden 3. Jh. einfache Armbrust-F.n mit gleichbreitem, facettiertem Fuß (Abb. 105, 12), die noch am Ende des 4. Jh.s von der Seine bis W-Mecklenburg mit Schwerpunkt im Elb-Weser-Dreieck in Gebrauch waren (4; 5). Ihnen sind Armbrust-F.n mit Trapezfuß (4, Variante A und B, Abb. 105, 13), ndsächs. Stützarm-F.n Böhme Typ A (Abb. 105, 14), frühe komponierte Schalen-F.n (Abb. 105, 15) und Tutulus-F.n (Abb. 105, 16) als bestimmende Formen der ausgehenden RKZ und beginnenden frühen VWZ im Raum zw. unterer Elbe und Loire an die Seite zu stellen (4).

In ähnlicher Weise beginnt sich im Laufe der ausgehenden RKZ (Stufe C3) die F.-Entwicklung des unteren Elbegebietes von derjenigen Mittel- und S-Deutschlands abzuheben. Waren die F.n mit spitzem Fuß und Nadelscheide Almgren 178 als „Vorstufe" der frühvölkerwanderungszeitlichen mitteldt. „Niemberger F.n" gleich den „Niemberg-A-F.n" während des ausgehenden 3. und der ersten Hälfte des 4. Jh.s noch im n. und mittleren Elbegebiet geläufig (50), weisen in Schleswig-Holstein beheimatete F.n mit dreikantigem Bügel, kurzer Spirale und umgeschlagenem Fuß (Abb. 105, 11) bereits auf die im N dann von den Nydam-F.n (→ Nydam) geprägte Entwicklung hin (17; 36; 34; 2).

Im n. Elbegebiet entstandene, in S-Deutschland als Einzelstücke vorhandene Schild-F.n mit Kopf-, Bügel- und Fußschild (Abb. 105, 7) gehören ebenfalls der Stufe C3 an (40; 20; 21; 37), in der mit den Bügelknopf-F.n (61,175) die wohl charakteristischste, zudem formenreiche F.-Gruppe des 4./frühen 5. Jh.s zu fassen ist (vgl. § 29; [21; 28; 20; 54]). Ein zapfenartiger Bügelknopf (Abb. 105, 10) kennzeichnet offenbar typol. frühe Vertreter (21). Wie die in SW- und Mitteldeutschland während der 2. Hälfte des 4. Jh.s getragenen Ring-F.n Typ Böckingen (21; 6; vgl. auch Abb. 119, 1–2), die jene in der frühen RKZ üblichen mit eingerollten oder verdickten Enden ersetzen (32; 45), leiten auch die Bügelknopf-F.n in die frühe VWZ über.

b. F.-Tracht. Hinsichtlich der F.-Anzahl und Tragweise ist in der jüng. RKZ keine Änderung der Tracht zu verzeichnen (30; 40; 29). Während bei den Brandbestattungen die mecklenburgischen Frauengräber ein annähernd ausgeglichenes Verhältnis von Ein- und Mehrfibeltracht zeigen (40), überwiegt bei den thür. und sächs. offenbar die Einfibeltracht (30; 29). Die Körpergräber enthalten zwar auch Ein-, in der Regel jedoch Zwei- und Dreifibeltrachten, die nicht zwangsläufig ein formengleiches F.-Paar aufweisen müssen. Bes. reich ausgestattete Gräber, z. B. → Haßleben oder das Mädchengrab von Gundelsheim, Baden-Württ., enthalten 2 F.-Sätze (51; 21). Qualitätvolle „Elbe-F.n" Almgren 175, Schild- sowie Scheiben-F.n sind ein Charakteristikum dieser Gräber. Scheiben-F.n, Schild-F.n mit Fußplatte bzw. solche mit Kopfplatte wurden vorwiegend, letztere ausschließlich von Frauen getragen. Aber auch F.n mit umgeschlagenem Fuß und Bügelknopf-F.n sind in Frauengräbern angetroffen worden (21; 28; 54).

§ 29. Frühe VWZ. a. F.-Typen. Die im letzten Drittel des 4. Jh.s gebräuchlichen F.-Typen knüpfen ausnahmslos an ält. Formen an, wobei nun die Formenentwicklung in N-Deutschland von der Mittel- und S-Deutschlands deutlich unterschieden ist. Lediglich späte Bügelknopf-F.n, zu denen solche mit polyedrischen Knöpfen (Abb. 107, 2) oder aber quergerripptem Bügel und Fußknopf (Abb. 107, 1) der 2. Hälfte des 4. Jh.s gerechnet werden (21; 6), streuen entlang der Elbe bis nach SW-Deutschland.

Entwickelte Trapezfuß-F.n (Abb. 107, 3), Stützarm-F.n (Abb. 107, 4), komponierte oder aber gegossene Schalen-F.n (Abb. 107, 5) sowie späte Tutulus-F.n (Abb. 107, 6) bestimmen, bereichert um gegossene gleicharmige F.n (Abb. 107, 7–8), in NW-Deutschland bis in die ersten Jahrzehnte, teilweise bis zur Mitte des 5. Jh.s und darüber hinaus, die F.-Tracht. Der Raum zw. unterer Elbe und Weser zeichnete sich dabei nicht zuletzt infolge starker prov.-röm.

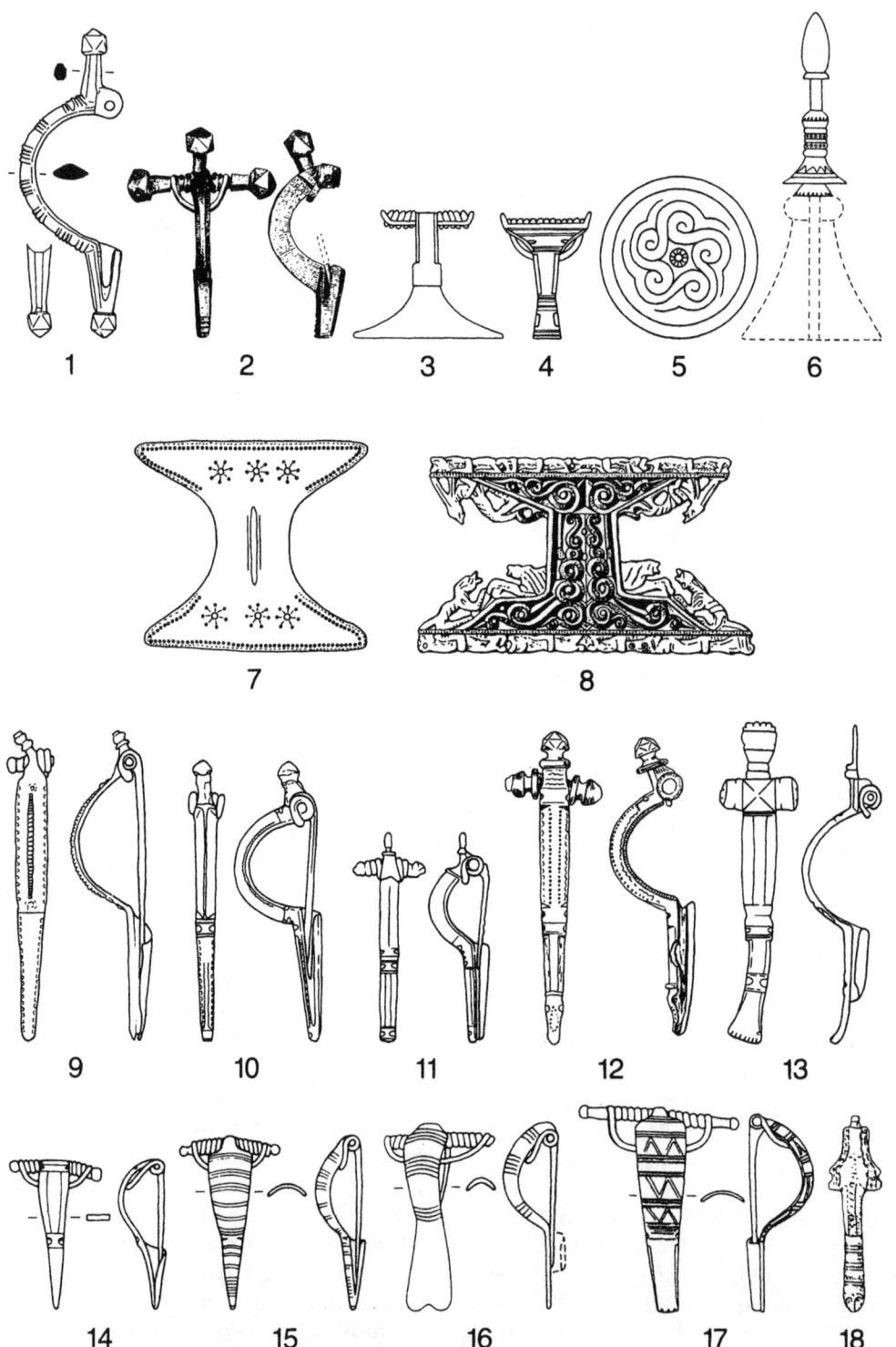

Einflüsse (vgl. § 32) durch eine besondere Dynamik der Formenentwicklung aus (4).

Diesem Gebiet war W-Mecklenburg u. a. mit punzverzierten gleicharmigen Blech-F.n (Abb. 107, 7) verbunden (46; 4). Einen ält. Abschnitt der frühen VWZ markieren hier in S-Skand. und Schleswig-Holstein gebräuchlich gewesene blechförmige oder gegossene Nydam-F.n (→ Nydam; Abb. 107, 9; [61, Abb. 25]; s. u. § 34a) des späten 4. Jh.s (17; 36; 40; 35). Diesen folgen in Schleswig-Holstein und W-Mecklenburg gehäuft, daneben auch in NW-Deutschland und Brit. (vgl. § 50) vorkommende gegossene kreuzförmige F.n Typ Dorchester (Abb. 107, 10), Pritzier (Abb. 107, 11) und Witmarsum (Abb. 107, 12) der 1. Hälfte des 5. Jh.s, denen sich weitere, spätvölkerwanderungszeitliche Formen anschließen (17; 36; 40; 6). So vermitteln in W-Mecklenburg gegossene kreuzförmige F.n mit zu lappenartigen Fortsätzen umgebildeten Knöpfen Typ Perdöhl (Abb. 107, 13) bereits zu den Bügel-F.n mit gelappter Kopfplatte der späten VWZ (47; 40; 36).

In Mitteldeutschland sowie an der Spree und mittleren Havel vorkommende, nach der Br. des Bügels als Niemberg-B- bzw. Niemberg-C-F.n (Abb. 107, 14–15) bezeichnete Vertreter der Gruppe Almgren VI, 2 stellen hier die Leitform der gesamten frühen VWZ (60, Abb. 2; 50; 42; 43). Mit ihnen eng verwandt sind die etwas jüng., der 1. Hälfte und Mitte des 5. Jh.s zugehörenden silbernen bzw. bronzenen Blech-F.n Typ Wiesbaden (Abb. 107, 16). Deren Verbreitung streut mit Zentren um Wiesbaden und in Mitteldeutschland von S-Deutschland bis in das untere Odergebiet (63; 54). Im ö. Mecklenburg haben diese F.n eine eigene Variante mit langrechteckigem Fuß (Abb. 107, 17) ausgeprägt (60).

Noch der frühen VWZ zugerechnet werden können in SW- Deutschland, bes. im Rhein-Main-Neckar-Gebiet und N-Böhmen gehäuft, in Mitteldeutschland und an der unteren Elbe vereinzelt auftretende, variabel gestaltete kleine, gegossene Bügel-F.n der Formengruppe Niederflorstadt-Wiesloch (Abb. 107, 18) und Groß-Umstadt aus dem mittleren Drittel des 5. Jh.s (7), denen sich Bügel-F.n der späten VWZ unmittelbar anschließen.

b. Zur F-Tracht. In NW-Deutschland besteht die F.-Tracht des Mannes aus Stützarm-F.n mit Rechteckfuß oder Bügelknopf-F.n. Sie weist damit einen deutlichen Gegensatz zur typenreichen, meist aus 1 bis 2, selten aus 4 und mehr F.n bestehenden Frauentracht auf. Im Unterschied zu allen übrigen paarweise getragenen F.n kommen Stützarm-F.n mit Trapezfuß und gleicharmige Stützarm-F.n stets nur in der Einzahl bzw. als Einzelstück mit anderen kombiniert vor (4).

Während in Angeln die Sitte der F.-Beigabe mit den Nydam-F.n erlischt (2), dominiert auf den holsteinischen und mecklenburgischen Urnengräberfeldern die Ein- und Zweifibeltracht, wobei infolge der Beigabenarmut der Gräber eine Scheidung der Frauen- und Männergräber kaum möglich ist (48; 49). Analog zu den Verhältnissen im Elb-Weser-Dreieck wird man Trapezfuß- und gleicharmige F.n (46) ebenso wie

---

Abb. 107. Fibeln der frühen VWZ. 1 Bügelknopffibel Typ Leipferdingen; 2 Bügelknopffibel mit polyedrischen Knöpfen; 3 Armbrustfibel mit Trapezfuß (Böhme Variante C); 4 Stützarmfibel mit gleichbreitem Fuß (Böhme Typ Mahndorf); 5 gegossene Schalenfibel (Böhme Typ Alphen); 6 Tutulusfibel (Böhme Typ Issendorf); 7 gleicharmige Blechfibel; 8 gleicharmige Kerbschnittfibel (Böhme Typ Nesse); 9 Nydamfibel; 10 gegossene kreuzförmige Fibel Typ Dorchester; 11 Typ Pritzier; 12 Typ Witmarsum; 13 Typ Perdöhl; 14 Niemberg-B-Fibel; 15 Niemberg-C-Fibel; 16 Blechfibel Typ Wiesbaden; 17 mecklenburgische Variante Typ Wiesbaden; 18 Bügelfibel Typ Niederflorstadt-Wiesloch; M. 1:2

die Zweifibeltracht, wahrscheinlich aber auch die meisten Einfibelgräber (39), eher Frauen zuweisen können.

In den mitteldt. und brandenburgischen Körpergräbern des späten 4. und der ersten Hälfte des 5. Jh.s dominiert bei den Frauen die von Niemberger F.n und Blech-F.n Typ Wiesbaden (63) bestimmte Zweifibeltracht mit zumeist formengleichen Stükken (42; 43; 60). Einfibeltracht ist jetzt eher die Ausnahme; Männergräber mit F.-Beigabe sind äußerst selten.

Wie schon in der RKZ beobachtet (53; 13; 40; 55), waren diese F.n oftmals mit dem Fuß nach oben an der Kleidung befestigt.

(1) Almgren, Fibelformen. (2) N. Bantelmann, Süderbrarup. Ein Gräberfeld der RKZ in Angeln I.,1988. (3) A. Böhme, Die F.n der Kastelle Saalburg und Zugmantel, Saalburg-Jahrb. 29, 1972, 5–112. (4) H. W. Böhme, Germ. Grabfunde des 4. bis 5. Jh.s zw. unterer Elbe und Loire, 1974. (5) Ders., Les découvertes du Bas-Empire à Vireux-Molhain, considérations générales, in: J.-P. Lemant, Le cimetière et la fortification du Bas-Empire de Vireux-Molhain, Dép. Ardennes, 1985, 76–88. (6) Ders., Ende der Römerherrschaft in Britannien und die ags. Besiedlung Englands im 5. Jh., Jahrb. RGZM 33, 1986, 469–574. (7) Ders., Eine elbgerm. Bügel-F. des 5. Jh.s aus Limetz-Villez (Yvelines, Frankreich), Arch. Korrespondenzbl. 19, 1989, 397–406. (8) J. Brandt, Das Urnengräberfeld von Preetz in Holstein (2.–4. Jh. n. Chr.), 1960. (9) T. Capelle, Zur germ. F.-Tracht in taciteischer Zeit, Nachr. Niedersachs. Urgesch. 34, 1965, 3–18. (10) Ders., Stud. über elbgerm. Gräberfelder in der ausgehenden LTZ und der ält. RKZ, 1971. (11) E. Cosack, Die F.n der Ält. RKZ in der Germania libera (Dänemark, DDR, BRD, Niederlande, CSSR). Teil 1: Armbrust-, Rollenkappen-, Augen-F.n, 1979. (12) U. Fischer, Zu den F.n Almgren 101, Jahresschr. Halle 50, 1966, 229–262. (13) M. Gebühr, Der Trachtschmuck der ält. RKZ im Gebiet zw. unterer Elbe und Oder und auf den w. dän. Inseln, 1976. (14) Ders. u. a., Der Urnenfriedhof von Kemnitz, Kr. Potsdam-Land. Unters. zur anthrop. Bestimmung, F.-Tracht, soz. Gliederung und „Depot"-sitte, Zeitschr. f. Arch. 10, 1976, 185–222. (15) H. Geisler, Semnonen – Alem., in: Arch. als Geschichtswiss. (Festschr. K.-H. Otto), 1977, 283–289. (16) Ders., Das germ. Urnengräberfeld bei Kemnitz, Kr. Potsdam-Land. Teil II (Text), Veröffentl. des Mus.s für Ur- und Frühgesch. Potsdam 18, 1984, 77–174. (17) A. Genrich, Formenkreise und Stammesgruppen in Schleswig-Holstein nach geschlossenen Funden des 3. bis 6. Jh.s, 1954. (18) K. Godłowski, The chronology of the Late Roman and Early Migration Periods in Central Europe, 1970. (19) J. K. Haalebos, Fibulae uit Maurik, 1986. (20) E. Keller, Zur Chron. der jüngerkaiserzeitlichen Grabfunde aus S-W-Deutschland und N-Bayern, in: Stud. zur vor- und frühgeschichtl. Arch. (Festschr. J. Werner) I, 1974, 247–291. (21) R. Koch, Die Tracht der Alamannen in der Spätant., in: ANRW II, Bd. 12,3, 456–545. (22) U. Koch, Die Metallfunde der frühgeschichtl. Perioden aus den Plangrabungen 1967–1981, Der Runde Berg bei Urach V, 1984. (23) G. Kossack, Frühe röm. F.n aus dem Alpenvorland und ihre chron. Bedeutung für die germ. Kulturverhältnisse, in: Aus Bayerns Frühzeit (Festschr. F. Wagner), 1962, 125–137. (24) F. Kuchenbuch, Die altmärkisch-osthannöverschen Schalenurnenfelder der spätröm. Zeit, Jahresschr. Halle 27, 1938. (25) M. Kunst, Arm und Reich – Jung und Alt, Offa 35, 1978, 86–109. (26) A. Leube, Stud. zur Wirtschaft und Siedlung bei den germ. Stämmen im n. Mitteleuropa während des 1. bis 5./6. Jh.s u. Z., ungedr. Habilschr. Berlin 1990. (27) W. Matthes, Die n. Elbgerm. in spätröm. Zeit, 1931. (28) E. Meyer, Die Bügelknopf-F., Arbeits- u. Forschungsber. z. sächs. Bodendenkmalpflege 8, 1960, 216–349. (29) Ders., Die germ. Bodenfunde der Spät-RKZ und der frühen VWZ in Sachsen. Text, 1976. (30) G. Mildenberger, Die thür. Brandgräber der spätröm. Zeit, 1970. (31) K. Motyková-Šneidrová, Die Anfänge der RKZ in Böhmen, 1963. (32) A. von Müller, Formenkreise der ält. RKZ im Raum zw. Havelseenplatte und Ostsee, 1957. (33) Ders., Ein reich ausgestattetes Körpergrab der späten RKZ aus Lebus (Brandenburg), Berliner Bl. für Vor- u. Frühgesch. 6, 1957, 14–39. (34) K. Raddatz, Der Thorsberger Moorfund. Gürtelteile und Körperschmuck, 1957. (35) Ders., Sörup I. Ein Gräberfeld der EZ in Angeln, 1981. (36) J. Reichstein, Die kreuzförmige F. Zur Chron. der späten RKZ und der VWZ in Skand., auf dem Kontinent und in England, 1975. (37) E. Riha, Die röm. F.n aus Augst und Kaiseraugst, 1979. (38) D. Rosenstock, Eine F.-Gußform aus der germ. Siedlung von Geldersheim, Ldkrs. Schweinfurt, Unterfranken, Das arch. Jahr in Bayern 1984, 1985, 124f. (39) H. E. Saggau, Bordesholm. Der Urnenfriedhof am Brautberg bei Bordesholm in Holstein. Teil 1: Text und Karten, 1985. (40) H. Schach-Dörges, Die Bodenfunde des 3. bis 6. Jh.s nach Chr. zw. unterer Elbe und Oder, 1970. (41) Dies., Frühalem. Funde von Lauffen am Neckar, Fundber. aus Baden-Württ. 6, 1981, 615–665. (42) B. Schmidt,

Das frühvölkerwanderungszeitliche Gräberfeld von Niemberg, Saalkr., Jahresschr. Halle 48, 1964, 315–332. (43) Ders., Hermunduren – Warnen – Thür., ebd. 65, 1982, 173–215. (44) E. Schmidt-Thielbeer, Das Gräberfeld von Wahlitz, Kr. Burg. Ein Beitr. zur frühen RKZ in Mitteldeutschland, 1967. (45) H. Schubart, Die frühröm. F.n in Mecklenburg, in: Leipziger Beitr. zur Vor- und Frühgesch. (Festschr. Behn), 1955, 106–134. (46) E. Schuldt, Die mecklenburgischen gleicharmigen F.n von den Friedhöfen Pritzier und Perdöhl, Hammaburg 1, 1948/49, 108–116. (47) Ders., Die kreuzförmigen F.n in Mecklenburg, Jahrb. f. Bodendenkmalpflege in Mecklenburg 1955 (1957), 107–134. (48) Ders., Pritzier. Ein Urnenfriedhof der späten RKZ in Mecklenburg, 1955. (49) Ders., Perdöhl. Ein Urnenfriedhof der späten Kaiserzeit und der VWZ in Mecklenburg, 1976. (50) W. Schulz, Die F.n des Begräbnisplatzes von Niemberg, Saalkr. (IV. Jh. n. Chr.), Mannus 16, 1924, 99–111. (51) Ders., Das Fürstengrab und das Grabfeld von Haßleben, in: Ders. u. a., Das Fürstengrab von Haßleben, 1933, 1–58. (52) Ders., Leuna. Ein germ. Bestattungsplatz der späten RKZ, 1953. (53) M. Schulze, Die spätkaiserzeitlichen Armbrust-F.n mit festem Nadelhalter (Gruppe Almgren VI,2), 1977. (54) M. Schulze-Dörrlamm, Roman. oder Germ.? Unters. zu den Armbrust- und Bügelknopf-F.n des 5. und 6. Jh.s n. Chr. aus den Gebieten w. des Rheins und s. der Donau, Jahrb. RGZM 33, 1986, 593–720. (55) M. Tempelmann-Mączyńska, Das Frauentrachtzubehör des mittel- und o-europ. Barbaricums in der RKZ, 1989. (56) S. Thomas, Die germ. Scheiben-F.n der RKZ im freien Germanien, Berliner Jahrb. für Vor- u. Frühgesch. 7, 1967, 1–187. (57) R. von Uslar, W-germ. Bodenfunde des 1. bis 3. Jh.s n. Chr. aus Mittel- und W-Deutschland, 1938. (58) Th. Voigt, Zur Neugliederung der eingliedrigen Armbrust-F.n mit breitem Fußteil (Almgren Gruppe I, 10–14), Jahrb. f. Bodendenkmalpflege in Mecklenburg 1964 (1965), 175–225. (59) Ders., Die Germ. des 1. und 2. Jh.s im Mittelelbegebiete, Jahresschr. Halle 32, 1940. (60) H.-U. Voß, Neue völkerwanderungszeitliche F.n aus Brandenburg und Mecklenburg/Vorpommern, Zeitschr. f. Arch. 25, 1991, 55–66. (61) Ders., Kaiser- und frühvölkerwanderungszeitliche Gräber aus Leisten, Kr. Lübz, und Grünow, Kr. Neustrelitz, Jahrb. f. Bodendenkmalpflege in Mecklenburg-Vorpommern 40, 1992 (1993), 125–186. (62) W. Wegewitz, Das langob. Brandgräberfeld von Putensen, Kr. Harburg. 1972. (63) J. Werner, Zu einer elbgerm. F. des 5. Jh.s aus Gaukönigshofen, Ldkr. Würzburg, Bayer. Vorgeschichtsbl. 46, 1981, 225–254. (64) Ders., Zu den röm. Mantel-F.n zweier Kriegergräber von Leuna, Jahresschr. Halle 72, 1989, 121–134. (65) R. Worbs, Zethlingen. Ein Brandgräberfeld der Spät-RKZ aus der Altmark, 1979.

H.-U. Voß

§ 30. Gebrauchsspuren an F.n der ält. RKZ. Befund. Gebrauchsspuren an F.n lassen sich in drei Kategorien einteilen: Materialschwund, Materialdeformierung und Reparatur. Diese Merkmale können gelegentlich an einer F. gemeinsam auftreten.

Materialschwund unterschiedlicher Intensität ist an abgewetzter Ornamentik, verrundeten Kanten und ausgedünnten Stellen erkennbar. Er entsteht vor allem durch die Reibung der F. an der Kleidung während des Gebrauches. Abriebstellen befinden sich an exponierten Bereichen des F.-Bügels – z. B. an und direkt vor dem Bügelwulst (Kamm) – sowie an Spiralrolle, Nadel und Nadelrast.

Materialdeformierung ist eine Folge übermäßiger Belastung der F. durch ihre Trachtfunktion und tritt an Spiralrolle und F.-Nadel auf.

Reparaturen werden an Spiralrolle, Nadel, Nadelrast sowie gegebenenfalls an Sehnenhaken und Rollenkappen der F. beobachtet (1; vgl. dazu 2). Die Ursache einer Ausbesserung läßt sich nur bedingt aus der Reparaturart erschließen. Bei Berücksichtigung des Materialschwundes ist eine Deutung jedoch oft möglich.

Eine detaillierte Unters. der Gebrauchsspuren wurde anhand von 349 Bronze- und 32 Silber-F.n der Ält. RKZ durchgeführt (4). Die F.n stammen aus Brandgräbern Schleswig-Holsteins, Hamburgs und des n. Niedersachsens. Eiserne F.n mußten aufgrund ihrer durchweg mangelhaften Erhaltung unberücksichtigt bleiben.

Insgesamt wurden an etwa 80% der untersuchbaren F.n Materialschwund und an 13% Reparaturen festgestellt; Materialdeformierungen waren nur selten zu beobachten. Die Gebrauchsspuren erlauben Aussagen zur Tracht und F.-Chron.

F.-Tracht. Bes. die Abriebstellen erlauben – vor dem Hintergrund von Körpergräbern, Moorfunden, bildlichen Darstellungen sowie experimentellen Studien – Rückschlüsse auf die Trachtfunktion der F.: Spiralrolle, F.-Nadel und Nadelrast wurden durch das zu befestigende Gewand abgewetzt; der Materialschwund am F.-Bügel ist hingegen durch ein anderes Kleidungsstück verursacht worden, das an den – je nach Trageweise – exponierten Stellen aufgelegen haben muß.

Übereinstimmend ist an allen abgenutzten F.n Materialschwund auf dem F.-Bügel zu beobachten. Bes. bei F.n aus Männergräbern muß dieser Befund allerdings verwundern, denn die Forsch. geht bisher für Einzel-F.n von einer Trageweise als Mantelverschluß auf der rechten Schulter aus, wie sie von K. Schlabow (5) nach bildlichen Darstellungen auf der Marcus- und Trajanssäule rekonstruiert worden ist. Ein auf dem Mantel getragenes Kleidungsstück, das die Abnutzung auf dem F.-Bügel verursachte, kann jedoch weder in Körpergräbern oder Moorfunden noch durch bildliche Darstellungen bestätigt werden. Daher muß neben der Trageweise am Mantel noch mit anderen Trachtfunktionen dieser F.n gerechnet werden.

F.-Paare aus Frauengräbern haben vermutlich zur Befestigung eines Kleides an den Schultern gedient. Gelegentlich hat zu dem Paar noch eine weitere unpaarige F. gehört, die wahrscheinlich im Bereich der Brust angesteckt wurde. Die Bügelabnutzung aller F.n läßt außerdem auf einen Umhang schließen, der auf dem Kleid getragen wurde.

Paarige F.n zeigen darüber hinaus häufig spiegelsymmetrisch je an einer Seite des Bügels intensiveren Materialschwund. Sie dürften daher beim An- und Ablegen der Kleidung nicht oder nur selten abgenommen bzw. vertauscht worden sein.

In etwa 42% der Frauengräber mit F.-Beigabe wurde dagegen nur je eine F. gefunden, die in den meisten Fällen übereinstimmend an der gleichen Seite des Bügels stärker abgenutzt ist. Dies deutet auf eine in anderen Qu. bisher nicht belegte weibliche Tracht mit nur einer F. hin, deren Trageweise der männlichen F.-Tracht entsprochen haben kann.

Die Untersuchungsergebnisse lassen bezüglich der Abnutzungsart weder altersspezifische F.-Trachten noch regionale oder lokale Unterschiede erkennen. Eine Abhängigkeit der Abnutzungsintensität von Geschlecht oder sozialer Stellung des Bestatteten, soweit sie das Grabinventar vermuten läßt, kann bei F.n ebenfalls nicht beobachtet werden.

Die Intensität der Gebrauchsspuren steht offenbar mit dem anthrop. bestimmten Sterbealter des Bestatteten in Zusammenhang (3): F.n aus Gräbern von Kindern oder Jugendlichen sind häufig nicht oder nur schwach, aus Gräbern ält. Erwachsener hingegen oft deutlich abgenutzt. Diese Beobachtung hat vor allem eine chron. Bedeutung.

Chron. Aspekte. Materialschwund an F.n kann nach vier Intensitätsgraden unterschieden werden: keine, leichte, deutliche und starke Abnutzung. Sämtliche F.n eines Grabinventars zeigen in der Regel den gleichen Abnutzungsgrad; wo ausnahmsweise chron.-typol. unterschiedliche Stücke im selben Grab auftreten, sind die ält. F.n stets stärker abgenutzt. Die Intensität des Materialschwundes weist folglich auf die Dauer des Gebrauches, weniger aber auf die Art der Trachtfunktion hin. Horizontalstratigraphische Unters. scheinen dies zu bestätigen.

Dennoch läßt der Zusammenhang zw. Abnutzungsgrad der F.n und Sterbealter der Bestatteten nicht die erwartete Prägnanz erkennen. Bei deutlich und stark abgenutzten F.n aus Bestattungen von Kindern oder Jugendlichen handelt es sich unzweifelhaft um gebraucht erworbene oder ererbte Stücke; bei Kleinkindern dürfen sogar Grabgeschenke vermutet werden. Bes. starke Unregelmäßigkeiten sind bei F.n der älterkaiserzeitlichen Stufe Eggers B1 zu beobachten. F.n der Stufe Eggers B2 zeigen hier hingegen deutlichere Bezüge zum Sterbealter und erlauben daher, den Abnutzungsgraden bestimmte Umlaufzeiten von bis zu über 60 Jahren zuzuordnen.

F.n der Stufe Eggers B2 sind im Durchschnitt weniger stark abgenutzt als die der Stufe B1. Sie waren demnach in der Regel über einen kürzeren Zeitraum in Gebrauch und scheinen häufiger in das Grabinventar ihres Erstbesitzers gelangt zu sein. An Rollenkappen-F.n beider Zeitstufen lassen sich bes. oft Gebrauchsspuren beobachten; F.n der Stufe B2 mit knieförmig gebogenem Bügel zeigen dagegen nur selten Abnutzung.

Die nach typol. Kriterien entwickelte Chron. beschreibt den Herstellungszeitraum der F.-Typen. Wird sie aber im Sinne einer ‚kurzen' Chron. auf geschlossene Grabfunde – also auf die Niederlegung der F.n – übertragen, muß mit erheblichen Unschärfen gerechnet werden. Anhand der erschlossenen Gebrauchsdauer können 72% und müssen 34% der typol. nach Eggers B1 datierten F.n erst während der Stufe B2 niedergelegt worden sein. Nur in 28% der Fälle entspricht die Herstellung sicher dem tatsächlichen Zeitraum der Niederlegung.

F.n der Stufe Eggers B2 sind nach typol. Merkmalen zu 58% für eine Fixierung der Gräber in einen frühen oder späten Abschnitt der Per. geeignet, 42% lassen sich dagegen nur ungenau datieren.

Lediglich 11% der B1-F.n und 29% der B2-F.n zeigen keinerlei Gebrauchsspuren und sind daher für Feindatierungen verwendbar.

(1) E. Cosack, Die F.n der Ält. RKZ in der Germania libera (Dänemark, DDR, BRD, Niederlande, CSSR). Teil I: Armbrust-, Rollenkappen-, Augen-F.n, 1979. (2) H. Drescher, Die Technik der germ. Rollenkappen-F.n, Germania 35, 1957, 80–95. (3) M. Martin, Beobachtungen an den frühma. Bügel-F.n von Altenerding (Oberbayern), Bayer. Vorgeschichtsbl. 52, 1987, 269–280. (4) J. von Richthofen, Gebrauchsspuren an F.n der Ält. RKZ, Ethnogr.-Arch. Zeitschr. 33, 1992, 327–342. (5) K. Schlabow, Ein neuer Moorfund gibt Aufschluß über Form und Faltenfall des germ. Mantels zur EZ, Die Kunde NF 1, 1950, 8–12.

J. von Richthofen

I. Römische Kaiserzeit im Provinzialrömischen Gebiet und Beziehungen zur Germania magna

§ 31. Prov.-röm. F.n. In der Forsch. wird immer wieder von röm. F.n gesprochen. In den seltensten Fällen ist man sich dabei aber bewußt, daß es röm. F.n gar nicht gibt. Allenfalls gibt es prov.-röm. Spangen.

Hintergrund dieser Äußerung ist die Tatsache, daß zur „stadtröm." Tracht, d. h. zur Kleidung in Italien außerhalb des kelt. besiedelten Gebietes (mit der Gallia Cisal-

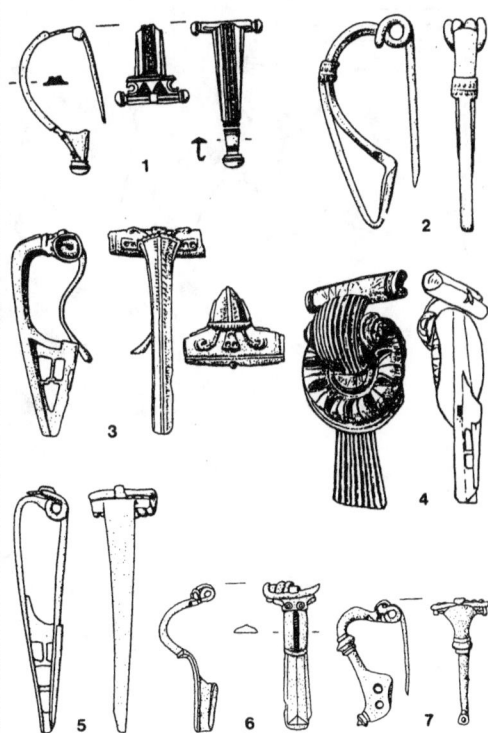

Abb. 108. Fibeln der 1. Hälfte des 1. Jh.s n. Chr.

pina als der bekanntesten kelt. Region), keine F.n gehören, weder bei der Männer- noch bei der Frauentracht. Sowohl die Tunika als auch die Toga werden ohne Gewandspangen getragen. Selbst als Schmuck, d. h. ohne funktionale Bedeutung, verwendete man seit nachetruskischer Zeit im röm. Milieu keine F.n. Das einzige Kleidungsstück im mediterranen Raum, das mit Hilfe einer F. verschlossen wurde, ist das *sagum*.

Dennoch gibt es in Gallien (11) und n. der Alpen in den frühesten kaiserzeitlichen Ansiedlungen – am deutlichsten faßbar bei röm.-milit. Zusammenhängen – eine Vielzahl von F.n (8; 18; 25–27; 29; 31). Als bes. charakteristische Spangenform sei für diese frühe Zeit hier die Aucissa-F. (Abb. 108, 1) erwähnt. Sie gilt als eine der Leitformen augusteischer Zeit und wird gewöhnlich als „röm." bezeichnet. Nach den eingangs gemachten Feststellungen darf man

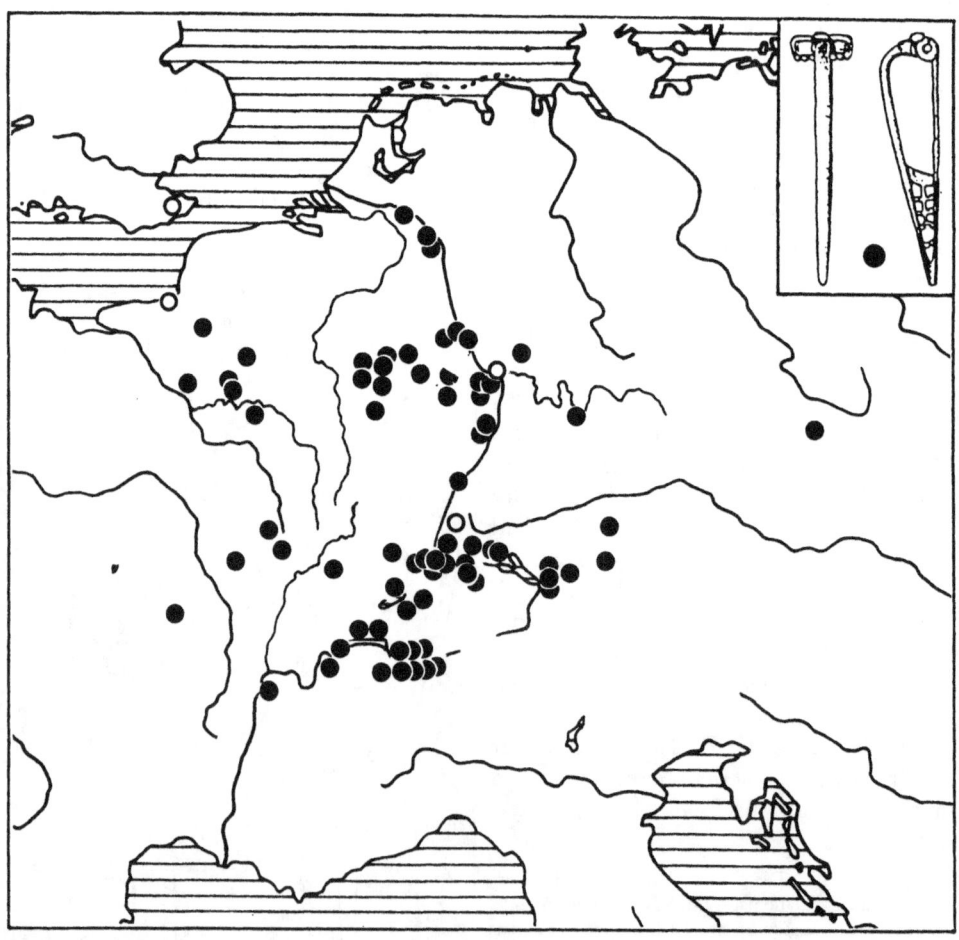

● *Gallische Bügelfibel*
○ *Zuweisung unsicher*

Abb. 109. Verbreitung der Gallischen Bügelfibeln (nach A. Böhme [4])

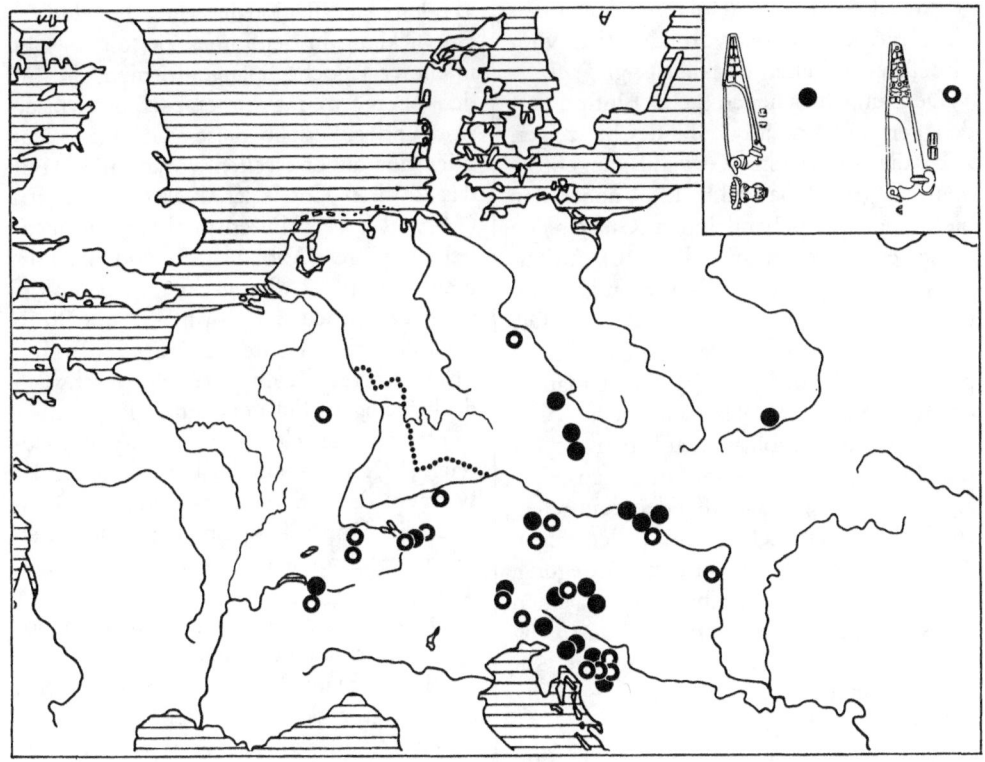

Abb. 110. Verbreitung der Fibeln Almgren 238 a und b (nach J. Garbsch [13])

sie höchstens „gallo-röm." nennen (10; 15; 23).

Aus welchem kulturellen Milieu diese in den frühröm. Lagern gefundenen Gewandspangen stammen – neben Aucissa-F.n seien noch Distel-, Nertomarus- und die sog. gall. Bügel-F.n genannt –, macht zum einen Caes. Gall. (VI, 1) deutlich: Immer wieder hebt er in Oberitalien, also im kelt. Bereich, Truppen aus. Zum anderen sprechen auch die Verbreitungskarten eine deutliche Sprache. Man vergleiche hierzu die Verbreitung der gall. Bügel-F.n, die – von wenigen Ausnahmen abgesehen – nur im w-kelt. Gebiet vorkommen (Abb. 109). Als weiteres Indiz können die auf diesen F.n des 1. Jh.s n. Chr. erscheinenden Herstellernamen gelten. Es sind dies fast ausschließlich Namen kelt. Ursprungs wie etwa Aucissa und Nertomarus. Beide wurden namengebend für F.-Formen. Herstellernamen sind auf F.n eigenartigerweise – im Gegensatz zu Keramik oder Glas – nur im 1. Jh. n. Chr. zu beobachten.

Es zeigt sich also, daß eine Reihe von frühen prov.-röm. F.n aus dem kelt. Milieu stammt. Dies ist umso weniger erstaunlich, als im gesamten kelt. Kulturkreis (sowohl im w. als auch im ö.) die F.-Tracht eine lange Tradition besitzt und offensichtlich nicht nur die prov.-röm. F.-Entwicklung stark beeinflußt hat. Auch auf den germ. Raum hat die Laténezivilisation impulsgebend gewirkt, wobei der Kessel von → Gundestrup ein bes. augenfälliges Fundstück darstellt. Ebensowenig wie Draht-F.n der Form Beltz Variante J (entspricht Var. Kostrzewski G/H, vgl. § 23) sind die germ.

geschweiften F.n und die → Augen-F.n ohne die kelt. Latènevorbilder (F.n vom Mittellatèneschema) denkbar (vgl. § 27).

Den ungebrochenen kelt. Einfluß auf den germ. Raum im 1. Jh. n. Chr. zeigen z. B. die nor.-pann. Gewandspangenformen Almgren 238a und b (13) – neben den hier nicht zu behandelnden Gürtelteilen derselben Frauentracht (Abb. 110). Auffällig ist jedoch, daß diese Kulturkontakte um die Mitte des 1. Jh.s n. Chr. abbrechen. Die claudischen Formen der gleichen nor.-pann. F.n Almgren 238 (1) findet man n. des röm. Prov.-Gebietes nicht mehr.

Bes. eindrucksvoll verdeutlichen die F.n mit beißendem Tierkopf aus dem Voralpen- und Alpengebiet (8a) den kulturellen Einfluß aus dem kelt. Raum in den germ. N (20; 22; 28). Dort wird die Anregung, auf dem Bügel anstelle eines Knotens einen Tierkopf darzustellen, von verhältnismäßig einfachen Bronze-F.n auf prächtige silberne Spangen umgesetzt (u. a. → Hoby, Dänemark [Abb. 111]).

Wie es schon in der Latènezivilisation und zu Beginn des 1. Jh.s n. Chr. regionale Unterschiede in der Ausprägung der Spangenformen gab, bleiben auch während der ganzen RKZ regionale F.-Entwicklungen bestimmend. Dies haben u. a. die Unters. zu F.n am obergerm.-rät. Limes gezeigt (9). Eine hervorragende Rolle spielt bei dieser „Regionalisierung" während der RKZ Großbritannien, wo sich auch bei den F.n ein ganz unverwechselbarer Kunststil feststellen läßt (7; 14). Es sind dies vor allem Trompeten-F.n, „dragonesque" und „head stud" brooches, die als typisch brit. gelten können. Erwähnt sei hier auch die sog. Aesica brooch, der als Vorbild eine galloröm. Distel-F. diente, die jedoch in charakteristisch inselkelt. Manier umgesetzt wurde.

Zwar gibt es seit dem frühen 1. Jh. n. Chr. einzelne prov.-röm. F.-Formen, die von Großbritannien bis Dura-Europos in Syrien (12) ganz gleichartig vorkommen (z. B. Aucissa-F.n), doch verstärkt sich die Tendenz der Regionalisierung bei der F.-Entwicklung in der Limeszeit (6). Es gibt in dieser Epoche Spangenformen, die für den obergerm.-rät. Limesabschnitt typisch sind und außerhalb dieses Gebietes nicht oder nur äußerst selten vorkommen. Für das 2. Jh. n. Chr. seien hier die Pelta-F.n (Abb. 112, 14), Hülsenspiral-F.n mit gegabeltem Bügel (Abb. 113, 7) und die Formen Böhme 22 (Spiral-F.n mit nierenförmig durchbrochener Kopfplatte und Röhrenfuß) sowie Böhme 23 (Spiral-F.n mit peltaförmiger Kopfplatte und schwach dachförmigem Fuß) genannt.

Das gleiche gilt für den nor.-pann. Bereich (17; 23), wo auf die augenfälligsten F.-Formen, die großen nor.-pann. Flügel-F.n und die Doppelknopfspangen mit ihren reich durchbrochenen Nadelhaltern, hingewiesen sei.

Daneben gibt es aber auch Gewandspangenformen des obergerm.-rät. Prov.-Gebietes, die im nor.-pann. Bereich ähnlich ausgeprägt vorkommen. Dennoch sind sie an einigen Merkmalen als typisch für die jeweilige Region zu erkennen. So haben prov.-röm. Knie-F.n mit halbrunder Kopfplatte (Abb. 113, 1–2) im obergerm.-rät. Bereich als besonderes Kennzeichen Spirale mit unterer Sehne (Abb. 113, 1), während sie im nor.-pann. Gebiet Spirale mit oberer Sehne aufweisen (Abb. 113, 2). Ähnlich unterschiedliche Konstruktionsdetails zw. den obergerm.-rät. und den nor.-pann. Ausprägungen sind bei den Knie-F.n mit Spiralhülse zu beobachten (Abb. 113, 3–4). Haben die ersteren einen hohen quergestellten Nadelhalter (Abb. 113, 4), so besitzen die Exemplare aus dem ö. Prov.-Gebiet einen hohen längsgestellten Nadelhalter (ähnlich Abb. 113, 2 – ebenfalls ein ö. Fabrikat).

Auch wenn nicht mit Sicherheit gesagt werden kann, welche Funktion die F.n im einzelnen gehabt haben, so kann man doch davon ausgehen, daß der größte Teil der in milit. Zusammenhängen gefundenen Spangen von Männern getragen wurde. So dür-

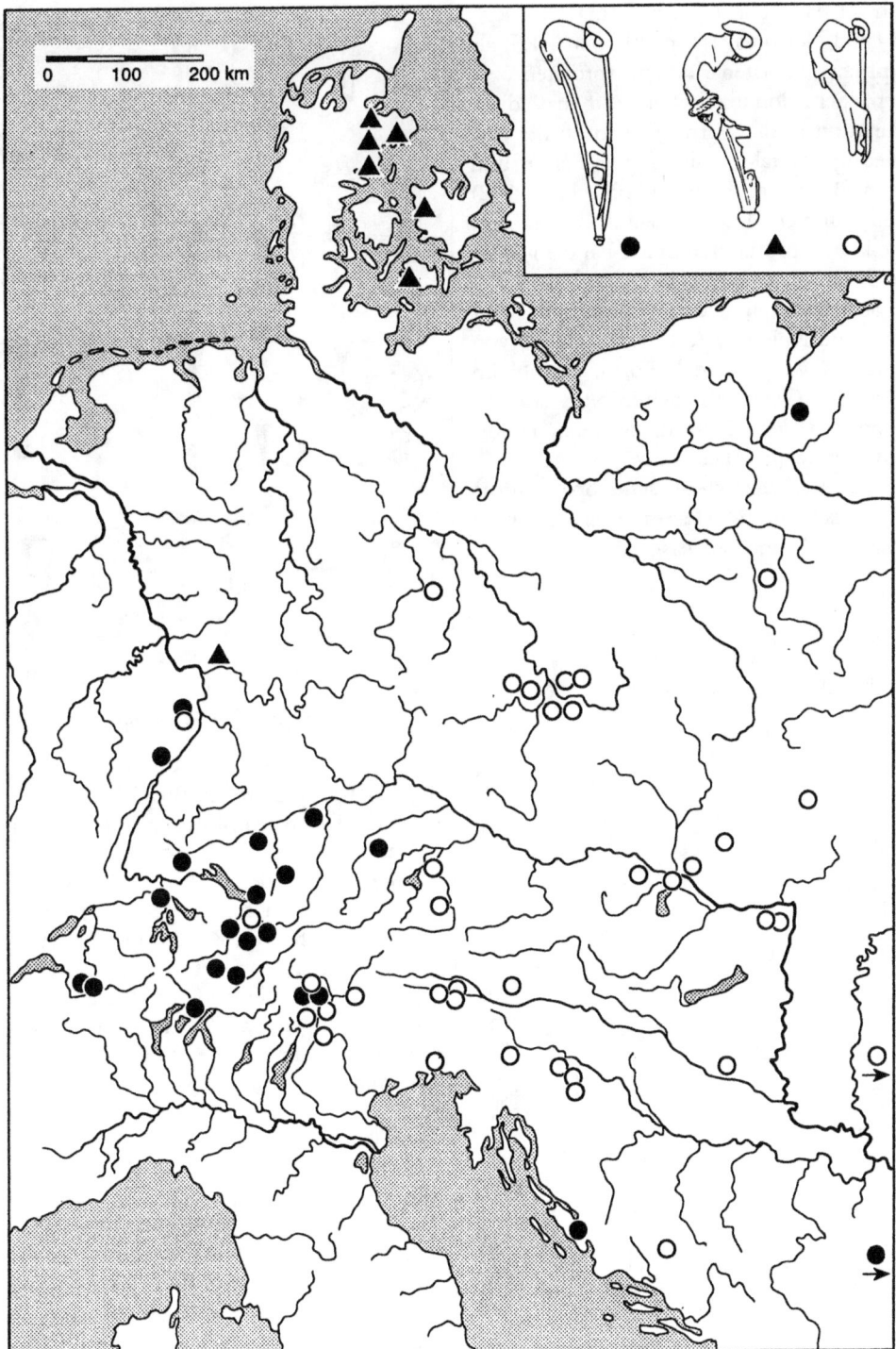

Abb. 111. Verbreitung der Bügelfibeln mit beißendem Tierkopf (nach M. Menke, erweitert nach R. Müller [20; 22])

fen für das frühe 1. Jh. n. Chr. z. B. Aucissa- und Nertomarus-F.n (Abb. 108, 1.3) als typische „Soldaten-F.n" angesprochen werden. Seit domitianischer Zeit hat diese Funktion in den germ. Provinzen die eingliedrige Spiral-F. mit unterer Sehne und drahtförmigem Bügel (Abb. 112, 1–2) übernommen. Im nor.-pann. Gebiet sind die kräftig profilierten Spiral-F.n die gleichzeitigen Soldaten-F.n (Abb. 108, 7).

Spätestens in hadrianisch-antoninischer Zeit sind Knie-F.n (Abb. 113, 1–4) die von Soldaten verwendete F.-Form, sowohl im germ.-rät. Gebiet als auch in Noricum und Pann. mit den oben angedeuteten Unterschieden technischer Natur.

Als bes. charakteristische Spangenformen des germ.-rät. Heeres erweisen sich im späteren 2. und teilweise im beginnenden

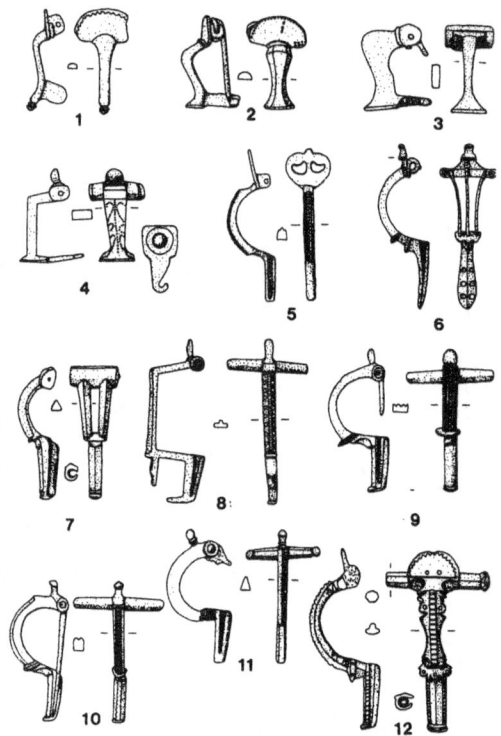

Abb. 113. Fibeln des 2. und 3. Jh.s n. Chr.

3. Jh. n. Chr. die großen Bügel-F.n mit verschiedenartigen Kopfplatten oder Spiralhülsen (Abb. 113, 5–7).

Gegen Ende des 2. Jh.s n. Chr. werden die Scharnier-F.n mit langen Scharnierarmen (24; Abb. 113, 8–12 und 114, 1) als Soldaten-F.n ausgebildet, die im Laufe des 3. Jh.s n. Chr. alle anderen Bügel-F.-Formen verdrängen. Aus ihnen entwickeln sich um 300 n. Chr. die → Zwiebelknopf-F.n (24; Abb. 114, 2 und 115, 7), die im 4. und 5. Jh. die einzigen prov.-röm. Bügel-F.n darstellen.

Seit dem Ende der LTZ gibt es außer den bis dahin üblichen Spiral-F.n (mit unterer und oberer Sehne) Spangen mit Scharnierkonstruktion. Unter diesen ist zu Beginn der RKZ die Aucissa-F. am weitesten verbreitet. Das Material der Spangen ist meist Bronze. Edelmetall-F.n sind im Provinzialgebiet äußerst selten.

Abb. 112. Fibeln des späteren 1. und des 2. Jh.s n. Chr.

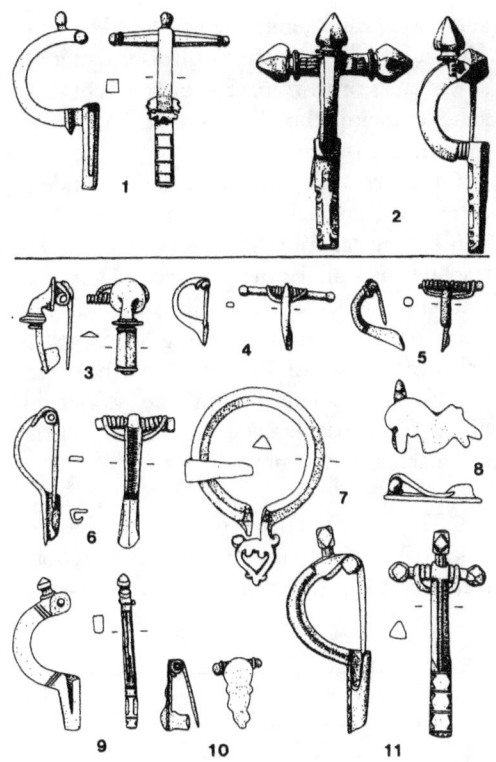

Abb. 114. Bügelfibeln des 3. und 4. Jh.s n. Chr.; 3–11: Germ. Fibeln auf prov.-röm. Boden

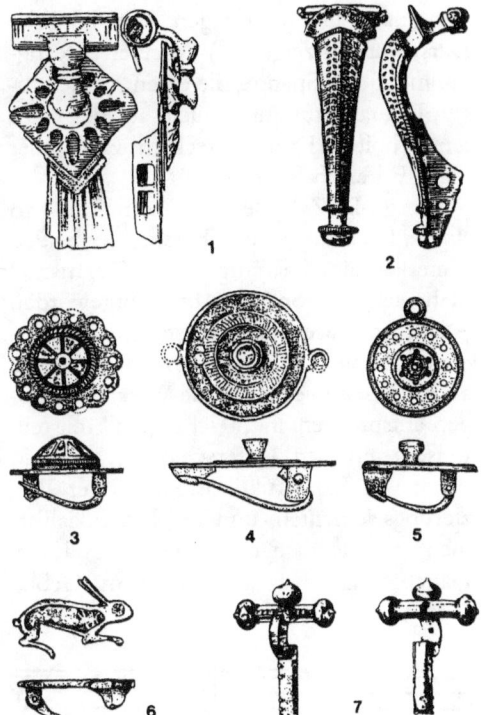

Abb. 115. Prov.-röm. Fibeln aus der Germania Libera

Manchmal findet man vergoldete Bronze-F.n oder solche mit vergoldeter oder silberner Preßblechauflage. Verzinnung, die einen silbernen Eindruck vermittelt, kommt dagegen seit der Mitte des 1. Jh.s n. Chr. bis zum Limesfall um 260 n. Chr. bei prov.-röm. F.-Formen häufiger vor. Darüber hinaus spielte auch Emailzier eine gewisse Rolle bei Spangen der RKZ (z. B. Abb. 112, 9–12.16).

Werkstätten für F.n konnten bisher kaum nachgewiesen werden. Allerdings sind eine Reihe von Halbfertigfabrikaten und Gußformen sowohl aus Kastellen als auch aus Zivilsiedlungen bekannt. Doch läßt sich die Einheitlichkeit mancher F.-Formen nicht anders erklären, als daß sie aus größeren Betrieben stammen, die vielleicht in oder bei Legionslagern angesiedelt waren. Daneben hat es aber sicher eine Reihe kleiner Werkstätten gegeben, die F.n herstellten. Ob in den gleichen Manufakturen auch andere Bronzegegenstände wie z. B. Gürtelteile gefertigt wurden, muß Spekulation bleiben.

Ein besonderes Forschungsproblem stellen die emailverarbeitenden Werkstätten dar, die ebenfalls bisher durch Ausgrabungen nicht nachgewiesen werden konnten. Da Email-F.n außer in Großbritannien, wo eine alte Emailtradition bestand, vor allem im gall.-belg. Raum beliebt waren, geht man sicher nicht fehl, in diesem Raum prosperierende emailverarbeitende Betriebe zu vermuten. Sicherlich wurde auch in Köln neben Glas Email hergestellt und weiterverarbeitet (→ Email § 3).

Prov.-röm. F.n wurden in der Regel mit dem Kopf, d. h. mit der Nadelkonstruktion, nach unten getragen, wie bildliche Darstellungen zeigen (3). Männer befestigten meist eine Spange, die einen mantelartigen Umhang zusammenhielt, auf der rechten Schulter. Frauen steckten zwei oder mehr F.n an ihr Gewand.

Die große Zahl der prov.-röm. F.n – so sind z. B. allein aus dem Bereich der beiden Limeskastelle Saalburg und Zugmantel mehr als 1200 Spangen bekanntgeworden – läßt sich, wie oben gezeigt, in verschiedene Gruppen untergliedern, denen wohl auch teilweise verschiedene Werkstattgruppen entsprechen: in „Reichstypen" mit teilweise regionalen Unterschieden, meist in Form von Konstruktionsdetails oder Verzierungselementen, und in „Provinzialformen" mit deutlich regionaler Verbreitung. Daneben gibt es aber auf Prov.-Gebiet auch weiterhin „einheimische" F.-Formen (dies wird bes. deutlich in Großbritannien) sowie aus prov.-röm. F.-Formen entwickelte einheimische Spangen (z. B. Aesica brooch in Großbritannien).

Grundlegende Unterschiede bestanden offensichtlich nicht zw. dem F.-Bestand von Legionslagern und Limeskastellen. Betrachtet man die Entwicklung der F.-Typen während der RKZ, so fällt auf, daß im Laufe der Zeit eine Verarmung der Bügelfibelformen festzustellen ist. Am Ende der Entwicklung stehen dann die Zwiebelknopf-F.n als die einzige prov.-röm. Bügelform seit der Zeit um 300 n. Chr.

§ 32. Prov.-röm.-germ. F.-Kontakte. Wie oben ausgeführt, gab es schon seit der Spät-LTZ vom späteren Prov.-Ge-

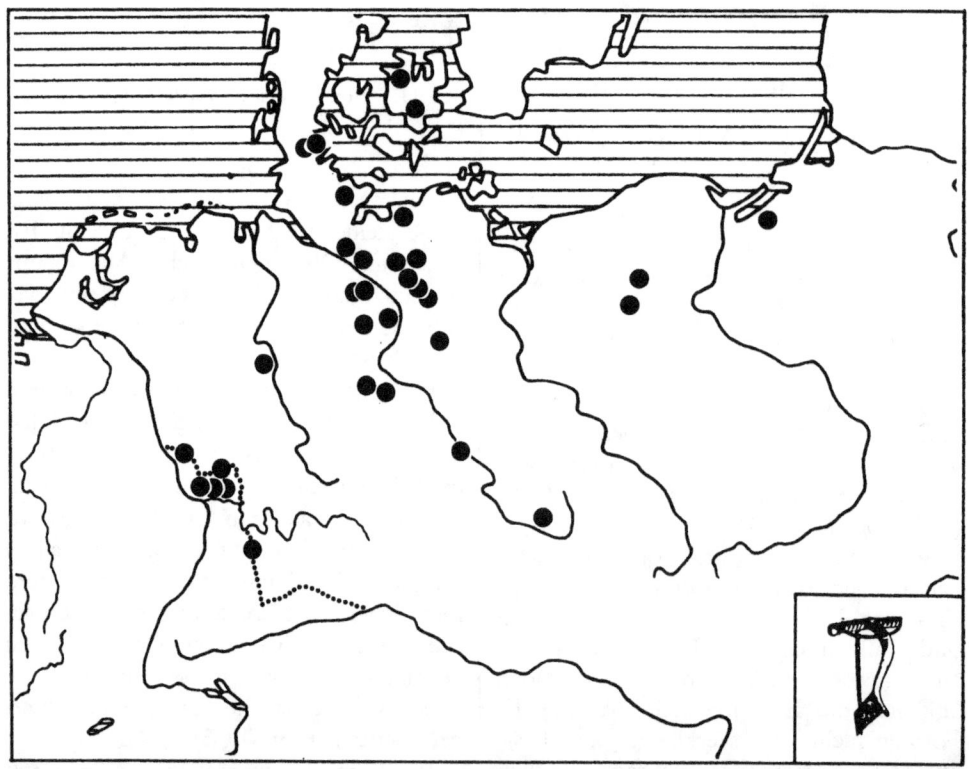

Abb. 116. Verbreitung der Fibeln Almgren Gruppe VII Serie 1 a (nach W. Matthes und A. Böhme [19; 2])

biet Kontakte bzw. kulturelle Beeinflussung des germ. Raumes. Scheint dieser Kontakt zunächst einseitig von S nach N gerichtet gewesen zu sein, so läßt sich jedoch spätestens seit augusteischer Zeit germ. Einfluß auf Prov.-Gebiet beobachten.

Eindrucksvoll ist vor allem die große Menge von → Augenfibeln (Abb. 108, 6; [s. o. § 24]), die in einer Vielzahl von Legionslagern und Kastellen in frühkaiserzeitlichen Zusammenhängen auf Prov.-Gebiet gefunden wurden. Auch die geschweiften F.n Almgren 19 und die selteneren Spangen Almgren 22 gehören in diese Gruppe. Offensichtlich erfuhr die sehr variantenreiche Serie der Augen-F.n auf prov.-röm. Boden eine selbständige Weiterentwicklung (vgl. § 27).

Bes. deutlich ausgeprägt ist dieses Phänomen der unterschiedlichen Entwicklung eines germ. F.-Typs in der Germania magna und in den germ. Provinzen des Reiches bei der elbgerm. F.-Form Almgren 101, die im 2. Jh. n. Chr. getragen wurde (Abb. 114, 3).

Als weitere germ. Spangenform ist für das 2. Jh. n. Chr. die auf Reichsboden eher seltene, dem w-germ. Kulturkreis entstammende Knie-F. zu nennen.

In das 2. Jh. n. Chr. und verstärkt in das 3. Jh. n. Chr. sind die zweigliedrigen Armbrustspiral-F.n mit hohem Nadelhalter Almgren Gruppe VII Serie 1, 3 und 4 (Abb. 116 und Abb. 117) zu stellen. Zur Gruppe der zweigliedrigen Armbrustspiral-F.n, die häufiger auf Reichsterritorium zu

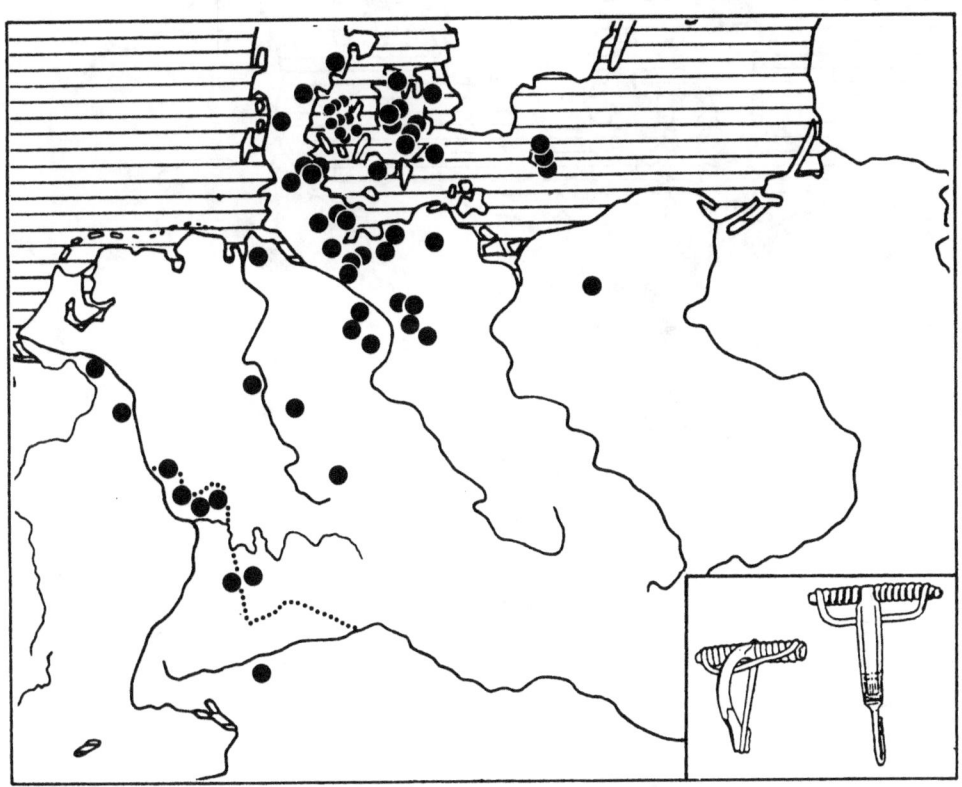

Abb. 117. Verbreitung der Fibeln Almgren Gruppe VII Serie 4 (nach W. Matthes und A. Böhme [19; 2])

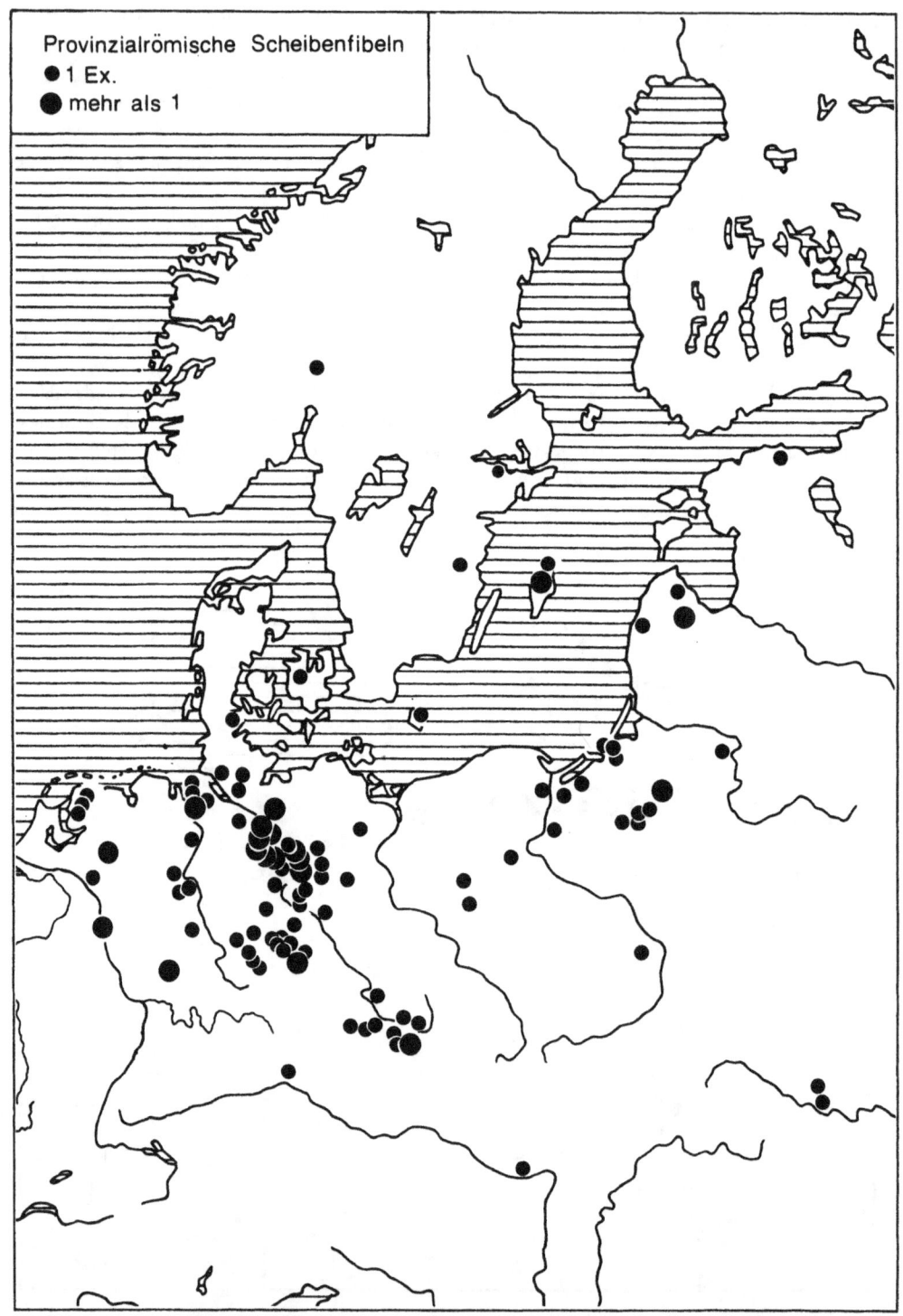

Abb. 118. Verbreitung prov.-röm. Scheibenfibeln im freien Germanien (nach S. Thomas [30])

finden sind, gehören auch die von K. Ziegel so genannten Elbe-F.n (33), die wohl teilweise schon in die Nachlimeszeit zu datieren sind (Abb. 114, 6).

Auf der anderen Seite gibt es nur wenige prov.-röm. F.n des 2. und frühen 3. Jh.s n. Chr. in der Germania magna. Hauptsächlich sind dies Scheiben-F.n (vgl. § 25), vor allem solche mit Emailzier (Abb. 115, 3–6; Abb. 118). S. Thomas zählte 144 prov.-röm. Scheiben-F.n von 108 Fundorten (30). Prov.-röm. Bügel-F.n sind dagegen in den ersten drei Jhh. n. Chr. eher selten im germ. Siedlungsgebiet (Abb. 115, 1–2).

Erst seit dem 3. Jh. n. Chr. scheint sich auch der Einfluß prov.-röm. Kunsthandwerks auf germ. Boden und bei der F.-Gestaltung deutlicher bemerkbar zu machen (Abb. 119). Nicht geklärt ist die Frage, ob prov.-röm. F.n in Tierform (Abb. 115, 6) bei der Ausprägung der germ. Eber-F.n eine Rolle gespielt haben (Abb. 114, 8). Eindeutig zu bejahen ist diese Frage bei den prächtigen Swastika-F.n Almgren 234. Ihnen dienten als Vorbild die prov.-röm. Hakenkreuzspangen (Abb. 112, 19–20).

Unzweifelhaft ist auch der Zusammenhang zw. prov.-röm. Omega- bzw. Ring-F.n und den alem. Ring-F.n (Abb. 119, 1–2).

Scharnier-F.n mit zweimal rechtwinklig geknicktem Bügel waren das Vorbild für die prächtige F. von → Osztropátaka (Abb. 119, 5–6; [s. o. § 25]).

Die im gesamten Imperium seit der Zeit um 300 n. Chr. verwendete Zwiebelknopf-F. hat im freien Germanien zur Ausprägung der Bügelknopf-F. geführt, die ebenso wie das prov.-röm. Vorbild eine Männer-F. war (Abb. 119, 7–8). Die Zwiebelknopf-F.n haben aber auch bei den Stützarm-F.n Pate gestanden. Diese sind im Gebiet zw. Elbe und Loire aus germ. Zusammenhängen vielfach belegt und wurden im 4./5. Jh. einzeln von Männern getragen.

Zierelemente aus dem prov.-röm. Goldschmiedehandwerk, wie etwa die Nielloverzierung (→ Niello) in Form des laufenden Hundes bei den germ. Tutulus-F.n (s. o. § 28) sind ebenso wie die Preßblechauflage bei verschiedenen germ. F.n und die blauen Glaseinlagen in Klauenfassung bei den monströsen F.n als Zeugnis der engen Verbindung zw. Provinzialrömern und Germ. aufzufassen.

Es zeigt sich bei der Betrachtung der F.-Entwicklung in der Germania magna, daß noch während des 1. Jh.s n. Chr. der Einfluß aus dem kelt. Milieu eine deutlich erkennbare Rolle spielt. Dies war bei der prov.-röm. F.-Entwicklung ähnlich zu beobachten. Für die Germania magna seien hier vor allem die Rollenkappen-F.n genannt, die von den Spiralhülsen-F.n des w-kelt. Gebietes angeregt sind. Ebenso geht der durchbrochene Nadelhalter bei diesen Spangenformen auf kelt. Einfluß (in die-

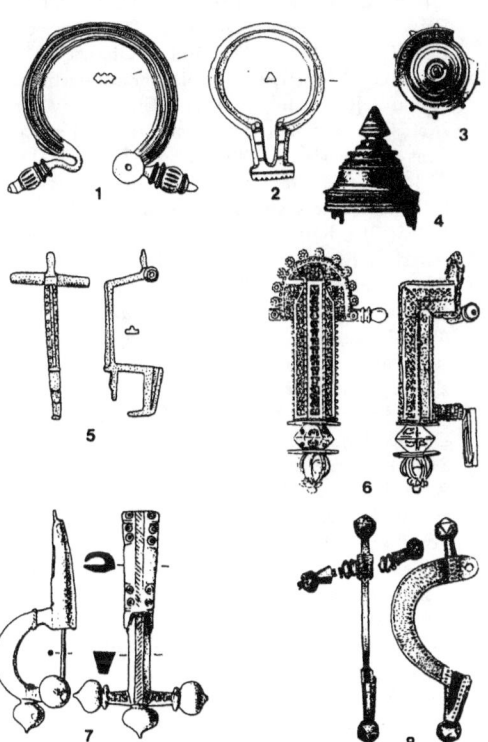

Abb. 119. Prov.-röm. Fibeln und ihre Umsetzungen im freien Germanien

sem Fall wohl o-kelt.) zurück. Datierte bildliche Darstellungen aus dem w. Mittelrheingebiet geben die unverkennbar nichtröm. Kleidung wieder. Sie wird nach einem in Mainz-Weisenau gefundenen Steindenkmal mit der Abb. des Schiffers Blussus und seiner Frau Menimane bezeichnet (3, 426 ff.). Die weibliche „Menimanetracht" bestand aus mehreren F.n, von denen drei das Obergewand festhielten; das Untergewand wurde mit einer kleineren F. zusammengesteckt. Die bei dieser Tracht getragenen großen F.n waren Distel- und Kragen-F.n. Vor allem letztere F.n spielten im Gebiet der o-gall. Treverer in der Frauentracht eine wichtige Rolle, während sie unter den ca. 400 bekannten prov.-röm. F.n der Germania magna nur mit wenigen Exemplaren vertreten sind (32).

Erst im 2. Jh. n. Chr. finden wir verstärkt germ. F.-Formen auf prov.-röm. Boden. In einigen Fällen können wir bei diesen eine von der Germania magna abweichende, selbständige Weiterentwicklung in den röm. Provinzen beobachten (F.n Almgren 101).

Sicherlich hat aber der enge Kontakt zw. Provinzialrömern und Germ., der vor allem im milit. Bereich sichtbar wurde, zu einer gegenseitigen Beeinflussung geführt. Möglicherweise ist sogar der charakteristische Fuß der Elbe-F. auf die prov.-röm. Vorbilder im germ. Limesgebiet (Abb. 113, 6) zurückzuführen.

Seit dem späteren 3. und vor allem im 4. Jh. n. Chr. wird dann die Symbiose zw. prov.-röm. und germ. Kunstschaffen u. a. bei Bügelknopf-F.n und Stützarm-F.n deutlich faßbar (16; 5).

Klar zu erkennen ist die Vorliebe der Germ. für Spiral-F.n. Scharnier-F.n waren dagegen wenig beliebt. Gelegentlich wird sogar eine Scharnier-F. zu einer Spiral-F. umgearbeitet: Die Zwiebelknopf-F. von → Lampertheim z. B. hat sekundär eine Spiralkonstruktion erhalten. Während der gesamten MZ ist dann die Spirale die einzige Form der Nadelkonstruktion im germ. Bereich.

(1) Almgren, Fibelformen. (2) A. Böhme, Die F.n der Kastelle Saalburg und Zugmantel, Saalburg-Jahrb. 29, 1972, 5–112. (3) Dies., Tracht- und Bestattungssitten in den germ. Provinzen und der Belgica, in: ANRW II, 12, 3, 424–455, bes. 426–430. (4) A. Böhme-Schönberger, Ein bemerkenswertes Körpergrab aus Mainz-Weisenau, Mainzer Zeitschr. 84/85, 1989/90, 239–252. (5) H. W. Böhme, Germ. Grabfunde des 4. und 5. Jh.s zw. unterer Elbe und Loire, 1974. (6) H. J. H. van Buchem, De Fibulae van Nijmegen I. Inleiding en Kataloog, 1941. (7) R. G. Collingwood, The Arch. of Roman Britain, 1930, 243 ff. (8) E. Cosack, Die F.n der Ält. RKZ in der Germania libera (Dänemark, DDR, BRD, Niederlande, CSSR). Teil I: Armbrust-, Rollenkappen-, Augen-F.n, 1979. (8a) S. Demetz, Fibule a testa di animale dal Trentino, Arch. delle Alpi 2, 1993, 59–71. (9) E. Ettlinger, Die röm. F.n in der Schweiz, 1973. (10) K. Exner, Die prov.-röm. Email-F.n der Rheinlande, Ber. RGK 29, 1939, 31–121. (11) M. Feugère, Les fibules en Gaule Méridionale: de la conquête à la fin du Ve siècle après J.-C.,1985. (12) T. G. Frisch et al., The Excavations at Dura-Europos. Final Report IV. 4,1. The Bronze Objects, 1949. (13) J. Garbsch, Die nor.-pann. Frauentracht im 1. und 2. Jh. n. Chr., 1965. (14) C. F. C. Hawkes et al., Camulodunum. First Report on the Excavations at Colchester 1930–1939, 1947, 308 ff. (15) W. Jobst, Die röm. F.n aus Lauriacum, 1975. (16) E. Keller, Die spätröm. Grabfunde in S-Bayern, 1971. (17) I. Kovrig, Die Haupttypen der kaiserzeitlichen F.n in Pann., 1937. (18) W. Krämer, Cambodunumforsch. 1953 , I, 1957, 76 ff. (19) W. Matthes, Die n. Elbgerm. in spätröm. Zeit, 1931. (20) M. Menke, „Rätische" Siedlungen und Bestattungsplätze der frühröm. Kaiserzeit im Voralpenland, Münchener Beitr. zur Vor- und Frühgesch. Ergbd. 1/I, 1974, 141–159. (21) E. Meyer, Die Bügelknopf-F., Arbeits- und Forschungsber. z. Sächs. Bodendenkmalpflege 8, 1960, 216–349. (22) R. Müller, Die Grabfunde der Jastorf- und LTZ an unterer Saale und Mittelelbe, 1985, 82f. (23) E. von Patek, Verbreitung und Herkunft der röm. F.-Typen von Pann., 1942. (24) Ph. M. Pröttel, Zur Chron. der Zwiebelknopf-F.n, Jahrb. RGZM 35/1, 1988 (1991), 347–372. (25) S. Rieckhoff, Münzen und F.n aus dem Vicus des Kastells Hüfingen (Schwarzwald-Baar-Kr.), Saalburg-Jahrb. 32, 1975, 5–104. (26) E. Riha, Die röm. F.n aus Augst und Kaiseraugst, 1979. (27) E. Ritterling, Das frühröm. Lager bei Hofheim im Taunus, Nass. Ann. 40, 1912, 117 ff. (28) Ch. Schlott u. a., Ein Verbrennungsplatz und Bestattungen am spätlatè-

nezeitlichen Heidetränk-Oppidum im Taunus, Germania 63, 1985, 439–505. (29) D. Thill, F.n vom Titelberg aus den Beständen des Luxemburger Mus.s, Trierer Zeitschr. 32, 1969, 133–171. (30) S. Thomas, Die prov.-röm. Scheiben-F.n der RKZ im freien Germanien, Berliner Jahrb. f. Vor- und Frühgesch. 6, 1966, 119–178. (31) G. Ulbert, Die röm. Donau-Kastelle Aislingen und Burghöfe, 1959, 63 ff. (32) Th. Völling, Die Kragen-F. aus Delbrück, Boreas. Münstersche Beitr. zur Arch. 9, 1986, 226–231. (33) K. Ziegel, Die Thür. der späten VWZ im Gebiet ö. der Saale, Jahresschr. Halle 31, 1939.

A. Böhme-Schönberger

J. Römische Kaiserzeit und Völkerwanderungszeit in Skandinavien
§ 33. Ält. RKZ. Allgemeines. Der Übergang von der vorröm. EZ zur RKZ ist nach den Unters. von R. Hachmann (5) zumindest in Dänemark mit einer starken Siedlungsverschiebung verbunden, so daß für diesen Raum aus der Verbreitung der F.n auf ein reales Siedlungsgebiet geschlossen wird (4, bes. 12; 6).

Qu.-Lage. Die F.n der ält. RKZ sind vorwiegend von den dän. Inseln und aus Schweden überliefert, wo sie häufig aus kleinen, z. T. seit der jüng. vorröm. EZ belegten Gräberfeldern stammen, auf denen die Beigabenausstattung in wechselnden Grabformen (Brandgrube, Urne, Körperbestattung) zahlenmäßig stark zurücktritt (1; 8).

F.n und Kulturverbindungen. Aus der Kenntnis des F.-Bestandes in Skand. hat der Schwede O. Almgren ein hier in einzelnen Kap. (G–J) immer wieder genanntes Werk geschaffen, das bis heute weder in geogr. noch quellenbezogener Breite eine vergleichbare Nachfolge gefunden hat. In die ‚Studien über Nordeuropäische Fibelformen' hat dieser Altmeister bewußt als deren Voraussetzung und Ursprung latènezeitliche und prov.-röm. F.n eingeschlossen und damit einen Zusammenhang hergestellt, der in nachfolgenden, auf germ. F.n und „Germania libera" bezogenen Arbeiten (z. B. [4]) in den Hintergrund rückt.

Während des 1. und 2. Jh.s n. Chr. sind in Skand. F.n aus prov.-röm. Gebiet (§§ 31, 32), aber auch aus Böhmen (§ 27) bezogen worden. Seit der Mitte des 2. Jh.s n. Chr. werden im F.-Bestand Kontakte über Oder und Weichsel (§ 26) bis nach Ungarn deutlich, während die Bastarnenforsch. Verbindungen zw. Ostsee und Schwarzem Meer auch mit F.n aufzuzeigen versucht (2, bes. 152 ff.).

Bemerkenswert ist innerhalb des skand. F.-Bestandes eine mehrfach beobachtete Abweichung von der kontinentalen Normalform hinsichtlich Material bzw. Konstruktion (vgl. § 27). F.n mit beißendem Tierkopf (vgl. § 31), aber auch Rollenkappen-F.n wurden im N aus Silber bzw. mit Goldblechverzierung gefertigt. Die Verarbeitung von Edelmetallen ist offensichtlich nicht im Mangel an Eisen und Buntmetall begründet, doch hat sie andererseits kunsthandwerkliche Techniken gefördert, wie die Rollenkappen-F. aus dem → Fürstengrab von → Hoby/Lolland mit → Granulation bezeugt. Tatsächlich auf Materialmangel zurückführen lassen sich Veränderungen in Gewicht und Länge bei bronzenen Rollenkappen-F.n, deren Bügel während der Stufe B2 in wesentlich kürzerer Gestalt als zuvor gegossen und anschließend ausgeschmiedet wurden, wohl um ein höheres Gewicht vorzutäuschen (4, bes. 36, 74).

F.-Tracht. Grundsätzlich wird für die gesamte RKZ Skand.s von einer variablen F.-Tracht ausgegangen, die sich im einzelnen schwer rekonstruieren läßt, da viele Gräber nur jeweils eine F. enthalten (8). In Schweden sind darüber hinaus häufiger Gürtel als F.n aus Grabzusammenhang überliefert (3, 214). Im allgemeinen wird jedoch für die ält. RKZ Skand.s von der Zweifibeltracht ausgegangen (3). Soweit aus anthrop. Unters. ersichtlich, scheint die F.-Tracht in Skand. altersunabhängig gewesen zu sein, doch wird mit sozialen Abstufungen aufgrund der außerdem überlieferten Beigaben gerechnet (3, bes. 251 ff.). Obwohl in der RKZ Skand.s auch regional von einer einheitlich vorgenommenen Beigabensitte für die Bestattung von Mann und Frau auszugehen ist (6; 7; 9), repräsentieren die umfangreicher ausgestatteten Gräber in der Regel Frauenbestattungen, die mehr als zwei F.n neben Perlen, → Arm- und → Fingerringen sowie Importgefäße enthalten (3, bes. 219; 9; 10). Bis auf das obengenannte Grab von Hoby, das zur → Lübsow-Gruppe gehört, beschränkt sich der Schmuck bei Männern auf einen, manchmal auf zwei Goldfingerringe (→ Fingerring) und wenige Perlen.

(1) E. Albrectsen, Fynske jernaldergrave 2, 1956; 5, 1973. (2) Ch. Babeş, Die Frühgerm. im ö. Dakien in den letzten Jhh. v. u. Z. Arch. und hist. Belege, in: F. Horst u. a. (Hrsg.), Frühe Völker in Mitteleuropa, 1988, 129–156. (3) U. Breitsprecher, Zum Problem der geschlechtsspezifischen Bestattungen in der RKZ, 1987. (4) E. Cosack, Die F.n der Ält. RKZ in der Germania libera (Dänemark, DDR, BRD, Niederlande, CSSR), Teil 1: Armbrust-, Rollenkappen-, Augen-F.n, 1979. (5) R. Hachmann, Zur Gesellschaftsordnung der Germ. in der Zeit um Chr. Geb., Arch. Geographica 5/6, 1956/57, 7–24. (6) L. Hedeager, Besiedlung, soziale Struktur und polit. Organisation in der ält. und jüng. RKZ O-Dänemarks, Praehist. Zeitschr. 55, 1980, 38–109. (7) P. Mortensen et al., Jernalderens stammesamfund. Fra Stamme til Stat i Danmark, 1988. (8) N. Norling-Christensen, Kat. over ældre Romersk jernalders Grave i Århus Amt, 1954. (9) K. Randsborg, The first Millenium A. D., 1991. (10) P. F. Stary, Mediterrane Einfuhrgüter während der Früh-EZ in England und Skand., Mitt. des Dt. Arch. Inst.s, Röm. Abt. 98, 1991, 1–32.

R. Müller

§ 34. Jüng. RKZ. a. F.-Typen. In Skand. ist der Übergang von der ält. zur jüng. RKZ durch das Auftreten von F.n der Gruppen Almgren VI und VII gekennzeichnet. Dieser Einschnitt ist markant, und es gibt im Gegensatz zum poln. und balt. Bereich (vgl. § 25) selten Kombinationen von ält. und jüng. F.n in den Gräbern. Während der jüng. RKZ kann Skand. nach der F.-Tracht grob in zwei Hauptgebiete aufgeteilt werden, die ihrerseits neben beiderseitigen Kontakten auch kontinentale Anknüpfung besitzen. Die eine Region umfaßt W-Skand. mit Dänemark (ohne Bornholm), Norwegen und Teile W-Schwedens. In diesem Areal dominieren elbgerm. F.-Typen mit festem Nadelhalter. Das andere Gebiet erstreckt sich über O-Skand. mit Bornholm, O-Schweden und Öland. Hier herrschen F.n mit umgeschlagenem Fuß vor, worin sich eine Affinität zu o-germ. Gebieten widerspiegelt (vgl. § 25). Von diesen beiden Gruppen hebt sich der F.-Bestand Finnlands (12) mit seinem deutlich o-balt. bestimmten Einschlag ab (vgl. § 25).

Die skand. F.-Entwicklung ist innerhalb der Chron.-Systeme, bes. durch die Forsch. der letzten Jahrzehnte, gut dokumentiert (2; 3; 5–7; 11; 13; 14; 20).

In W-Skand. gehören F.n der Gruppe Almgren VII, Ser. 1–3 bzw. Mackeprang Typ I – III (14) der jüng. RKZ an (C1). Der Gebrauch einzelner F.-Serien läßt regionale Schwerpunkte erkennen. So konzentrieren sich F.n der Serie 1 (Abb. 120, 1–2) fast ausschließlich auf Dänemark, während F.n der Serie 2 (Abb. 120, 6–7) ihren Verbreitungsschwerpunkt auf Fünen, Seeland und Bornholm sowie in Schonen besitzen. Darüber hinaus sind die jütländischen und fünischen F.n generell kürzer und kräftiger ausgebildet als die schlanken ö. Exemplare. F.n der Serie 3 (Abb. 120, 3, 8, 12–13) dominieren in W-Dänemark. Die meisten F.n aller drei Serien bestehen aus Bronze, ausnahmsweise wurden einige Stücke der Serie 2 aus Silber gefertigt.

In der o-skand. F.-Prov. dominierten dagegen F.n Mackeprang Typ VI, die zunächst aus Eisen, später überwiegend aus Bronze und nur selten aus Silber gefertigt wurden.

Typisch für die Stufen C1b bis C2 sind F.n der Form Almgren 162 (Abb. 120, 10, 14). Aus Bronze bestehen sie vor allem auf Bornholm, Öland und Gotland. Darüber hinaus treten auf Bornholm und selten im

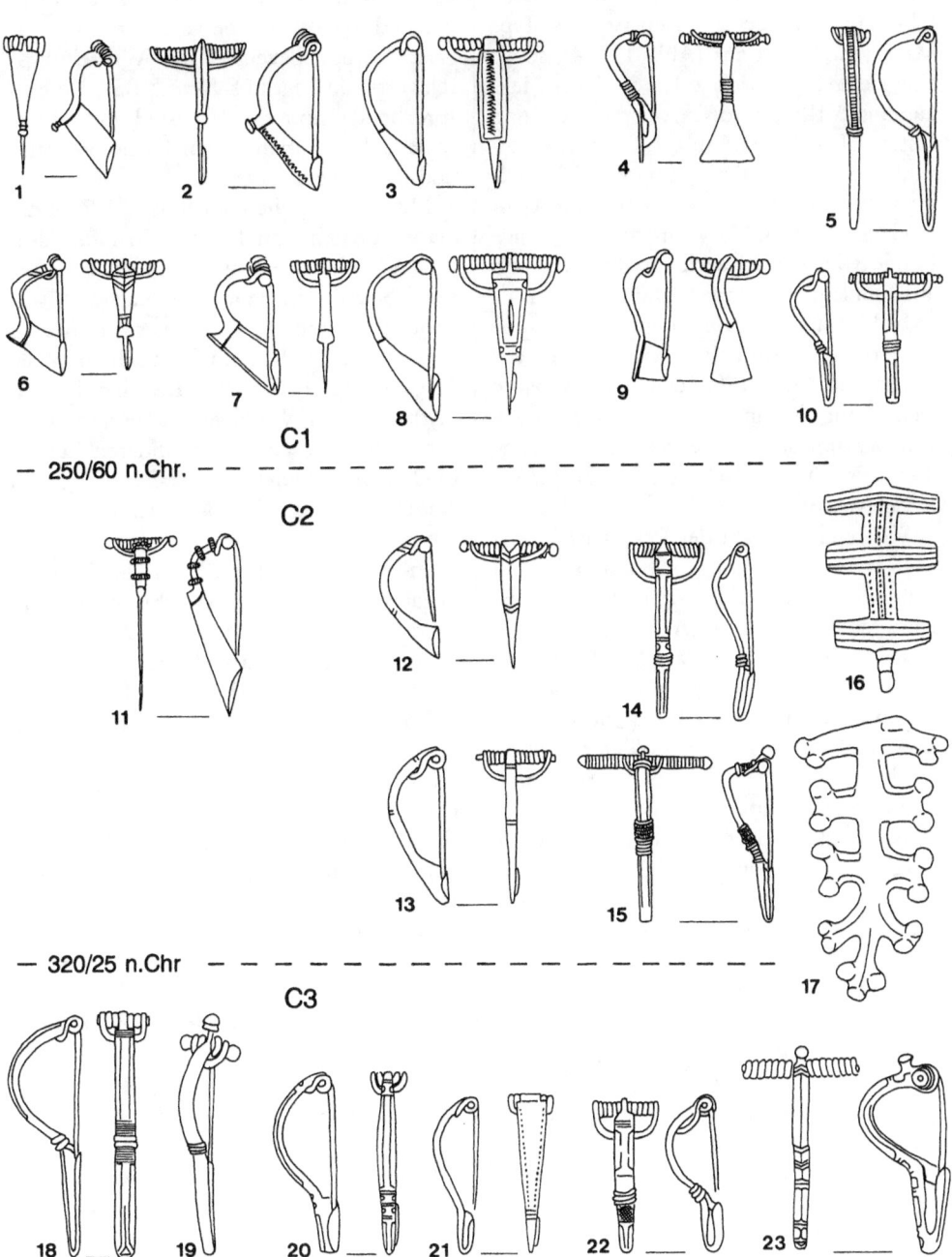

Abb. 120. Einfache Fibeltypen in Skand. aus der jüng. RKZ C 1–C 3

übrigen Dänemark während der Stufen C1a und C1b kleine Eisen-F.n des Typs Mackeprang VIIa auf (Abb. 120, 4), sowie eine kleine Zahl Bronze-F.n des Typs Mackeprang VIIb mit dreikantigem Fuß und festem Nadelhalter (Abb. 120, 9). Die Anzahl von F.n des Typs Almgren VII, Serie 2 aus Bornholm und Schonen steigt während der Stufe C1b, während nur wenige Funde von den schwed. Ostseeinseln und aus Finnland zu nennen sind.

In Finnland tritt außerdem eine Gruppe von o- und no-balt. Sprossen-F.n aus Bronze auf (Abb. 120, 16–17), die sonst in Skand. nur als Einzelstücke aus O-Schweden bekannt sind. Eine genaue Datierung dieser finn. F.n im Rahmen der jüng. RKZ ist schwierig.

Während die Zahl der Pracht-F.n in der Stufe C1a noch gering ist, nimmt sie mit den monströsen Silber-F.n der Gruppe Almgren VII Serie 4 (Abb. 121, 1–3) in C1b bes. in Dänemark zu. Die häufigsten Pracht-F.n dieser Gruppe in C1b bilden die Typen Almgren 217–219, die mit ihrer reichen Dekoration aus vergoldetem Silberblech, mit Glaseinlage sowie Silberperldraht hervortreten.

Während der Stufe C2 sind in O-Skand. F.n der Gruppe Almgren VII aus Silber geläufig. Sie sind oft mit Perldraht und vergoldetem Silberblech dekoriert (Abb. 120, 15). Zu den Pracht-F.n der Stufe C2 gehören solche mit Silberblechornament (Abb. 121, 8), Silber-F.n mit Bügel- und Fußscheibe sowie mit Glaseinlagen (Abb. 121, 6–7), Sakrau-F.n (Abb. 121, 9; → Sakrau [9]), große vierarmige Hakenkreuz-F.n (Abb. 121, 10) und F.n wie Almgren 167 (Abb. 121, 4). Ausnahmsweise bestehen einzelne Sakrau-F.n aus Gold. Die Verbreitung der oben genannten F.n mit Ornamentierung erstreckt sich gleichmäßig über ganz Skand., mit Ausnahme von Bornholm und Finnland. F.n mit Bügel- und Fußscheibe dominieren auf Seeland und Bornholm, während Sakrau-F.n vor allem aus Jütland und Fünen stammen. Hakenkreuz-F.n sind mit Ausnahme von Bornholm aus ganz Skand. bezeugt. Ihr Verbreitungsschwerpunkt liegt in S-Skand. Balt. F.n entsprechend Almgren 167 sind mit unterschiedlichen Varianten auf Öland, Gotland und in Finnland bezeugt.

Mit der ausgehenden jüng. RKZ endet der Gebrauch von F.n der Gruppe Almgren VII, Serie 2–3, und erstmals läßt sich für S-Skand. ein deutlicher Nachweis von Bronze-F.n mit umgeschlagenem Fuß in Gestalt der Nydam-F.n beobachten (Abb. 120, 18–19; → Nydam). Bes. häufig sind Nydam-F.n in W-Dänemark und Norwegen nachgewiesen. Einen anderen Leittyp in Dänemark bilden Bronze-F.n mit festem Nadelhalter, sog. Haraldsted-F.n (Abb. 120, 20–21).

In O-Skand bleiben die seit der Stufe C2 bekannten F.n mit umgeschlagenem Fuß weiterhin geläufig. Den Hauptanteil im F.-Spektrum bilden dagegen F.n mit relativ breitem Bügel. Diese besitzen oft Parallelen in Polen (Abb. 120, 22; vgl. auch § 25). In der Stufe C3 kommt eine heterogene Gruppe von relativ schweren gegossenen F.n mit festem Nadelhalter auf, die vor allem Bügelknopf-F.n umfaßt (Abb. 120, 23). Den Hauptanteil von F.n innerhalb der Stufe C3 nehmen Pracht-F.n ein. Sie liegen in W-Skand., und hier bes. in Jütland, in Form fünfarmiger Hakenkreuz-F.n sowie Silberblech-F.n mit halbrunder oder rechteckiger Kopfplatte und dachförmiger Fußplatte vor (Abb. 121, 12).

b. F.-Tracht. In der jüng. RKZ bestehen deutliche Unterschiede für die F.-Ausstattung in Männer- und Frauengräbern. F.n wurden relativ häufig – doch stets als einzelnes Stück – Bestattungen von Männern beigegeben. Sie wurden als Mantelverschluß an der Schulter getragen. Pracht-F.n scheinen dagegen zur Ausstattung von Frauen gehört zu haben. Das F.-Ensemble in weiblichen Bestattungen kann bis zu 10 Exemplare umfassen, doch bilden selbst in

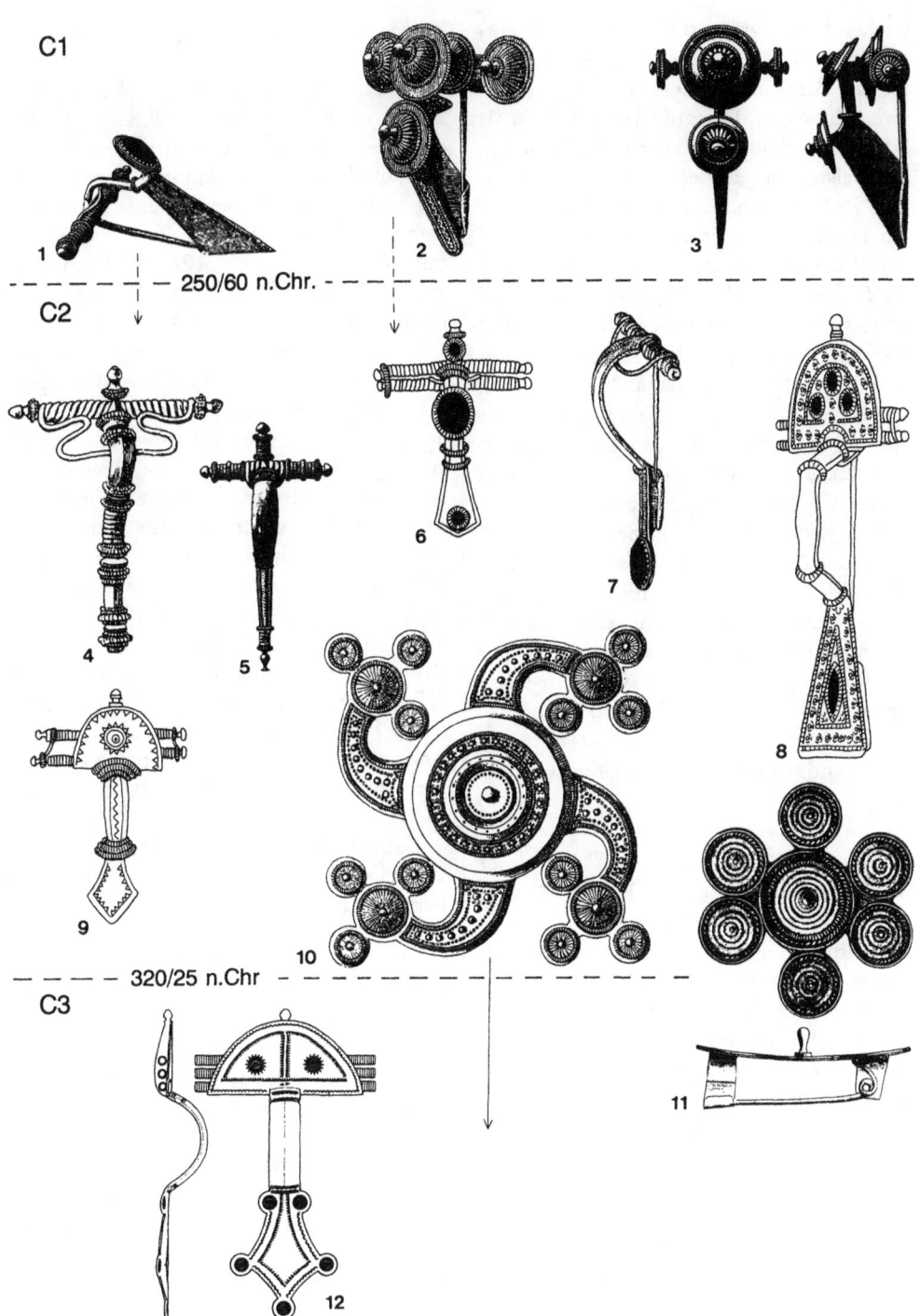

Abb. 121. Skand. Prachtfibeln der jüng. RKZ C1–C3

reichen Frauengräbern ein bis zwei Pracht-F.n und zwei bis drei einfache F.n die Norm. Bezüglich ihrer Tragweise ist von zwei einfachen F.n auf der Schulter als Kleiderverschluß und einer weiteren, oft in der Halsregion gefundenen F. als Halstuch- bzw. Schalverschluß auszugehen. Pracht-F.n liegen bei der Bestatteten immer auf der Brust und dienten in der Hauptsache als Schmuck (Abb. 126, a–b). In durchschnittlich ausgestatteten Gräbern sind drei bis vier einfache F.n in der Funktion als Kleid- oder Schalverschluß üblich. Auch spärlicher ausgestattete Frauengräber mit ein bis zwei einfachen F.n sind bekannt. Die Anzahl der F.n spiegelt deutlich den sozialen Status der Bestatteten, wobei die umfangreichen F.-Sätze in der Regel zu erwachsenen Frauen und nur selten zu Mädchen gehörten. Die reich mit F.n ausgestatteten Gräber enthalten außerdem zahlreiche andere Gegenstände sowie Luxusgüter aus Edelmetall. Auch der vergleichsweise kleinen Zahl der Pracht-F.n und ihrem Gewicht, das bis zu 200 g Silber betragen kann, wird man Statuswert beimessen können.

§ 35. VWZ. a. F.-Typen. Während der VWZ kann Skand. bezüglich der F.-Tracht, ähnlich wie in der jüng. RKZ, in zwei Hauptregionen gegliedert werden. Für W-Skand. mit W-Dänemark, Norwegen und W-Schweden sind kreuzförmige Bronze-F.n typisch, dagegen waren in O-Skand. mit O-Schweden einschließlich Öland und Gotland, Finnland und Bornholm verschiedene sog. o-skand. Bügel-F.n aus Bronze üblich. Problematisch ist die feinchron. Einteilung der Grabinventare mit F.n aus der VWZ. Nur für Norwegen existiert eine detaillierte Abfolge. Sie umfaßt drei Zeitphasen, C3/D1–D3 (19). Im übrigen Skand. ist die Anzahl der aussagefähigen Grabfunde mit F.n relativ begrenzt. Immerhin existiert für Bornholm und Gotland eine Zweiteilung des F.-Inventars (15; 11).

Leittyp für die gesamte VWZ in W-Skand. ist die kreuzförmige F. Diese Form der Gewandschließe tritt in O-Skand. nur sporadisch auf. In den ältesten Funden aus der Stufe D1 in Norwegen und Dänemark finden sich kreuzförmige F.n zusammen mit Nydam-F.n (Abb. 122, 1). Demnach wurden letztere bis in die VWZ hinein getragen. In der frühen VWZ (D1) lassen sich räumlich begrenzte Gruppen innerhalb der Gesamtverbreitung kreuzförmiger F.n unterscheiden, wie beispielsweise die Typen Ak und Tveitane-Hunn nach Reichstein (19; Abb. 122, 2–3). Die Regionalerscheinungen verstärken sich noch mehr in der Stufe D2. Ausdruck dafür bilden u. a. die s-norw. Lokalform vom Typ Lunde (Abb. 122, 12) und die n-norw. Regionalform vom Typ Rössöy (Abb. 122, 13). Lokalformen für die Stufe D3 sind z. B. der s-norw. Typ Söndre Gammelsröd (Abb. 122, 16) und der sw-norw. Typ Mundheim (Abb. 122, 15). Aus Väster- und Östergötland sind außerdem die Lokaltypen Brunnhem und Götene bezeugt (19; Abb. 122, 17–18).

Die kreuzförmigen F.n in Dänemark besitzen vorwiegend Parallelen unter den kontinentalen F.n, wie der Typ Witmarsum (Abb. 122, 4) in D1 (s. o. § 29) und der Typ Groß Siemß (Abb. 122, 14) in der Stufe D2. Zu den w-skand. Pracht-F.n der frühen VWZ gehören Silberblech-F.n mit Stempeldekoration im → Sösdala-Stil, die wahrscheinlich feuervergoldet gefertigt wurden (Abb. 123, 1–2) und auf Silberblech-F.n der jüng. RKZ zurückzuführen sind.

In O-Skand. existierten während der frühen VWZ mehrere ausgeprägte Lokalformen. So kommen auf Bornholm schlanke gleicharmige F.n (Abb. 122, 8) und solche im Nydam-Stil mit Facettierungen und festem Nadelhalter vor (Abb. 122, 6). Auf Gotland findet man in der frühen VWZ eine große Gruppe von Bügel-F.n mit ab-

Fibel und Fibeltracht 119 (529)

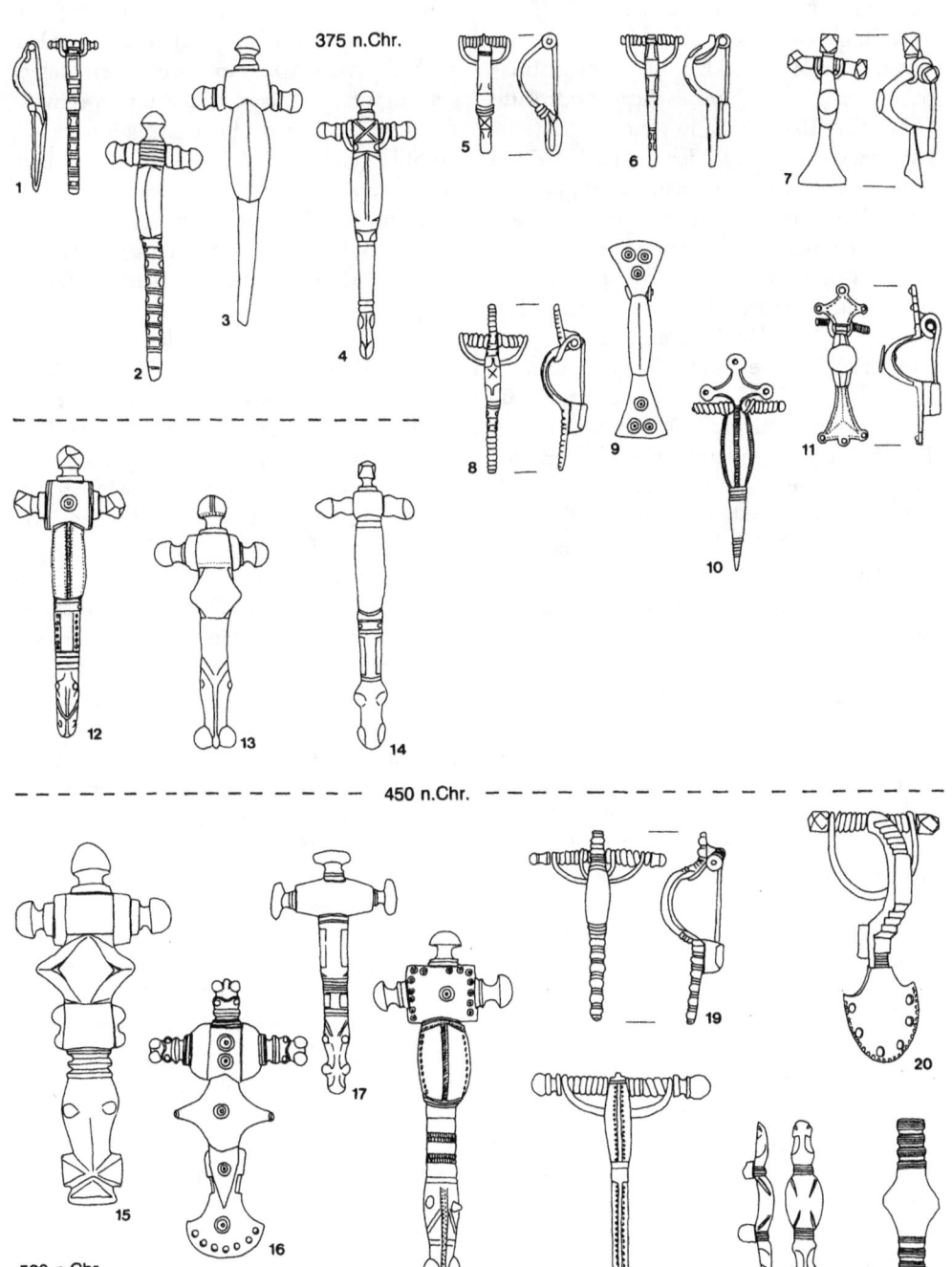

Abb. 122. Einfache Fibeln in Skand. aus der ält. und jüng. VWZ

gesetztem Knopf und Dreieckfuß (Abb. 122, 7), gleicharmige F.n (Abb. 122, 9) und Bügel-F.n mit dreieckigem oder gleichbreitem Fuß und rhombischer Kopfplatte (Abb. 122, 10–11), die in gleicher Ausfertigung teilweise noch in der späten VWZ getragen wurden. Aus Finnland ist ein heterogenes F.-Inventar überliefert, das zu o-balt. und gotländischen F.-Typen Beziehungen aufweist. Eine häufige Form in Finnland bildet die Sternfuß-F. vom o-balt. Typ (Abb. 122, 20). Aus Finnland ist am Übergang zur VZ eine kleine Gruppe gleicharmiger F.n (Abb. 122, 23) überliefert. Kräftige Armbrust-F.n aus O-Skand. und von Bornholm, Gotland und Öland repräsentieren die späte VWZ (Abb. 122, 19, 21). Eine andere Ausprägung o-skand. Typen in der späten VWZ bilden gleicharmige F.n mit Tierköpfen, die bes. in Norrland, in Mittelschweden und auf Gotland gefunden werden (Abb. 122, 22).

Gemeinsam für W- und O-Skand. ist die Einführung von kerbschnittornamentierten Relief-F.n der späten VWZ (ca. 450 n. Chr.). Sie repräsentieren die Pracht-F.n dieser Per. und sind überwiegend aus Silber gefertigt, mitunter auch vergoldet. Die ält. Typen sind immer mit einer Spiralrankendekoration im Nydam-Stil verziert, während der Dekor jüng. F.n oft aus flächendeckender → Tierornamentik im Stil I besteht. Die Fabrikation von Relief-F.n ist auf → Helgö in Mittelschweden nachgewiesen.

Unter den skand. Relief-F.n existieren auch Formen, die sich keiner Regionalgruppe anschließen lassen. So treten auf Gotland, Öland und Bornholm F.n mit halbrunder Kopfplatte und rhombischer Fußplatte und mit Reihen profilierter Vogelköpfe an den Längsseiten auf (Abb. 123, 6). In Mittelschweden und Norrland, aber auch in Norwegen und auf Gotland, kommen im Stil I dekorierte Relief-F.n mit schmaler, rechteckiger Kopfplatte und Tierkopfabschluß der Fußplatte (Abb. 123, 8) oder rechteckiger Kopfplatte mit dreikantigem Abschluß der Fußplatte vor (Abb. 123, 7). Beide Varianten wurden nach Ausweis von Gußformen in Helgö gefertigt. Ein anderer mittel- und n-schwedischer Lokaltyp, die gleicharmige Relief-F. im Stil I (Abb. 123, 3), ist sporadisch auch aus Finnland bezeugt. In Dänemark und Norwegen kommen in geringerer Anzahl Relief-F.n mit großen rechteckigen Kopfplatten und profilierten Knöpfen vor (Abb. 123, 4–5).

b. F.-Tracht. Wie in der jüng. RKZ wurden Männer auch in der VWZ mit Einzel-F.n im Grab ausgestattet, doch ist die Zahl solcher Bestattungen rückläufig. Die Einzelschließe diente auch weiterhin als Mantelverschluß. Ebenso setzt sich bei der Bestattung der Frau die Sitte der Verwendung ganzer F.-Sätze fort. Die F.-Ausstattung repräsentiert den sozialen Status der Bestatteten, denn es besteht ein deutlicher Zusammenhang zw. Umfang der Ausstattung und Anzahl der F.n. Ein bis zwei F.n in einfach ausgestatteten Gräbern und drei bis vier Exemplare in reicheren Bestattungen bilden die Norm. Die gut ausgestatteten Gräber enthalten oft kreuzförmige F.n aus Bronze und zudem eine oder zwei Pracht-F.n in Form etwa einer vergoldeten Silberblech-F. während der frühen VWZ oder einer vergoldeten Silberrelief-F. während der späten VWZ. Die Lage der F.n im Grab spricht für eine ähnliche Frauentracht in VWZ und RKZ. Sie enthielt zwei einfache F.n als Kleiderverschluß an den Schultern und gegebenenfalls eine Pracht-F., die als Schmuck auf der Brust oder als Cape- bzw. Schalverschluß diente. Die selten in der Hüftgegend gefundenen F.n dienten vermutlich als ergänzender Tuchverschluß oder möglicherweise als zusätzlicher Kleiderbesatz (Abb. 126, c). Während Pracht-F.n in der jüng. RKZ und ält. VWZ in der Regel aus Silberblech bestehen und keine große Silbermenge enthalten, sind dagegen diejenigen der jüng. VWZ monströser und mit einem Gewicht von 300–400 g Silber

Fibel und Fibeltracht 121 (531)

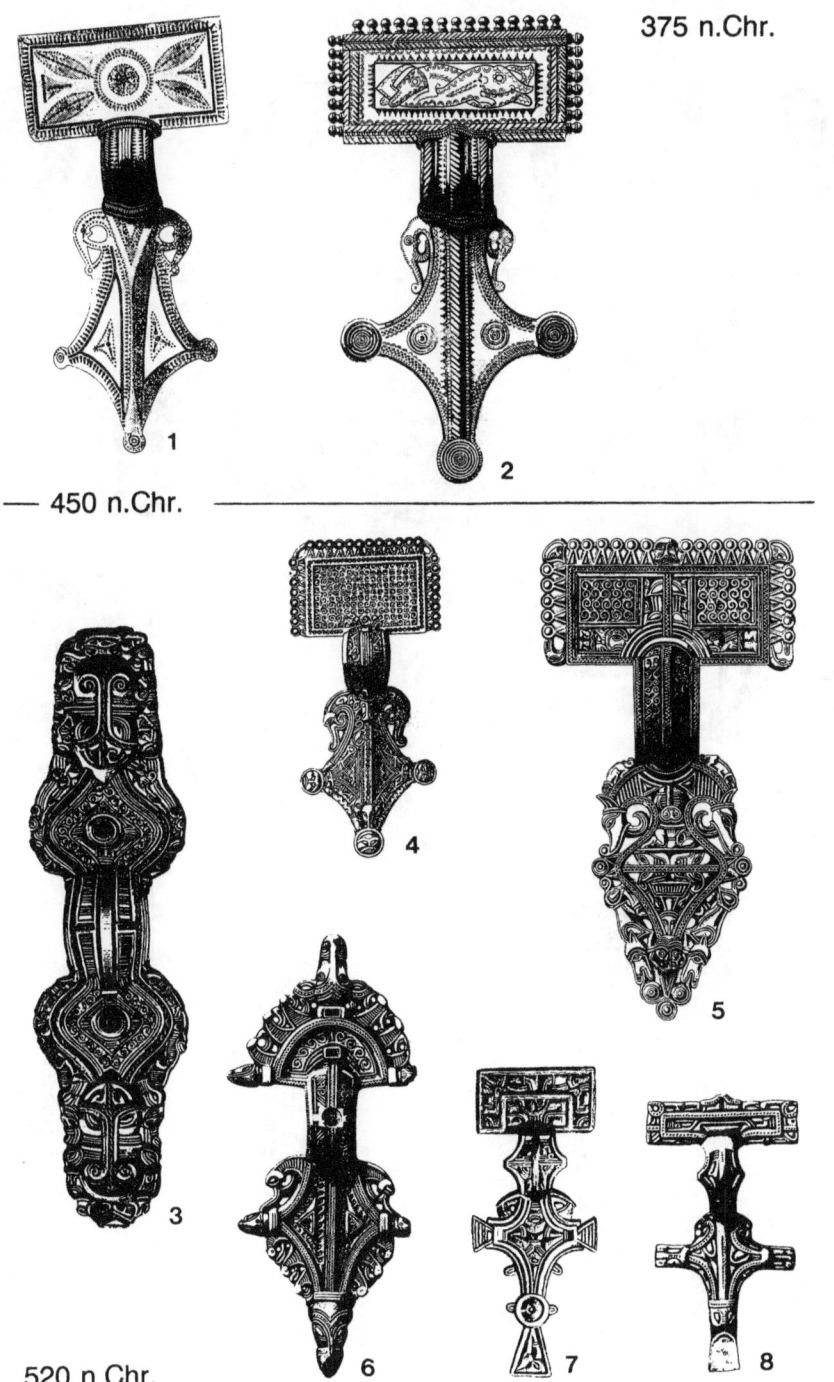

Abb. 123. Skand. Prachtfibeln der ält. und jüng. VWZ (M. ca. 2 : 5)

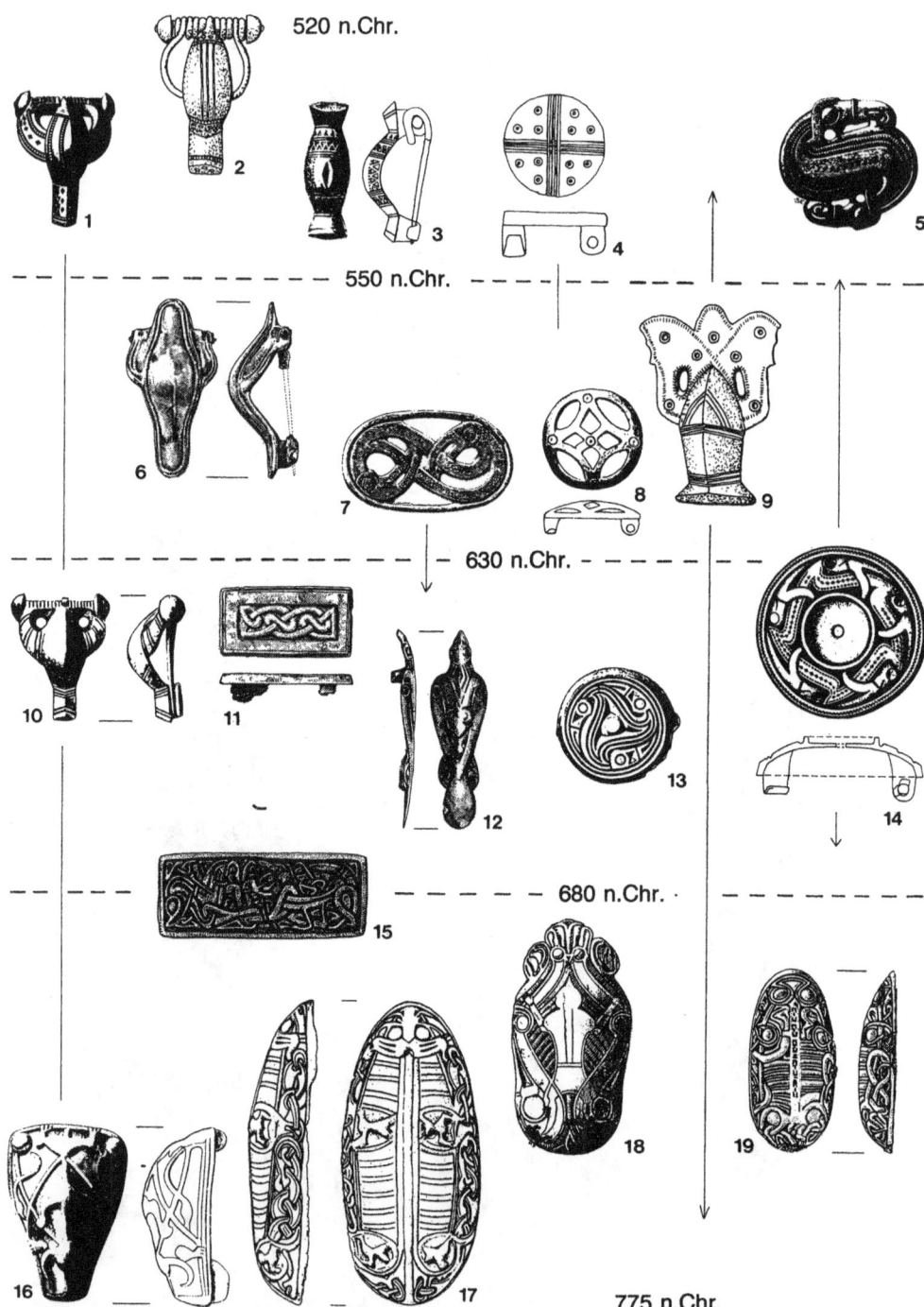

Abb. 124. Einfache Fibeln in Skand. aus der ält. und jüng. VZ

weit schwerer. Während der zweiten Hälfte des 5. Jh.s n. Chr. war vermutlich mehr Silber in Umlauf als noch in der ält. VWZ. Für den Einsatz der größten und schwersten Pracht-F.n als Schatz spricht ihre Deponierung in Mooren oder zusammen mit anderen Edelmetallgegenständen in der Nähe von Siedlungen.

§ 36. VZ. a. F.-Typen. Mit der VZ (520–775 n. Chr.) setzt in Skand. zum ersten Male eine selbständige F.-Entwicklung ein. Sie wird dadurch charakterisiert, daß viele einfache Bügelfibeltypen außer Gebrauch kommen, und die Aufteilung Skand.s in eine ö. und w. Region undeutlicher wird. Außerdem enden fast alle Anknüpfungen an kontinentale F.-Typen, d. h. den Hauptanteil der F.n stellen nun rein skand. Formen. Die F.n der VZ sind immer aus Bronze gefertigt, bis auf wenige silberne Relief-F.n mit Verzierung im Stil I und mit Filigran dekorierte Gold-F.n (Abb. 125, 1). Nach 550 n. Chr. werden massive Edelmetall-F.n nicht mehr gefertigt, und die Pracht-F.n bestehen nun aus vergoldeter Bronze.

Die F.-Entwicklung in den Hauptgebieten Skand.s ist für die VZ durch zahlreiche chron. Stud. ausreichend erforscht (1; 8; 10; 16–18; 21). Allerdings lassen sich für Finnland und teilweise auch für Norwegen aufgrund fehlender repräsentativer Grabfunde nur begrenzt Aussagen treffen.

Zu den einfachen F.-Formen der frühen VZ gehören Husby-F.n (Abb. 124, 2), kleine gleicharmige F.n (Abb. 124, 3) und einfache Scheiben-F.n (Abb. 124, 4). Die Verbreitung von Husby-F.n beschränkt sich auf Mittel-Schweden und Finnland, während die gleicharmigen F.n über ganz S- und O-Skand. nachgewiesen sind, ebenso wie einfache Scheiben-F.n. In der Mitte des 6. Jh.s werden gleicharmige F.n in S- und O-Skand. von Schnabel-F.n abgelöst (Abb. 124, 6), deren Gebrauch sich bis in das 7. Jh. fortsetzt. Ein seltener skand. F.-Typ mit kontinentalen Zügen liegt mit der kleinen S-förmigen F. des 6. Jh.s (Abb. 124, 5) vor, häufig in O-Skand. Bes. im Ostseeraum mit Gotland sind viele regionale F.-Formen entstanden, wie z. B. die ausgeprägte gotländische tierkopfähnliche F. der ält. VZ mit Spiraldeckplatte (Abb. 124, 1). Auf Gotland entstanden während der VZ auch echte tierkopfförmige F.n, bei denen die Spiraldeckplatte mit dem Bügel zusammengewachsen ist (Abb. 124, 10, 16). Zu einem anderen gotländischen Lokaltyp während der ält. VZ zählen runde, durchbrochene Scheiben-F.n (Abb. 124, 8). Andere regional gebräuchliche F.n waren in O-Skand. runde Scheiben-F.n mit Tierköpfen in einem Wirbelmotiv auf der Fläche (Abb. 124, 13), die häufig während des 7. Jh.s auf Gotland und Bornholm getragen wurden. Dagegen bezeugen in Finnland Krebs-F.n (Abb. 124, 9) und in Norwegen z. B. runde konische F.n (Abb. 124, 14) einen räumlich begrenzten Gebrauch.

Vorwiegend s-skand. Verbreitung in Dänemark und S-Schweden besitzen rechteckige (Abb. 124, 11, 15) oder ovale Platten-F.n (Abb. 124, 7) zusammen mit Vogel-F.n (Abb. 125, 2), die um 630 n. Chr. von Schnabel-F.n abgelöst werden. Die rechteckigen Platten-F.n sind gewöhnlich mit Tierornament oder Flechtband-(Entrelacs-)-Motiven verziert. Pracht-F.n bestehen in der ält. VZ bes. aus silbervergoldeten Rückenknopf-F.n mit einem Dekor in → Cloisonné-Technik (Abb. 125, 2–3), die aus der Zeit zw. 550 bis 700 n. Chr., auf Gotland mit großen monströsen Formen (Abb. 125, 8) auch noch länger bekannt sind. Andere Pracht-F.n des 7. oder frühen 8. Jh.s bestehen in großen, vergoldeten, manchmal mit Granateinlagen versehenen Platten-F.n (Abb. 125, 4–5). In rechteckiger Ausführung repräsentieren sie eindeutig einen s-skand. Typ, dagegen konzentrieren sich die runden Pracht-F.n bes. auf O-Skand. Auch für diese runden F.n erfolgte im 8. Jh. auf Gotland eine lokale Entwick-

124 (534) Fibel und Fibeltracht

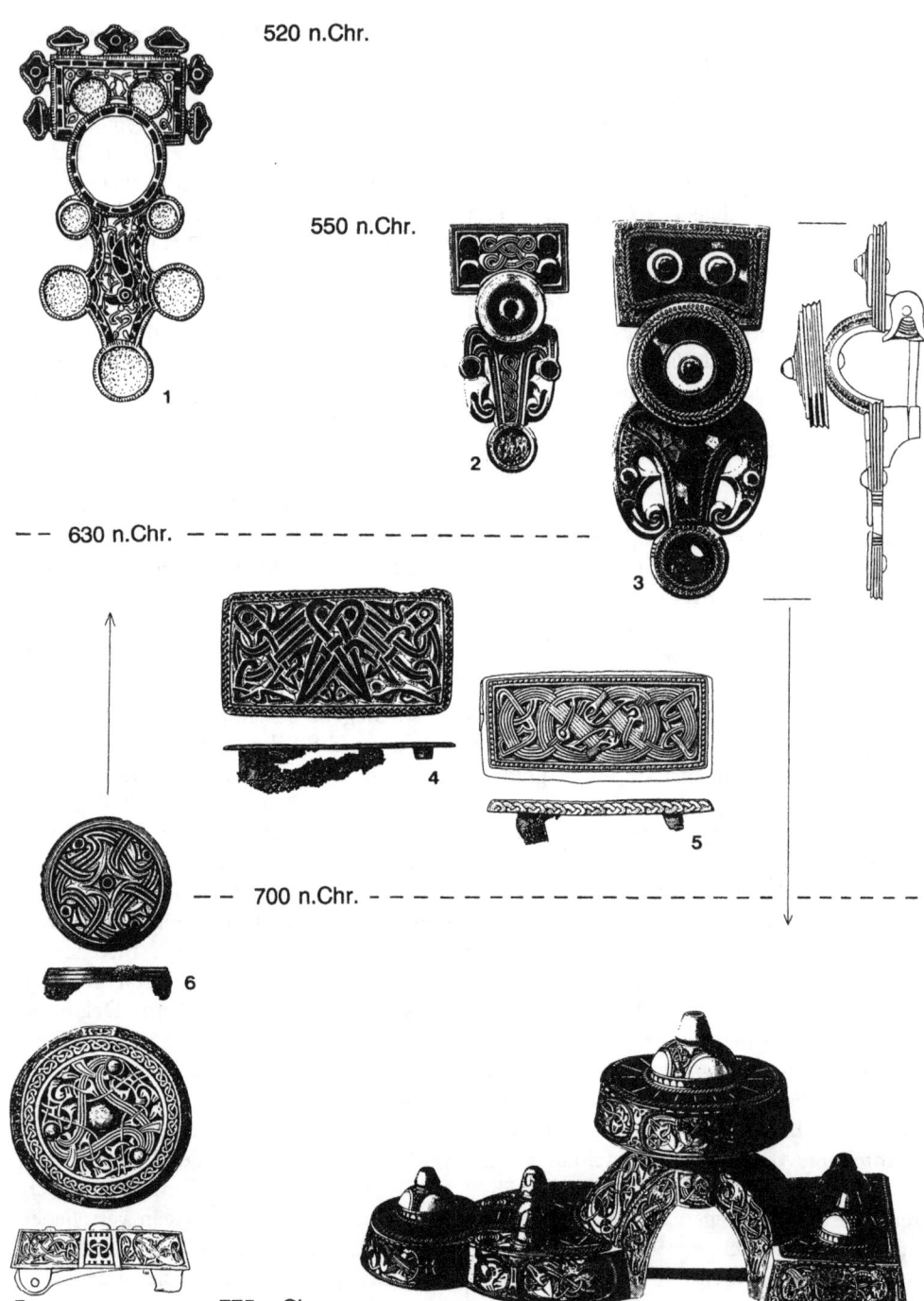

Abb. 125. Skand. Prachtfibeln aus der ält. und jüng. VZ

lung zu monströsen dosenförmigen Formen (Abb. 125, 7).

In der späten VZ (um 680 n. Chr.) waren manche der kleinen und einfachen F.n nicht mehr geläufig. Sie werden in S-Skand. von kleinen ovalen oder tierförmigen Schalen-F.n abgelöst. Tierförmige Schalen-F.n der Typen O1–3 nach Ørsnes (17) sind kennzeichnende Bornholmer Lokalformen (Abb. 124, 18), dagegen waren kleine ovale Schalen-F.n Ørsnes Typ N1 in Dänemark und Norwegen verbreitet (Abb. 124, 19).

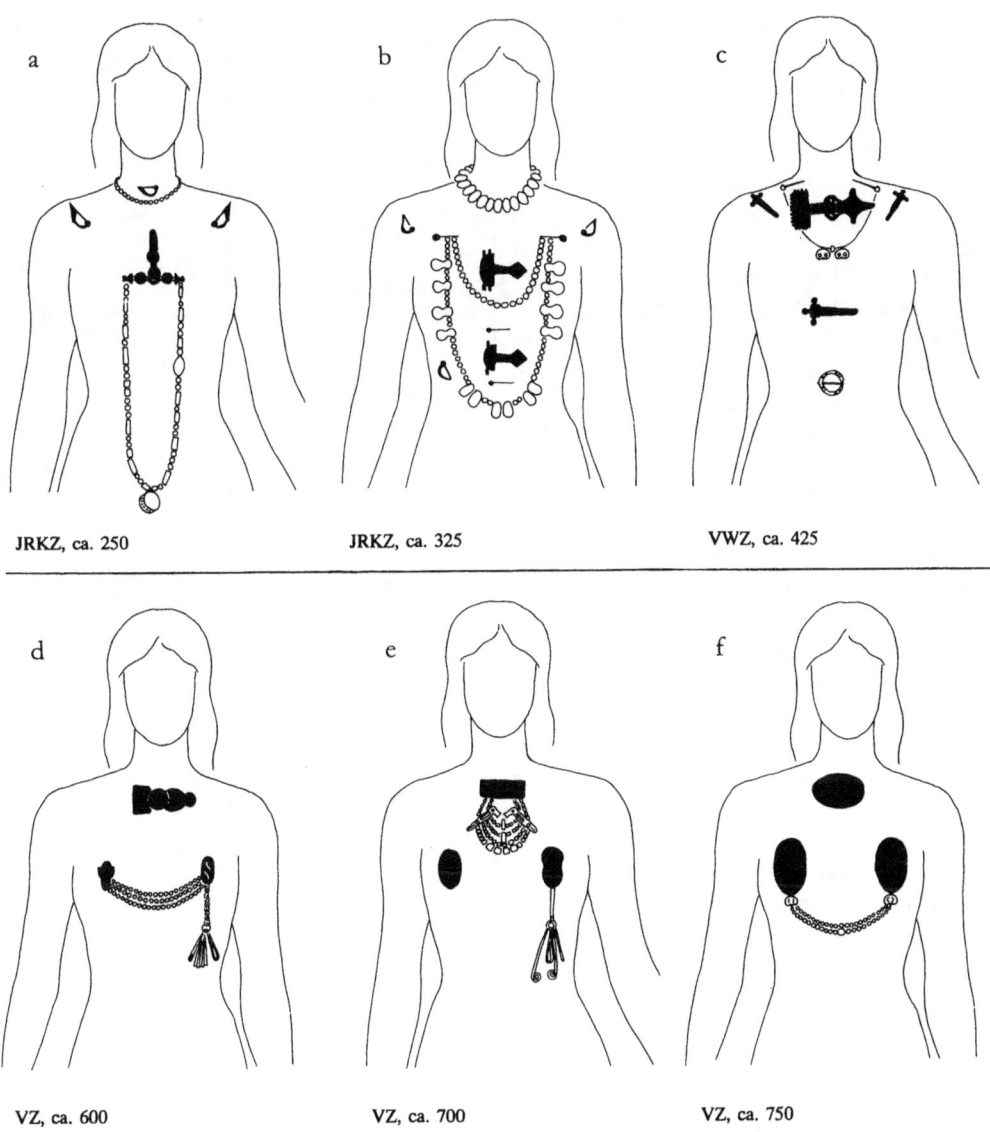

Abb. 126. Skand. Fibelsätze in gut ausgestatteten Frauengräbern der jüng. RKZ, VWZ und VZ. a. Himlingøje Grab 2, Seeland; b. Sejflod Grab AE, Jütland; c. Sejflod Grab DI; d. Nørre Sandegård West Grab 20, Bornholm; e. Nørre Sandegård West Grab 58; f. Bækkegård Grab 166, Bornholm

Für W- und N-Norwegen schließlich ist eine regionale Verbreitung kleiner unverzierter Schalen-F.n zu beobachten.

Die größeren F.n Ørsnes Typ N2 (Abb. 124, 17) als Vorläufer der typischen wikingerzeitlichen Schalen-F.n lösen in der ersten Hälfte des 8. Jh.s die kleinen Schalen-F.n ab. Auf Gotland geht die lokale F.-Entwicklung mit tierkopf- und dosenförmigen F.n kontinuierlich in die WZ über.

b. F.-Tracht. Der Übergang zur VZ markiert einen entscheidenden Bruch in der skand. Tracht. Das wird vor allem deutlich an der Aufgabe der Sitte, Männer mit F.n beizusetzen. Die aus Norwegen und Schweden überlieferten Bestattungen mit Waffen und F.n in einem Grab repräsentieren wahrscheinlich Doppelgräber von Mann und Frau. Möglicherweise sind in diesen Fällen die Befunde nicht sachgemäß beobachtet. Obwohl die Frauen weiterhin F.-Garnituren trugen, läßt die veränderte F.-Plazierung auch auf eine veränderte Tracht schließen. Der Kleiderschnitt in der jüng. RKZ und VWZ erforderte einen F.-Verschluß auf den Schultern, während im 6. Jh. Trägerkleider mit Schulterschlaufen üblich wurden. Mit Hilfe der s-skand. (Jordfæste-)Gräber der VZ können F.-Garnituren rekonstruiert werden. Die Ausstattung umfaßt in der Regel zwei bis drei, mitunter auch vier F.n. Auswahl und Anzahl der F.n stehen in einem direkten Verhältnis zum Alter der Bestatteten. Mädchen oder junge Frauen sind generell mit F.-Garnituren aus wenigen Einzelstücken ohne Pracht-F.n bestattet worden. In den aufwendiger ausgestatteten Frauengräbern liegen gewöhnlich die einfachen F.n auf der Brust zum Befestigen von Schlaufen der Trägerkleider. Dafür wurden während der ält. VZ in S-Skand. z. B. Schnabel-F.n oder gewöhnliche Platten-F.n verwendet, in der späten VZ (nach 680) dagegen zumeist zwei kleine, ovale Schalen-F.n (Abb. 126, d–f). Solche Gräber enthalten in der Halsregion der Bestatteten eine Pracht-F. Diese gehört ihrer Form nach während der ält. VZ zu den vergoldeten Rückenknopf-F.n (Abb. 126, d), während der jüng. VZ zu den großen vergoldeten Platten-F.n (Abb. 126, e) oder zu einer weiteren Schalen-F. (Abb. 126, f). Die dritte Schalen-F. diente entweder als Halsverschluß an einem Hemd (særk) unter dem Trägerkleid oder hielt einen äußeren Schal zusammen. Die F.-Garnituren der späten VZ mit Kombinationen aus F.-Paar plus Einzel-F. entsprechen den klassischen F.-Sätzen der WZ.

(1) A. Åberg, Den historiska relationen mellan folkvandringstid och vendeltid, 1953. (2) Ders., Den historiska relationen mellan senromersk tid och nordisk folkvandringstid, 1956. (3) E. Albrectsen, Fynske jernaldergrave, III: Yngre romersk jernalder, 1968. (4) Almgren, Fibelformen. (5) Ders. u. a., Die ält. EZ Gotlands, 1923. (6) P. Ethelberg, Hjemsted – en gravplads fra 4. og 5. årh. e. Kr., 1986. (7) Ders., Hjemsted 2 – tre gravpladser fra 3. og 4. årh. e. Kr., 1990. (8) G. Gjessing, Studier i norsk merovingertid, 1934. (9) W. Grempler, Der Fund von Sacrau, 1888. (10) K. Høilund Nielsen, Zur Chron. der jüng. germ. EZ auf Bornholm. Unters. zu Schmuckgarnituren, Acta Arch. 57, 1987, 47–86. (11) L. Jørgensen, En kronologi for yngre romersk og ældre germansk jernalder på Bornholm, Arkæologiske Skr. 3, 1989, 168–187. (12) E. Kivikoski, Die EZ Finnlands, 1973. (13) U. Lund Hansen, Das Gräberfeld bei Harpelev, Seeland, Acta Arch. 47, 1977, 91–158. (14) M. B. Mackeprang, Kulturbeziehungen im nord. Raum des 3.–5. Jh.s, 1943. (15) B. Nerman, Die VWZ Gotlands, 1935. (16) Ders., Die VZ Gotlands, Bd. 1 Text, 1975; Bd. 2 Tafeln, 1969. (17) M. Ørsnes, Form og Stil i Sydskandinaviens yngre germanske jernalder, 1966. (18) Ders., S-skand. Ornamentik in der jüng. Germ. EZ, Acta Arch. 40, 1970, 1–121. (19) J. Reichstein, Die kreuzförmige F. Zur Chron. der späten RKZ und der VWZ in Skand., auf dem Kontinent und in England, 1975. (20) J. Ringtved, Jyske gravfund fra yngre romertid og ældre germanertid, Kuml 1986, 1988, 95–231. (21) S. Vinsrygg, Merovingartid i Nord-Noreg, 1979.

L. Jørgensen

§ 37. F.n mit Runeninschr. Unter den vielen Tausenden von F.n aus germ. Gebiet gibt es bis in die WZ hinein nur etwa 85 Exemplare, die eine Runeninschr. tragen

(Abb. 127). Dieser zahlenmäßige Befund zeigt schon die Besonderheit solcher Art ausgezeichneter Stücke. Fast alle stammen aus Frauengräbern.

1. Das älteste Stück, eine Rollenkappen-F. aus Meldorf (erste Hälfte des 1. Jh.s n. Chr.), weist Schriftzeichen auf, die eher Runen (4) als röm. Kapitalis (19) darzustellen scheinen.

2. Eine erste Gruppe von sieben F.n mit Runen aus Dänemark und Schonen datiert ins frühe 3. bis 4. Jh. und stammt vorwiegend aus reich ausgestatteten Gräbern von Frauen, die den oberen Schichten zugehörten (11, 47 ff.). Im einzelnen sind dies die zeitlich um 200 n. Chr. datierten F.n von 10 → Himlingøje II, 11 Værløse, 12 → Gårdlösa, 13 Næsbjerg, 13a Nøvling, Udby (29), dazu kommt 9 → Himlingøje I (4. Jh.; [16, 30 ff.; 18, 121 ff.; 5, 73 ff.]). Bis auf Nr. 13 sind alle Inschr. gut zu lesen, die Deutungsversuche sind recht unterschiedlich. Die kontextlosen Namen werden als Bezeichnungen des Runenmeisters aufgefaßt (Nr. 10, 12, 13, 13a), vertreten ist auch der Typus *N. N. fecit* (Nr. 13a und Udby). Bei Nr. 9 *Hariso* kann nord. Frauenname oder w-germ. Männername vorliegen, jedoch wäre eine Besitzerangabe auf F.n untypisch.

3. Eine zweite Gruppe von sechs F.n, davon fünf aus dem s. und mittleren Norwegen, gehört in die Zeit des 5. bis späten 7. Jh.s. Es handelt sich um die F.n von 14 Etelhem (Gotland), 15 Tu, 16 Bratsberg, 17 Fonnås, 17a Eikeland und 18 Strand. Nur bei drei Stücken ist der Zusammenhang mit einem Frauengrab gesichert (Nr. 15, 17a, 18). Zwei davon (Nr. 15, 17a) sind der oberen Mittelschicht zuzuweisen (11, 53). Das zeitlich späteste Exemplar (Nr. 18) scheint eine Schutzformel gegen Wiedergänger („Der Schmuck ist Schutz gegen Tote", nach Grønvik [13, 161 ff.] „für den Toten") darzustellen. Ungedeutet ist die fünfzeilige Runensequenz auf Nr. 17, in der sich mehrere Konsonantengruppen finden. Ält. Deutungsversuche samt eigener Interpretation sind bei Grønvik (13, 30 ff.) aufgezeigt. Eine Runenmeisterformel bietet Nr. 17a, in der die Vorstellung von der Macht der Schrift ausgedrückt wird („Ich W... ritze die Runen...", vgl. 13, 50 ff.). Besondere Beachtung verdient die Ich-Formel *ek erilaz (erilaR)*, „Ich Eril", die auf Nr. 16 begegnet und entstellt auf Nr. 14 vorliegen könnte. Eril ist mit dem Namen der *Eruler* sowie den Standesbezeichnungen nord. *jarl*, engl. *Earl* verwandt. Das in insgesamt acht Inschr. mit weiterem Kontext belegte und oft behandelte Eril gilt als „Titel, dessen Träger, die Runenmeister, schriftmächtig sind, in priesterlicher Funktion weihen können und wohl einen hohen ... Rang einnehmen" (11, 62).

4. Von den etwa 70 Runeninschr. der MZ (21; 16; 17; 9, 271 f.) aus nachmalig dt. Gebiet findet sich ca. ein Drittel auf F.n. Dieses Trachtzubehör wurde durchweg aus Frauengräbern geborgen. Erstmals begegnet in dieser kontinentalen Überlieferungsgruppe eine Frau als Runenritzerin, eine zweite namens *Feha* nennt sich vermutlich auf der S-förmigen F. von 164 Weingarten (8, 43 ff.). Die Mitt. der Inschr. reichen von Fuþark-Zitaten (→ Futhark) bis zur Nennung von Götternamen. Die ält. Runenreihe (bis zur 20. Rune *m*) steht erstmalig auf der F. von 6 → Charnay (Bd. 4 Taf. 20–21), verkürzt findet sie sich auf 8 → Beuchte in totenmagischer Verwendung (10, 353 ff.) und schließlich als *þae* auf 154 → Herbrechtingen. Die F. von 151 → Nordendorf I galt mit der Trias *Logaþore, Wodan* und *Wigiþonar* als Zeugnis fortlebenden Heidentums, wird jedoch heute als Annäherung an den neuen Glauben auf der Stufe der Abschwörungsformeln (→ Taufgelöbnis) verstanden: „Ränkeschmiede (sind) Wodan und Weihedonar" (6; 10, 356 ff.; 12). Die paarigen F.n von 147 → Weimar zeigen auf beiden Stücken Inschr., die charakteristisch für die kontinentalen Runeninschr. überhaupt sind:

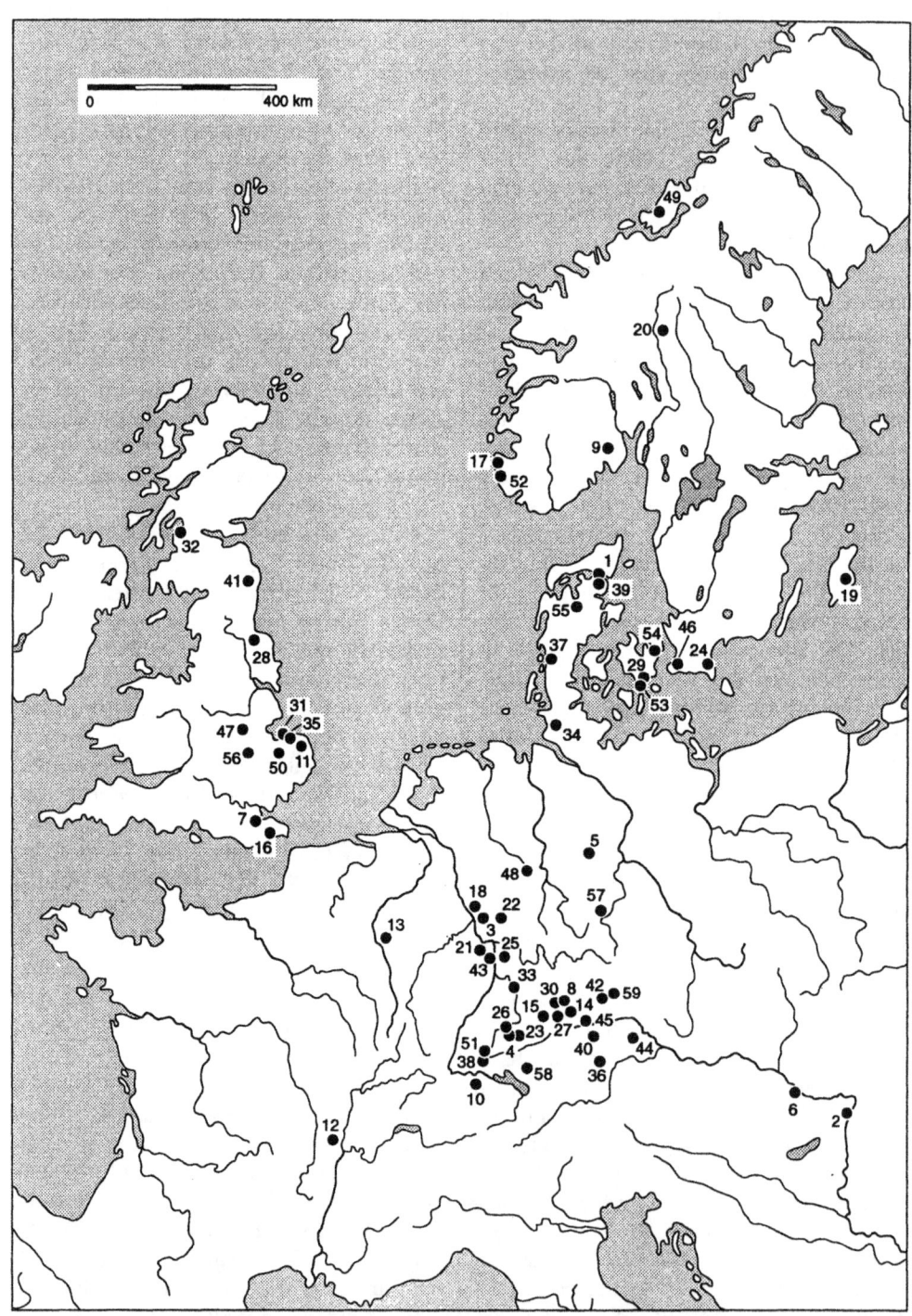

Nennung von Personen, die eine F. besitzen oder schenken und Wünsche mit dem Formelwort „Liebes" aussprechen. (Problematisch erweist sich in diesem Zusammenhang die Deutung der Inschr. von 156 → Schretzheim, die, offenbar einem Manne zugedacht, in einem Frauengrab gefunden wurde: „Dem die Reise Betreibenden [schenkt diese F.] Leubo"). Kunstvoll in einem Runenkreuz gestaltet, verbirgt der vermutliche Runenritzer Atano seinen Namen auf 140 → Soest, weiter werden die zwei Frauen Rada und Daþa genannt. Die Beziehungen im einzelnen bleiben aufgrund fehlenden inner- und außerschriftlichen Kontextes unklar. Das gilt auch für die Nennung von je einem Männer- und Frauennamen auf den F.n von Griesheim und München-Aubing (21, Nr. 20 und 28. 29; 17, 114. 120f.). Eine Liebesinschr. scheint 165 → Bülach aufzuweisen. Unter den Namen fällt die Fülle von Kurz- bzw. Kosenamen auf (21, 224f.). Es sind Privatnamen, die vielfältige private Beziehungen vermuten lassen. Ein magischer Gebrauch von Runen und Runeninschr. ist dabei kaum zu beobachten. Der Eintrag von Runen auf der Rückseite von F.n, also der Trägerin zugewandt, wurde als Hinweis auf eine magische Intention verstanden. Davon kann jedoch keine Rede sein, bieten doch die verzierten Vorderseiten keinen Raum für die meist nach der Herstellung einer F. eingeritzten Inschr. Vielmehr zeigen diese eine durchgehende Annäherung an christl. Vorstellungen, wofür u. a. Wörter wie „Trost" (142 Bad Ems, → Kirchheim [21, Nr. 27]) und „Segen" (166 Bezenye, W-Ungarn) wie auch eine christl. Inschr. „Gott für dich, Theophilus" (145 Osthofen, vgl. [7, 128; 17, 139f.]) sprechen.

Auch Importstücke kommen unter den Runen-F.n der → Alemannen vor: Donzdorf mit einem aus dem Tremolierstichornament auf der Rückseite hervortretenden *Eho*, dem Namen eines jütländischen Metallschmiedes, mit dem dieser sein Produkt als Markenware gekennzeichnet hat (7, 129). Erstmals ist eine lat.-runische Inschr. (keine Bilingue) auf Chéhéry be-

Abb. 127. Fibeln mit Runeninschriften
? = Interpretation als Runen nicht eindeutig; (?) = als Fundort unsicher;

(1) Ålborg (Jütland, Dänemark); (2) Aquincum (Ungarn); (3) Bad Ems (Rheinland-Pfalz); (4) Balingen (Baden-Württ.); (5) Beuchte (Niedersachsen); (6) Bezenye (Ungarn); (7) Boarley (Kent, England); (8) Bopfingen (Baden-Württ.); (9) Bratsberg (Telemark, Norwegen); (10) Bülach (Kant. Zürich, Schweiz); (11) Caistor-by-Norwich (Norfolk, England); (12) Charnay (Bourgogne, Frankreich); (13) Chéhéry (Ardennen, Belgien); (14) Dischingen (Baden-Württ.); (15) Donzdorf (Baden-Württ.); (16) Dover (Kent, England); (17) Eikeland (Rogaland, Norwegen); (18) Engers (Rheinland-Pfalz); (19) Etelhem (Gotland, Schweden; einschließlich: Busarve (?), Dalbo, Tyrvalds, Västerbjärs, Vamlingbo socken, Visby); (20) Fonnås (Hedmark, Norwegen); (21) Freilaubersheim (Rheinland-Pfalz); (22) Friedberg (Hessen); (23) Gammertingen? (Baden-Württ.); (24) Gårdlösa (Schonen, Schweden); (25) Griesheim (Hessen); (26) Hailfingen (Baden-Württ.); (27) Herbrechtingen (Baden-Württ.); (28) Heslerton (North Yorkshire, England); (29) Himlingøje I und II (Seeland, Dänemark); (30) Hohenstadt? (Baden-Württ.); (31) Hunstanton? (Norfolk, England); (32) Hunterston (Schottland, England); (33) Kirchheim (Baden-Württ.); (34) Meldorf (Schleswig-Holstein); (35) Morning Thorpe? (Norfolk, England); (36) München-Aubing (Bayern); (37) Næsbjerg (Jütland, Dänemark); (38) Neudingen (Baden-Württ.); (39) Nøvling (Jütland, Dänemark); (40) Nordendorf (Bayern); (41) Northumbria (England); (42) Oettingen (Bayern); (43) Osthofen (Rheinland-Pfalz); (44) Peigen (Bayern); (45) Schretzheim (Bayern); (46) Skabersjö (Schonen, Schweden); (47) Sleaford? (Lincolnshire, England); (48) Soest (Nordrhein-Westfalen); (49) Strand (Sør-Trøndelag, Norwegen); (50) Sutton, Isle of Ely (Cambridge, England); (51) Trossingen (Baden-Württ.); (52) Tu (Rogaland, Norwegen); (53) Udby (Seeland, Dänemark); (54) Værløse (Seeland, Dänemark); (55) Viborg (Jütland, Dänemark); (56) Wakerley (Northamptonshire, England); (57) Weimar (Thüringen); (58) Weingarten (Baden-Württ.); (59) Weißenburg? (Bayern). Außerhalb der Karte: Tuukkala, Mikkeli, Finnland; nicht kartiert: Cumbria, England

zeugt (vgl. vorläufig 9, 277f.). Dieser Befund ist auch deshalb bemerkenswert, weil es überhaupt nur eine lat. Inschr. auf einer F. (→ Wittislingen) der MZ aus dem kontinentalen Bereich gibt. Diese ist einer Grabschrift, speziell einem Maastrichter Grabformular, nachgebildet (31, 68 ff.; 1, 92 ff.). Unberücksichtigt bleiben Scheiben-F.n, die mediterrane Vorbilder, wie Medaillen und Münzen mit Inschr., kopieren.

Insgesamt gesehen finden sich zwei Drittel der in SW- und S-Deutschland gefundenen Runeninschr. auf Frauensachen (9, 286), so daß bes. die alem. Runenüberlieferung eine von Frauen getragene zu sein scheint. Diese, zumeist der oberen Mittelschicht angehörig (ebd.), haben sich der Runen bedient, hatten sie doch erst spät einen Zugang zu lat. Schriftkultur. Die Kenntnis des Runenritzens wurde nicht schulmäßig erlernt, sondern es ist wohl mit einer eher zufälligen und unvollständigen Aneignung und Beherrschung der Runenschrift zu rechnen. Das erklärt auch etwa ein Dutzend F.-Inschr., bei denen eine Mischung von Runen, runenähnlichen Zeichen und Fremdzeichen, wie auf Peigen (ebd.) und → Weißenburg, zu beobachten ist.

5. Aus England sind sieben F.n des 6./(7.) Jh.s mit Inschr. bekannt. Die Mehrzahl entzieht sich einer Deutung (vgl. 24, 185f. 29. 91f. 37; 2, 53. 73. 77. 214. 236. 253 [unbekannter Fundort, Import?]; 14, 48). Lediglich auf einer F. aus Northumbria sind Hersteller- und Besitzer-Name in ags. Runen eingetragen, deren Deutung im einzelnen problematisch ist (23, 39f.). Zwei Neufunde erweitern das kleine Corpus auf neun Exemplare: a. die F. von → Caistor-by-Norwich mit einer Reparatur auf der Schauseite bietet rückseitig eine Inschr., die sich auf die Ausbesserung bezieht: Luda reparierte die F. (15); b. auf einer Scheiben-F. aus Boarley (Kent, England, 6./7. Jh.) steht linksläufig **liọtạ** (mit anderen Lesemöglichkeiten), ein ahd. Frauenname? (26). Eine wikingerzeitliche F. aus Cumbria (9./10. Jh.) bietet die jüngere Runenreihe in Kurzzweigrunen (25).

In das 11. Jh. datieren zwei weitere F.n. In der (mit lat. Buchstaben verfertigten) Inschr. von → Sutton, Isle of Ely, spricht der Gegenstand selbst: Die Eigentümerin ist genannt, ein möglicher Dieb der F. wird in Gottes Namen verflucht. Ein silbernes, auf der Rückseite befestigtes Plättchen weist eine ungedeutete Inschr. aus Pseudorunen oder eine kryptische Schrift auf (22, 86 ff.; 28, 404 ff.).

Skand. Provenienz ist die F. von Hunterston (Schottland) mit einer Besitzerin-Inschr. (20, 169 ff.; 2, 78f.).

6. Aus dem wikingerzeitlichen Skand. weisen die F.n von DR 263 Skabersjö (Schonen; 18, 354) und Ålborg (Nordjütland; 18, 347f.) arch. bereits in das 8. Jh., während die Inschr. erst später eingeritzt worden sein können. Die erste bietet eine fragmentarische Runenfolge, bestehend aus dreizehn *R*-Runen und einer Mitt. über Raub von Eigentum, mit dem eine andere Person belohnt wird. Auf der zweiten steht ein Besitzereintrag. Die F. von DR 100 b Viborg (10. Jh.) zeigt die Runen *lukislina*, die zu zahlreichen Deutungen geführt haben (18, 357f.).

Die 10 schwed. spätwikingerzeitlichen F.n mit Runeninschr. kommen vor allem von der Insel Gotland (7 Exemplare). Die wenigen deutbaren bieten Ritzerformeln, Eigentumsangaben und Namen (30). Eine F. gotländischen Ursprungs (12. oder 13. Jh.) wurde in Finnland gefunden (27). Einige F.n aus unbekannten Fundorten (30) sowie F.n mit runenähnlichen Zeichen (30) sind noch nicht runologisch bearbeitet worden.

(1) W. Boppert, Die frühchristl. Grabinschr. aus der Servatiuskirche in Maastricht, in: Sint-Servatius. Bisschop van Tongeren–Maastricht, Het vroegste Christendom in het Maasland, Handelingen van het colloquium te Alden Biesen (Bilzen), Tongeren en Maastricht 1984, 1986, 64–96. (2) B. Bruggink, Runes in and from the British Isles,

1987. (3) DR. (Die Editionsnr. steht vor dem Fundort der Inschr.). (4) K. Düwel u. a., Die F. von Meldorf und die Anfänge der Runenschr., ZfdA 110, 1981, 159–174. (5) Ders., Runes, Weapons and Jewelry: A survey of some of the oldest Runic Inscriptions, The Mankind Quarterly 22, 1981, 69–91. (6) Ders., Runen und interpretatio christiana. Zur religionsgeschichtl. Stellung der Bügel-F. von Nordendorf I, in: N. Kamp u. a. (Hrsg.), Tradition als hist. Kraft, 1982, 78–86. (7) Ders., Runenkunde, ²1983. (8) Ders., Runenritzende Frauen, in: Studia Onomastica (Festschr. Th. Andersson), 1989, 43–50. (9) Ders., Kontinentale Runeninschr., in: A. Bammesberger (Ed.), Old English Runes and their Continental Background, 1991, 271–286. (10) Ders., Runeninschr. als Qu. der germ. Religionsgesch., in: H. Beck u. a. (Hrsg.), Germ. Religionsgesch. Qu. und Qu.-Probleme, 1992, 336–364. (11) Ders., Zur Auswertung der Brakteateninschr. Runenkenntnis und Runeninschr. als Oberschichten-Merkmale, in: K. Hauck (Hrsg.), Der hist. Horizont der Götterbild-Amulette aus der Übergangsepoche von der Spätant. zum Früh-MA, 1992, 32–90. (12) O. Grønvik, Die Runeninschr. der Nordendorfer Bügel-F. I, in: Runor och runinskrifter, Kungl. Vitterhets Historie och Antikv. Akademiens, Konferenser 15, 1985, 1987, 111–129. (13) Ders., Fra Ågedal til Setre. Sentrale runeinnskrifter fra det 6. århundre, 1987. (14) C. Hills, The Arch. Context of Runic Finds, in: wie [9], 41–59. (15) J. Hines, A New Runic Inscription from Norfolk, Nytt om runer 6, 1991, 6 f. (16) Krause, RäF² (Die Editionsnr. steht vor dem Fundort der Inschr.). (17) M. Meli, Alamannia runica: Rune e cultura nell'alto medioevo, 1988. (18) E. Moltke, Runes and their Origin. Denmark and Elsewhere, 1985. (19) B. Odenstedt, Further Reflections on the Meldorf Inscription, ZfdA 118, 1989, 77–85. (20) M. Olsen, Runic Inscriptions in Great Britain, Ireland and the Isle of Man, Viking Antiqu. in Great Britain and Ireland 6, 1954, 153–232. (21) St. Opitz, S-germ. Runeninschr. im ält. Futhark aus der MZ, 1977. (22) R. I. Page, The Inscriptions, in: D. M. Wilson, Anglo-Saxon Ornamental Metalwork 700–1100 in the British Mus., Catalogue of Antiqu. of the Later Saxon Period 1, 1964, 67–90. (23) Ders., Runes and Non-Runes, in: D. A. Pearsall et al. (Ed.s), Medieval Lit. and Civilisation, 1969, 28–54. (24) Ders., An Introduction to English Runes, 1973. (25) Ders., A new find from Cumbria, England, Nytt om runer 5, 1990 (1991), 13. (26) D. Parsons, German Runes in Kent?, Nytt om runer 7, 1992, 7 f. (27) E. Salberger et al., Tuukkula-spännets runinskrifter, Studia Archæologica Ostrobotniensia 1987 (1988), 35–43. (28) E. G. Stanley, The Late Saxon Disc-Brooch from Sutton (Isle of Ely): Its Verse Inscription, in: Ders., A Coll. of Papers with Emphasis on Old English Lit., 1987, 400–408. (29) N. Stoklund, Die Runeninschr. auf der Rosetten-F. von Udby, in: J. O. Askedal et al. (Ed.s), Festskrift O. Grønvik, 1991, 88–101. (30) L. Thunmark-Nylén, „Gammalt" spänne med „ny" runinskrift, Fornvännen 81, 1986, 73–79. (31) J. Werner, Das alamannische Fürstengrab von Wittislingen, 1950.

K. Düwel

K. Späte Völkerwanderungszeit und Merowingerzeit auf dem Kontinent
§ 38. Allgemeines. Die bei den verschiedenen germ. Stämmen der VWZ und MZ getragenen F.n zeichnen sich durch eine große Vielfalt an Formen und Varianten aus. Dies gilt selbst für die drei wichtigsten F.-Kategorien: a. Bügel-F.n, meist paarweise, bes. im N oft auch einzeln getragen; b. Klein-F.-Paare, sekundär bisweilen auch als ungleiches Paar oder einzeln vorkommend; c. Einzel-F.n, qua definitione als Einzelstück hergestellt und in der Regel auch einzeln getragen. Ein systematischer Vergleich dieser und der übrigen kleineren F.-Serien der germ. Stämme steht noch aus. Zu beachten sind v. a. Ensembles und Tragweise der F.n und zeitlicher Wandel der F.-Tracht, aber auch die in vielem zum Vorbild genommene mediterran-roman. Kleidung. Aufgrund innerer Zusammenhänge und gleichlaufender Veränderungen über größere Räume hinweg läßt sich aufzeigen, daß die germ. F.n trotz ihrer Formenvielfalt mit nur wenigen, aber elementaren Bestandteilen der → Tracht zu verbinden sind, die sich unter dem (zeitlich gestaffelt wirksam werdenden) Einfluß v. a. der roman. → Kleidung wandelte.

Die F.n der MZ (seltener schon die der VWZ) besitzen eine verdeckte Verschlußkonstruktion (meist Spirale), was zusammen mit dem oft extrem verkümmerten „Bügel" der Bügel-F.n darauf hinweist, daß ihnen nebst einer einfachen Schließ- oder Heftfunktion vornehmlich eine schmückende, wenn nicht sogar vorab – dies gilt bes. für das nicht an den Schultern getragene Bügel-F.-Paar (s. u.) – eine „ständisch"-repräsentative Funktion zugedacht war.

a. Forschungsstand. Umfangreiche F.-Studien betrieb bereits B. Salin 1904 (127). Seit den 1920er Jahren erscheinen detaillierte bzw. monographische Bearbeitungen einzelner F.-Gruppen und F.-Formen (z. B. Bügel-F.n: 1; 40; 51; 76; 119. – Klein-F.n: 125; 143. – Einzel-F.n: 113; 114; 142). Den umfangreichsten Beitrag bildet H. Kühns Corpus der Bügel-F.n (85–87). 1950 wurden alle langob. (und roman.) F.n Italiens veröffentlicht (43); 1961 legte J. Werner die F.n der Slg. Diergardt mitsamt umfangreichem Vergleichsmaterial vor, 1962 die langob. F.n Pann.s (152; 153). Bis auf Lex.- und Handb.-Beitr. (15; 89; 121) und Kommentare zum F.-Bestand bestimmter Gebiete (z. B. 23; 51; 119; 120) bzw. Gräberfelder (z. B. 3; 77; 79; 81; 92; 134) fehlen neuere Gesamtdarstellungen.

Mit der Tragweise der F.n, vornehmlich der im Grab oft – so schien es zunächst – funktionslos „deponierten" bzw. lange Zeit als Leichentuchverschluß interpretierten Bügel-F.-Paare, befaßt man sich seit etwa 1930 (152, mit ält. Lit., ferner 12; 26; 61; 62; 81; 93, 38 sowie unlängst G. Clauss [33]; eine ausführliche Forschungsgesch. bietet jetzt 138a. Vgl. ferner § 41b).

Die an F.n anhaftenden Textil- und Lederreste, die über Textilart und -qualität sowie Verbindung zw. F. und Kleidungsstück (oft mittels angenähter Schlaufen) Aufschluß geben, werden erst seit kurzem auch außerhalb des skand. Raumes (147) sorgfältig untersucht (52; 39).

b. Material, Herstellung und Qualität. Die Bügel-F.n und die meisten Klein-F.n bestehen aus Metall und wurden mit Hilfe von Modellen aus Buntmetall, Blei, evtl. Holz bzw. anhand eines bereits existierenden Originals in zweiteiligen Lehmformen (Abb. 128, 1) hergestellt (→ Gußtechnik); Nadelhalter und -rast sind in der Regel mitgegossen (51, 1 ff.; 52, 45 ff.; 122, 48 ff.; 154). Auch die sog. Blech-F.n der o-germ. Tracht (s. u. § 40), deren jüng. (aus einem bzw. drei Teilen bestehende) Exemplare meist aus Silber (zuletzt oft aus versilbertem Buntmetall, vgl. 117, 236) gefertigt sind, wurden gegossen (und danach oft partiell ausgehämmert). Das Gewicht der

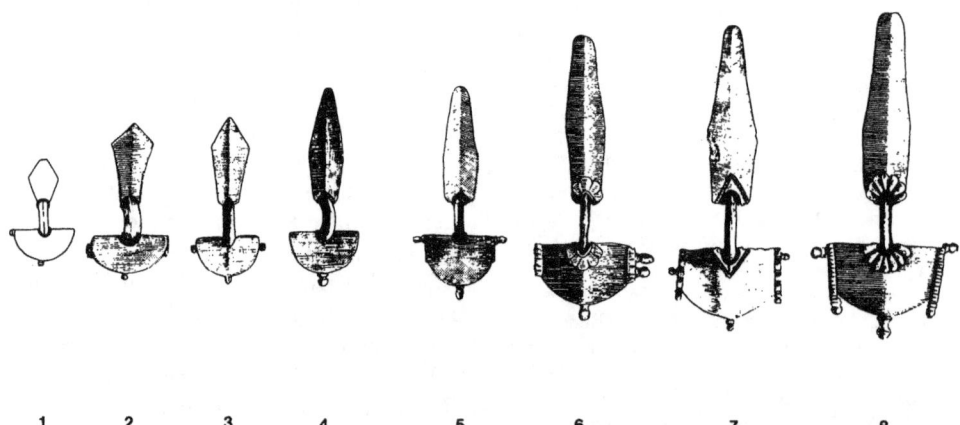

Abb. 129. O-germ. Blechfibelpaare (jeweils nur 1 Exemplar), meist aus Silber, aus der Moldau (1), Muntenien (3), Siebenbürgen (2), Slowakei

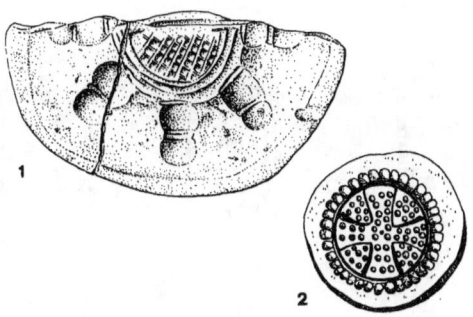

Abb. 128. Gußform aus Lehm für Bügelfibeln aus Huy, Prov. Liège (1); Model aus Buntmetall für Preßblechscheibenfibeln aus Charnay, Dép. Saône-et-Loire (2); M. 2 : 3. Nach Salin (128, III, Abb. 97) und Roth (122)

silbernen Bügel-F.-Paare scheint sich oft an Gewichtseinheiten zu halten, die denen des röm.-byz. Unzialsystems (1 Unze = ca. 27,3 g) entsprechen (96).

Unter den Klein-F.-Paaren besitzen Almandinscheiben-F.n eine metallene Grundplatte mit aufgesetztem Stegwerk für eingelegte → Almandine und Glas. Bei den als Einzel-F. getragenen Filigranscheiben-F.n wurde über einer Grundplatte ein am Rande vernietetes, verlötetes oder umge- bördeltes, durch Stein- und Filigranauflagen verziertes Goldblech angebracht (142, 393 ff.). Preßblechscheiben-F.n weisen Zierbleche auf, die über Preßmodeln (meist aus Buntmetall; vgl. Abb. 128, 2) abgedrückt (29; 122, 52f.) und am Rande der Grundplatte vernietet oder umgebördelt (bzw. durch einen Randstreifen kastenförmig gefaßt) wurden.

§ 39. F.n und F.-Tracht der germ. Frau – Allgemeines. Eine in der Germania magna urspr. wohl recht einheitliche F.-Tracht (s. o. § 26b, 27b, 28b) entwickelte sich seit der späten RKZ bei den → Elbgermanen und → Rhein-Weser-Germanen (beide im folgenden unter → Westgermanen zusammengefaßt) einerseits und den → Ostgermanen und → Nordgermanen andererseits unterschiedlich weiter: O- und n-germ. F.-Tracht blieben sich, trotz ihrer wanderungsbedingt zunehmenden räumlichen Distanz, durch ihr Festhalten am gefibelten Kleid (Peplos) verwandt, wogegen die w-germ. Tracht (einschließlich der als einzige in den W ziehenden o-germ. → Burgunden, evtl. auch → Sweben und

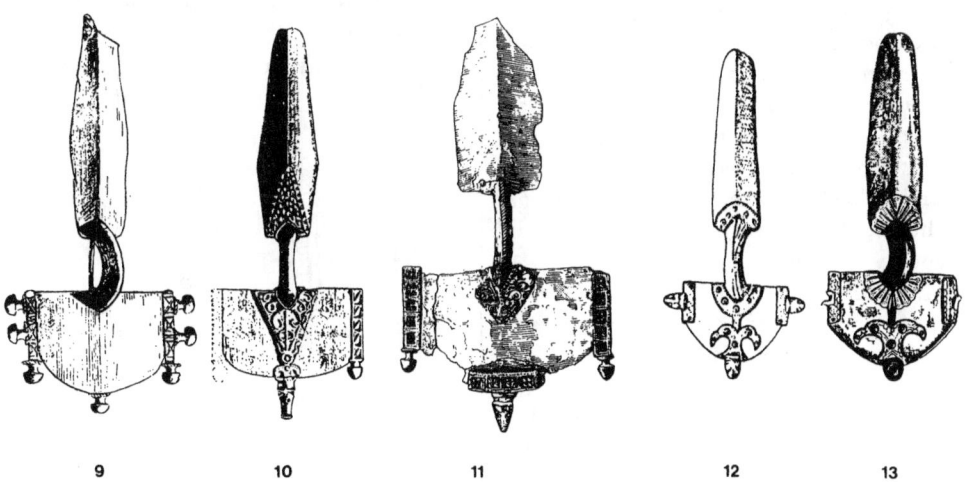

(4.6.10), Ungarn (5.7–9.11) und Nordfrankreich (12.13). M. 1 : 4.
Nach Åberg (1); Hampel (53); Tejral (139); (12: Servat [137,42])

→ Wandalen?) durch den Kontakt mit roman. Kultur und Kleidung einem starken Wandel unterlag.

Während der MZ waren es nur zwei Kleidungsstücke sowie – allein bei den w-germ. Stämmen – als drittes Element eine Art Standesabzeichen (Cingulum, → Gürtel), die regelmäßig mit F.n versehen wurden:

1. Ein an den Schultern getragenes F.-Paar (meist Bügel-F.-Paar), als Verschluß eines Kleides (Peplos) bzw. „Trägerrocks": Ein bei den germ. Stämmen bereits zur RKZ üblicher Hauptbestandteil der F.-Tracht, der an den Schultern von einem F.-Paar gehaltene Peplos (48, 361; 62), hält sich bei den N-Germ. durch das frühe MA (146) und noch während der ganzen WZ (s. u. § 56). Er wird auch von den O-Germ. (bes. W- und Krimgoten sowie wohl auch O-Goten in Italien) mindestens solange beibehalten, wie wir über arch. Belege verfügen (Abb. 130; Taf. 25, 2). In der w-germ. Tracht hingegen wird dieses gefibelte Kleid noch vor Beginn der MZ aufgegeben, anscheinend unter dem Einfluß der prov.-röm. Kleidermode: In dieser wurde der gefibelte Peplos, der in Gallien ein Hauptbestandteil der sog. Menimanetracht (vgl. § 32) gewesen war und u. a. auch durch nor.-pann. F.-Paare und die sie wiedergebenden Steindenkmäler ([45]; → Noricum; → Pannonien) bis ins 3. Jh. belegt ist, im Verlaufe der mittleren RKZ, teilweise schon früher, von der mediterranen Tunika abgelöst, deren Teile zusammengenäht und/oder geschnitten wurden und keine F. benötigten.

2. Klein-F.-Paar sowie Einzel-F. als Verschluß eines Umhangs bzw. Mantels:
– germ. Tradition: Bereits während der späten RKZ und VWZ läßt sich in der germ. Tracht als Verschluß eines über dem Peplos getragenen Umhangs eine Einzel-F. nachweisen (Abb. 136; 137; Taf. 25, 2), die im n-germ. Raum bis in die WZ weiterlebt. In der w-germ. Tracht hingegen tritt, an-

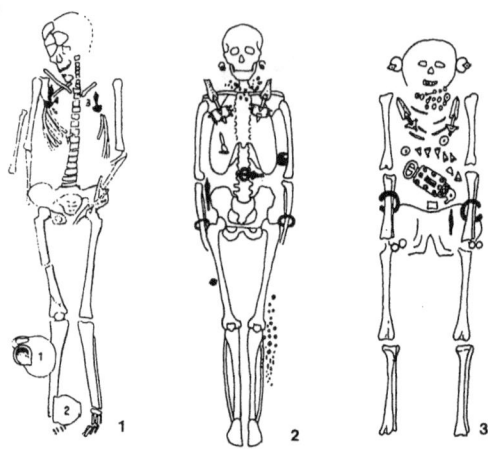

Abb. 130. Bestattungen mit Peplosfibelpaar, Tîrgşor (Grab 107), 2 Tiszalök, 3 Suuk-Su (Grab 77). Nach Bierbrauer (11; 12); Diaconu (35)

scheinend nach einem zeitlichen Unterbruch, im Laufe der frühen MZ ein Klein-F.-Paar (s. u.) an ihre Stelle.
– roman. Tradition (s. u. § 47): Im mediterranen Raum wurde ein der Repräsentation dienender feiner Umhang bzw. Mantel (der nicht mit einem „Mantel" im heutigen Sinne gleichzusetzen ist) seit der Spätant., im O wohl schon früher mit einer Einzel-F. verschlossen, wie Bildzeugnisse belegen (99; 146). Diese Einzel-F. des Umhangs, in Italien seit dem frühen 5. Jh. nachweisbar (Abb. 163, 1), wurde vereinzelt (?) in die

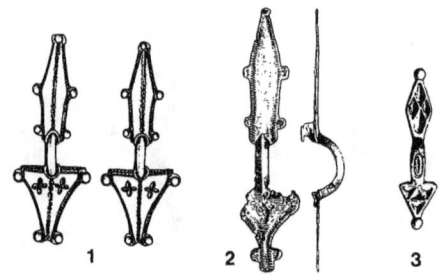

Abb. 131. Donauländische Bügelfibeln des 5. Jh.s aus Buntmetall (1 Silber): 1.2 Typ Bratei-Viškov, 3 Typ Prša-Levice. M. 1 : 3. Nach Bierbrauer (17); Hampel (53)

TAFEL 25

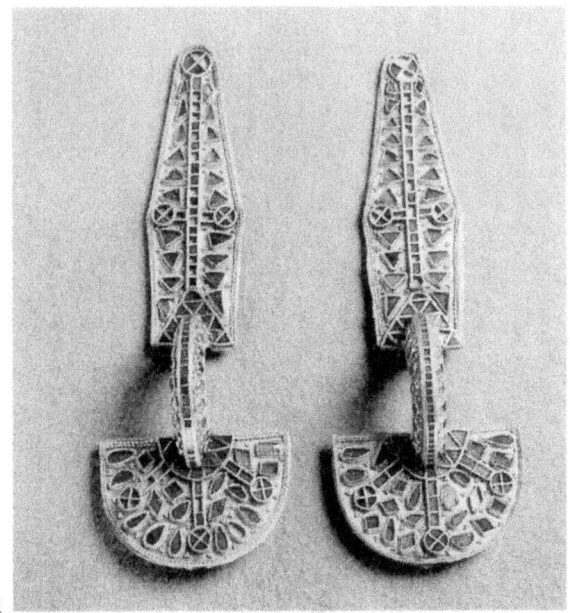

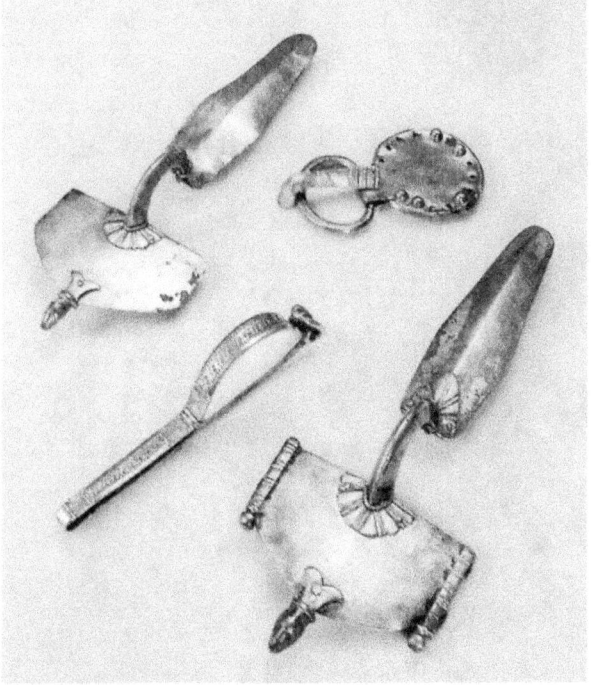

1 O-germ. Bügelfibelpaar (L. 22,8 cm) aus Silber mit Goldbelag und eingesetzten Steinen aus dem Hortfund von Szilágysomlyó, Siebenbürgen (nach [48]); 2 O-germ. Bügelfibelpaar (L. 20,8 cm), Einzelfibel und Gürtelschnalle aus Silber (dazu Trachtrekonstruktion) des Frauengrabes 32 von Smolín, Mähren (nach [48])

TAFEL 26

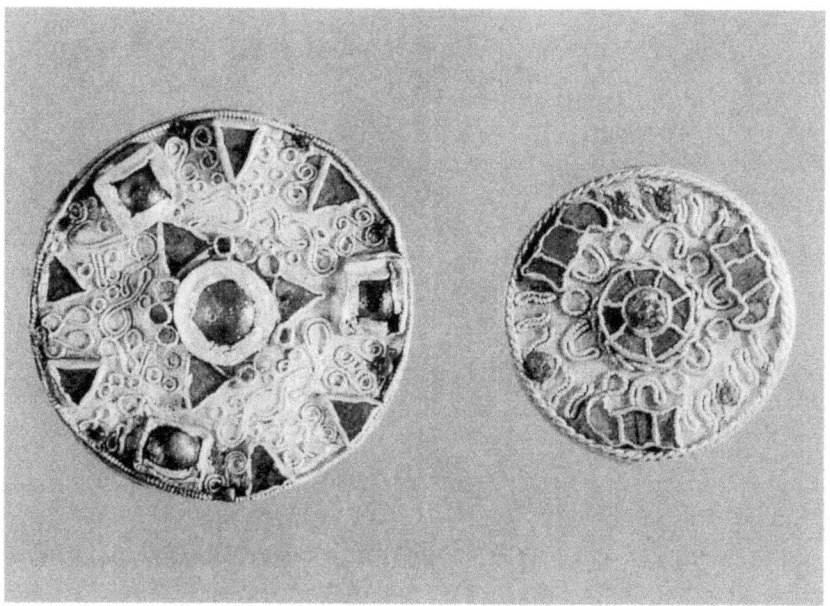

1 Cloisonnierte Fibel von einem Bügelfibelpaar (L. 13,7 cm) aus dem Hort(?)fund von Desana, Prov. Vercelli. Foto: Mus. Turin; 2 Filigranscheibenfibeln (Dm. 5,1; 3,9 cm) aus dem Gräberfeld von Blussangeaux, Dép. Doubs. Foto: A. Tchirakadze, Montbéliard

TAFEL 27

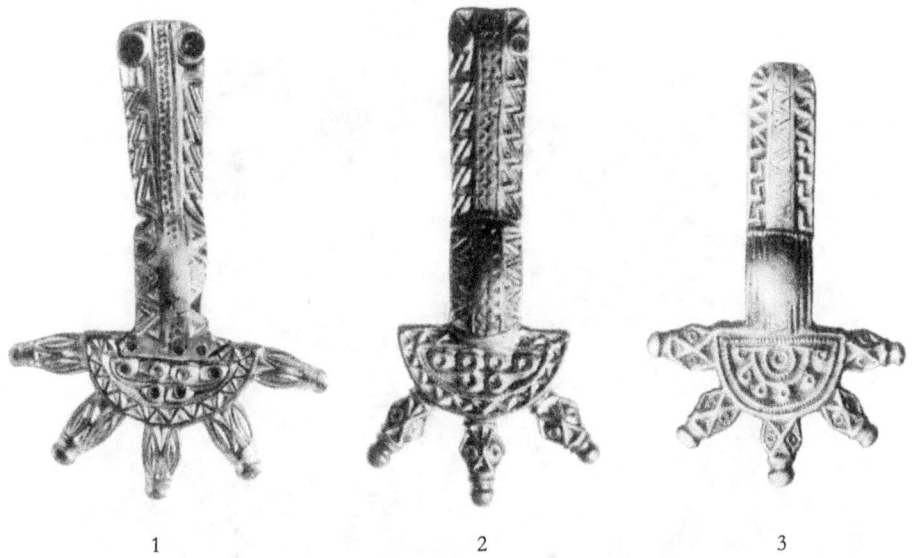

1   2   3

4

Alem. Bügelfibeln des späteren 5. Jh.s: 1 Urach, Runder Berg (L. 8,5 cm); 2 Lausanne, Kant. Waadt; 3 Brochon, Dép. Côte-d'Or. Fotos: Mus. Stuttgart, Bern und Dijon;
4 Beigaben (u. a. Bügelfibelpaar und Filigranscheibenfibel, Dm. 8,3 cm) aus dem langob. Frauengrab S von Castel Trosino, Prov. Ascoli Piceno. Foto: DAI Rom

TAFEL 28

Mediterrane Scheibenfibeln des 5. und 6. Jh.s: 1 Ténès, Algerien (aus Hortfund; Gold, Dm. 9,4 cm); 2 Nocera Umbra, Prov. Perugia (Grab 39; Buntmetall vergoldet, Dm. 4,6 cm); 3 Rifnik, Slowenien (Grab 86; Buntmetall, Dm. 3,1 cm). Nach (25; 43; 59)

dortige o-got. und regelhaft – nach 568 – in die langob. Tracht übernommen. Im Merowingerreich bürgerte sie sich erst im späteren 6. Jh. ein. Zuvor war hier – einer anderen, in Gallien und anscheinend auch in Spanien üblichen (w-roman.) Tradition entsprechend (s. u. § 47) – in gleicher Funktion ein Klein-F.-Paar getragen worden.

3. Das Bügel-F.-Paar der w-germ. Tracht, vermutlich Standesabzeichen und Zierde einer „Schärpe" (Cingulum): Die merowingische Bügel-F. besteht aus drei Teilen, a. der Kopfplatte, (die allerdings in der Regel nach unten getragen wurde, so daß daneben noch eine andere Bezeichnung – Spiralplatte – üblich geworden ist, die sich auf die rückseitige Spiralkonstruktion bezieht [vgl. 23]); b. dem Bügel und c. der Fußplatte (auch Hakenplatte). Das während der gesamten ält. MZ zur w-germ. Tracht gehörige Bügel-F.-Paar war vermutlich an einer breiten „Schärpe" befestigt (Abb. 139) und hatte (bis auf das Zusammenhalten ihrer Stoffbänder) rein repräsentative „Funktion"; s. u. § 41b.

Bisher wurde die Kombination von Bügel- und Klein-F.-Paar, die nur bei der w-germ. Oberschicht der ält. MZ auftritt, mit dem (nichtssagenden) terminus technicus „Vierfibeltracht" belegt, die nach gängiger

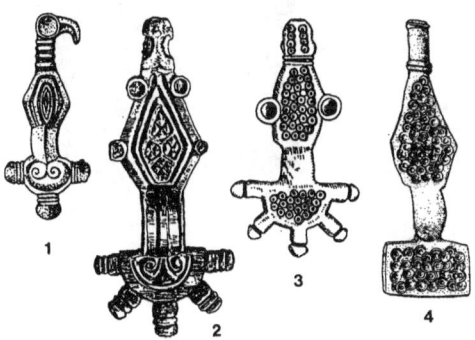

Abb. 132. Gepidische Bügelfibeln aus Silber (1.2) und Buntmetall (3.4) aus Siebenbürgen (1.3) und dem Theißgebiet (2.4). M. 1 : 2. Nach Csallány (34); Glodariu (50); Hampel (53); Horedt (64)

Meinung am Übergang zur jüng. MZ von der sog. „Einzelfibeltracht" abgelöst worden sei. In Wirklichkeit verbergen sich hinter diesem Wandel zwei verschiedene und auch zeitlich gestaffelte Vorgänge.

§ 40. O-germ. F. und F.-Tracht. a. Schwarzmeerküste und Karpatenbecken (bis ca. 470). Von den F.-Formen, die während der späten RKZ in den Gebieten der o-germ., hauptsächlich got. Černjachov–Sîntana-de-Mureş-Kultur (→ Tscherniachov-Kultur) S-Rußlands und Rumäniens (68; 69) üblich waren (Abb. 129, 1–3), werden v. a. die sog. Blech-F.n, ein den Peplos befestigendes Bügel-F.-Paar mit halbrunder Kopf- und rhombischer Fußplatte (Abb. 130, 1), auch während des 5. Jh.s bei den in den mittleren Donauraum übergesiedelten o-germ. Stämmen weitergetragen (18; 54; 139; 140 [Abb. 129, 4–11; 130, 2]). Die sog. Blech-F.n bleiben auch in weiterhin got. besiedelten Gebieten ö. der Karpaten, bes. auf der Krim (→ Krimgoten), bis ins 6. und frühe 7. Jh. die wichtigsten Schulter-F.n (Abb. 130, 3).

Waren während der späten RKZ noch zahlreiche aus Buntmetall gefertigte F.n geläufig, so überwogen seit der VWZ – wegen der nunmehr auf die Oberschicht sich einschränkenden Beigabensitte – Exemplare aus Silber (18; 63, 131 ff.; 139; 140).

Im mittleren Donauraum tauchen neben diesen bis ins 3. Viertel des 5. Jh.s stetig größer werdenden Bügel-F.-Paaren, deren kostbarste Exemplare (z. B. → Untersiebenbrunn; → Szilágy Somlyó; siehe dazu [71] und → Almandin) mit Goldblech bedeckt und mit Steinen, zuletzt auch partiell durch bandförmiges → Cloisonné verziert sind (Taf. 25, 1), um die Mitte des 5. Jh.s auch gegossene Bügel-F.-Paare aus Silber mit Spiralkerbschnitt (→ Ornamentik) u. ä. auf, deren Gegenstücke und Weiterbildungen in Italien (s. u.) zu finden sind. Daneben wurden in gleicher Funktion u. a. auch kleinere, überwiegend aus Buntmetall gegossene Bügel-F.n getragen, so vielleicht die (selten paarig überlieferten) Typen Bratei und Vyškov (Abb. 131, 1.2), sicher jedenfalls der noch kleinere, kerbschnittverzierte Typ Prša-Levice (Abb. 131, 3) und einfache eiserne Armbrust-F.-Paare (17; 133).

Nur vereinzelt ist bisher aus geschlossenen Grabfunden eine dritte F. belegt, die als Einzel-F. auf der Brust einen Umhang verschloß (Abb. 130, 2); sie kann von ganz verschiedener Form sein und mag bisweilen, z. B. in Smolín Grab 32 (Taf. 25, 2), der Männertracht (s. u. § 49) entstammen.

b. Theißgebiet und Siebenbürgen (ca. 470–570). Während der o-germ. Fundstoff des 5. Jh.s an der mittleren Donau ethnisch noch kaum zu differenzieren ist, aber vornehmlich auf got. Bevölkerung zurückgehen wird, lassen sich im Theißgebiet und in Siebenbürgen F.-Gräber der Zeit von ca. 470 bis 570, zu denen wohl auch Inventare mit spätesten Blech-F.n (z. B. Abb. 129, 11) zählen, sehr wahrscheinlich den → Gepiden zuweisen (26; 34; 48, 199 ff.). Charakteristisch sind mit rhombischer Fußplatte versehene kleine Dreiknopf-F.n und wenig größere Fünfknopf-F.n mit Kerbschnittdekor aus kleinen Rhomben bzw. Spiralhaken (Abb. 132, 1.2). Nur unter diesen relativ frühen F.-Formen finden sich als Schulter-F.n (Abb. 132, 1) getragene Exemplare. Brust- und Beckenlage ist bezeugt für Bügel-F.-Paare und einzelne Bügel-F.n dieser und vor allem jüng. Formen, so etwa für die mit flächigem Kreisaugendekor verzierten Bügel-F.-Paare oder einzelnen Bügel-F.n mit halbrunder bzw. rechteckiger Kopfplatte (Abb. 132, 3.4). Viele Bügel-F.n, vor allem große und späte Stücke, werden einzeln in Beckenhöhe gefunden.

Offenbar wurde bei den Gepiden das an den Schultern gefibelte Kleid bald nach 500 aufgegeben. Ob die als Bügel-F.-Paare oder einzelne Bügel-F.n im Becken angetroffenen Exemplare als Anpassung an die w-germ. F.-Tracht (Cingulum?) oder als Auflösung der gepidischen F.-Tracht zu werten sind, ist noch unklar. F.n mit umgeschlagenem Fuß kommen paarweise als Peplos-F.n vor, wurden jedoch häufiger einzeln in Brust- oder Beckenhöhe getragen; Klein-F.n treten nur sehr selten und nur einzeln auf.

c. Italien. Bisher sind erst wenige o-germ., ab 489/90 in der Regel o-got. F.n bekannt, die wiederum größtenteils der allein noch Beigaben mitgebenden Oberschicht angehören (12): Älteste Bügel-F.-Paare sind u. U. früheren o-germ. Einwanderern, z. B. nach 469 zugezogenen → Skiren zuzuschreiben (70; 105; 101; dazu jetzt [18]). Bei den wenigen (zunächst noch aus Silber, später – laut Analyse durch Bierbrauer [12, 231 ff.] – meist aus Buntmetall gegossenen) Bügel-F.-Paaren läßt sich eine ält. Serie mit Spiralhakendekor in Kerbschnitt (z. B. im Schatzfund von → Reggio Emilia) von einer jüng. mit flauem Flechtbanddekor unterscheiden (12; Abb. 133). Da für beide Serien keine Fundlagen über-

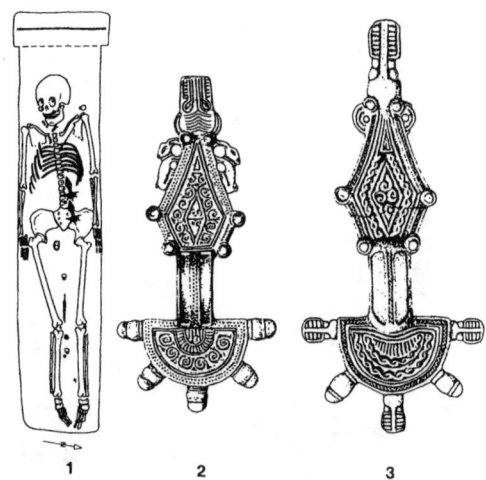

Abb. 133. O-got. Bügelfibelpaare (je ein Exemplar) aus Silber (2) und Buntmetall (3): 1.2 Straubing-Bajuwarenstraße (Grab 266), 3 aus der „Romagna". M. 1 : 3. Nach Bierbrauer (12); Kat. Germ., Hunnen und Awaren (48)

liefert sind, bleibt letztlich noch unsicher, ob auch die o-got. Tracht wie die w-got. noch im 6. Jh. den Peplos kannte; die n. der Alpen entdeckten Bügel-F.-Paare vom o-got. Typus (Abb. 133, 1.2) wurden jedenfalls (von zugezogenen o-got. Damen?) nach w-germ. Mode getragen (s. u. § 48b).

Für ein Weiterexistieren der Peplostracht auch bei den ital. Ostgoten spricht jedoch eine neue, auch im w-got. Septimanien und Spanien (Abb. 134, 2) bekannte F.-Form, ein F.-Paar in Form zweier (einander zugewandter) Adler, das wie seine „Vorläufer" im Schatz von → Pietroassa (28; 54) an den Schultern, d. h. am Peplos getragen wurde (12; 48, 419 ff.; 118).

Erstmals wurden nun – mediterraner Mode und Technik entsprechend – einzelne Bügel-F.-Paare (Taf. 26, 1) in flächigem Cloisonné verziert (6; 12). Einzel-F.n sind, sofern solche überhaupt vorkommen (12, Taf. 25,2; 26,2), durchweg der mediterran-roman. F.-Tracht (s. u. § 47) entnommen. Zwei im oberital. Trentino verbreitete Typen anscheinend einzeln getragener Bügel-F.n des 6. Jh.s, die aufgrund von Material (Buntmetall) und Form bescheidene Nachformungen o-got. (gotisierender Typ) und evtl. alem. (Ärmchen-F.n) Bügel-F.n sind, werden neuerdings wiederum der roman. F.-Tracht zugerechnet (19), dürften jedoch – auch angesichts der um Trient gut bezeugten got. Bevölkerung (19, 48: „Universi Gothi et Romani ...") – eher Auflösungsformen der germ. Bügel-F.-Tracht darstellen, vergleichbar spätesten merowingischen einzelnen Bügel-F.n (z. B. 19, Abb. 14).

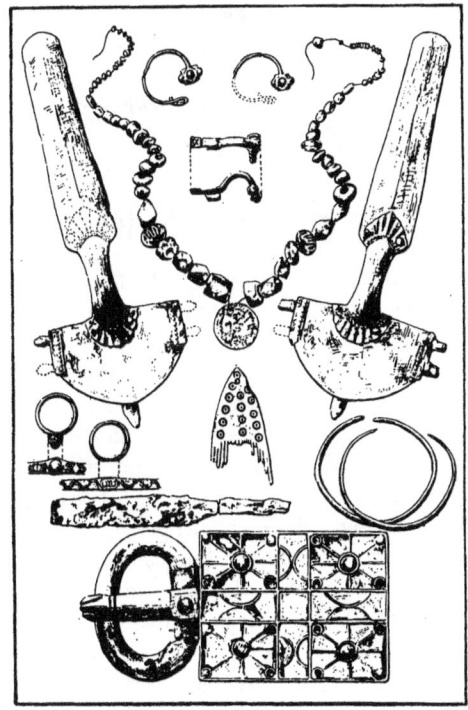 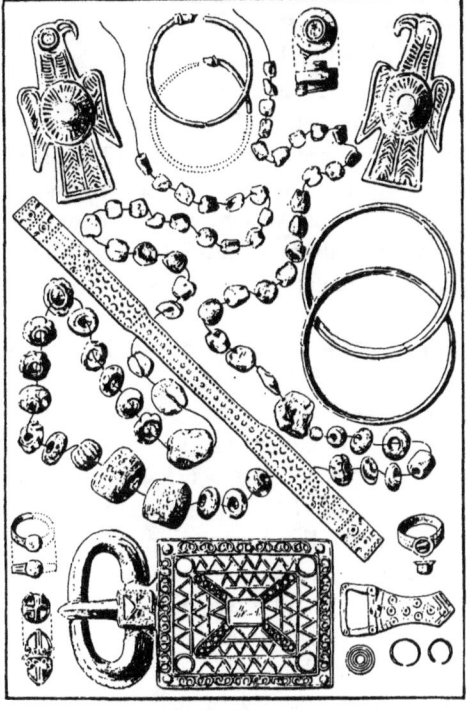

Abb. 134. W-got. Grabinventare mit Peplosfibelpaar (Blech- bzw. Adlerfibeln) und Drittfibel: 1 Duratón (Grab 526, tpq. 491), 2 Madrona (Grab 202). M. ca. 1 : 3. Nach Molinero Pérez (103)

d. SW-Frankreich und Spanien; N-Frankreich. In den a. 418 an die Westgoten abgetretenen Landschaften Aquitaniens ist (mangels Beigabesitte) w-got. F.-Tracht kaum nachzuweisen (82); sie konzentriert sich – n. der Pyrenäen – auf das erst später hinzugewonnene und nach dem Untergang des → Tolosanischen Reiches (a. 507) w-got. gebliebene Septimanien. Üblich sind nunmehr gegossene Dreiknopf- und Fünfknopf-Bügel-F.-Paare aus Buntmetall mit flauem Kerbschnitt oder Kreisaugendekor, die den Peplos verschlossen (66; 88).

Im w-got. Spanien (82, 102; 103; 117; 118; 141; 158), z. B. in → Duratón, sind durchaus noch Vertreter der sog. Blech-F.n aus Silber bezeugt (Abb. 134, 1), doch überwiegen die auch in Septimanien üblichen, in der Masse jüng. Formen aus Buntmetall (Abb. 135). Alle Bügel-F.-Paare und auch die Adler-F.-Paare (118; Abb. 134, 2) saßen ihrer Fundlage nach am Peplos.

Recht oft findet sich nun, zur Fixierung eines Umhangs, als Dritt-F. eine Einzel-F. (Abb. 134), selten von germ. (133), häufiger von roman. Form und Produktion (Tier-F., Almandinscheiben-F., Kreuz-F.). Daneben gab es Klein-F.-Paare in Scheiben- und Kreuzform, die ebenfalls der roman. Tracht (s. u. § 47a) entlehnt wurden und möglicherweise (auch?) als Peplos-F.n (z. B. 102, Taf. 19) dienten.

Aus frk. Landschaften des Pariser Bekkens und der Normandie sind einige geogr. isolierte Blech-F.-Paare bekannt (86, Taf. 230f.; 33, 602; 109). Bis auf den früher anzusetzenden Fund von → Airan sind sie vermutlich auf w-got., jedenfalls o-germ. Damen zurückzuführen, die wohl noch zur Zeit des tolosanischen Reiches und kaum erst danach (durch Exogamie?) in den N kamen und ihre Tracht teils beibehielten, teils der frk.-w-germ. Sitte – ehemaliges Peplos-F.-Paar nunmehr am Cingulum, zusätzlich ein Klein-F.-Paar w-germ. Form

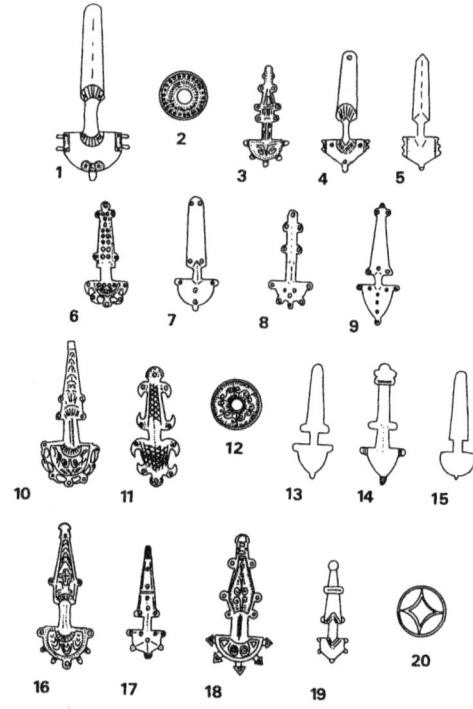

Abb. 135. Typen der w-got. Bügelfibeln und Kleinfibeln nach Ripoll (118)

und Tragweise – anpaßten (Abb. 129, 12.13).

e. Zusammenfassung. Anders als die Gepiden, die gleichsam am Rande der donauländischen Romanitas lebten, behielten die got. Damen auch inmitten der mediterran-roman. Umgebung bemerkenswerterweise den Peplos bei und schmückten ihn oft durch auffallend große Bügel-F.-Paare. Gleicherweise traditionell erscheint das sog. Blech-F.-Paar, das sehr lange ohne nennenswerte Änderungen hergestellt und damit zur got., nach 450 zur w- und krimgot. F. par excellence wurde. Dieses konservative Festhalten am Peplos (und Blech-F.-Paar) spricht für eine von der einheimischen Bevölkerung – trotz insgesamt überwiegender Akkulturation – sich bewußt absetzende „Nationaltracht" der (w-)got. Damen, die zwar laut Abnutzungsspuren der

F.n durchaus getragen, vielleicht jedoch nur an Festtagen (und fürs Jenseits) noch regelmäßig angelegt wurde.

§ 41. W-germ. F. und F.-Tracht. a. Diskontinuität der F.-Tracht zw. RKZ und MZ. Während der späten RKZ waren bei den W-Germ., bes. den nachmaligen → Franken, → Alemannen und → Thüringern, die sich zunehmend gegen W, zum w-röm. Reich hin orientierten und sich z. T. in dessen Provinzen niederzulassen begannen, zunächst noch der mit Schulter-F.-Paar befestigte Peplos und ein mit Einzel-F. verschlossener Umhang üblich (Abb. 136); zu diesen drei F.n kamen bisweilen noch weitere 1–3 F.n (20, Abb. 53) hinzu, deren Funktion noch nicht sicher zu bestimmen ist (Abb. 137; ebd. bilden die in → Haßleben Grab 8 und im Grab von Gundelsheim angetroffenen sechs F.n jeweils zwei F.-Sätze für zwei Kleiderensembles).

Anders als bei den N-Germ. (z. B. den benachbarten → Sachsen [146]) und den O-Germ. (s. o. §§ 39 und 40) wurde diese F.-Tracht (mitsamt ihren F.-Formen) bei den Alem. und anderen W-Germ. aufgegeben, noch bevor sich die offensichtlich gänzlich neue F.-Tracht der MZ herausgebildet hatte: Bei den Elbgerm. läßt sich von einer ält. Gräbergruppe der Stufen C2/C3 der RKZ (→ Chronologie § 26) – bes. anhand der verschiedenen Perlenformen und Haarnadel-"tracht" – eine derzeit noch wenig ausgeprägte jüng. Gruppe abtrennen, die in etlichem bereits mit Grabinventaren der frühen MZ verknüpft ist und darum, folgt man der gängigen Nomenklatur, die der MZ vorangehende Stufe D (VWZ) repräsentieren dürfte (Abb. 137). Inventare dieser Stufe, selbst reichere, enthalten selten noch F.n. Daß einige Jahrzehnte (?) lang F.-Tracht kaum üblich war, erscheint auch wegen der neuen Formen und geänderten Funktionen der merowingischen F.n plausibel; das (getragene) spätröm. Cingulum im fibellosen Grab 363 von Schleitheim (124) und evtl. andere Teile solcher Gürtel aus frühmerowingischen Frauengräbern (z. B. Abb. 148) werden das mit Bügel-F.-Paar geschmückte w-germ. Cingulum „funktionell" teils vorwegnehmen, teils ersetzen oder ergänzen. Zw. der Aufgabe des Peplos und dem Aufkommen des symbolischen (nicht mehr funktionell bedingten) Bügel-F.-Paares ist jedenfalls, als erstes Charakteristikum einer s-dt. Stufe D, eine fibellose oder -arme Tracht zu postulieren.

Auch w. des Rheins scheint ein ähnlicher Wandel erfolgt zu sein, wie etwa die späten Inventare von Cortrat andeuten (Abb. 137). Daneben könnte sich, bes. in Randgebieten mit Kontakten zu n-germ. Bevölkerung wie z. B. in den Rheinlanden, die Peplostracht bis in die frühe MZ gehalten haben, mitunter bereits vergesellschaftet mit ei-

Abb. 136. Rekonstruktion der Tracht (Peplos und Umhang) der sog. „Prinzessin" von Zweeloo, Prov. Drenthe, nach Vons-Comis (151)

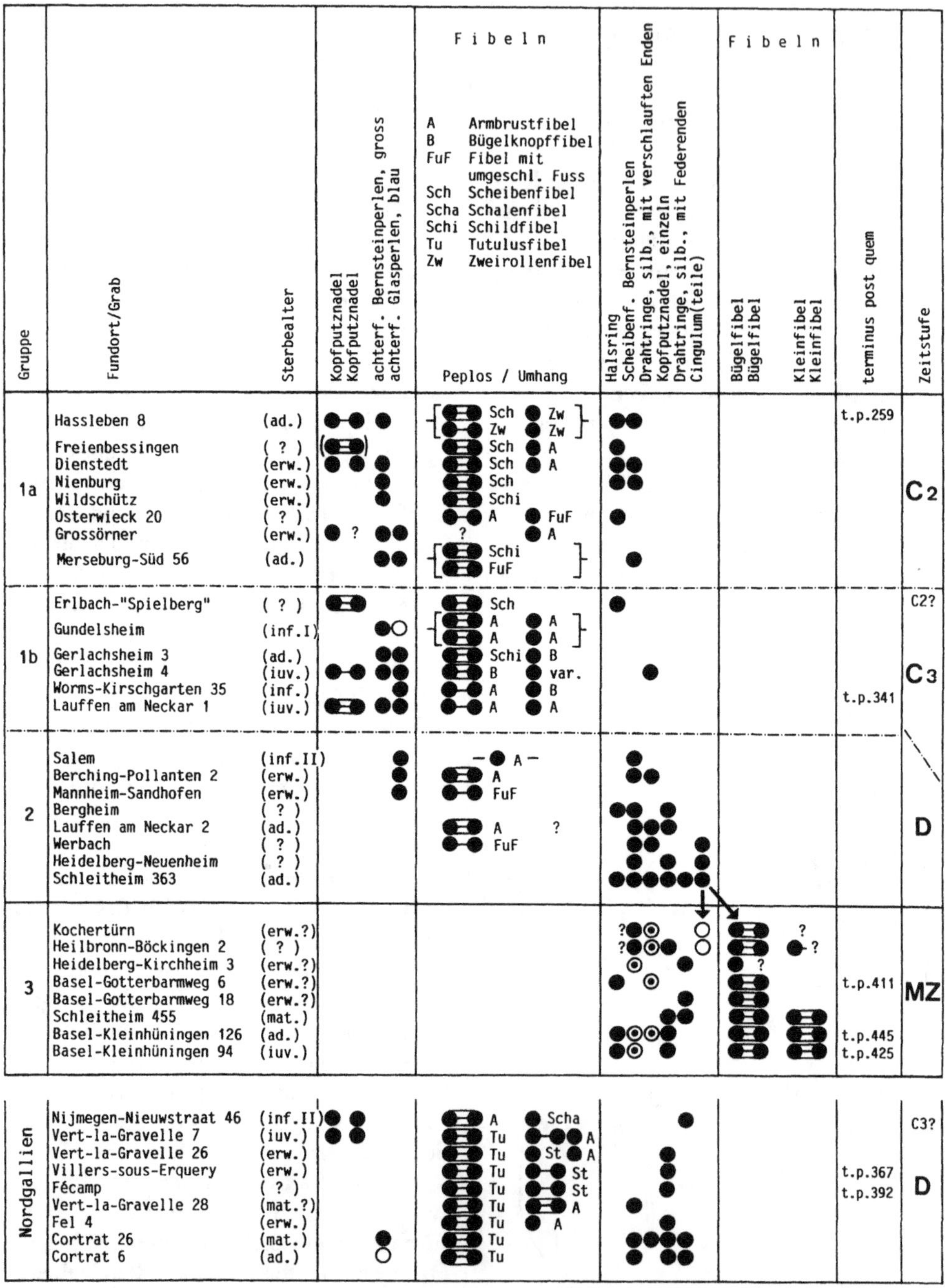

Abb. 137. Fibelformen und weitere Trachtelemente wichtiger Frauengräber der späten RKZ (C2/C3), VWZ (D) und frühen MZ aus Mitteldeutschland (1a), S-Deutschland (1b. 2.3) sowie N-Gallien. Nach Martin (99)

nem mit Bügel-F.-Paar geschmückten Cingulum (Abb. 147, 15.16). Oft ist hier aufgrund wenig spezifischer F.-Lage nicht auszumachen, ob völkerwanderungszeitliche Schalen-F.-Paare nicht bereits wie frühmerowingische Klein-F.-Paare als Verschluß des Umhangs oder frühe Klein-F.-Paare nicht noch, wie anscheinend im reichen Frauengrab unter dem Kölner Dom (Abb. 155; 168, 2; vgl. evtl. Deersheim [132]), als Peplos-F.n verwendet wurden. Im allgemeinen dürfte jedoch im 5. Jh. – unter roman. Einfluß – der gefibelte Peplos bei der alem. und frk. Bevölkerung, aber wohl auch bei den Thüringern und (etwas später?) bei den Langob. durch die (fibellose) Tunika abgelöst worden sein.

b. Funktion der F. und Wandel der F.-Tracht.

1. „Funktion" der Bügel-F.-Paare. Die ältesten Bügel-F.-Paare der w-germ. Tracht waren nicht nur klein, sondern wurden üblicherweise auch sehr hoch, d. h. unterhalb der Brust, meist horizontal und parallel nebeneinander (oder in einer Achse gegeneinander gerichtet, vgl. 3; 77) getragen (Abb. 138, 1.2). Im Beckenbereich liegende Bügel-F.-Paare sind ebenfalls parallel, aber oft schräg zur Körperachse angeordnet (Abb. 138, 3). Je jüng. (und damit meist größer) die Bügel-F.-Paare, umso tiefer wurden sie getragen, wobei unterhalb des Beckens – zw. den Oberschenkeln bis in Kniehöhe – eine vertikale Ausrichtung übereinander die Regel bildet (Abb. 138, 4.5; 158, 1). Mit der oft vorhandenen Gürtelschnalle, die tiefer oder höher als die Bügel-F., u. a. auch von einer Bügel-F. verdeckt (104, 41) angetroffen wird, wird kein Zusammenhang hergestellt (81, 157). Hingegen geht in vielen Fällen von der tieferen Bügel-F. ein (mitunter metallbesetztes) Gehänge (aus Leder oder Stoff) aus, das in einem (oft kostbaren) → Amulett (Hirschgeweihrose, Bärenzahn, „Wirtel" aus Glas oder Bergkristall u. ä.) enden kann (61; Abb. 138; 158).

Die bei allen w-germ. Stämmen etwa in gleicher Weise sich ändernde Tragart zeichnet gleichsam ein breites Band nach, das zunächst unterhalb der Brust, später um die Hüften geschlungen bzw. geknüpft wurde und dessen Ende(n?) nach der Lage der Amulette von Anfang an bis etwa in Kniehöhe reichte(n). Man wird von einer (vermutlich wie das Pendant der männlichen Gürteltracht mit Cingulum bezeichneten) „Schärpe" sprechen dürfen (26, 70f.; 81, 133ff.; 99). Den Bügel-F.n scheint außer dem Zusammenhalten des Bandes (bzw. dessen Enden) und der Trägerfunktion für ein Amulettgehänge keine andere (heftende) Funktion zugekommen zu sein, weshalb das Bügel-F.-Paar bzw. das ganze Cingulum am ehesten als Standessymbol – möglicherweise (wie die Bügel-F. selbst?) abgeleitet aus der spätant. Männertracht – interpretiert werden muß; dies würde auch das Cingulum des genannten Schleitheimer Frauengrabes (Abb. 137) erklären. Platz und „Funktion" des Bügel-F.-Paares am Cingulum, das anscheinend als breiter Schmuckgürtel getragen wurde (Abb. 139), konnten vereinzelt – trotz geringerer Größe – auch Klein-F.-Paare (Abb. 145), ausnahmsweise sogar zwei (ungleiche) Einzel-F.n (41, Abb. 2) einnehmen.

Nicht unerwähnt bleibe, daß in der Forsch. auch andere Vorschläge zur Tragweise vorliegen (99, Abb. 29; 138a, Abb. 6.8), die allerdings fast immer nur einzelne Befunde betreffen, nicht auf übergreifenden Analysen beruhen und die zeitlichen Veränderungen der Tragweise nicht auswerten. Wo solches ausnahmsweise geschieht, werden zum einen zugehörige Elemente wie v. a. das Amulettgehänge nicht einbezogen und wird „als Fazit" angenommen, die als „Trachtstück und Verschluß eines gleichförmig offen geschnittenen Oberkleides" interpretierten Bügel-F.n seien – trotz weiträumig gleich ablaufender Veränderungen in der Tragweise (s. o.) – nach „lokalen und regionalen Vorlieben"

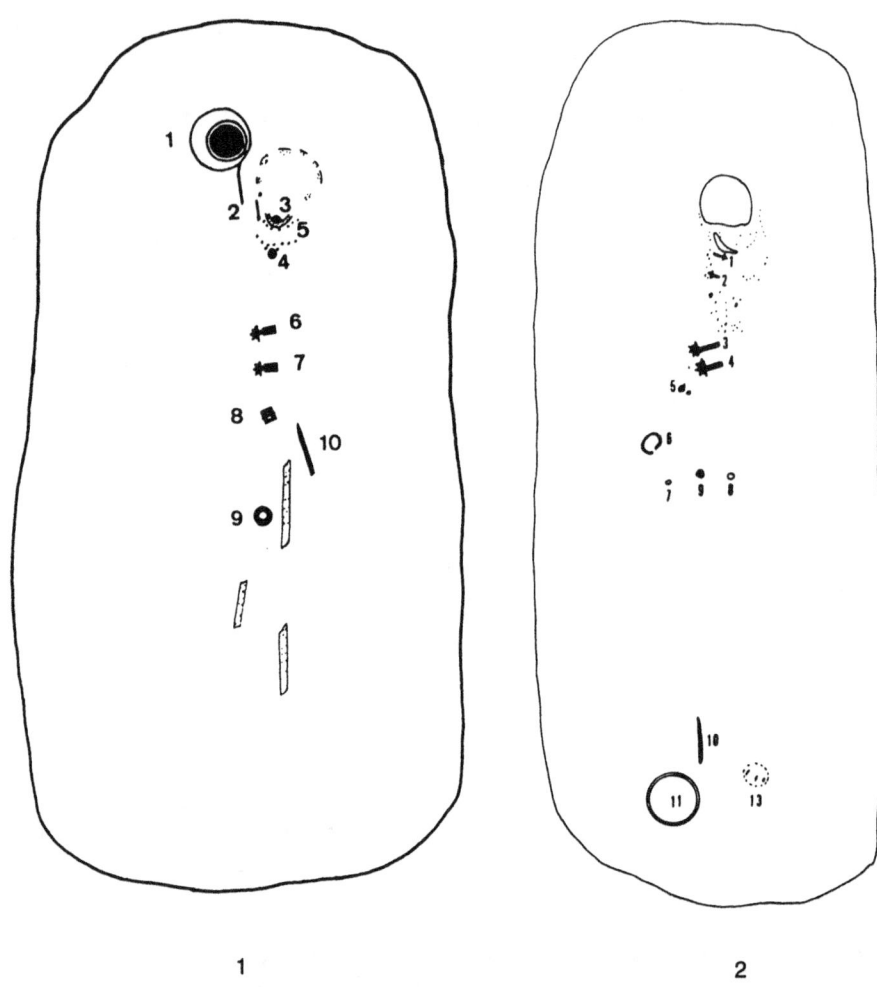

Abb. 138. Lage (und Tragweise) der Bügelfibelpaare bei frk. und alem. Bestattungen: 1 Vron (Grab 99 A), 2 Nouvion-en-Ponthieu (Grab 273),

und „ganz individuell getragen" worden (33, 564). Zum andern werden Bügel- mitsamt Klein-F.n ohne funktionale Unterscheidung in „Funktionsgruppen", eigentlich „hypothetisch eingeführten Ordnungsbegriffen" (138a, 65), zu Ein-, Zwei-, Drei- und Vier-F.-Trachten zusammengefaßt, was weiterführende Einsichten verhindert. – Vgl. jetzt auch die aufgrund von Textil- und Lederresten rekonstruierte Funktion der Bügel-F.n als (indirekter) Verschluß an einem vorne „offen geschnittenen Obergewand" (6a, 434 mit Abb. 19), die schwerlich auf im Becken oder höher getragene Bügel-F.n übertragen werden kann.

2. Funktion der Klein-F.-Paare und Einzel-F.n: Das Klein-F.-Paar der MZ, vermutlich eine spätant.-frühmerowingische Schöpfung der gall. Provinzen w. des Rheins (s. u. § 47b), kann in seiner Funktion allein durch seinen Nachfolger zweifelsfrei bestimmt werden. Detailanalysen

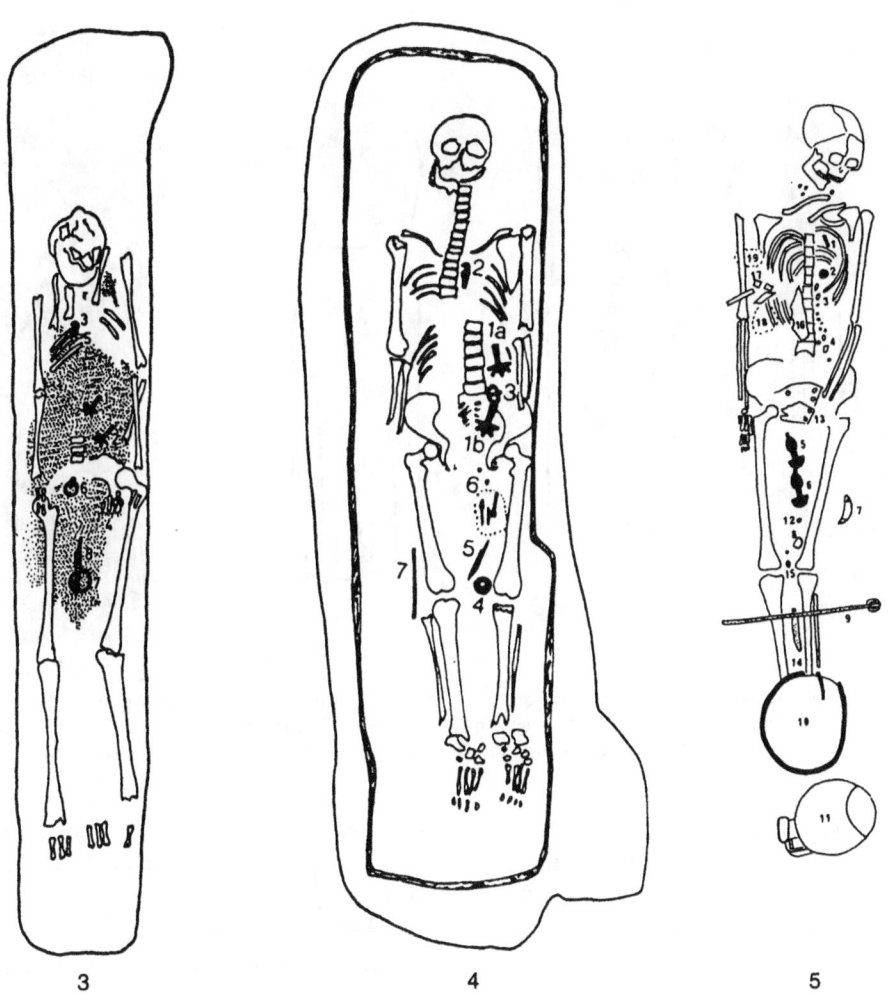

3 Hemmingen (Grab 11), 4 Altenerding (Grab 485), 5 Bopfingen (Grab 129). M. 1 : 20.
Nach Haseloff (55); Müller (104); Piton (112); Sage (126); Seillier (136)

der F.-Gräber von → Köln-Müngersdorf (Abb. 140), Lavoye (99) und → Schretzheim (Abb. 141) zeigen, daß das Klein-F.-Paar funktionell der Vorgänger der am Ende der ält. MZ auch n. der Alpen aufkommenden Einzel-F. war und zeitlich teilweise, als echtes oder ungleiches F.-Paar, neben dieser üblich blieb. Wie die Einzel-F. muß auch schon das Klein-F.-Paar einen Umhang oder Mantel verschlossen haben, was auch der Befund im → Arnegunde-Grab beweist (Bd. 1, Taf. 33–34), dessen kgl. Tote – genau innerhalb der Übergangszeit vom Klein-F.-Paar zur Einzel-F. – eine echte, d. h. einzeln hergestellte (mediterrane) Einzel-F. von Anbeginn an, dem Schnitt ihres Mantels entsprechend, durch ein (identisch abgenutztes) Gegenstück zu einem (merowingischen) Klein-F.-Paar komplettiert und als solches getragen hatte (Abb. 143). Während der Auflösungsphase des Klein-F.-Paares sind, wie etwa der Be-

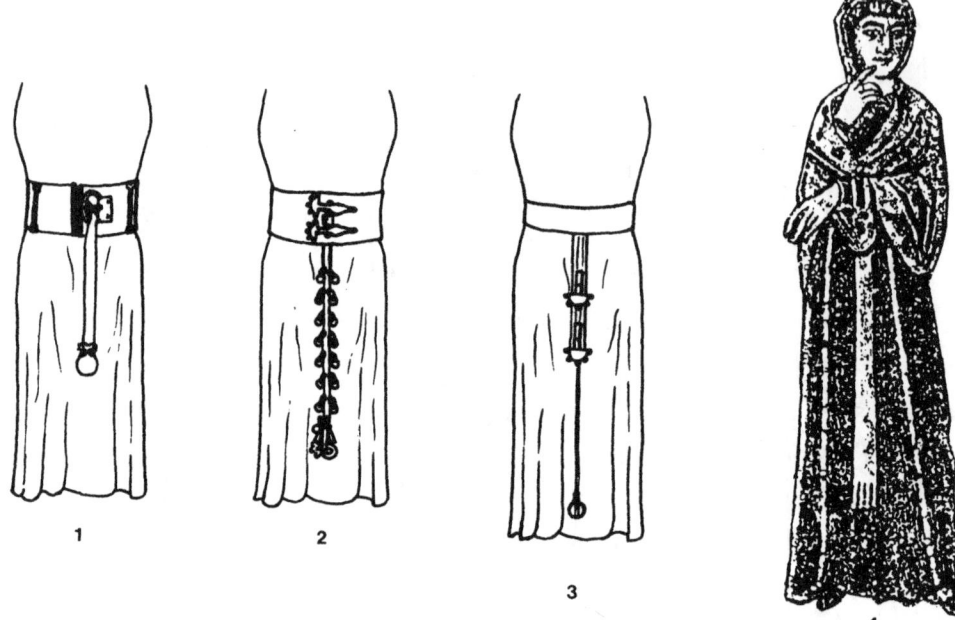

Abb. 139. Rekonstruktion dreier mit Gürtelgarnitur bzw. Bügelfibelpaar geschmückter w-germ. Cingula und ihrer Gehänge der VWZ (1), der 2. Hälfte des 5. Jh.s (2) und des 6. Jh.s (3); rechts Sarah, die Frau Abrahams, mit Cingulum („mappula"), auf einem Mosaik im Presbyterium von San Vitale, Ravenna. Nach Martin (99)

fund in Schretzheim verrät (Abb. 141; 142), unechte F.-Paare (wie z. B. in Güttingen Grab 38 [41, Abb. 2 und Taf. 1, 3.5]) charakteristisch, doch sind noch bis ins frühe 7. Jh. echte Klein-F.-Paare oder als Einzel-F.n weiterverwendete F.n aus ehemaligen Klein-F.-Paaren nachzuweisen (z. B. 92, Abb. 28, 4.5).

3. Wandel der F.-Tracht. Die übliche Vorstellung, die w-germ. „Vierfibeltracht" sei von einer „Einzelfibeltracht" abgelöst worden, ist wenig hilfreich. Die beiden F.-Paare (Bügel-F.-Paar plus Klein-F.-Paar) sind voneinander unabhängig. Fast überall wird das (typisch germ.) Bügel-F.-Paar (zusammen mit dem Cingulum?) früher aufgegeben als das Klein-F.-Paar; nur in Italien übernehmen die Langob. (s. u. § 45b) sehr rasch, noch ehe sie sich vom Bügel-F.-Paar trennen, die dort seit langem übliche Einzel-F., und auch in den ö. Randzonen des Merowingerreiches hält sich das Bügel-F.-Paar (öfters auch eine einzelne Bügel-F.) noch bis in die Anfangszeit der Einzel-F. (33, Abb. 46; 81, 133).

Der markanteste Wandel der F.-Tracht vollzieht sich demnach vor und zu Beginn der MZ: Fortan trägt die Dame der w-germ. Oberschicht eine fibellose Tunika und einen breiten Gürtel, der wie das Kleid selbst der spätant.-roman. Welt entlehnt ist und aufgrund seines (meist aus Edelmetall gefertigten) Bügel-F.-Paares als standesgebundene „Schärpe" bei allen W-Germ. während gut 100 Jahren und mit wenigen, über weite Räume hinweg ähnlich ablaufenden Veränderungen getragen wurde; an seine Stelle (?) trat − jedenfalls w. des Rheins − im späteren 6. Jh. ein ebenfalls recht breiter Schmuckgürtel mit metallenem Gürtelverschluß (Abb. 143). Neu ist auch das seit der Mitte des 5. Jh.s allmäh-

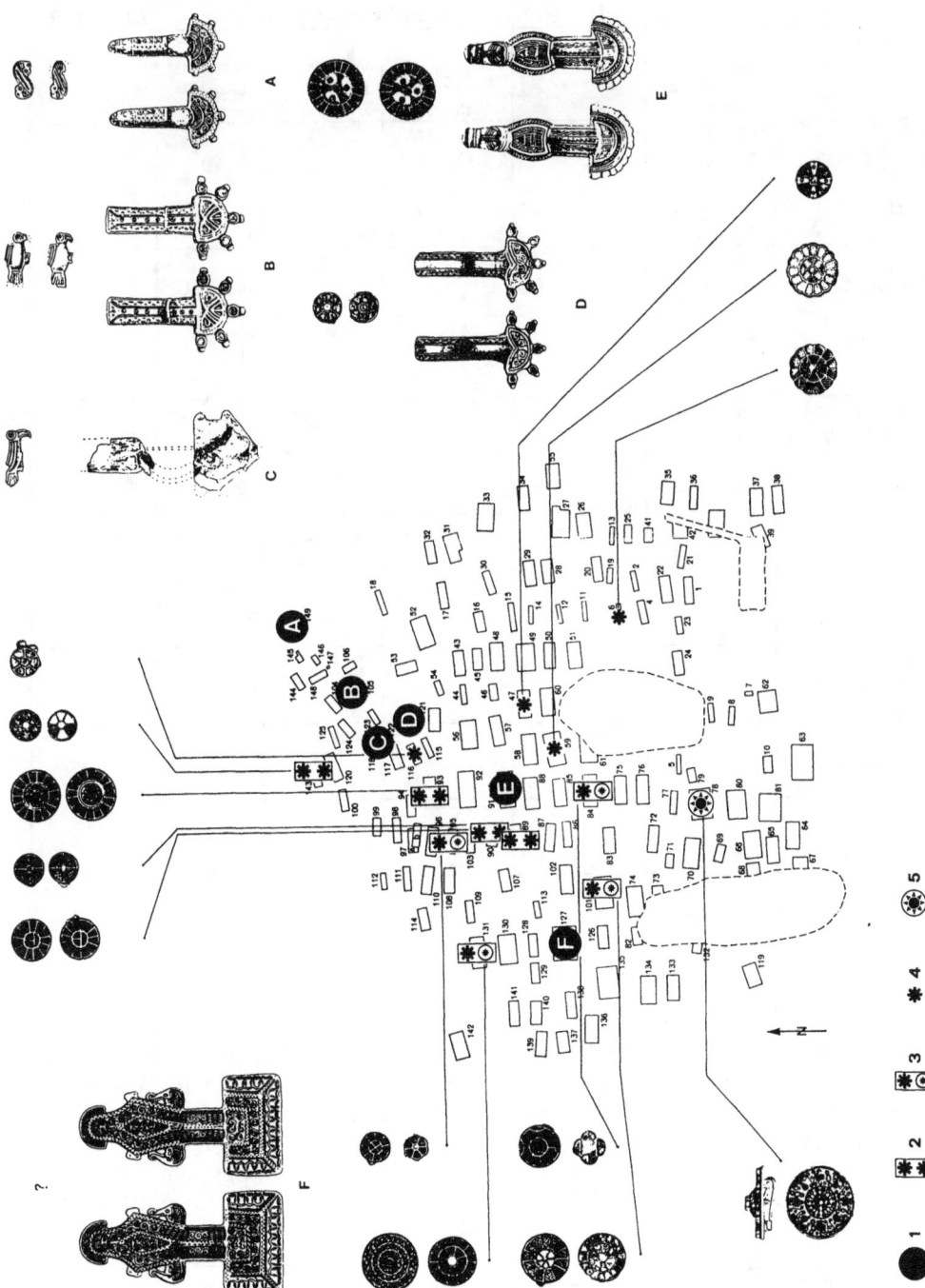

Abb. 140. Köln-Müngersdorf: Verbreitung der Frauengräber mit Fibeltracht (1 Bügelfibelpaare; 2.3 echtes bzw. ungleiches Kleinfibelpaar; 4 einzelne Kleinfibel; 5 Einzelfibel). Nach Martin (99)

Zeitstufen (nach Koch 1977)	Bügelfibeln Paar (* = ungleich) (+ = S-Fibeln)	Bügelfibeln einzeln	Kleinfibelpaare und -teile Paar (* = leicht verschieden)	Kleinfibelpaare und -teile ungleiches Paar	Kleinfibelpaare und -teile einzeln erhalten bzw. getragen	Einzelfibel
Stufe 1 (525/35-545/50) 9 Gräber	197 372 31 247 145 472		197 372 31(?) 247*		145 472	
	36 448	219				
Stufe 2 (545/50-565/70) 13 Gräber	586 33 146 502		586 33*		146 502	
	40 70 487		300 426 583 587 258*		409	
Stufe 3 (565-590/600) 19 Gräber	26 529+ 513*		26 529			513
		182	182		23	23
		516	173	250 468	20 192 206 208 210 358 402 509 551	22
Stufe 4 (590/600-620/30) 5 Gräber			553 (?)		233 387 464	350
Stufe 5 (620/30-650/60) 1 Grab		226 b				
Stufe 6 (650/60-680) 1 Grab						598

Abb. 141. Schretzheim: Die mit Bügel-, Kleinfibeln bzw. Einzelfibel ausgestatteten Frauengräber, nach Zeitstufen geordnet. Nach Martin (99)

lich aufkommende Klein-F.-Paar, das wie bereits die ält. Einzel-F. der RKZ (Abb. 136) einen Umhang bzw. Mantel verschließt und in dieser Funktion allmählich seit dem späten 6. Jh. durch eine (meist größere) Einzel-F. abgelöst wird, die über das Ende der MZ hinaus üblich bleibt.

§ 42. W. geprägte O-Germ. a. Burgunder. Ob im Reich der Burg. (→ Burgunden § 6) um Worms (1. Drittel des 5. Jh.s) die Frauen F.n trugen, ist noch offen. In Frage kommen die damals zw. Mainmündungsgebiet und Neckar konzentriert vorkommenden (aber auch weiter ö. verbreiteten) F.-Paare vom Typ Wiesbaden (155), deren ethnische Zuordnung und Tragweise (Peplos-F.n?) noch unbekannt sind. Im neuen Siedlungsraum am Genfer See und dem von dort aus entstehenden Kgr. Burgund sind nur aus den ersten Jahrzehnten nach der Einquartierung (a. 443 oder etwas später) einige wenige F.-Gräber bekannt: Zu den Bügel-F.-Paaren, deren (selten überlieferte) Tragweise uneinheitlich (Schulter-, Beckenlage) scheint, gibt es for-

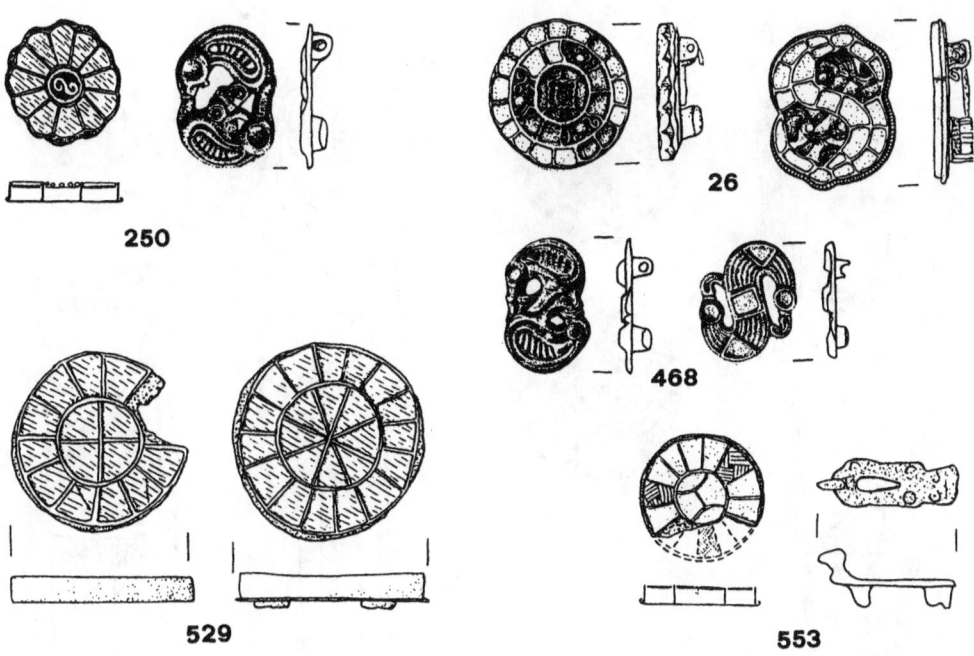

Abb. 142. Schretzheim: Die fünf ungleichen Kleinfibelpaare (vgl. Abb. 141). Nach Martin (99)

mal Gegenstücke an Oberrhein, Neckar und in Mitteldeutschland (92, Abb. 24), doch wurden Bügel-F.-Paare am neuen Ort, nach roman. Geschmack, umgehend auch mit flächigem Cloisonné verziert (92, Abb. 25.26). Sehr früh wurden (v. a. zoomorphe) Klein-F.-Paare getragen (Abb. 144), am Umhang und – ausnahmsweise – als Ersatz für nicht mehr greifbare bzw. nicht mehr beliebte Bügel-F.-Paare (Abb. 145). Eine eigenständige germ. F.-Produktion ist, da bereits ab 450 w.-roman. Klein-F.-Paare und roman. Zierdekor rezipiert werden, nicht nachzuweisen.

b. Wandalen. Auch die a. 429 nach N-Afrika übersiedelnden Wandal. (47; 83) lassen ihre Bügel-F.-Paare, die nur in geringer Zahl und ohne Fundlage überliefert sind, von Anbeginn an – wie anderen Schmuck (83, Taf. 49) – in mediterran-roman. Technik herstellen und mit Zellwerk verzieren (Abb. 146, 1.2). Außer einem germ. Armbrust-F.-Paar und einer eingliedrigen F. (133, Abb. 55.102) sind nur noch zwei mit Zellenwerk verzierte Scheiben-F.-Paare (Abb. 146, 3) bekannt, die roman. Produktion entstammen und vermutlich als Klein-F.-Paar – nach w-roman. (und w-germ.) Sitte – einen Umhang zu verschließen hatten.

§ 43. Frk., Alem. und Bajuwaren. a. Mitte des 5. bis Anfang des 6. Jh.s. Eine Anfangsphase der MZ wird charakterisiert durch frühe Typen von Bügel-F.-Paaren und einzelnen Bügel-F.n, die im W in der Regel aus Bronze, in den Gebieten ö. des Rheins meist aus Silber gefertigt sind. Die Vertreter der ersten „Fibelfamilie", die z. T. durch Pferdeprotomen beidseits der rhombischen Fußplatte und durch ihre Punzdekoration von der spätant. Formenwelt geprägt sind (z. B. Typ Bifrons Abb. 147, 9.15 [51, 273 ff.]), sind vor allem in N-Gallien und bis zum Niederrhein verbreitet und dort u. U. noch mit Schalen-F.n (Abb. 147, 15), aber auch mit frühen Klein-F.-

Abb. 143. Saint-Denis bei Paris: Sarkophag der frk. Königin Arnegunde; engzelliges Almandinscheibenfibelpaar; Rekonstruktion der Kleidung. Nach Martin (99; 100)

Paaren vergesellschaftet. Die zweite „Fibelfamilie", von → Krefeld-Gellep über S-Deutschland bis zum Alpenfuß streuend (v. a. Typen Krefeld und Heilbronn-Böckingen Abb. 147, 1–3 [51, 19 ff.]), trägt zwar spätant. Kerbschnitt, steht jedoch mit ihren quergerillten gleichbreiten Fußplatten mit Tierkopfende usw. eindeutig in elbgerm. Tradition. Gliedert man die Bügel-F.-Paare und einzelnen Bügel-F.n der Westnekropole von Krefeld-Gellep (Abb. 147) nach Material und mitgefundenen F.n, so darf man in der Tat von zwei „Fibelfamilien" sprechen, die sich im mittleren 5. Jh. am Niederrhein und in angrenzenden Landschaften überschneiden: die w., die bereits den mit Klein-F.-Paaren gehaltenen Umhang kennt, läßt sich (z. T. bereits romanisierten) Nachfahren von Nordsee-/Rhein-Wesergerm. zuschreiben, die ö. hingegen, die trotz ihrer aus Edelmetall gefertigten Bügel-F.-Paare noch keine Klein-F.-Paare verwendet, möchte man mit elbgerm. Bevölkerung, am ehesten aus dem damaligen Reich der → Thüringer verbinden (21; 22).

Zur wichtigsten Grundform wird im frk. und alem. Raum von etwa 450 und bis ins frühere 6. Jh. eine Bügel-F. mit halbrunder Kopfplatte (mit 3 bzw. 5 Knöpfen) und gleichbreitem, bisweilen in einem Tierkopf endenden Fuß (z. B. Abb. 147, 6–8.14.18.19; 148; 149), meist in Kerbschnitt (Spiralhaken, Dreiecke) verziert, der auf jüng. Stücken der Jahrzehnte nach 500 allmählich zu flauem Rillendekor (Abb. 151) verkümmert.

Ein aussagekräftiges Ensemble von Bügel-F.-Paaren und einzelner Bügel-F.n, das

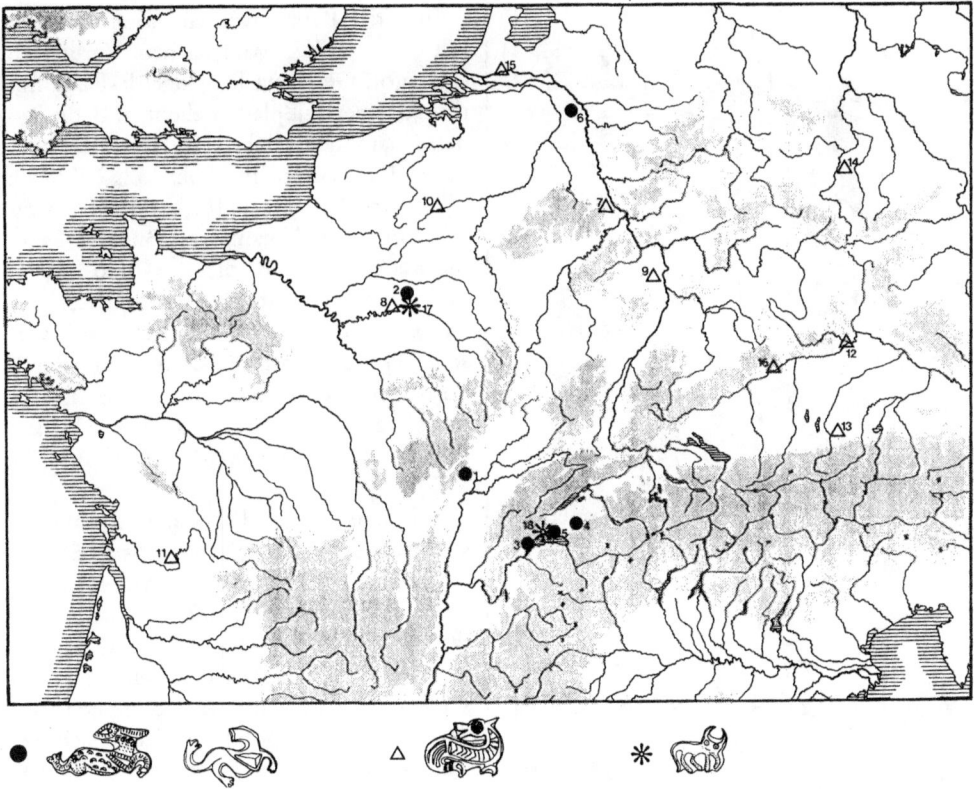

Abb. 144. Frühe Seetierfibeln u. ä. und Verbreitung der mit derartigen Kleinfibelpaaren ausgestatteten Frauengräber. Nach Marti (92)

offenbar a. 506, vor der Zerstörung des alem. Fürstensitzes auf dem → Runden Berg bei Urach durch die Frk., dem Boden anvertraut wurde (32; 94, Abb. 16), repräsentiert das alem. F.-Spektrum der Zeit vor und um 500 (Abb. 149); der näher differenzierte Bügel-F.-Typ Reutlingen (Abb. 150) dürfte wie andere Formen vor und nach dieser Katastrophe, die zu einem umfangreichen Exodus der alem. Oberschicht führte (s. u. § 48b), in den Boden gelangt sein. Erst mit den auf die ältesten Bügel-F.-Paare folgenden Formen werden bei den Alem. vermehrt Klein-F.-Paare kombiniert, da noch in den um 506 aufgelassenen Friedhöfen Bügel-F.-Paare gegenüber Klein-F.-Paaren klar überwiegen (Basel-Gotterbarmweg 8 : 1; Hemmingen 10 : 5 [104; 150]). Der mit einem Klein-F.-Paar verschlossene Umhang bürgert sich demnach ö. des Rheins, wo zunächst dem Cingulum und seinem Schmuck besonderer Wert beigemessen wird, zunächst (nur als Grabbeigabe?) erst bei einem Teil der Oberschicht (Abb. 172) und später ein als in der Francia (Abb. 147) und Burgundia (Abb. 144; 145).

Das merowingische Klein-F.-Paar ist anscheinend eine w. Schöpfung wohl des spätant. Galliens (s. u. § 47b). Auf älteste Klein-F.-Paare in der Form von Seewesen u. ä., Adler und Pferdchen ohne (und mit) Reiter (92) folgten sehr bald – als Weiterbildungen – Vogel-F.n (143) und frühe S-

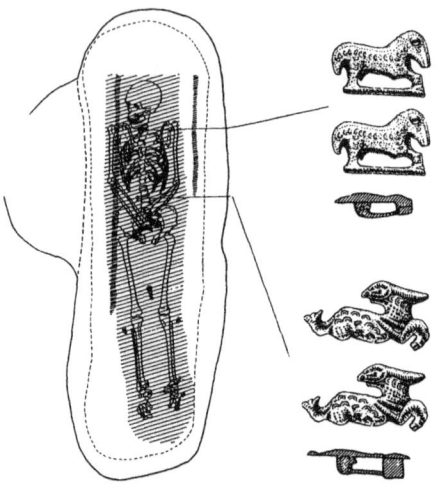

Abb. 145. Nyon-Clémenty, Kant. Waadt: Das Frauengrab 27 und seine zwei zoomorphen Fibelpaare. M. 1 : 40 bzw. 1 : 2. Nach Martin (99)

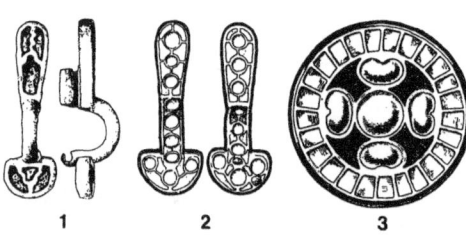

Abb. 146. Bügelfibel und -paar (1.2) sowie Scheibenfibelpaar (3, nur ein Exemplar) aus wandal. Grabfunden N-Afrikas. M. 1 : 3. Nach Gerharz (47); Koenig (83)

förmige F.n (Abb. 140; 147, 8.17). Noch vor 500 müssen zumindest Pferdchen- und Reiter-F.n auch ö. des Rheins getragen und z. T. hergestellt worden sein (80, Abb. 3).

b. 6. Jh. Nach 506 sind in der Alamannia, da deren Oberschicht ins Exil zog, für ein halbes Jh. besser ausgestattete Grabfunde mit F.-Tracht kaum zu fassen. Zahlreiche Serien der genannten Bügel-F.-Grundform sind nunmehr auf das frk. Gebiet konzentriert, so etwa das Bügel-F.-Paar mit gerillter (51; 67) bzw. gegitterter Kopfplatte (Abb. 151).

Im frk. Raum werden noch vor der Mitte des 6. Jh.s, wohl nach ö. Vorbildern und „got. Geschmack", Bügel-F.-Paare mit rhombischer Fußplatte beliebt, z. B. die Typen Champlieu (Abb. 152, 1) und Brébant sowie Typ Hahnheim (Abb. 152, 2 [51; 93; 152]). Im mittleren 6. Jh. kommen – jetzt auch in der Alamannia – Bügel-F.-Paare mit rechteckiger Kopfplatte (und ovaler, danach auch „barocker" Fußplatte) auf (Abb. 152, 3.4), nunmehr nach nord. Geschmack und wohl u. a. angeregt durch nord. und nö. F.n, die infolge Exogamie ihrer Trägerinnen nach S kamen (24, dazu 93, 50, Anm. 40; 40; 51; 52, 52 ff.; s. o. § 37).

Im Gebiet der → Bajuwaren, deren erste schriftliche Nennung spätestens a. 551 zu datieren ist, läßt sich im 6. wie schon im 5. Jh. keine eigenständige F.-Entwicklung fassen. Vielmehr ist der F.-Bestand, so etwa in Altenerding (13), ein Abbild der verschiedenen ethnischen Komponenten (bes. Alem., Thür., Langob.), aus denen sich dieser Stamm im Laufe der frühen MZ bildete (s. u. § 48b). Welche der auch in Altbayern gut vertretenen Bügel-F.-Paare mit halbrunder Kopfplatte und gleichbreitem Fuß (13; 48, 608 ff.) in die Zeit vor bzw. nach 506 gehören und in letzterem Fall mit dem alem. Exodus zu verbinden wären, bleibt zu untersuchen.

Im 6. Jh. werden Cingulum mit Bügel-F.-Paar sowie Umhang mit Klein-F.-Paar (sog. „Vierfibeltracht") gewissermaßen kanonisch. Allerdings geht in den frk. Gräbern die Beigabe des Bügel-F.-Paares bis zum späteren 6. Jh. schrittweise von der Seine bis an den Rhein zurück. Späte Bügel-F.-Paare (und einzelne Bügel-F.n) finden sich nur noch am Rhein, in der Alamannia und angrenzenden Gebieten und wurden dort vereinzelt noch von Damen getragen, die ihren Umhang bereits mit einer Einzel-F. befestigten (81).

Unabhängig vom Auflassen des „Statussymbols" des Bügel-F.-Paares – was mit

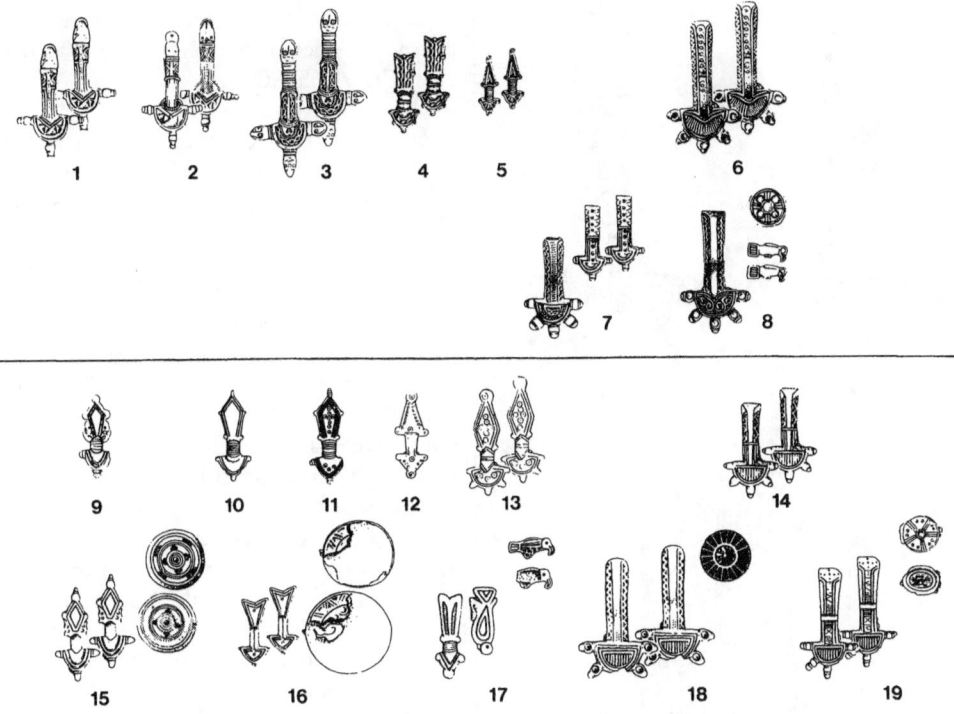

Abb. 147. Die Bügelfibeln der W-Nekropole von Krefeld-Gellep: 1–8 Bügelfibeln aus *Silber* (davon 7.8 mit merowingischen Kleinfibeln vergesellschaftet); 9–19 Bügelfibeln aus *Buntmetall* (davon 15–16 mit völkerwanderungszeitlichen Schalen- und 17–19 mit merowingischen Kleinfibeln vergesellschaftet). M. ca. 1 : 4. Zusammengestellt (in ungefähr zeitlicher Abfolge von links nach rechts) nach Pirling (111)

dem Cingulum geschah, ist noch unklar – wird der mit Klein-F.-Paar gefibelte Umhang weiter und, bes. im W, etliche Jahrzehnte länger getragen als das Bügel-F.-Paar (Abb. 140). Als typische Formen des Klein-F.-Paares sind für das 6. Jh. – neben den weiterhin beliebten Vogel-F.n – vor allem S-förmige F.n (78; 81; 153) und Almandinscheiben-F.n unterschiedlicher Formen und Qualität (3, Abb. 10; 52, 67 ff.; 77, Taf. 193; 81, 140 ff.; 125) zu nennen (Abb. 140–142; 147; 168, 2–4).

c. Spätes 6. bis Anfang des 8. Jh.s. Neben späten, oft einzeln (und nicht selten Mädchen) ins Grab mitgegebenen Bügel-F.n (31; 33; 107) ist jetzt die Einzel-F., mit der die Trägerin in der Regel unter dem Kinn einen Umhang oder Mantel – dies beweist auch die häufig beobachtete Überlagerung der auf dem Kleid getragenen Perlenkette durch die Einzel-F. (33, 496f.; 142, 444 ff.) – zu verschließen pflegte, die häufigste und vielerorts einzige F.-Gattung der jüng. MZ. Oft tragen diese Einzel-F.n christl. Motive oder Symbole, was die mediterrane Herkunft dieser F.-Gattung unterstreicht (s. u. § 47).

Nach ältesten Formen des späten 6. Jh.s wie der engzelligen Almandinscheiben-F. (41; Abb. 143) und der in gleichem Stil tauschierten eisernen Scheiben-F. (Abb. 153, 1), denen jüng. tauschierte (Abb. 153, 2.3) folgen (134, 145f.), dominieren im 7. Jh. als Hauptgruppen v. a. die kostbaren Goldblech- bzw. Filigranscheiben-F.n (Taf. 26, 2 [142]) und – zeitlich diese meist ablösend – die figürlich bzw. geometrisch verzierten Preßblechscheiben-F.n (Abb. 153, 5–13;

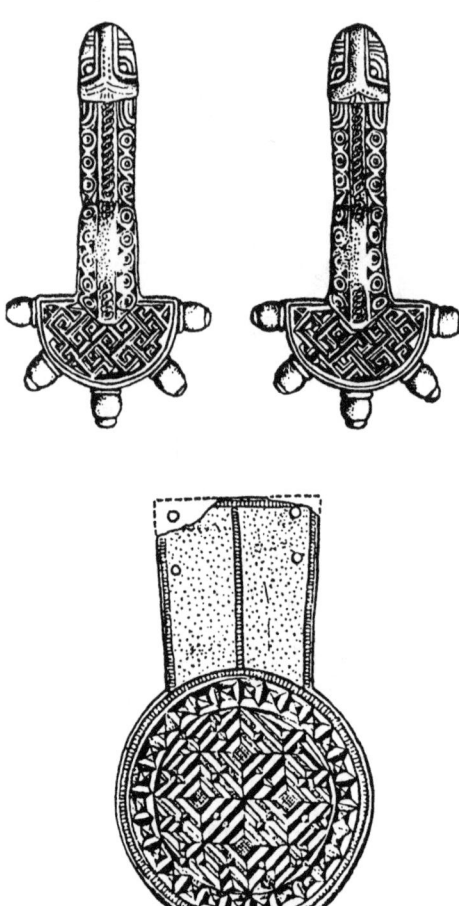

Abb. 148. Kirchheim am Neckar: Bügelfibelpaar und Riemenzunge eines Cingulums, aus Silber. M. 2 : 3. Nach Koch (72)

170, 2 [4; 7; 9; 56; 79; 84; 134]; → Brakteaten); s. u. § 47b.

Neben den genannten Formen existieren während der jüng. MZ, vorab regional begrenzt, weitere F.n (s. u. § 47b). So sind etwa die im S(?) beheimateten und dort vom Manne (s. u. § 49) getragenen gleicharmigen F.n in der frk. Frauentracht – paarweise oder mehrfach – über 700 hinaus beliebt (65; 90).

§ 44. Thür. Nach vielfältigen, in Details oft an F.n der späten RKZ anknüpfenden, aber nunmehr gegossenen F.-Formen der VWZ – Verwandtes gibt es u. a. in Krefeld-Gellep (z. B. Abb. 147, 4) – bilden sich noch im 5. Jh. unter den sehr variabel gestalteten Bügel-F.-Paaren die ersten Vertreter zweier typischer Serien, der thür. Zangen- und Vogelkopf-F.n (→ Thüringische Fibel), heraus (Abb. 154, 1.2 [129–131]), von denen etliche durch Wegzug ihrer Besitzerinnen auch in den W (21) und nach S-Deutschland (52, 50; 77) gelangten. Kostbarster Beleg dafür sind die cloisonnierten Zangen-F.n des vermutlich kgl. Frauengrabes unter dem Kölner Dom (Abb. 155; vgl. § 41a). In der Masse jüng. Bügel-F.-Paare oder einzelne Bügel-F.n weisen meist eine rechteckige Kopf- und ovale bzw. barocke Fußplatte auf (Abb. 154, 3).

Unter den Klein-F.-Paaren (Abb. 156) finden sich ebenfalls vornehmlich aus Mitteldeutschland (→ Obermöllern, Kr. Naumburg [Saale]; → Stößen, Kr. Hohenmölsen; → Weimar) bezeugte und wohl spezifisch thür. Formen, so vorab das sog. Miniatur-(bügel)-F.-Paar ([21]; Abb. 154, 1; 156, 1.2) und das sog. Dreirundel-F.-Paar ([21]; Abb. 156, 3) sowie bestimmte Vogel-F.-Paare (134, Taf. 35, 2). Außerdem waren (teilweise importierte?) Almandinscheiben-F.-Paare (Abb. 154, 2.3) und bes. S-förmige F.n (Abb. 156, 6–8) beliebt; letztere wurden bezeichnenderweise allein ö. des Rheins noch während der jüng. MZ, nunmehr als Einzel-F.n, weiter getragen (Abb. 157). Daneben gab es als Einzel-F. wie im W gegossene, mit Preßblech oder Filigran verzierte Scheiben-F.n (4; 129, Taf. 42; 73, Taf. 86f.).

§ 45. Langob. a. N-danubische Gebiete und Pann. (vor 568). Auch die frühma. F.-Tracht der Langob., die erst seit dem späteren 5. Jh. – in ihren Sitzen n. und s. der mittleren Donau (S-Mähren, Nieder-

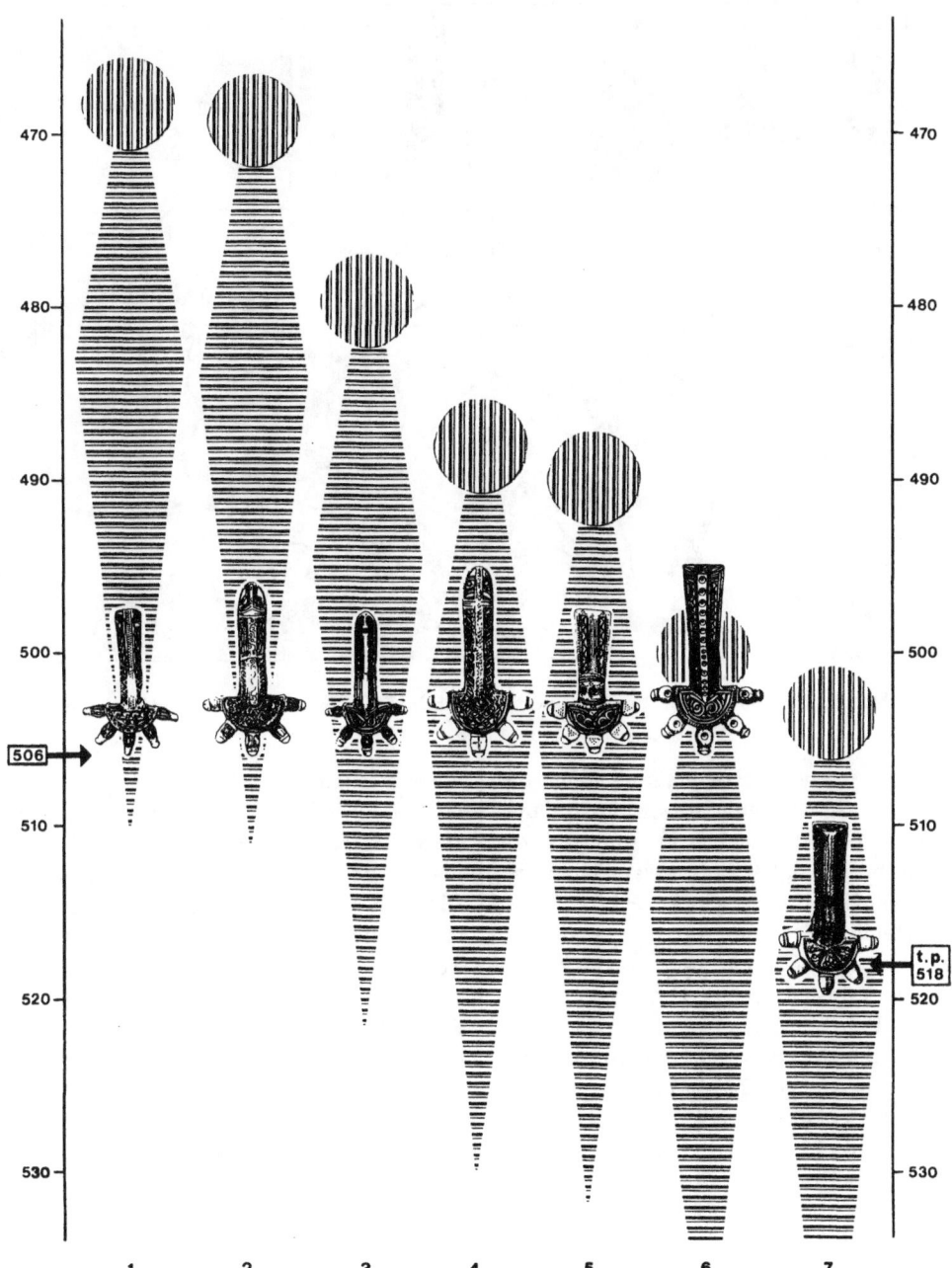

Abb. 149. Ungefähre Herstellungs-, Verwendungs- und Deponierungszeiten der Bügelfibeln vom Runden Berg bei Urach (1–6) und aus Mengen, Grab 12 (7). M. ca. 1 : 4. Zusammengestellt nach Christlein (32); Martin (95); (7: Garscha [46, Taf. 17,1])

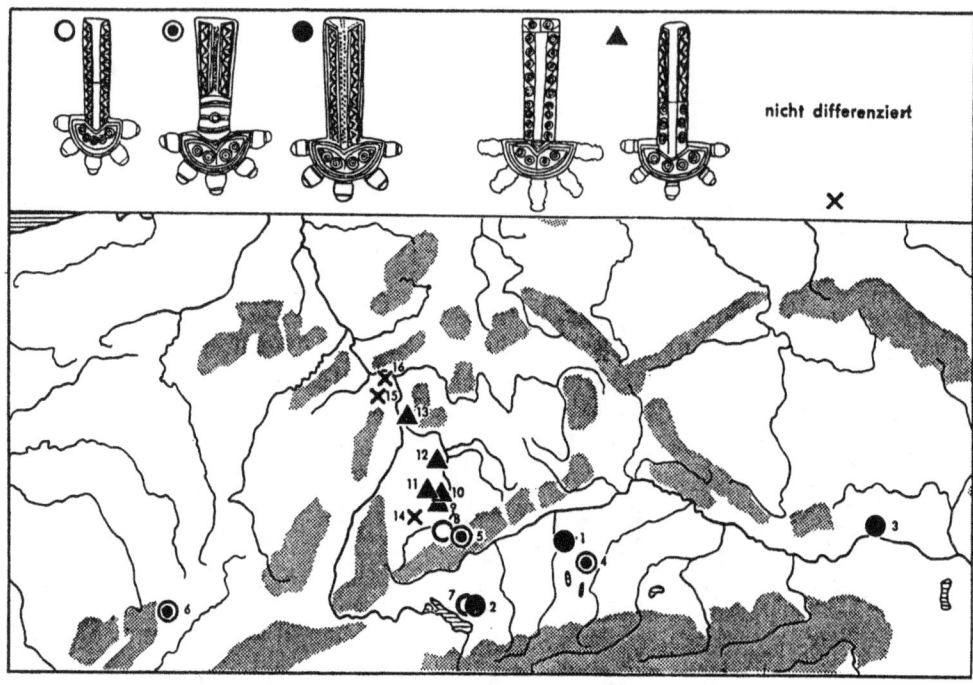

Abb. 150. Formen und Verbreitung der alem. Bügelfibeln des „Typs" Reutlingen. Nach Koch (76)

österr.) – zu identifizieren sind, folgte der w-germ. Entwicklung: sowohl im n-danubischen Gebiet wie auch in Pann., das die Langob. ab 526/27 (s. des Plattensees ab 546/47) beherrschten (→ Várpalota; → Krainburg), waren mit Bügel-F.-Paaren geschmückte Cingula und von Klein-F.-Paaren verschlossene Umhänge üblich (Abb. 158, 1; 159, 1).

Als Bügel-F.-Paar erscheinen in der Regel eigenständige langob. Formen, bes. die sog. Zonenknopf-F.n (26; 27; 48; 153 [Abb. 158, 1; 159, 1]). Bei den Klein-F.-Paaren übertreffen (meist mit einzelnen Almandinen besetzte) S-förmige F.-Paare ([78]; Abb. 158, 1; 160) an Beliebtheit die Almandinscheiben-F.-Paare (Abb. 159, 1) und weitere, seltenere Formen.

b. Italien (ab 568). Nach Ausweis der frühen Grabfunde in → Cividale trugen die einwandernden Langobardinnen noch Bügel-F.-Paare und ausschließlich S-förmige Klein-F.-Paare (43; 91; 119; 120). Sehr rasch muß jedoch als Mantelverschluß anstelle des Klein-F.-Paares die (aus der roman. F.-Tracht [s. u. § 47a] übernommene) Einzel-F. beliebt geworden sein; bei der reichen Oberschicht, wie etwa in → Castel Trosino, war dies – nach einigen engzellig cloisonnierten Almandinscheiben-F.n (wie Abb. 143) – fast immer eine Filigranscheiben-F. (Taf. 26, 2).

Von diesem Wechsel unberührt wurden noch eine Zeitlang mit langob. Bügel-F.-Paaren und einzelnen Bügel-F.n geschmückte Cingula weiter getragen (Abb. 158, 2; 159, 2.3; Taf. 27, 4); diese späten Bügel-F.n konnten an Größe und Gewicht (s. o. § 38b) alles bisher aus der w-germ. F.-Tracht Bekannte übertreffen. Noch nicht zu sehen ist, ob langob. Damen weitere roman. F.-Formen (s. u. § 47a), z. B. späte Tier- und Kreuz-F.n sowie Preßblech-F.n, übernommen haben.

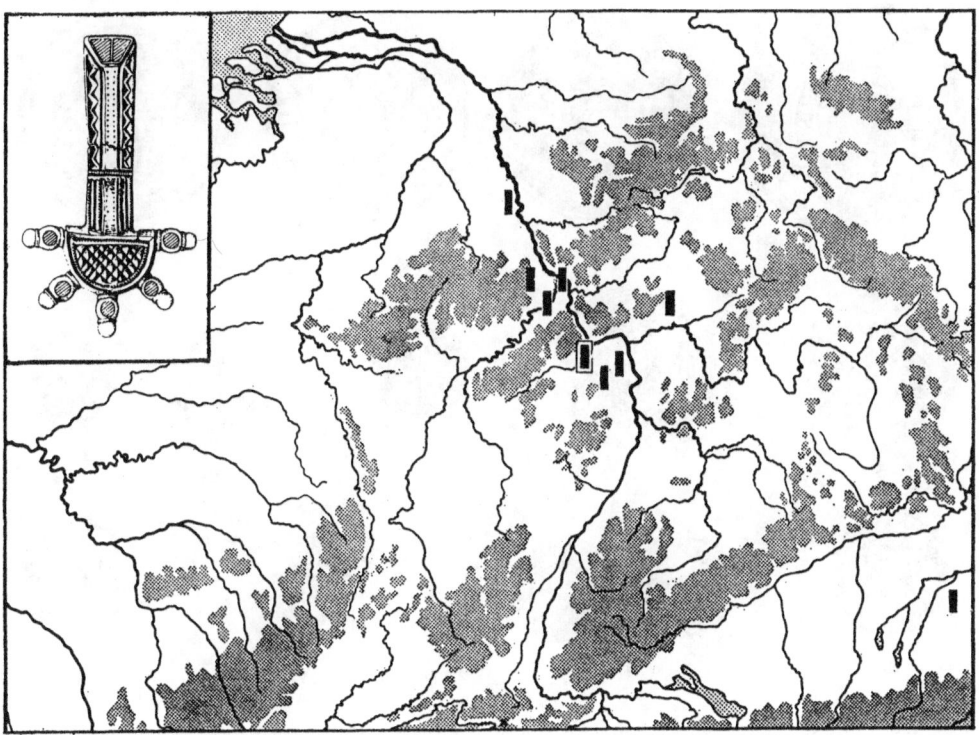

Abb. 151. Form und Verbreitung der frk. Bügelfibeln mit gegitterter Kopfplatte und almandinbelegtem Fußende. Nach Ament (3)

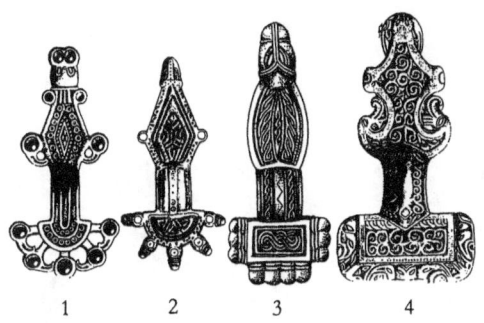

Abb. 152. Frk. Bügelfibeln der Typen Champlieu (1), Hahnheim (2), Rommersheim (3) und Langweid B (4). M. 1 : 3. Nach Böhner (24); Martin (93); Salin (127)

§ 46. Zusammenfassung. Seit der Spätant. wird in der germ. Frauentracht der seit vorgeschichtl. Zeit getragene Peplos kontinuierlich von S nach N aufgegeben – nur bei den N-Germ. (siehe § 36) überdauert er das frühe MA –, um durch eine andere, auch in der Oberschicht nicht mehr gefibelte Kleidung ersetzt zu werden. Anders als die W-Germ., die hier vorangehen, verhält sich die weibliche Oberschicht der O-, W- und Krimgoten, darin dem restaurativen Charakter der got. Reiche vergleichbar, konservativ-traditionell. Es wäre jedoch zu prüfen, ob der Peplos ähnlich der röm. Toga nur noch dann getragen wurde, wenn es galt, die got. Tradition in gänzlich roman. Umgebung hervorzuheben; das Verbot des conubiums mit roman. Personen (→ Eherecht § 4) wurde in den got. Reichen, anders als bei den W-Germ., erst spät (bei den W-Goten kurz vor 580) aufgehoben.

Es ist denkbar, daß das w-germ. Cingulum mit Bügel-F.-Paar, sieht man von seinem Amulettgehänge ab, gewissermaßen das Gegenstück zu dem im Karpatenbek-

156 (566) Fibel und Fibeltracht

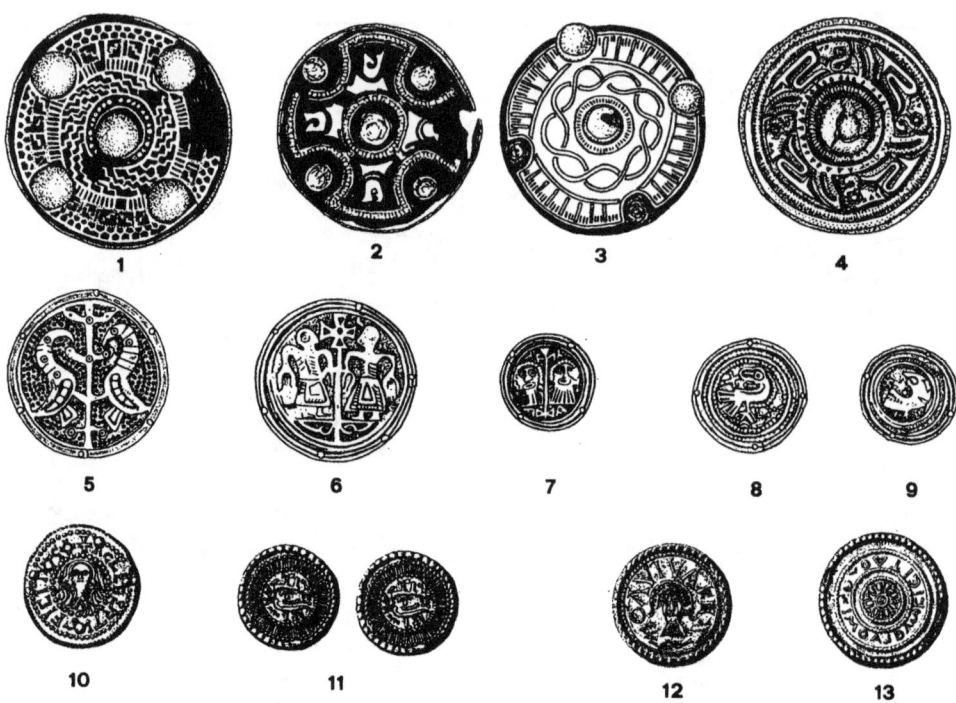

Abb. 153. Scheibenförmige Einzelfibeln (1–3 tauschiert; 4 Buntmetall, gegossen; 5–13 Preßblech aus Gold, Silber bzw. Buntmetall) der jüng. MZ: 1–9 Bargen und Berghausen, Nordbaden; 10.11 Monceau-le-Neuf, Dép. Aisne; 12.13 Liverdun, Dép. Meurthe-et-Moselle. M. 1 : 2. Nach Barthélemy (7); Koch (79); (10.11 [Paar]: Pilloy [110, Taf. 7,5.6])

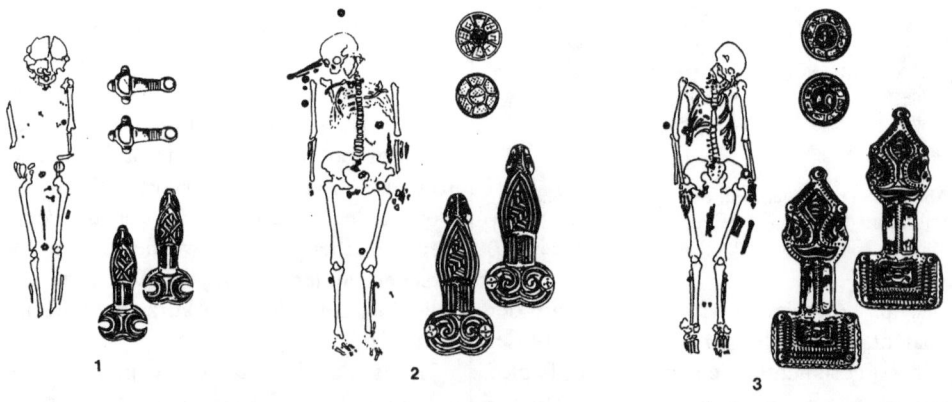

Abb. 154. Obermöllern (Kr. Naumburg): Grabpläne und Fibeln der Gräber 6 (1), 20 (2) und 9 (3). M. 1 : 40 bzw. 1 : 3. Nach Schmidt (131)

ken in der Zeit nach 400 aufkommenden Schmuckgürtel der o-germ. Frauentracht war, der durch eine große sog. got. Schnalle mit rechteckigem (seltener rhombischen) Beschlag gekennzeichnet ist (100). Während die o-germ. Burg. (und evtl. Sueben sowie Wandal.) sich der w-germ. F.-Tracht (-entwicklung) anschlossen, blieben dieser die Langob. treu – trotz ihres zunächst gegen SO gerichteten Wanderweges. Vielmehr gaben sogar die im O benachbarten o-germ. Gepiden, jedenfalls was ihre Gürtelformen, möglicherweise aber auch ihre F.-Tracht angeht (s. o. § 40b), o-germ. Traditionen preis. Dazu paßt, daß auch ihre arch. faßbare Sachkultur des 6. und 7. Jh.s in vielem der w-germ. ähnlich ist, ein wei-

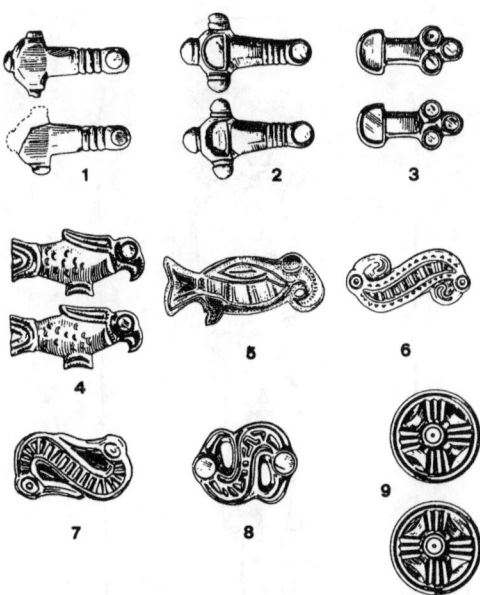

Abb. 156. Stößen (Sachsen-Anhalt): Die Formen der im Gräberfeld vertretenen Kleinfibelpaare. M. 2 : 3. Nach Schmidt (130)

Abb. 157. Zwei als Einzelfibel hergestellte und getragene bronzene S-Fibeln aus Mitteldeutschland. M. 2 : 3. Nach Schmidt (131)

terer Hinweis auf die bei den Frk. im W bis zu den Gepiden im O wirksamen mediterranen Einflüsse, nicht nur auf die w-germ. F.-Tracht.

§ 47. F. und F.-Tracht der roman. Frau. Wie für anderes bringt die Zeit um und nach 400 auch für die roman. Frauentracht des w-röm. Reiches Neuerungen: nach längerer Unterbrechung werden an der Kleidung wiederum F.n verwendet, allerdings in einer einzigen Funktion.

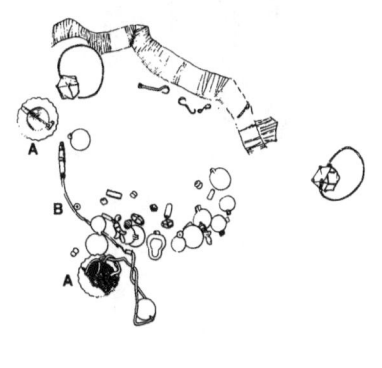

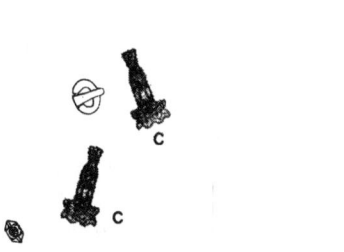

Abb. 155. Köln-Dom, Frauengrab von 1959: Lage des Halsschmucks sowie des Almandinscheibenfibelpaares (A, vgl. Abb. 168,2; mit Verbindungskette B) und des thür. Zangenfibelpaares (C). M. ca. 1 : 5. Nach Böhner (24); Doppelfeld (36; 37,266.272)

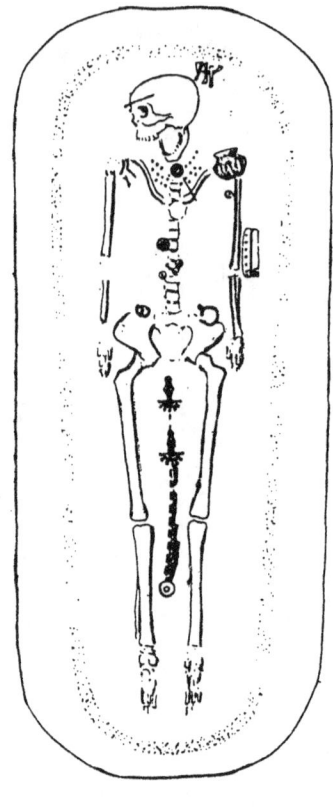 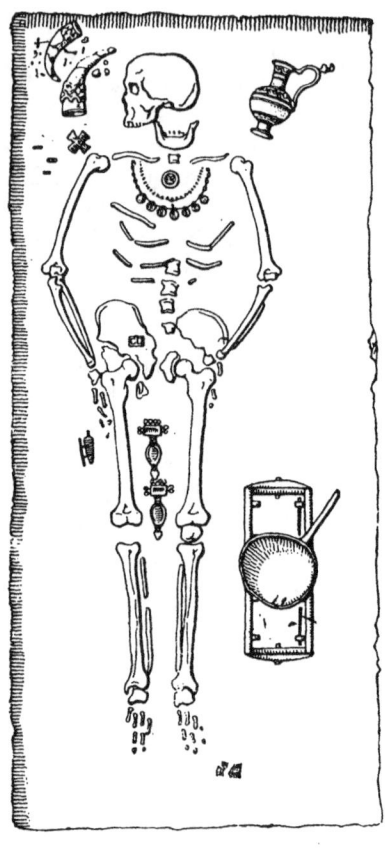

Abb. 158. Grabpläne zweier langob. Frauengräber: 1 Szentendre (Grab 29), 2 Nocera Umbra (Grab 17). M. 1 : 40. Nach Bóna (26) und Pasqui (106)

Anders als bei germ. Bevölkerungen, die zw. 450 und 700 dank regelmäßiger Beigabensitte eine gleichsam geschlossene Reihe aller ihrer F.-Formen überliefert haben, ist die weibliche F.-Tracht der mediterran-roman. Welt bzw. deren F.-Spektrum wegen lückenhafter bis fehlender Beigabensitte sehr ungleich und nur rudimentär auf uns gekommen. Das Bügel-F.-Paar als Schmuck eines Cingulums war ihr gänzlich unbekannt, ebenso anscheinend auch das damit verbundene, in Körpermitte herabhängende Gehänge (Abb. 138; 158) mit seiner spezifischen Amulett-Komponente; zu rechnen ist lediglich – außerhalb des Mittelmeerraumes – mit der gleicharmigen F. (s. o. § 43c), weniger jedoch mit zwei – kaum zutreffend – der roman. F.-Tracht zugeschriebenen Bügel-F.-Typen Oberitaliens (s. o. § 40c).

Der roman. F.-Bestand setzt sich beinahe ausschließlich aus den vielfältigen Formen der den Umhang verschließenden Einzel-F. und Klein-F.-Paare zusammen, die nicht selten von germ. Frauen rezipiert und deshalb häufiger durch germ. als roman. Beigabensitte überliefert wurden.

Im 5. und 6. Jh. waren – in zentralen Regionen als Einzel-F.n, peripher auch als Klein-F.-Paar – verschiedene Formen von

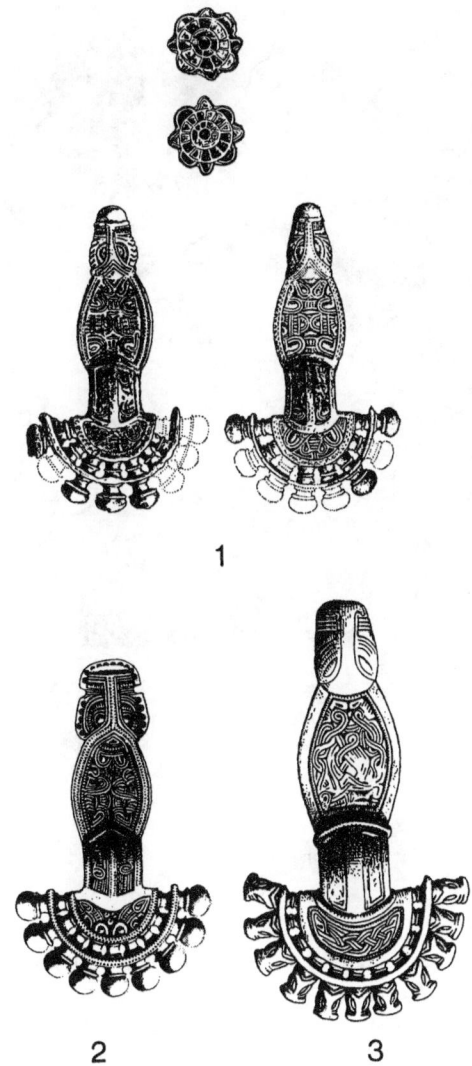

Abb. 159. Langob. Bügelfibeln: 1 Bezenye (Grab 8; mit Kleinfibelpaar), 2 Cividale, 3 Castel Trosino (Grab 22). M. ca. 1 : 3. Nach Hampel (53); Salin (127)

a. W. Mittelmeerraum. Frühphase. Früheste Belege roman. F.-Tracht sind z. B. eine goldene Scheiben-F. (Taf. 28, 1) im Hortfund von Ténès (um 430/50), aufgrund ihrer (sekundären) Pendilien wohl eine imitatio der von Münzbildern bekannten Mantel-F.n damaliger Kaiserinnen; zum gleichen Hort gehört eine spätant. Tier-F. in Form eines Delphins (59). Zeitgleich ist der Grabfund von Onore mit der derzeit ältesten Kreuz-F. ([97]; Abb. 163, 1). Um die Mitte des 5. Jh.s kam in einem w-germ. Frauengrab bei Grues (Dép. Vendée) eine mediterrane goldene Scheiben-F. mit zentralem Amethyst (Abb. 161, 1) in den Boden; für die gleiche Zeit wurden uns dank o-germ. (wandal. bzw. burg.) Beigabensitte auch einfachere Scheiben-F.n mit ovalem Amethyst bzw. Achat (Abb. 161, 2.3) überliefert (92). Mit diesen drei Formen (Scheiben-, Kreuz- und Tier-F.), sind bis auf die selteneren Münz-F.n (95) und Gemmen-F.n ([5, 401f.]; Abb. 147, 19) die wichtigsten Formen der mediterran-roman. F.-Tracht erfaßt.

Italien, Dalmatien, Raetien, Noricum. Alle F.n dieser Gebiete (zu Pann. → Keszthely) sind Einzel-F.n und als Verschluß des Umhangs zu interpretieren, wie bildliche Zeugnisse wenigstens für die Scheiben-F.n bezeugen (99). Für das 5. und 6. Jh. charakteristisch sind mannigfaltige Formen zoomorpher F.n aus Silber und Buntmetall (14, 146; 43; 57; 108; 148): Taube, Pfau, Hahn, Pferd, Hirsch, weiblicher Tiger (Abb. 162). Gleichzeitig und länger noch wurden Kreuz-F.n in verschiedenen Varianten getragen (43; 149 [Abb. 163]).

Tier-F.n beliebt, deren Tiere, mit Ausnahme der Gestalt eines weiblichen Tigers (Abb. 162, 11.12), stets nach rechts schreiten bzw. fliegen, mit der für rechtshändige Manipulation bequemen Ausrichtung der Nadelspitze zur linken Körperseite der Trägerin, d. h. jeweils zum Kopf des (horizontal dargestellten) Tieres.

Unter den Scheiben-F.n entsprechen den Tier-F.n größenmäßig in etwa die Preßblech-F.n mit figürlichem Einzelmotiv (weibliche bzw. männliche Büste, Vogel) bzw. geometrischem Dekor (Abb. 164; Taf. 28, 2.3); Zierbleche mit figürlichen Szenen sind selten (8, Abb. 4.5) und – isoliert er-

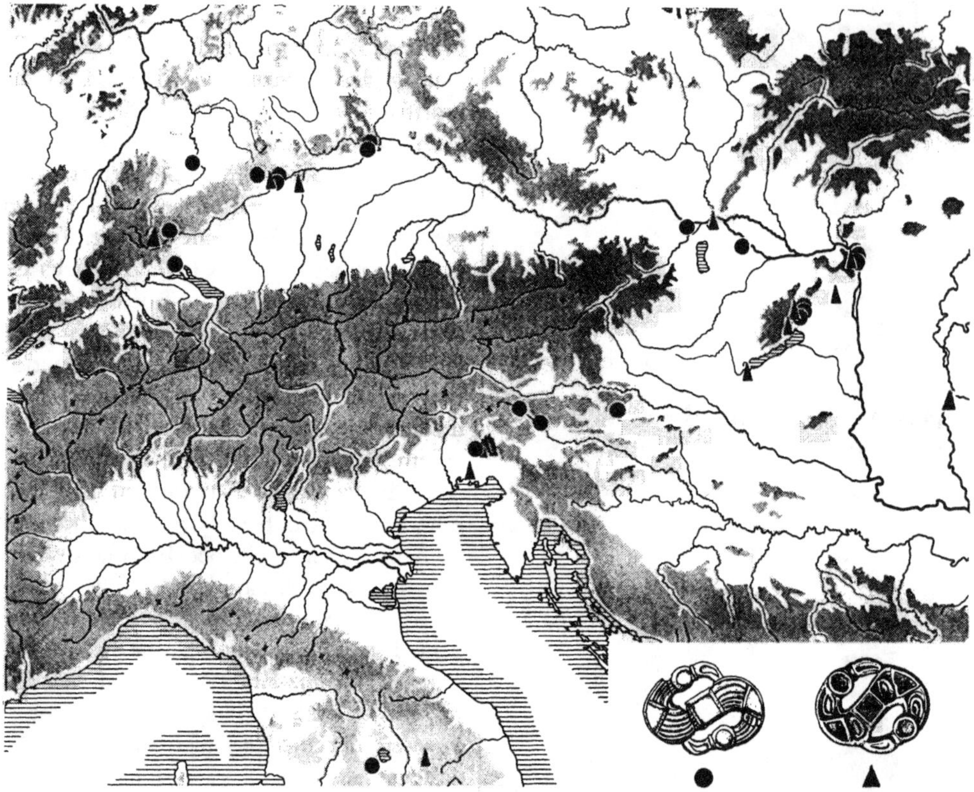

Abb. 160. Verbreitung langob. S-Fibeln des Typs Schwechat/Pallersdorf (Punkt) und des Typs Várpalota Grab 19 (Dreieck). Nach Koch (78); Kat. I Longobardi (91)

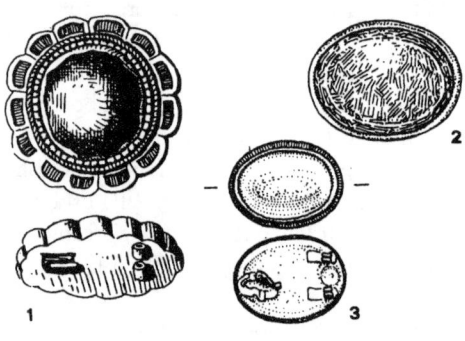

Abb. 161. Mediterrane Scheibenfibeln (Einzelfibeln) mit zentraler Steineinlage: 1 Grues, Dép. Vendée (Frauengrab), 2 Thuburbo Maius, Tunesien (Männergrab), 3 Saint-Sulpice, Kant. Waadt (Frauengrab 55). M. 2:3. Nach Koenig (83); Marti (92); Zeiß (158)

halten – kaum sicher als F.-Beleg zu identifizieren.

Kostbarer und meist auch größer sind engzellig cloisonnierte Almandinscheiben-F.n (wie Abb. 143) und meist mit Steinen besetzte Filigranscheiben-F.n aus Gold, vereinzelt auch Silber (43). Auf diesen finden sich zunächst oft pflanzliche Motive in ant. Tradition (u. a. als stilisierter Blätterkelch das sog. Lyramotiv, Abb. 165, 1), später vor allem kreis- und achterförmiger Filigrandekor zw. Zierbuckeln (Taf. 27, 4), dann auch einzelne Flechtbandmotive.

Spanien, Nordafrika. Hauptsächlich dank w-got. Beigabensitte sind für Spanien einige roman. F.n überliefert. Danach waren anscheinend sowohl in der roman. wie

Abb. 162. Mediterrane Tierfibeln (Einzelfibeln) aus Silber (2.7.8.11.12) und Buntmetall (1.3–6.9.10), aus Italien (1.2.4–9.12), Dalmatien (10.11) und Kärnten (3). M. 2 : 3. Nach Bierbrauer (14); Fuchs (43); von Hessen (57); Piccottini (108); Vinski (148); Werner (153)

auch w-got. Tracht als Verschluß des Umhangs, neben Einzel-F.n, auch Klein-F.-Paare üblich. Gegossene Tier-F.n (als Einzel-F.n) und ein Paar Kreuz-F.n kommen vor, doch häufiger sind – als Einzel-F.n und Klein-F.-Paare – gegossene oder mit Zierblech besetzte Scheiben-F.n, z. T. mit Steineinlage und erhöhtem Mittelteil ([102; 103; 117; 118; 125, Taf. 21, 7.8; 158, Taf. 6,6]; Abb. 134; 135; 166).

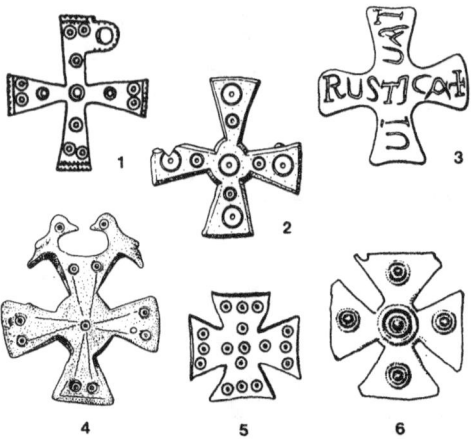

Abb. 163. Mediterrane Kreuzfibeln (Einzelfibeln) aus Silber (1.3.5) und Buntmetall (2.4.6), aus Italien (1–4), Siscia (5) und Ulpiana (6). M. 1 : 2. Nach Fuchs (43); von Hessen (58); Martin (97); Vinski (149)

Abb. 164. Mediterrane Scheibenfibeln (Einzelfibeln) mit Preßblechdekor aus Buntmetall (1 Silber), aus Slowenien (1.2.4) und Kärnten (3). M. 1 : 2. Nach Bolta (25); Piccottini (108); Stare (138)

Aus Nordafrika hat wandal. Beigabensitte an mediterranen F.-Formen cloisonnierte Scheiben-F.n – offenbar als Klein-F.-Paar – sowie eine F. mit ovalem Stein überliefert ([47; 83]; Abb. 146, 3; 161, 2).

b. Burgundia, Francia u. a. Ält. MZ. Auch n. der Alpen wird die neue roman. F.-Tracht seit dem 5. Jh. faßbar, einerseits durch importierte Einzel-F.n (wie z. B. Abb. 161, 1.3), andererseits durch eigenständige Entwicklung. Hier ist vorab der roman. Anteil oder Anstoß bei der Schaffung des sehr bald bei allen w-germ. Stämmen sich einbürgernden Klein-F.-Paares der ält. MZ herauszustellen: Seit dem mittleren 5. Jh. tauchen in der Burgundia und Francia zoomorphe Klein-F.-Paare auf, bei denen beide Tiere stets nach rechts, also nicht antithetisch ausgerichtet sind. Vom Pferd abgesehen werden andere Tiere als im S bevorzugt, zunächst Seewesen, gehörnte(?) Tiere, Adler (in Vorderansicht) und nach rechts fliegende (wohl ebenfalls Adler repräsentierende) Vögel ([92; 99; 152]; Abb. 144; 145; 167).

Bei der Entstehung des merowingischen Klein-F.-Paares waren – trotz seiner zunächst fast ausschließlichen Überlieferung durch germ. (zunächst burg., frk.) Beigabensitte – starke spätant.-roman. Einflüsse im Spiel: die Tiere entsprechen – thema-

Abb. 165. Mediterrane Scheibenfibeln (Einzelfibeln) aus Silber (2 Gold) mit pflanzlichem Dekor: 1 Castel Trosino – „Contrada Fonte" (Grab 220), 2 Isola Rizza (Schatzfund), 3 Güttingen, S-Baden (Grab 38), 4 Grancia bei Grosseto (Grab 72). M. 1 : 2. Nach Fingerlin (41); Fuchs (43); von Hessen (57; 58)

Fibel und Fibeltracht 163 (573)

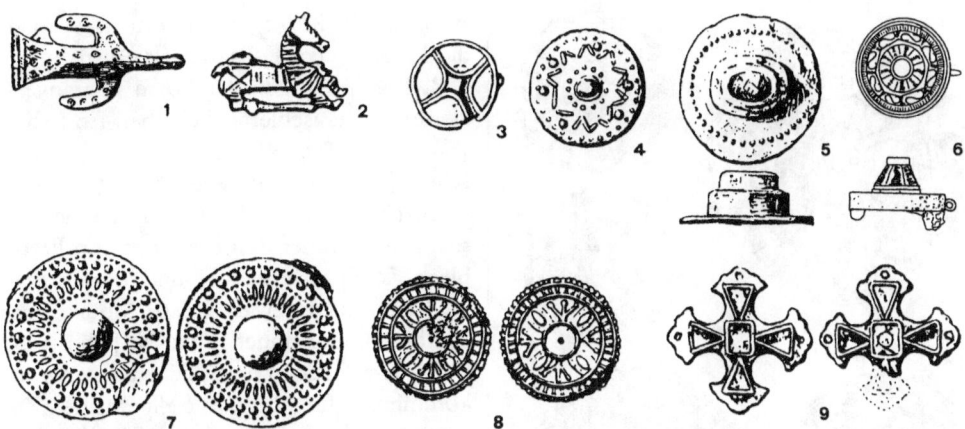

Abb. 166. Mediterrane Tierfibeln, Kreuzfibeln und Scheibenfibeln aus Spanien (1.5 Madrona; 2–4.7–9 Duratón; 6 Carpio de Tajo), meist wohl aus Buntmetall und oft mit Steineinlage(n); 3–5 als Drittfibel neben w-got. Peplosfibeln, 7–9 paarweise verwendet. M. 1 : 2. Nach Molinero Pérez (102; 103); Ripoll (117)

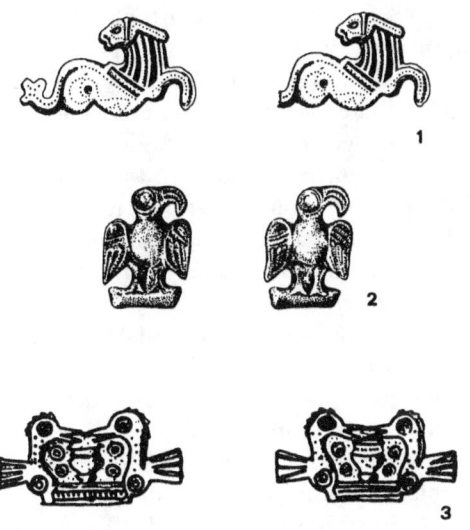

Abb. 167. Kleinfibelpaare der frühen MZ aus vergoldetem Silber, von spätant. bzw. christl. Formgebung: 1 Brochon, Dép. Côte-d'Or, 2 Maule, Dép. Yvelines (Grab 274), 3 Lavoye, Dép. Meuse (Grab 189). M. 2 : 3. Nach Marti (92); Martin (99)

tisch und stilistisch – Randtieren spätant. Metallarbeiten; frühe Beispiele stehen nach ant. Auffassung auf einer Standleiste; ausnahmsweise wurden auf einer F. zwei Tiere antithetisch dargestellt (Abb. 167, 3). In ihrer Verbreitung konzentrieren sich gerade die frühen F.-Gruppen mit spätant. Tierformen – zweifellos Produkte roman. Handwerker – in Gallien deutlich auf die Randzonen der von germ. Zuwanderung betroffenen Landschaften, waren demnach vermutlich auch in der weiblichen Tracht rein roman. besiedelter Gebiete üblich (Abb. 144). Wie den zoomorphen Einzel-F.n s. der Alpen (s. o. § 47a) kam auch im merowingischen Reich den tiergestaltigen Klein-F.-Paaren, so jedenfalls sicher den antithetischen Tauben beidseits eines Kelchs (Abb. 167, 3) und wohl auch anderen Tieren, z. B. den Adlern (123), christl. Sinngehalt zu. Zu einem guten Teil kann das merowingerzeitliche Klein-F.-Paar als roman.-burg.-frk. Schöpfung gelten. Roman. Komponenten scheinen mit der Zeit, z. B. bei den S-förmigen F.n, zurückzutreten, doch gehen auch die seit 500 als Klein-F.-Paare beliebt werdenden Almandinscheiben-F.n (s. o. § 43b) auf mediterran-roman. Vorbilder (wie Abb. 161, 1; 168, 1) und Gegenstücke zurück, die seit 500 (?) als qualitätvolle Einzel-F.n in den N kamen und sehr bald auch paarweise in merowingischen Werkstätten gefertigt wurden, wie

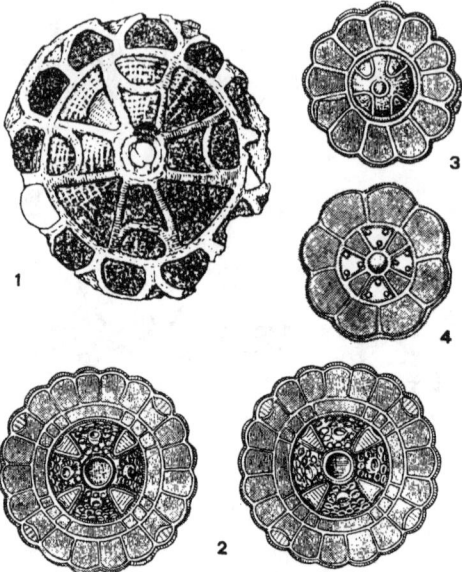

Abb. 168. Almandinscheibenfibeln und Vorläufer: 1 Auja-el-Hafir (Israel), 2 Köln-Dom (Frauengrab), 3.4 Rittersdorf (Gräber 46.44). M. 2 : 3. Nach Böhner (24)

z. B. die qualitativ ebenbürtigen Almandin-F.n des Frauengrabes unter dem Kölner Dom (Abb. 168, 2).

Jüng. MZ. Selbst in der roman. Burgundia bleiben eindeutig als Importe bestimmbare mediterran-roman. F.n bis ans Ende der MZ spärlich (→ Burgunden § 13). Hierhin gehört sicher die als Einzel-F. getragene Preßblechscheiben-F. mit Anbetung der Magier und griech. Inschr. (Abb. 170, 1). Für die dortige Romanitas der jüng. MZ typisch sind eigenständige Serien von Preßblech-F.n, die als Einzel-F.n den Umhang zu verschließen pflegten und aufgrund ihrer pflanzlichen Motive und christl. Symbole als rein roman. Produkte zu werten sind (114; 135); wie bei den ital. Filigranscheiben-F.n (s. o. § 47a) treten erst an späten Stücken einfache Flechtbandmotive auf (Abb. 169).

Im frk. und alem. Bereich schlägt sich der s. Einfluß anders nieder: Zwar wird auch hier, nebst einigen Import-F.n (23, Taf. 16, 6.7; 41, Taf. 2 [= Abb. 165, 3]; 121, Abb. 253 b. 277 c), nach roman. Vorbild die Einzel-F. (zu F.-Paaren als Ausnahmen z. B. 134, 146 ff.) in der Form filigranverzierter und tauschierter Scheiben-F.n (Abb. 153, 1–3; Taf. 26, 2) rezipiert, ferner Kreuz-F.n (134) und – bes. häufig – Preßblechscheiben-F.n. Diese unterscheiden sich jedoch in der Regel deutlich von Preßblech-F.n der Burgundia und des Mittelmeerraumes, da zwar christl. Motive und Symbolkompositionen (56; 79; [Abb. 153, 5–9]), nicht jedoch eigentliche Szenen vorkommen, dafür öfters nur allgemeine „Zitate" aus der ant. Welt, teils nach Münzbildern (7; 9; 128, I, 161), teils zweifellos (79, 55) auch nach anderen Bildvorlagen (Abb. 153, 10–13; 170, 2).

§ 48. Soziale und ethnische Aussagen der weiblichen F.-Tracht. Als Trachtelemente wurden nicht nur die Bügel-F.-Paare, wie deren dem erreichten Lebensalter entsprechender Abnutzungsgrad (96) annehmen läßt, sondern wohl auch die übrigen F.n – von Verlust oder irreparabler Beschädigung abgesehen – ein Leben lang getragen. Vor dem Erwachsenen- bzw. Heiratsalter verstorbenen (w-germ.) Mädchen wurden anscheinend bestenfalls einzelne Bügel-F.n bzw. Einzel-F.n (symbolisch?) mitgegeben, da ihnen offenbar in der Regel noch kein komplettes Bügel-F.-Paar (96) und ebensowenig ein mit Klein-F.-Paar verschlossener Umhang zustand.

a. Soziale Aussagen. Daß selbst in germ. Gräbern der sozial obersten Schicht F.n zwar als Sonderanfertigungen oder in erstrangiger Qualität (z. B. Abb. 143; 155; 168, 2; → Oßmannstedt), aber – anders als noch zur RKZ (Abb. 137) – nie in größerer Zahl als bei weniger reichen Bestattungen vorkommen, beweist die enge funktionelle (und schmückende) Verbindung der F.n mit der (in ihren Grundformen offenbar bei der gesamten F.n tragenden Bevölkerungsschicht identischen) Kleidung.

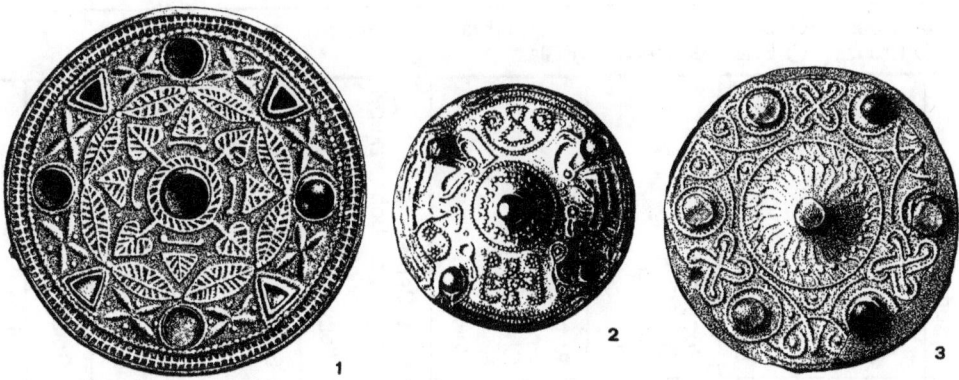

Abb. 169. Preßblechscheibenfibeln (Einzelfibeln) der Burgundia, aus vergoldetem Buntmetall: 1 Gurmels (Grab 309), 2.3 Riaz (Gräber 386.131). M. 2 : 3. Nach Schwab (135)

Abb. 170. Preßblechscheibenfibeln (Einzelfibeln): 1 Attalens, Kant. Fribourg (vergoldetes Buntmetall; mediterraner Import), 2 Maizières-lès-Vic, Dép. Moselle (Silber, frk. Typ, nach spätröm. Münzrevers). M. ca. 2 : 3. Nach Leclercq (89, Abb. 4439) und Engel (38, 89)

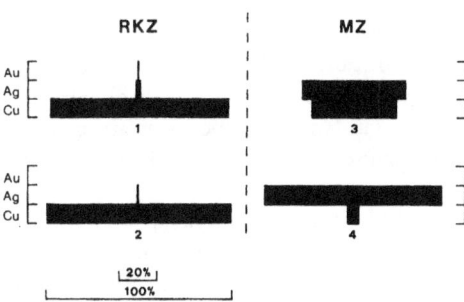

Abb. 171. Materialpyramiden der nor.-pann. Fibeln des 1./2. Jh.s (1; n = > 1600), der röm. Fibeln des 1.–3. Jh.s aus Augst/Kaiseraugst (2; n = > 1770) sowie der Bügelfibelpaare des 5./6. Jh.s aus Lavoye, Dép. Meuse (3; n = 9) und Schretzheim, Bayerisch-Schwaben (4; n = 16). Zusammengestellt nach Garbsch (45); Joffroy (67); Koch (77); Riha (116)

Ält. MZ. In der o- und w-germ. Frauentracht bestehen Bügel-F.n und Klein-F.n, sofern gegossen, in der Regel aus Silber und sind oft feuervergoldet (Abb. 171, 3.4). Sieht man von der ags. F.-Tracht (siehe § 50) ab, so kommt bei den meisten Germ.-Stämmen des frühen MAs Buntmetall, das im Falle einer allgemein(er) üblichen F.-Tracht – wie z. B. in den röm. Provinzen (Abb. 171, 1.2) – die breite Basis der sog. Materialpyramide bildet, jeweils nur an jüng. F.-Serien der o-germ. (s. o. § 40c.d) und späten der frk.-alem. Tracht vermehrt auf. Sehen wir von solchen gut erkennbaren Auflösungsprozessen, aber auch von Frühphasen (zu ältesten n-gall. Bügel-F.n aus Buntmetall s. o. § 43a) einmal ab, so bildete die F.-Tracht eine ständisch gebundene Tracht der germ. Oberschichten (16; 99; 104). Dabei dürften, wie etwa der Befund in Hemmingen (Abb. 172) illustrieren kann, innerhalb der sich mit Cingulum und Bügel-F.-Paaren schmückenden w-germ. Oberschicht Damen, die zusätzlich mit einem von Klein-F.n aus Edelmetall zusammengehaltenen Umhang bestattet wurden, einst zu den wohlhabenderen gezählt haben.

Jüng. MZ. Wo F.-Tracht in Form der den Umhang verschließenden Einzel-F. noch nachzuweisen ist, läßt sich nunmehr

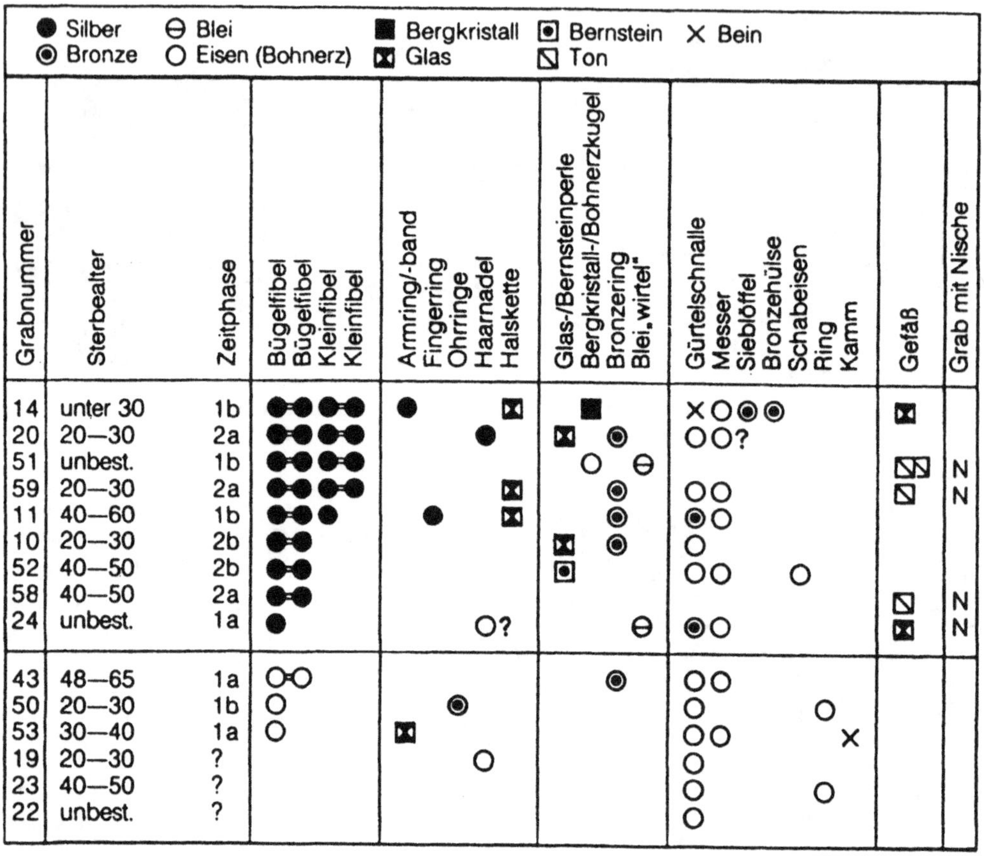

	Silber	⊖ Blei	■ Bergkristall	▣ Bernstein	× Bein
●	Bronze	○ Eisen (Bohnerz)	⊠ Glas	◪ Ton	

Grabnummer	Sterbealter	Zeitphase	Bügelfibel Bügelfibel Kleinfibel Kleinfibel	Arming-/band Fingerring Ohrringe Haarnadel Halskette	Glas-/Bernsteinperle Bergkristall-/Bohnerzkugel Bronzering Blei,,wirtel"	Gürtelschnalle Messer Sieblöffel Bronzehülse Schabeisen Ring Kamm	Gefäß	Grab mit Nische
14	unter 30	1b	●●●●	● · · · ⊠	· · · ·	× ○ ◉ ● · · ·	⊠	
20	20–30	2a	●●●●	· · · ● ·	⊠ · ◉ ·	○ ○ ? · · · ·		
51	unbest.	1b	●●●●	· · · · ·	· ○ ⊖ ·	· · · · · · ·	⊠	N
59	20–30	2a	●●●●	· · · ⊠ ·	· · ◉ ·	○ ○ · · · · ·	⊠	N
11	40–60	1b	●●●	· ● · ⊠ ·	· · ◉ ·	◉ ○ · · · · ·		
10	20–30	2b	●●	· · · · ·	⊠ · ◉ ·	○ · · · · · ·		
52	40–50	2b	●●	· · · · ·	▣ · · ·	○ ○ · · · ○ ·		
58	40–50	2a	●●	· · · · ·	· · · ·	· · · · · · ·	⊠	N
24	unbest.	1a	●	· · ○? · ·	· · · ⊖	◉ ○ · · · · ·	⊠	N
43	48–65	1a	○○	· · · · ·	· · ◉ ·	○ ○ · · · · ·		
50	20–30	1b	○	· ◉ · · ·	· · · ·	○ ○ · · ○ · ×		
53	30–40	1a	○	⊠ · · · ·	· · · ·	○ · · · · · ·		
19	20–30	?		· · · ○ ·	· · · ·	○ · · · · · ·		
23	40–50	?		· · · · ·	· · · ·	○ · · · ○ · ·		
22	unbest.	?		· · · · ·	· · · ·	○ · · · · · ·		

Abb. 172. Die mit Bügel- und Kleinfibeln (sowie weiteren Beigaben) ausgestatteten Frauengräber von Hemmingen, Württ. Nach Martin (99)

– offenbar der roman. Herkunft dieser Mantel-F. und deren sozial breiteren Verwendung entsprechend – eine weitgehend „normale" Materialpyramide feststellen. Deren Spitze wird nun durch F.n mit Goldbelag, vorab Filigranscheiben-F.n (142), gebildet, woraus man insgesamt auf eine zunehmend stärker abgehobene Oberschicht (→ Adel) innerhalb einer sozial weiter aufgefächerten Ges. schließen möchte; nach Christlein (30) gehörten die mit Filigranscheiben-F. (wie Taf. 26, 2), goldenem Fingerring usw. ausgestatteten Damen (z. B. → Wittislingen) zu einer nur wenige Prozente der Gesamtbevölkerung stellenden Oberschicht.

Bei der roman. Frauentracht (s. o. § 47) steht, wie zur RKZ, den aus Edelmetall gefertigten F.n eine größere Anzahl einfacher Buntmetall-F.n gegenüber, was auf eine sozial breitere Streuung der F.-Tracht hinweisen wird.

b. Ethnische Aussagen. Ält. MZ. Am häufigsten wird hier – als einzige sicher germ. F.-Form – das Bügel-F.-Paar herangezogen, dessen Tragweise heute im allgemeinen bereits O- von W-Germ. zu trennen erlaubt (s. o. § 39). Bereits um und nach 1970 betonte J. Werner die enge Bindung der verschiedenen Bügel-F.-Formen an bestimmte ethnische Gruppierungen bzw. Stämme und erklärte einzelne versprengte Ausnahmen mit Exogamie der Trägerinnen (bes. 153; 154). In der Folge schien allerdings die wiederholt an ein und demselben Bestattungsplatz (z. B. in der großen, durch Vorberichte seit 1973 bekanntgewordenen Nekropole von Altenerding [126]) festgestellte Vielfalt der F.-Formen auf eine freie, allein von Handel und Angebot bestimmte Wahl der F.-Formen zu deuten. Neue Detailanalysen – so gerade auch für Altenerding (13) – bestätigen jedoch, daß für F.-Formen und F.-Tracht weiterhin eine im allgemeinen enge Verbindung zu einer ethnisch definierten Gemeinschaft postuliert werden darf. Dabei läßt sich natürlich eine Trennung der Bügel-F.-Tracht zw. größeren ethnisch geprägten Gruppierungen (o/w-germ. bzw. sog. ö./w. Reihengräberkreis) eher absichern als zw. einzelnen Stämmen der O- bzw. W-Germ. Nur im ö. Reihengräberkreis sind etwa, als Erbe der späten RKZ, vollplastische, in die Kopfplatte eingezapfte Zierknöpfe üblich, wogegen bei den Frk. und Alem. die mitgegossenen, oft flachen Zier-„knöpfe" an den (gänzlich als Abzeichen empfundenen) Bügel-F.-Paaren lediglich den für F.n vertrauten Umriß zu vervollständigen haben.

Im W, z. B. in Krefeld-Gellep (Abb. 147), läßt sich innerhalb des w-germ. Kreises, zumindest für einen gewissen Zeitraum, elbgerm. von rhein-weser-germ. F.-Tracht trennen. In Schretzheim konnten Zangen- und Vogelkopf-F.n des 6. Jh.s (wie Abb. 154, 1.2; 155) klar Frauen aus Mitteldeutschland zugewanderter thür. Familien zugewiesen werden; diese Bügel-F.-Paare wurden etwas tiefer getragen als jene dem w. Reihengräberkreis angehörenden Bügel-F.-Paare des gleichen Platzes (77, bes. 57). Die Vorformen und Gegenstücke der in Italien entdeckten Bügel-F.-Paare des späteren 6. Jh.s, die dort allein den 568 eingewanderten Langob. zugeschrieben werden können, finden sich in den früheren langob. Gebieten Pann.s (s.o. § 45), eine weitere Bestätigung dafür, daß ethnische Bestimmungen von Bügel-F.-Paaren möglich sind.

Einige außerhalb ihres s-dt. Kerngebiets gefundene nachweislich alem. Bügel-F.-Paare des späteren 5. Jh.s (Abb. 150; Taf. 27, 2.3) gehen offensichtlich nicht (allein) auf Exogamie, sondern primär auf einen umfassenden, nach Raetien und Burgund sowie nach Oberitalien (zuletzt 98, 140 mit Lit.) erfolgten Exodus der alem. Oberschicht im Gefolge ihrer Niederlage (a. 506) gegen die Frk. zurück (s. o. § 43).

Daß in ethnischer Hinsicht der Form des Bügel-F.-Paares u. U. mehr Gewicht zukommen kann als dessen Tragweise, scheinen die vier jeweils mit einem o-germ. (aber nach w-germ. Sitte wie Abb. 133, 1 an einem Cingulum befestigten) Bügel-F.-Paar ausgestatteten, bei ihrem Tode dennoch eng nebeneinander beigesetzten, also offenbar „fremden" und wohl o-got. Frauen in Altenerding (13, Abb. 12) zu belegen.

Jüng. MZ. Ethnische Bestimmungen von F.n sind nunmehr, angesichts der fast überall auf die (meist scheibenförmige) Einzel-F. reduzierten F.-Tracht und des zunehmenden (auch mit einer wirtschaftl., nicht „ethnischen" Regionalisierung einhergehenden) kulturellen Einflusses des frk. Reiches kaum noch zu erwarten, wohl aber Aussagen zu Werkstätten bzw. Absatzgebieten damaliger Einzel-F.n (29; 31, Abb. 75; 56; 73, Taf. 85–87; 142, Karten). Die kulturelle Eigenständigkeit der roman. Burgundia unter frk. Herrschaft bezeugen drei nur dort verbreitete Gruppen von Preßblechscheiben-F.n (Abb. 169).

§ 49. F. und F.-Tracht des Mannes. Der in der Ant. seit langem bekannte, meist kurze → Mantel (*paludamentum, chlamys, sagum*) der Männertracht, den auf der rechten Schulter eine F. zusammenhielt und so den rechten Arm freiließ, lebte auf dem Boden des w-röm. Reiches auch in spätant. Zeit

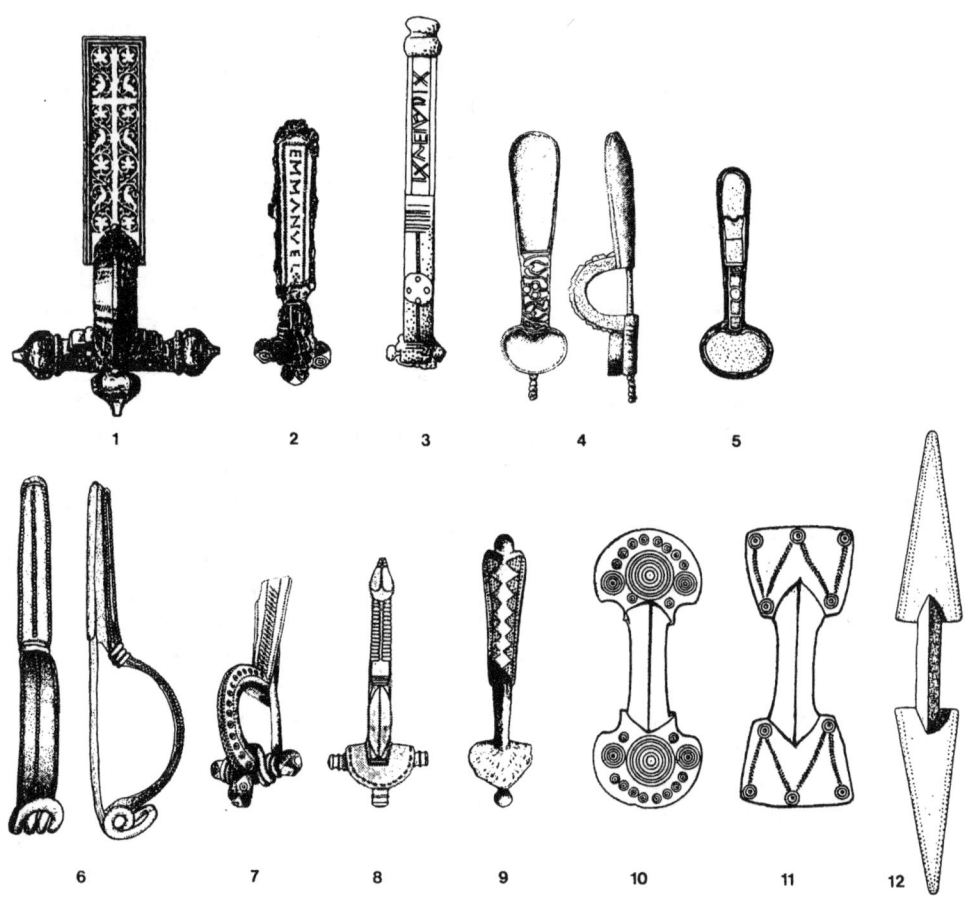

Abb. 173. Mantelfibeln des Mannes, aus Gold (1.4–6), Silber (7–9.11) und Buntmetall (2.3.10.12), aus Italien (1.4.10.11), Istrien (12), Dalmatien (2), Spanien (3), Mähren (7) und Fundorten n. der Alpen (5 [aus Frauengrab].6.8.9). M. 1 : 2. Nach Alénus-Lecerf (2); Bernhard (10); Fuchs (43); Giesler-Müller (49); Koch (75); Riegl (115); Ripoll (117); Salin (127); Tihelka (144); Torcellan (145); Vinski (148); Werner (152)

und während des frühen MAs weiter. Für den mediterranen Raum bezeugen dies v. a. bildliche (und schriftliche) Zeugnisse, die allerdings fast nur Kaiser, Offiziere und Beamte betreffen (60; 157; 146, 263 ff.). Arch. Belege sind eher zufällig und oft dank germ. Beigabensitte (→ Childerich) überliefert. Es handelt sich vorab um die bis ins 6. Jh. nachweisbare → Zwiebelknopffibel (Abb. 173, 1), aber auch um späte Armbrust- und Bügelknopf-F.n, die – als genuin germ. F.-Formen (133) – noch vor 500(?) offenbar auch in die mediterranroman. F.-Tracht übernommen wurden (Abb. 173, 3). Auch die (bis auf die Verschlußkonstruktion) mit Bügel-F.n vergleichbaren F.n mit ovaler Kopfplatte wie Abb. 173, 4.5 werden Einzel-F.n der mediterranen Männertracht gewesen sein.

Spätestens seit der Mitte des 6. Jh.s kam in Italien und Dalmatien die (nach 568 auch von den Langob. rasch rezipierte und im 7. Jh. weit verbreitete) gleicharmige F. als Einzel-F. des Männermantels auf (43;

65; 145; 149; [Abb. 173, 10–12]), die zwar früh auch n. der Alpen, aber bis zum Ende der MZ nur vereinzelt nachzuweisen ist (81, 188f.); häufiger wurde hier diese F.-Form – anders als im S – während der jüng. MZ von Frauen getragen (s. o. § 43c). Auch in der an das Imperium Romanum angrenzenden germ. Welt trugen seit spätröm. Zeit (74) und während der frühen MZ einzelne Männer an ihrem Mantel nebst originalen prov.-röm. F.n wie z. B. in → Leuna (156) und → Apahida F.n germ. Form (133), v. a. Armbrust- und Bügelknopf-F.n (Abb. 173, 7), aber auch F.n mit umgeschlagenem Fuß (Abb. 173, 6) und einzeln getragene Varianten früher Bügel-F.n, von denen einige paarig (auffällig oft jedoch unpaarig) auch in der weiblichen F.-Tracht auftreten ([22]; Abb. 173, 8.9); Belege des 6. und 7. Jh.s stehen bisher aus.

(1) N. Åberg, Die Frk. und W-Goten in der VWZ, 1922. (2) J. Alénus–Lecerf, Le cimetière de Vieuxville (com. de Ferrières) 6e campagne de fouilles, Arch. Belgica NS 2, 1986, 75–80. (3) H. Ament, Frk. Adelsgräber von Flonheim in Rheinhessen, 1970. (4) Ders., Ein Denkmal spätmerowingischer Tierornamentik. Scheiben-F. aus Kaltenwestheim, Grab 1/1957, Jahresschr. Halle 72, 1989, 205–214. (5) Ders., Zur Wertschätzung ant. Gemmen in der MZ, Germania 69, 1991, 401–424. (6) B. Arrhenius, Merovingian Garnet Jewellery, emergence and social implications, 1985. (6a) A. Bartel u. a., Zu einem Frauengrab des 6. Jh.s aus Waging am See, Ldkr. Traunstein, Oberbayern, Germania 71, 1993, 419–439. (7) A. de Barthélemy, Note sur quelques fibules franques, Recueil de Mém. publiés par la Soc. des Antiqu. de France à l'occasion de son centenaire, 1904, 25–31. (8) J. Baum, Frühma. Denkmäler der Schweiz und ihrer Nachbarländer, 1943. (9) G. Behrens, Merowingische Preßblech-Scheiben-F.n, Mainzer Zeitschr. 39/40, 1944/45, 17–21. (10) H. Bernhard, Germ. Funde der Spätant. zw. Straßburg und Mainz, Saalburg-Jahrb. 38, 1982, 72–109. (11) V. Bierbrauer, Zu den Vorkommen o-got. Bügel-F.n in Raetia II., Bayer. Vorgeschichtsbl. 36, 1971, 131–165. (12) Ders., Die o-got. Grab- und Schatzfunde in Italien, 1975. (13) Ders., Das Reihengräberfeld von Altenerding in Oberbayern und die bajuwarische Ethnogenese – eine Problemskizze, Zeitschr. f. Arch. des MAs 13, 1985, 7–25. (14) Ders., Invillino-Ibligo in Friaul I. Die röm. Siedlung und das spätant.-frühma. Castrum, 1987. (15) Ders. u. a., F., in: Reallex. zur dt. Kunstgesch. 8, 1987, Sp. 719–763. (16) Ders., O-germ. Oberschichtgräber der RKZ und des frühen MAs, Arch. Baltica 8, 1989, 39–106. (17) Ders., Bronzene Bügel-F.n des 5. Jh.s aus SO-Europa, Jahresschr. Halle 72, 1989, 141–160. (18) Ders., Hist. Überlieferung und arch. Befund. O-germ. Einwanderer unter Odoaker und Theoderich nach Italien, in: Probleme der relativen und absoluten Chron. ab LTZ bis zum Früh-MA, 3. Internationales Symposium Krakau 1990, 1992, 263–277. (19) Ders., Zwei roman. Bügelfibeltypen des 6. und 7. Jh.s im mittleren Alpenraum, in: Universitätsforsch. zur prähist. Arch. 8, 1992, 37–73. (20) H. W. Böhme, Germ. Grabfunde des 4. bis 5. Jh.s zw. unterer Elbe und Loire, 1974. (21) Ders., Les Thuringiens dans le Nord du royaume franc, Rev. arch. de Picardie 3/4, 1988, 57–69. (22) Ders., Eine elbgerm. Bügel-F. des 5. Jh.s aus Limetz-Villez (Yvelines, Frankreich), Arch. Korrespondenzbl. 19, 1989, 397–406. (23) K. Böhner, Die frk. Altertümer des Trierer Landes, 1958. (24) Ders., Zur Zeitstellung der beiden frk. Gräber im Kölner Dom, Kölner Jahrb. für Vor- und Frühgesch. 9, 1967/68, 124–135. (25) L. Bolta, Rifnik pri Šentjurju, 1981. (26) I. Bóna, Langob. in Ungarn, Arheološki Vestnik 21/22, 1970/71, 45–74. (27) Ders., Der Anbruch des MAs. Gepiden und Langob. im Karpatenbekken, 1976. (28) D. Brown, The brooches in the Pietroasa treasure, Antiquity 46, 1972, 111–116. (29) T. Capelle u. a., Weitere Modeln der Merowinger- und WZ, Frühma. Stud. 9, 1975, 110–142. (30) R. Christlein, Besitzabstufungen zur MZ im Spiegel reicher Grabfunde aus W- und S-Deutschland, Jahrb. RGZM 20, 1973 (1975), 147–180. (31) Ders., Die Alamannen, 1978. (32) Ders., Der Runde Berg bei Urach III. Kleinfunde der frühgeschichtl. Perioden aus den Plangrabungen 1967–1972, 1979. (33) G. Clauss, Die Tragsitte von Bügel-F.n, Jahrb. RGZM 34/2, 1987 (1989), 491–603. (34) D. Csallány, Arch. Denkmäler der Gepiden im Mitteldonaubecken, 1961. (35) G. Diaconu, Tîrgșor. Necropola din secolele III–IV e. n., 1965. (36) O. Doppelfeld, Das frk. Frauengrab unter dem Chor des Kölner Domes, Germania 38, 1960, 89–113. (37) Ders. u. a., Die Ausgrabungen im Dom zu Köln, 1980. (38) J. Engel, La fibule chrétienne d'Attalens, Hist. et Arch. Les Dossiers Nr. 62, 1982, 88–91. (39) H. Farke, Textile Reste an zwei völkerwanderungszeitlichen Vogel-F.n, Alt-Thüringen 26, 1991, 197–206. (40) E. Nissen Fett, Relief-F.n vom nord. Typus in Mitteleuropa, Bergens Mus. Årbok. Historisk-antikv. rekke, 1941, Nr. 5. (41) G. Fingerlin, Grab einer adeligen Frau aus Güttingen, Ldkrs. Konstanz, 1964. (42) F. Fremersdorf, Das frk. Gräberfeld von Köln-

Müngersdorf, 1955. (43) S. Fuchs u. a., Die langob. F.n aus Italien, 1950. (44) Gallo-Romains, Wisigoths et Francs en Aquitaine, Septimanie et Espagne, Actes des VIIe Journées internationales d'Arch. mérovingienne Toulouse 1985, 1991. (45) J. Garbsch, Die nor.-pann. Frauentracht im 1. und 2. Jh., 1965. (46) F. Garscha, Die Alamannen in S-Baden, 1970. (47) R. R. Gerharz, F.n aus Afrika, Saalburg-Jahrb. 43, 1987, 77–107. (48) Germ., Hunnen und Awaren. Ausstellungskat. Nürnberg, 1987. (49) U. Giesler-Müller, Das frühma. Gräberfeld von Basel-Kleinhüningen. Kat. und Tafeln, 1992. (50) I. Glodariu, Ein Grab aus dem 5. Jh. in Slimnic (Rumänien), Germania 52, 1974, 483–489. (51) H. Göldner, Stud. zu rhein- und moselfrk. Bügel-F.n, 1987. (52) C. Grünewald, Das alam. Gräberfeld von Unterthürheim, Bayerisch-Schwaben, 1988. (53) J. Hampel, Alterthümer des frühen MAs in Ungarn, 3 Bde, 1905. (54) R. Harhoiu, Chron. Fragen der VWZ in Rumänien, Dacia NS 34, 1990, 169–208. (55) G. Haseloff, Die germ. Tierornamentik der VWZ. Bd. 1: Stud. zu Salin's Stil I, 1981. (56) K. Hauck, Missionsgesch. in veränderter Sicht. Sakrale Zentren als methodischer Zugang zu den heidn. und christl. Amulettbildern der Übergangsepoche von der Ant. zum MA, in: Institutionen, Kultur und Ges. (Festschr. J. Fleckenstein), 1984, 1–34. (57) O. von Hessen, I ritrovamenti barbarici nelle Collezioni Civiche Veronesi del museo di Castelvecchio, 1968. (58) Ders., Primo contributo alla arch. longobarda in Toscana, 1971. (59) J. Heurgon, Le trésor de Ténès, 1958. (60) Ders., F., in: Reall. f. Antike und Christentum VII, Sp. 790–800. (61) H. Hinz, Am langen Band getragene Bergkristallanhänger der MZ, Jahrb. RGZM 13, 1966 (1968), 212–230. (62) Ders., Zur Frauentracht der Völkerwanderungs- und VZ im N, Bonner Jahrb. 178, 1978, 347–365. (63) K. Horedt, Siebenbürgen in spätröm. Zeit, 1982. (64) Ders., Das frühma. Siebenbürgen, 1988. (65) W. Hübener, Gleicharmige Bügel-F.n der MZ in W-Europa, Madrider Mitt. 13, 1972, 211–269. (66) E. James, The Merovingian Arch. of South-West Gaul, 1977. (67) R. Joffroy, Le cimetière de Lavoye (Meuse), 1974. (68) M. Kazanski, La chronologie de la culture de Černjahov récente, Arch. médiévale 18, 1988, 7–53. (69) Ders., Contribution à l'étude des migrations des Goths à la fin du IVe et au Ve siècles, in: wie [44], 11–25. (70) A. Kiss, Die Skiren im Karpatenbecken, ihre Wohnsitze und ihre materielle Hinterlassenschaft, Acta Arch. Hung. 35, 1983, 95–131. (71) Ders., Die Schatzfunde I und II von Szilágysomlyó als Qu. der gepidischen Gesch., Arch. Austriaca 75, 1991, 249–260. (72) R. Koch, Ein reiches frühmerowingisches Frauengrab aus Kirchheim am Neckar (Kr. Ludwigsburg), Fundber. aus Schwaben NF 18/1, 1967, 238–254. (73) Ders., Bodenfunde der VWZ aus dem Main-Tauber-Gebiet, 1967. (74) Ders., Die Tracht der Alamannen in der Spätant., in: ANRW II, 12, 3, 456–545. (75) U. Koch, Die Grabfunde der MZ aus dem Donautal um Regensburg, 1968. (76) Dies., Alamannische Gräber der 1. Hälfte des 6. Jh.s in S-Bayern, Bayer. Vorgeschichtsbl. 34, 1969, 162–193. (77) Dies., Das Reihengräberfeld bei Schretzheim, 1977. (78) Dies., Mediterranes und langob. Kulturgut in Gräbern der ält. MZ zw. Main, Neckar und Rhein, in: Atti del 6° Congresso internazionale di studi sull'alto medioevo Milano 1978, 1980, 107–121. (79) Dies., Die frk. Gräberfelder von Bargen und Berghausen in N-Baden, 1982. (80) Dies., Der Runde Berg bei Urach V. Die Metallfunde der frühgeschichtl. Perioden aus den Plangrabungen 1967–1981, 1984. (81) Dies., Das frk. Gräberfeld von Klepsau im Hohenlohekrs., 1990. (82) G. G. Koenig, Arch. Zeugnisse w-got. Präsenz im 5. Jh., Madrider Mitt. 21, 1980, 220–247. (83) Ders., Wandal. Grabfunde des 5. und 6. Jh.s, ebd. 22, 1981, 299–360. (84) R. Krause, Vor- und frühgeschichtl. Grabfunde in Ernsbach (Stadt Forchtenberg, Hohenlohekrs.). Ein Vorber. unter bes. Berücksichtigung der jungmerowingischen Preßblech-F.n, Württ. Franken 66, 1982, 7–46. (85) H. Kühn, Die germ. Bügel-F.n der VWZ in der Rheinprovinz, 2 Bde, 1940. (86) Ders., Die germ. Bügel-F.n der VWZ in S-Deutschland, 2 Bde, 1974. (87) Ders., Die germ. Bügel-F.n der VWZ in Mitteldeutschland, 1981. (88) R. Lantier, Le cimetière wisigothique d'Estagel, Gallia 1, 1943, 153–188; 7, 1949, 55–80. (89) H. Leclercq, Fibule, in: Cabrol, Leclercq, Dict. arch. chrét. V, 2, 1478–1586. (90) J. Lemière et al., Saint-Martin de Verson (Calvados), nécropole des VIIe et VIIIe siècles, Arch. médiévale 10, 1980, 59–104. (91) I Longobardi. Ausstellungskat. Villa Manin di Passariano/Cividale, 1990. (92) R. Marti, Das frühma. Gräberfeld von Saint-Sulpice VD, 1990. (93) M. Martin, Das frk. Gräberfeld von Basel-Bernerring, 1976. (94) Ders., Das Früh-MA, in: Chron., Arch. Daten der Schweiz, 1986, 99–117, 178–191. (95) Ders., Ein münzdatiertes Kindergrab aus der frühma. „ecclesia in castro Exsientię" (Burg bei Eschenz, Gem. Stein am Rhein SH), Arch. der Schweiz 9, 1986, 84–92. (96) Ders., Beobachtungen an den frühma. Bügel-F.n von Altenerding (Oberbayern), Bayer. Vorgeschichtsbl. 52, 1987, 269–280. (97) Ders., Grabfunde des 6. Jh.s aus der Kirche St. Peter und Paul in Mels SG, Arch. der Schweiz 11, 1988, 167–181. (98) Ders., Bemerkungen zur chron. Gliederung der frühen MZ, Germania 67, 1989, 121–141. (99) Ders., Tradition und Wandel der fibelgeschmückten frühma. Frauenkleidung, Jahrb. RGZM 38, 1991 (1994) im

Druck. (100) Ders., Zur frühma. Gürteltracht der Frau in der Burgundia, Francia und Aquitania, in: L'art des invasions en Hongrie et en Wallonie, Actes du colloque tenu au Musée royal de Mariemont 1979, 1991, 31–84. (101) M. Menke, Arch. Befunde zu O-Goten des 5. Jh.s in der Zone nordwärts der Alpen, Arch. Baltica 7, 1986, 239–281. (102) A. Molinero Pérez, Le necrópolis visigoda de Duratón (Segovia), 1948. (103) Ders., Aportaciones de las excavaciones y hallazgos casuales (1941–1959) al Museo arqueologico di Segovia, 1971. (104) H. F. Müller, Das alamannische Gräberfeld von Hemmingen, 1976. (105) U. Näsman, Zwei Relief-F.n von der Insel Öland, Prähist. Zeitschr. 59, 1984, 48–80. (106) A. Pasqui et al., Necropoli barbarica di Nocera Umbra, Monumenti Antichi 25, 1919, 137–352. (107) C. Pescheck, Zur Bronze-F. von Altenhausen, Kr. Haldensleben, Jahresschr. Halle 72, 1989, 173–183. (108) G. Piccottini, Das spätant. Gräberfeld von Teurnia St. Peter in Holz, 1976. (109) Ch. Pilet et al., La nécropole de Saint-Martin-de-Fontenay (Calvados), 1994. (110) J. Pilloy, Etudes sur d'anciens lieux de sépultures dans l'Aisne 3, 1912, 99–208. (111) R. Pirling, Das röm.-frk. Gräberfeld von Krefeld-Gellep, Bd. 1–4, 1966–1989. (112) D. Piton, La nécropole de Nouvion-en-Ponthieu, 1985. (113) F. Rademacher, Frk. Goldscheiben-F.n aus dem Rhein. Landesmus. in Bonn, 1940. (114) A. Rettner, Das Inventar des Frauengrabes 11, in: R. Marti u. a., Ein frühma. Gräberfeld bei Erlach BE, 1992, 13–28. (115) A. Riegl, Spätröm. Kunstindustrie, 1927. (116) E. Riha, Die röm. F.n aus Augst und Kaiseraugst, 1979. (117) G. Ripoll, La necrópolis visigoda de El Carpio de Tajo (Toledo), 1985. (118) Dies., Materiales funerarios de la Hispania visigoda: Problemas de cronologia y tipologia, in: wie [44], 111–132. (119) H. Roth, Die Ornamentik der Langob. in Italien, 1973. (120) Ders., Die ornamentgeschichtl. Stellung der „neuen" langob. Bügel-F.n in Hannover und New York, Germania 56, 1978, 533–546. (121) Ders. (Hrsg.), Kunst der VWZ, Propyläen-Kunstgesch., Suppl.-Bd. 4, 1979. (122) Ders., Kunst und Handwerk im frühen MA, 1986. (123) Ders., Kleine cloisonnierte Adler-F., in: Gedenkschr. J. Driehaus, 1990, 267–276. (124) B. Ruckstuhl, Ein reiches frühalamannisches Frauengrab im Reihengräberfeld von Schleitheim-Hebsack SH, Arch. der Schweiz 11, 1988, 15–32. (125) H. Rupp, Die Herkunft der Zelleneinlage und die Almandin-Scheiben-F.n im Rheinland, 1937. (126) W. Sage, Das Reihengräberfeld von Altenerding in Oberbayern, 2 Bde, 1984. (127) Salin. (128) E. Salin, La civilisation mérovingienne, Bd. 1–4, 1950–1959. (129) B. Schmidt, Die späte VWZ in Mitteldeutschland, 1961. (130) Ders., Die späte VWZ in Mitteldeutschland. Kat. (S-Teil),

1970. (131) Ders., Die späte VWZ in Mitteldeutschland. Kat. (N- und O-Teil), 1976. (132) J. Schneider, Deersheim. Ein völkerwanderungszeitliches Gräberfeld im N-Harzvorland, Jahresschr. Halle 66, 1983, 75–358. (133) M. Schulze-Dörrlamm, Roman. oder Germ.? Unters. zu den Armbrust- und Bügelknopf-F.n des 5. und 6. Jh.s n. Chr. aus den Gebieten w. des Rheins und s. der Donau, Jahrb. RGZM 33, 1986, 593–720. (134) Dies., Die spätröm. und frühma. Gräberfelder von Gondorf, Gem. Kobern-Gondorf, 1990. (135) H. Schwab, Goldblechscheiben-F.n mit Begleitfunden aus dem Kant. Freiburg, Chronique arch. 1985 (Arch. Fribourgeoise) 1988, 210–232. (136) C. Seillier et al., Trois épingles de coiffure mérovingiennes de Vron (Somme), Septentrion 5, 1975, 61–67. (137) E. Servat, Exemple d'exogamie dans la nécropole de Vicq (Yvelines), Bull. liaison Assoc. française d'arch. mérovingienne 1, 1979, 40–44. (138) V. Stare, Kranj, necropola iz časa preseljevanja ljudstev, 1980. (138a) E.-G. Strauss, Stud. zur F.-Tracht der MZ, 1992. (139) J. Tejral, Zur Chron. der frühen VWZ im mittleren Donauraum, Arch. Austriaca 72, 1988, 223–304. (140) Ders., Einige Bemerkungen zur Chron. der späten RKZ in Mitteleuropa, in: wie [18], 227–248. (141) M. Tempelmann-Mączyńska, Das „reduzierte" Trachtenmodell der got. Frauen und seine Ursprünge, Arch. Baltica 8, 1989, 203–230. (142) B. Thieme, Filigranscheiben-F.n der MZ aus Deutschland, Ber. RGK 59, 1978, 381–500. (143) G. Thiry, Die Vogel-F.n der germ. VWZ, 1939. (144) K. Tihelka, Knížecí hrob z období stěhování národů u Blučiny, okr. Brno-venkov, Památky Arch. 54, 1963, 467–498. (145) M. Torcellan, Le tre necropoli altomedievali de Pinguente, 1986. (146) H. Vierck, Trachtenkunde und Trachtengesch. in der Sachsen-Forsch. (und andere Aufsätze), in: Sachsen und Angelsachsen. Ausstellungskat. des Helms-Mus.s Hamburg, 1978, 231–293. (147) Ders., Die wikingische Frauentracht von Birka, Offa 36, 1979, 119–133. (148) Z. Vinski, Kasnoantički starosjedioci u salonitanskoj regiji prema arheološkoj ostavštini predslavenskog supstrata, Vjesnik za arheologiju i historiju Dalmatinsku 69, 1967 (1974), 5–86. (149) Ders., Krstoliki nakit epohe seobe naroda u Jugoslaviji, Vjesnik Arheološkog Muzeja u Zagrebu, Serija 3, 3, 1968, 103–166. (150) E. Vogt, Das alamannische Gräberfeld am alten Gotterbarmweg in Basel, Anz. f. Schweiz. Altkde NF 32, 1930, 145–164. (151) S. Y. Vons-Comis, Een nieuwe reconstructie van de kleding van de ‚Prinses van Zweeloo', Nieuwe Drentse Volksalmanak 105, 1988, 151–187. (152) J. Werner, Die F.n, Kat. der Slg. Diergardt 1, 1961. (153) Ders., Die Langob. in Pann., 1962. (154) Ders., Zur Verbreitung frühgeschichtl.

Metallarbeiten, Antikvariskt arkiv 38, 1970, 65–81. (155) Ders., Zu einer elbgerm. F. des 5. Jh.s aus Gaukönigshofen, Ldkr. Würzburg, Bayer. Vorgeschichtsbl. 46, 1981, 225–254. (156) Ders., Zu den röm. Mantel-F.n zweier Kriegergräber von Leuna, Jahresschr. Halle 72, 1989, 121–134. (157) K. Wessel, F., in: Reall. zur byz. Kunst 2,1971, Sp. 537–550. (158) H. Zeiß, Die Grabfunde aus dem span. W-Gotenreich, 1934. (159) Ders., Die germ. Grabfunde des frühen MAs zw. mittlerer Seine und Loiremündung, Ber. RGK 31/1, 1941, 5–173.

M. Martin

L. Völkerwanderungszeit in England

§ 50. Ags. F.n a. Allgemeines. Vom frühen 5. bis zum frühen 7. Jh. n. Chr. stammen F.n in England im allgemeinen aus Körpergräbern erwachsener Frauen, aber auch aus Brandbestattungen oder von Siedlungen. Neben den wenigen Grabfunden des 7. Jh.s stammen F.n im 8. bis 11. Jh. aus Horten oder sind einzeln überliefert.

Ags. F.n zeigen eine große Vielfalt von Typen in Bezug auf Form, Größe und Verzierung (7; 22). Vor allem sind sie Leitformen für verschiedene Kunststile, bes. für den namengebenden „Quoit Brooch Style" des 5. Jh.s (14; 18), Salins Stil I ([31] → Tierornamentik) des 6. Jh.s (24; 26) und „Trewhiddle"-verwandte Stile des 9. Jh.s (37; 39; 40,96). Infolgedessen spielen sie eine Schlüsselrolle für Studien über Chron. und kulturelle Zugehörigkeit.

b. F.-Typen. Die frühesten ags. F.n haben ihre Vorbilder in der Germania (vgl. § 29) oder sind von ihnen abgeleitet, wie: kreuzförmige F.n, Stützarm-F.n, gleicharmige F.n und F.n mit umgeschlagenem Fuß (Bügel- oder „lange" F.n) sowie (selten) Tutulus-F.n (siehe § 28–29), komponierte Scheiben-F.n und ringförmige F.n (d. h. runde F.n). Sie konzentrieren sich in einem „Dreieck" zw. Themse, Nordsee und dem Wash (5; 16; 17; 28; 30). Die ersten „Quoit"- und „Broadband annular"-F.n können auch in diese frühe Zeit gehören, treten aber im wesentlichen s. der Themse auf (1; 2).

Zu den F.-Importen in der Mitte und am Ende des 5. Jh.s zählen in Kent kreuzförmige F.n skand. Art (28) und frühe F.n mit rechteckiger Kopfplatte (19; 24) sowie „small-long"-F.n (5; 19; 23). Bes. hervorzuheben ist nun die Schaffung rein insularer Formen mit einer bemerkenswerten Vielzahl individueller Untertypen. Im 6. Jh. zeigen diese deutliche, wenn auch sich überschneidende, regionale Verbreitungsschwerpunkte: kreuzförmige (Abb. 174, 1), „small-long"- (Abb. 174, 2), ringförmige, schmale ringförmige (Abb. 174, 3) sowie hakenkreuzförmige F.n sind charakteristisch für die „anglischen" Gebiete des ö. Englands und der Midlands (1; 19; 23; 28); Scheiben-F.n (gegossen und mit Auflagen Abb. 174, 4), einfache Scheiben-F.n (Abb. 174, 5), kleinere „Quoit"- (Abb. 174, 6) und „Broadband annular"-F.n werden im gesamten s. („sächsischen") England und den Midlands gefunden (1; 11; 12; 13); sowohl die „anglischen" wie die „sächsischen" Gebiete haben Serien großer F.n mit rechteckiger Kopfplatte (19).

In Kent gibt es eine Reihe merowingischer Importe, eigene besondere Serien von F.n mit rechteckiger Kopfplatte (24) und seit dem zweiten Viertel des 6. Jh.s auch Scheiben-F.n mit Almandineinlage (Abb. 174, 7), die im späten 6. Jh. zu plattierten F.n und im frühen 7. Jh. zu Komposit-F.n führen (3; 25). „Button"-F.n (Abb. 174, 8), die im späten 5. Jh. aufkommen, sind im s. England konzentriert (4; 38). Seltene Typen, in verschiedenen Regionen gefunden und oft in Verbindung gebracht mit kontinentalen Formen, umfassen Vogel-, „ansate"-, S-förmige und „Malteser-Kreuz"-F.n (7; 6).

Während manche F.-Formen im späteren 6. Jh. (Ende der frühsächs. Per. [10,19]) außer Gebrauch kommen, z. B. Scheiben-, Knopf-, kreuzförmige sowie die meisten F.n mit rechteckiger Kopfplatte, sind an-

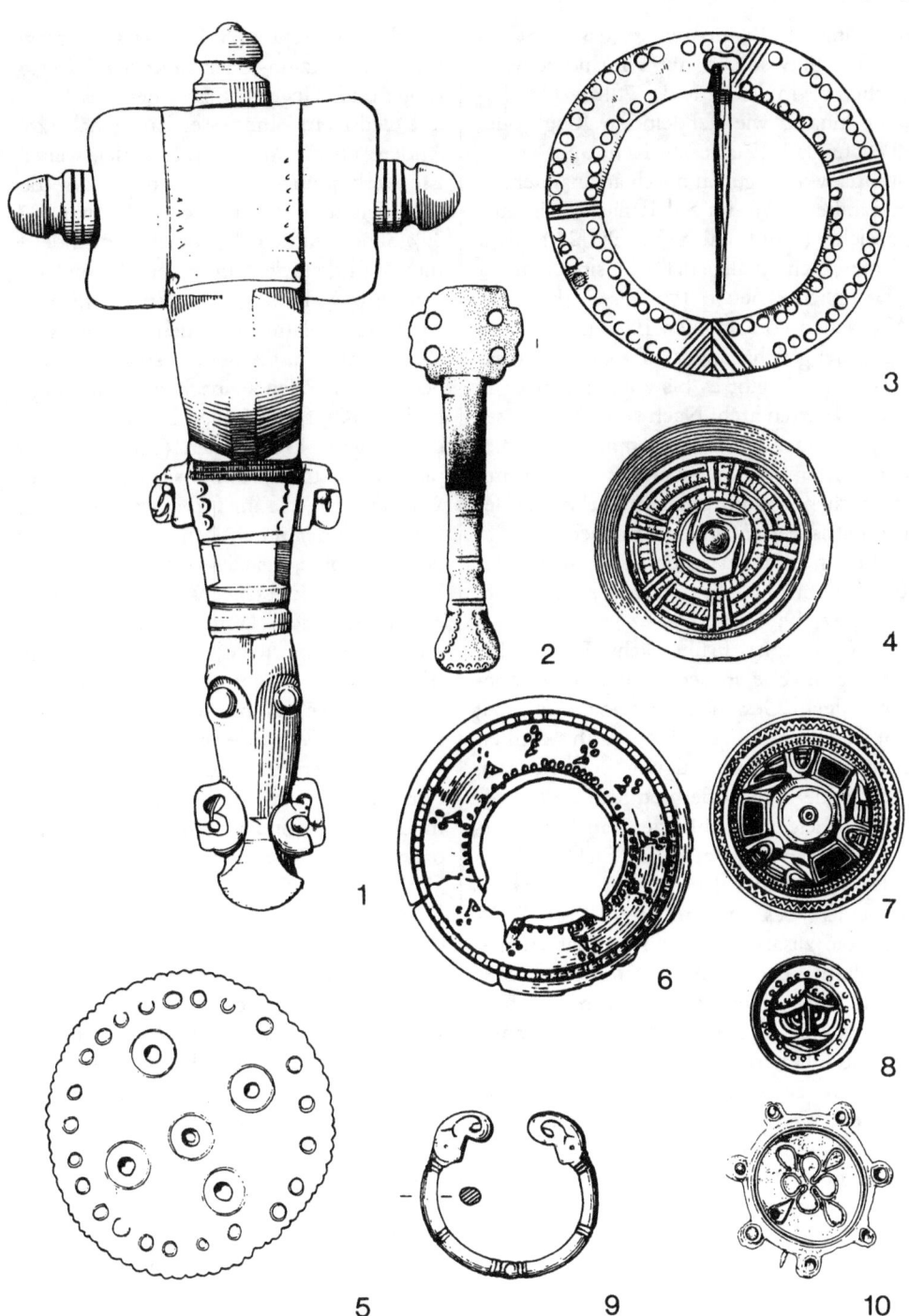

Abb. 174. Verschiedene Formen ags. Fibeln (M. 1:1)

dere länger in Benutzung: gegossene Scheiben-F.n und solche mit Almandineinlage reichen bis in die Mitte des 7. Jh.s oder darüber hinaus, wie verkleinerte Ring- oder „Penannular"-F.n, bes. in Kent und Northumbria, wo einige F.n durch aneinander zugewandte Köpfe im Stil II nach Salin ausgezeichnet sind (Abb.174, 9; [21]). Sehr kleine „Sicherheitsnadel"-F.n sind ein ungewöhnlicher neuer Typ des 7. Jh.s (33). Abgesehen von seltenen Exemplaren kontinentaler gleicharmiger („Raupen"-/"ansate"-) F.n (15) gibt es bis zum späten 8. Jh. keine weiteren arch. Nachweise. Von dieser Zeit an bis zum 11. Jh. kommen verschiedene Arten von Scheiben-F.n vor, die mit figürlichen, zoomorphen, pflanzlichen oder geometrischen Motiven, mit echten oder imitierten Münzen („nummular"-F.n) oder Email (Abb. 174, 10) verziert sind (vgl. 8; 9; 32; 37; 39; 40).

c. F.-Tracht. Frühe sächs. F.n wurden meist paarweise an den Schultern eines peplosartigen Gewandes getragen (29; 34; 35). Kentische Bügel-F.n des 6. Jh.s dienten manchmal zur Befestigung von Riemen, die von der Taille oder den Seiten eines offenen Kleides herabhingen; auch Knopf-F.n konnten als Verschluß für Umhänge oder Ärmelaufschläge dienen (38). Einzelne F.n, bes. die größeren „Prunk"-Typen, die zusätzlich zu einem Paar an den Schultern oder einem weiteren Paar (oder sogar einer Mehrzahl von Paaren) gefunden wurden, hatten vielleicht das Gewand an der Unterkleidung befestigt. Weiter konnten einzelne F.n die Mäntel von Frauen und Männern schließen; dies scheint bes. bei den späteren Scheiben-F.n, in Kent (25) und während der mittleren und späten Sächs. Per. der Fall gewesen zu sein (29; 36).

d. F.-Herstellung und Verzierungstechnik. Die meisten F.n wurden aus Kupferlegierungen gefertigt. Wegen der Wiederverwendung von Altmetall ist dies eine durchgehende Erscheinung; allerdings besteht im 5. Jh. eine Tendenz zu bestimmten, zinn- oder zinkreichen Legierungen, im Gegensatz zu jenen des 6. Jh.s mit niedrigem Zinn- oder Zinkgehalt (28). Andere unedle Metalle (Zinn-Blei, weitere Zinnverbindungen) kommen bes. in der mittleren und späten Sächs. Per. vor (37; 39). Silber wurde gelegentlich verwendet – für „Meisterstücke" unter den „Quoit"-F.n, gleicharmigen F.n, großen F.n mit rechteckiger Kopfplatte und den mittel-/spätsächs. Scheibenfibelserien sowie nur bei bes. qualitätvollen kentischen F.n mit rechteckiger Kopfplatte oder F.n mit Almandineinlage –, Gold selten (bei Teilen von plattierten und Komposit-Scheiben-F.n). Während F.n, die ihr Ornament nur durch den Guß oder durch Punzierung erhielten (kreuzförmige, „small-long"-, Ring- und Scheiben-F.n) mit einer Weißmetall-Auflage geschmückt sein können, wurde Vergoldung bei F.n mit Reliefverzierung – geometrisch oder zoomorph – verwendet. → Niello war bes. bei kentischen und späteren Silber-F.n in Gebrauch (27).

Die meisten F.n wurden in zweischaligen Formen gegossen, die vielleicht um Wachsmodelle geformt waren, die wiederum von dauerhaften Modeln oder vergänglichen Vorlagen abgeformt sein konnten. Während ein Großteil der Verzierung schon mit dem Guß entstand, konnten durch Nachbearbeitung noch weitere Verzierungen (Kerbschnitt [„notching"], Punzen) und Einlagen hinzugefügt werden. Andere F.n („Quoit"-F.n, Scheiben-F.n mit Auflagen, plattierte F.n, Komposit-F.n und einige mittel-/spätsächs. Scheiben-F.n) wurden aus Metallblechen hergestellt, wobei geeignete Verzierungstechniken wie Repoussé, Ziselierung, → Cloisonné in Anwendung kamen (27).

Inzwischen wird in zunehmendem Maße die Möglichkeit der F.-Forsch. erkannt, über die typol., funktionale und technologische Analyse hinaus zum Verständnis sozio-ökonomischer Zusammenhänge beizutragen. Bisher ist der Bereich der F.-Fertigung noch nicht genügend erhellt. Allerdings läßt das Vorkommen gleichartiger F.-Serien, bes. im 6. Jh. in Kent, auf Werkstätten unter ranghoher Regie schließen (12; 19; 24; 28); in der Mittleren Sächs. Per. waren diese wohl an weltlichen und kirchlichen Zentren konzentriert und in der Späten Sächs. Per. in Städten. Herstellung und Verbreitung waren mit Sicherheit in die gesellschaftlichen Beziehungen eingebunden. So waren F.n, offensichtlich solche mit komplexer Ornamentik, aber auch andere, Vermittler von „Ideen", um den sozialen wie kulturellen Status ihrer Träger auszudrücken (13; 20; 24).

(1) B. M. Ager, The smaller variants of the Anglo-Saxon quoit brooch, in: S. C. Hawkes et al. (Ed.s), Anglo-Saxon Studies in Arch. and Hist. 4, 1985, 1–58. (2) Ders., The alternative quoit brooch: an update, in: E. Southworth (Ed.), Anglo-Saxon Cemeteries: A Reappraisal, 1990, 153–161. (3) R. Avent, Anglo-Saxon Disc and Composite Brooches, 1975. (4) Ders. et al., Anglo-Saxon button brooches, Archaeologia 107, 1982, 77–124. (5) H. W. Böhme, Das Ende der Römerherrschaft in Britannien und die ags. Besiedlung Englands im 5. Jh., Jahrb. RGZM 33, 1986, 469–574. (6) T. Briscoe, The Anglo-Saxon S-shaped brooch in England, with special reference to one from Lakenheath, Suffolk, Proc. Cambridge Antiqu. Soc. 61, 1968, 45–53. (7) G. B. Brown, The Arts in Early England III: Saxon Art and Industry in the Pagan Period, 1915, 243–345. (8) R. L. S. Bruce-Mitford, Late Saxon disc-brooches, in: D. B. Harden (Ed.), Dark Age Britain: Studies presented to E. T. Leeds, 1956, 171–201. (9) D. Buckton, Late 10th- and 11th-century *cloisonné* enamel brooches, Medieval Arch. 30, 1986, 8–18. (10) T. Capelle, Arch. der Angelsachsen. Eigenständigkeit und kontinentale Bindung vom 5.–9. Jh., 1990. (11) T. M. Dickinson, On the origin and chronology of the Early Anglo-Saxon disc brooch, in: S. C. Hawkes et al. (Ed.s), Anglo-Saxon Studies in Arch. and Hist. 1, 1979, 39–80. (12) Dies., Ornament variation in pairs of cast saucer brooches: a case study from the Upper Thames region, in: L. Webster (Ed.), Aspects of Production and Style in Dark Age Metalwork: Selected papers given to the British Mus. Seminar on jewellery AD 500–600, British Mus. Occassional Paper 34, 1982, 21–50. (13) Dies., Material culture as social expression: the case of Saxon saucer brooches with running spiral decoration, Stud. zur Sachsenforsch. 7, 1991, 39–70. (14) V. I. Evison, The Fifth-Century Invasions South of the Thames, 1965, 46–78. (15) Dies., A caterpillar-brooch from Old Erringham Farm, Shoreham-by-Sea, Sussex, Medieval Arch. 10, 1966, 149–151. (16) Dies., Supporting-arm brooches and equal-arm brooches in England, Stud. zur Sachsenforsch. 1, 1977, 127–147. (17) Dies., Early Anglo-Saxon applied disc brooches, Part II: In England, Antiqu. Journ. 58, 1978, 260–278. (18) S. C. Hawkes, The Jutish Style A: a study of Germanic animal art in southern England in the fifth century A. D., Archaeologia 98, 1961, 29–74. (19) J. Hines, The Scandinavian Character of Anglian England in the pre-Viking Period, 1984. (20) D. A. Hinton, Late Anglo-Saxon metal-work: an assessment, in: P. Clemoes (Ed.), Anglo-Saxon England 4, 1975, 171–180. (21) S. M. Hirst, An Anglo-Saxon Inhumation Cemetery at Sewerby, East Yorkshire, 1985, 55–57. (22) R. F. Jessup, Anglo-Saxon Jewellery, 1974. (23) E. T. Leeds, The distribution of the Angles and Saxons, arch. considered, Archaeologia 91, 1945, 1–106. (24) D. Leigh, The Square-Headed Brooches of Sixth-Century Kent, unpublished Ph. D. thesis, Univ. College, Cardiff, 1980. (25) Ders., The Kentish keystone-garnet disc brooches: Avent's classes 1–3 reconsidered, in: S. C. Hawkes et al. (Ed.s), Anglo-Saxon Studies in Arch. and Hist. 3, 1984, 67–76. (26) Ders., Ambiguity in Anglo-Saxon Style I art, Antiqu. Journ. 64, 1984, 34–42. (27) Ders., Aspects of early brooch design and production, in: wie [2], 107–124. (28) C. Mortimer, Some aspects of Early Medieval copper-alloy technology, as illustrated by a study of the Anglian cruciform brooch, unpublished Ph. D. thesis, Univ. of Oxford, 1990. (29) G. R. Owen-Crocker, Dress in Anglo-Saxon England, 1986. (30) J. Reichstein, Die kreuzförmige F., 1975. (31) Salin. (32) N. Smedley et al., Some Anglo-Saxon ‚animal'-brooches, Proc. of the Suffolk Inst. of Arch. 30, 1965, 166–174. (33) G. Speake, A Saxon Bed Burial on Swallowcliffe Down, 1989, 47–49. (34) H. Vierck, Trachtenkunde und Trachtgesch. in der Sachsen-Forsch., ihre Qu., Ziele und Methoden, in: Sachsen und Angelsachsen. Ausstellungskat. des Helms-Mus.s Hamburg, 1978, 231–243. (35) Ders., Die anglische Frauentracht, in: ebd., 245–253. (36) Ders., Zur ags. Frauentracht, in: ebd., 255–262. (37) L. Webster et al. (Ed.s), The Making of England: Anglo-Saxon Art and Culture AD 600–900, 1991. (38) M. G. Welch, Button brooches, clasp buttons and face masks, Medieval Arch. 29, 1985, 142–145. (39) D. M. Wilson, Anglo-Saxon Ornamental Metalwork 700–1100 in the British Mus., 1964. (40) Ders., Anglo-Saxon Art from the Seventh century to the Norman Conquest, 1984.

T. M. Dickinson

M. Karolingerzeit

§ 51. Allgemeines. Merowingerzeitliche und mediterrane Traditionen prägen die Gestalt der F. und ihre Anordnung innerhalb der Tracht der KaZ (vgl. K § 41a und b). Während die MZ durch eine riesige Fülle datierbarer Qu. vor allem aus Gräbern sowohl in typol. und chron. wie auch in regionaler, sozio- und ethnographischer Hinsicht gut überschaubar ist, bleiben durch die ab dem frühen 8. Jh. sich rapide durchsetzende Beigabenlosigkeit in ganz Neustrien und Alt-Austrasien ebenso wie in den roman. geprägten Teilreichen Aquitanien und Burgund viele Aspekte im Dunkeln bzw. werden im Fundbild verzerrt gespiegelt. Bes. ist hiervon das 8. Jh. betroffen; das 9. Jh. hingegen weist durch – im Verhältnis zur MZ – seltene Grab- und eine größere Zahl von Siedlungs- sowie vereinzelte Schatzfunde eine größere Typenvielfalt und bessere Datierungsmöglichkeiten auf. Unter den Siedlungsfunden ragen die großen Mengen an Lesefunden aus fries.-frk. Küstenplätzen wie → Domburg und Schouwen (10–11) heraus, zu denen jetzt auch zahlreiche Lesefunde aus dem Abraum der Baustelle „Hilton II" in der Mainzer Löhrstraße (58; [→ Mainz]) und aus → Trier (13) treten, aber auch stratifizierte Funde aus karol. Wüstungen in Unterfrk. (60). Immer deutlicher wird, daß dort, wo karol. Schichten angeschnitten oder arch. untersucht werden, ein großes Spektrum an F.n auftritt. Ein wesentlicher Unterschied zur MZ besteht ferner in dem fast völligen Fehlen kostbarer steinverzierter Edelmetall-Prunk-F.n aus dem höfischen Bereich.

Die Tragweise der F.n ist nicht nur bei eindeutiger Lage im Grab, sondern auch durch Bilddenkmäler z. T. gut bestimmbar.

§ 52. F.-Typen und Zeitstellung. Mit Ausnahme der gleicharmigen Bügel-F. (oder Gleicharmigen F.) repräsentieren alle F.n des 8.–9. Jh.s den Typ der flachen Scheiben-F. entweder in runder, rechteckiger oder Kreuzform, seltener in Halbmondform, zu denen vereinzelte Fälle von vogelförmigen F.n oder Unikate treten. Diese durchweg flache Grundgestalt ist auch bei den seltenen kostbaren Edelmetallexemplaren der Hofkultur des 9. Jh.s zu beobachten, gegen dessen Ende sich allerdings der dreidimensionale Aufbau der ottonischen F.n des 10. und frühen 11. Jh.s, die durch Schatzfunde gut datiert sind, abzeichnet.

a. Rechteck-F.n. Die Entwicklung der Rechteck-F.n (7, 92f.; 49, 93f.; 50, 70f.; 4, 742f.; 46, 409f.; 48, 169 ff.; 58, 121 ff.) ist durch eine generelle Proportionsänderung von langschmalen Blech-F.n der späten MZ bis zu quadratischen Stücken des späten 10. Jh.s gekennzeichnet (Abb. 175). Die Rechteck-F.n der 2. Hälfte des 7. bis Anfang des 8. Jh.s sind zweieinhalbmal so lang wie breit, etwa 3,5 cm lang, bestehen aus Silberblech mit eingeritzten Gitter- und Wabenmustern und sind überwiegend linksrhein. zw. Mosel und Lippemündung in Frauengräbern vertreten (Abb. 175, 1–2). Typol. folgen ihnen kompaktere ritz- und punzverzierte Blech-F.n der frühen KaZ, die nicht ganz doppelt so lang wie breit sind (Abb. 175, 3–4). Sie finden sich ausschließlich in rechtsrhein. Gräbern in Westfalen und Drenthe.

Die noch kompakteren Rechteck-F.n aus der Zeit um 800 sind durchweg in Bronze oder Blei/Zinn gegossen, mit einer Noppen- oder Diagonalleisten-Verzierung (Abb. 175, 5). Von der 1. Hälfte des 9. Jh.s an gibt es gedrungene F.n mit leicht eingezogenen Längs- und Querseiten sowie ausgezogenen Ecken von gut 3 cm Lg., die etwa eineinhalbmal länger als breit sind (Abb. 175, 6–7). Neben gepunzte oder gravierte Guß- und Blech-F.n treten jetzt häufig gruben- und zellenschmelzverzierte Exemplare, meist mit einem stilisierten oder verkürzten Volutenmuster oder einem Diagonalkreuz, deren Weiterentwicklung sich

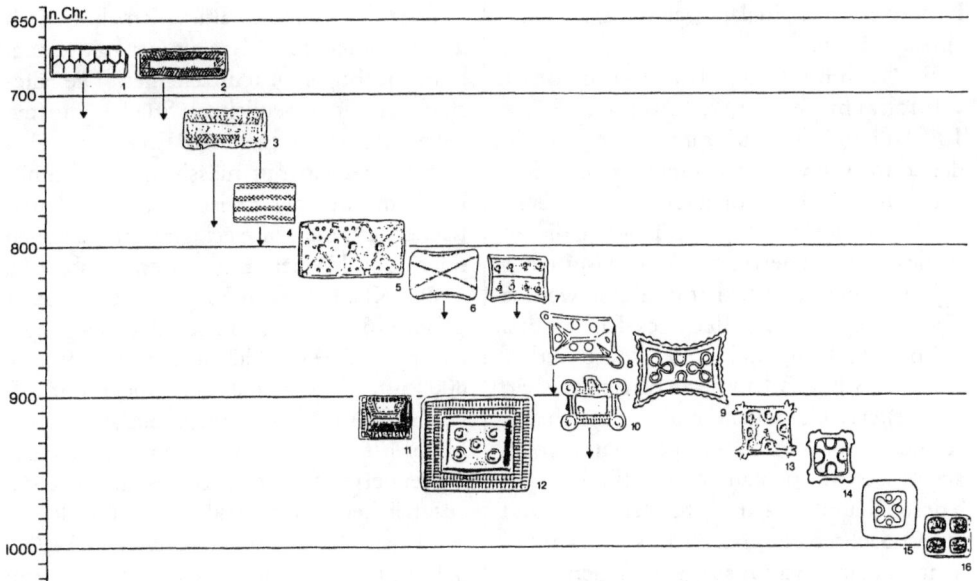

Abb. 175. Schematischer Entwurf zur Entwicklung der Rechteckfibeln vom Ende des 7. Jh.s bis um 1000. 1–2 Hohenfels; 3 Lembeck; 4 Berghausen; 5, 10, 12 Mainz; 6 Ketzendorf; 7 Velp; 8 Dorestad; 9 Holtebüttel-Niendorf; 11, 13 Karlburg; 14 ‚Nassau'; 15 Detmold; 16 Georgenberg (ohne M.)

bis in das Ende des 10. Jh.s verfolgen läßt. Die Rechteck-F.n mit schwach ausgezogenen Ecken der ersten Hälfte des 9. Jh.s sind gut in spätsächs. Gräbern der Bekehrungszeit an der Elbe zu beobachten (→ Bekehrung und Bekehrungsgeschichte, § 14).

Durch münzführende Gräber und Schatzfunde klar in die Mitte bis Ende des 9. Jh.s datiert sind die meist emaillierten Exemplare mit stark ausgezogenen Ecken, deren Form sich immer mehr quadratischen Umrissen nähert (Abb. 175, 8–9). Wie etwa die F. aus dem Schatzfund von Féchain (41, 416 f.; siehe Taf. 29) zeigen solche Stücke oft Ansätze eines zentralen Aufbaus. Bes. dicht sind sie in den Niederlanden verbreitet, wo sie als Lese- und Streufunde aus Siedlungen stammen. Zeitlich mit den Rechteck-F.n mit stark ausgezogenen Ecken sind F.n mit geraden Seiten und oft kräftigen Eckrundeln zu parallelisieren. Mainzer Bleigüsse mit zentralen Kastenfassungen für Einlagen sowie Ösen an den Längsseiten (Abb. 175, 10) weisen die für das 10. Jh. charakteristische ‚Dreidimensionalität' auf, ebenso wie auch andere F.n aus Mainz und → Karlburg am Main/Unterfrk. mit Kastenaufbau (Abb. 175, 11–12). Die Weiterentwicklung der Rechteck-F.n im 10. Jh. zu Quadrat-F.n mit Kreuzmotiven (Abb. 175, 13–16) ist durch Grabfunde der → ‚Köttlacher Kultur' (Purk-Langwied [55]; Georgenberg Grab 62) und der Oberpfalz (Oberammerthal [46]) gesichert. Abgesehen von den frühen Silberblech-F.n sind Edelmetallexemplare fast nur aus dem Schatzfund von Féchain (Taf. 29) erhalten, belegen aber die Verwendung der Rechteck-F.n auch im ‚adligen' Milieu. Ihre im wesentlichen auf den sog. ‚Nordkreis' beschränkte heutige Verbreitung repräsentiert die Bestattungs- und Fundsituation; verstreute Funde von Rechteck-F.n im S oder SW können als Indikatoren einer ehemals weiten Beliebtheit gewertet werden. Außerkontinentale

Funde, etwa in England, sind als ‚Import' einzuschätzen.

b. Gleicharmige Bügel-F.n oder Gleicharmige F.n (7, 89 ff.; 49, 98; 34; 10,10 ff.; 48,173 ff.). Die im 6. und 7. Jh. in den roman. besiedelten Gebieten des Balkanraumes, Italiens, Spaniens und Galliens getragenen gleicharmigen Bügel-F.n, die im W des Merowingerreiches ab der Mitte des 7. Jh.s eingeführt wurden und eine weitere Verbreitung als die Rechteck-F.n fanden (Abb. 176, 1–3), sind in der Mitte und 2. Hälfte des 8. Jh.s kaum noch nachweisbar. Ihr weiterer Gebrauch ist aber durch zahlreiche Funde des 9. Jh.s gesichert, wobei sie im wesentlichen auf W-Frk. (Pariser und Trierer Raum), das fries. Küstengebiet und auf O-Sachsen einschließlich N-Hessen beschränkt sind. Schon aus den reichen Lesefunden von Mainz ist keine Gleicharmige F. der KaZ mehr bekannt. Mit mehr als 70 Vertretern ist der F.-Typ am häufigsten aus Domburg überliefert (10).

Die Gleicharmigen Bügel-F.n sind durch ihre symmetrische Gestaltung mit einem mittigen Bügel gekennzeichnet. Die ältesten karolingerzeitlichen Stücke dürften die an merowingerzeitliche F.n erinnernden Exemplare sein mit massivem, im Schnitt D-förmigem oder dreiseitigem Bügel und flachen runden, dreieckigen, trapezoiden oder rhombischen Endplatten (Abb. 176, 4–6). Kleine Blech-F.n mit Ritzmuster (Abb. 176, 7–8) liegen nach der Belegungschron. von → Goddelsheim Grab 19 „um 800" (48, 176). Flachbreite Stücke mit löffelförmigem Blattschmuck aus Domburg (Abb. 176, 9) gehören wegen der gleichartig verzierten Schwertgurt-Beschlagteile mit zusätzlichem Weinstock im Tassilokelchstil (→ Tassilo-Kelch) aus Birka Grab 854 (56, 300 Abb. 21a) ebenfalls in die Zeit „um 800", was auch für Domburg Nr. 33 mit Knospenenden und Weinranke gelten wird (Abb. 176, 10). Ein typol., teriomorpher Vorläufer zu diesen F.n, aber auch zu den

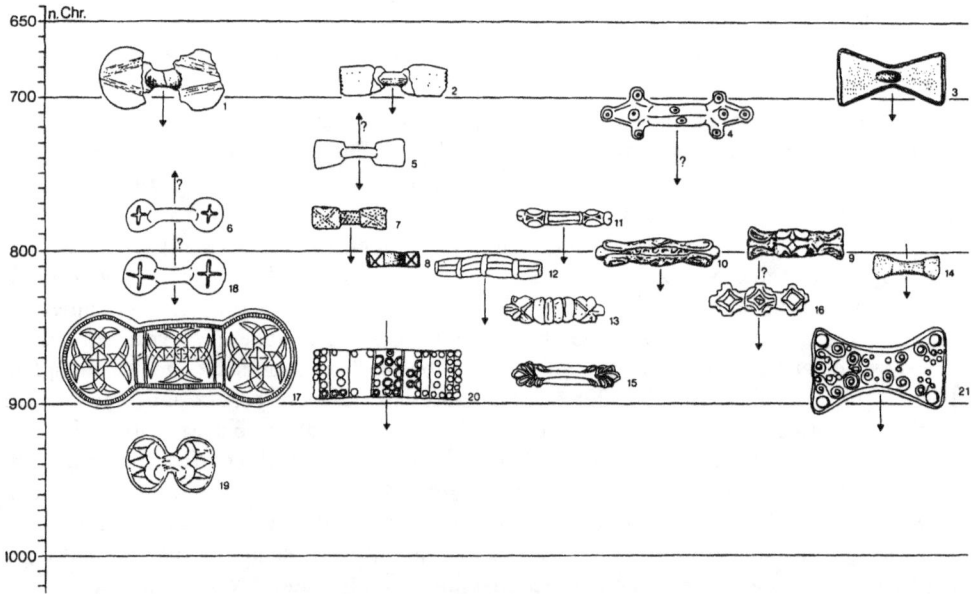

Abb. 176. Schematischer Entwurf zur Entwicklung der gleicharmigen Bügelfibeln vom Ende des 7. bis ins 10. Jh. 1 Kröv; 2 Hohenfels; 3 Mardorf; 4–6, 9, 10, 12, 15, 16, 20 Domburg; 7 Anderten; 8 Goddelsheim; 11 Wijster; 13 Alem; 14 Ketzendorf; 17 Saint-Denis; 19 Bled-grad; 21 Sogge (ohne M.)

sog. ‚caterpillar-brooches', stammt aus Grab 32 von → Wijster (Abb. 176, 11), das durch Mosaikaugenperlen gegen Ende des 8 Jh.s oder um 800 datiert ist (51). Die gleichbreiten, kompakt gegossenen, gerippten und profilierten ‚caterpillar-brooches' (Abb. 176, 12–13) bilden eine größere Gruppe, zu denen auch Stücke mit knospen- oder blütenförmigen Enden zählen, von denen ein Exemplar aus Nebel auf Amrum durch die Oval-F. vom Typ Petersen 11 ins frühe 9. Jh. datiert wird (39, 33f.). Beim karol. Münzschatz von Emmen im ndl. Drenthe (mit Schlußmünze terminus post quem [tpq.] 840) soll der Lederbeutel mit den Münzen von einer solchen F. verschlossen gewesen sein (43). Kleine unverzierte F.n mit ausgezogenen Armen aus W-O orientierten Gräbern von → Ketzendorf (Abb. 176, 14) dürften wegen der Grabausrichtung nicht weit vor 800 liegen. Eine F. mit breit gefächerten, zugespitzten Blattenden wie Domburg Nr. 30 (Abb. 176, 15) ist noch in dem (tpq. 887) münzdatierten Schatz von Féchain enthalten (Taf. 29). Kerbschnitt-F.n mit drei gleicharmigen Kreuzen auf Bügel und Fußplatten (Abb. 176, 16) wurden im 9. Jh. in Skand. nachgeahmt (42, Abb. 58, 59, 61). In die Mitte bis in das Ende des 9. Jh.s datiert eine Anzahl großer edelmetallener F.n mit rundhohlem Bügel, flachen runden Endplatten und reicher Kreuzverzierung aus Münzschätzen in N-Frankreich und Belgien (41, 416 ff.): Camon/Somme (tpq. 877; L. 13,3 cm), Muizen (tpq. 866; [15]). Eine F. von schlichterer Bronzeversion stammt aus Saint-Denis (Abb. 176, 17). Solche F.n besitzen einfache Vorläufer (?) im W (Abb. 176, 18) und späte Blechausführungen in Gräbern des ‚Köttlacher Horizontes II' aus dem späten 10. Jh. (z. B. 38, Taf. 12,4c; 16,1d; 119,1; 129,3; siehe Abb. 176, 19). Als letztes ist eine Gruppe von zwei Varianten gleicharmiger Bügel-F.n mit → Filigran- und → Granulationsverzierung auf flachen Silberblechen zu nennen: Sie besitzen gleichbreite F.-Körper mit großen Granalien auf Filigrankringeln, z. T. als ‚Bienenkörbchen', in schmalen Querfeldern (Abb. 176, 20), zum anderen trapezförmig ausgezogene Arme bei gleichem Muster oder mit vegetabilen Filigranspiralen (Abb. 176, 21). Solche F.n sind mehrfach sowohl intakt wie auch fragmentarisch in Domburg und in skand. Grab- (z. B. → Birka 606) und Schatzfunden erhalten und können in die zweite Hälfte des 9. Jh.s datiert werden. Als thesauriertes Hacksilber sind sie noch bis zur Mitte des 10. Jh.s bezeugt (59). Zahlreiche schlichte Bronze- und Bleinachgüsse solcher F.n sind vor allem aus Domburg bekannt (10, 10 ff.). Im vollen 10. Jh. scheinen auf dem Kontinent nur noch im ‚Köttlacher' Kulturraum gleicharmige Bügel-F.n getragen worden zu sein.

c. Kreuz-F.n. Variantenreich, aber von überschaubarer Anzahl, sind Kreuz-F.n überliefert (21, 43 ff.; 7, 110 ff.; 49,97f.; 1,151f.; 4, 743f.; 48, 167 ff.; 58, 134 ff.). Auch ihre Abkunft aus dem christl.-mediterranen Kulturkreis ist unbestritten. Die um die Mitte des 7. Jh.s adaptierten merowingischen Scheiben-F.n in Form gleichmiger Kreuze mit mehr oder weniger ausgezogenen Armen und meist schlichter Ritz- oder Punzverzierung scheinen wegen der Fundarmut nur wenige Nachfolger im vollen 8. Jh. zu haben. ‚Um 800' treten sie wieder in Grab- und Siedlungsfunden in großer Typenvielfalt auf. Sie sind durchweg zw. 2 und 4 cm groß und sowohl in vergoldeten Silberexemplaren mit Steineinlagen, aber auch in schlichten Bronze- und Blei-/Zinngüssen vertreten. Eine äußerliche Untergliederung in F.n ohne Eckrundel, mit Eckrundeln und in solche floralen Typs drückt nur formale Unterschiede und nicht immer genetische Zusammenhänge aus. In merowingerzeitlicher Tradition stehen F.n mit geraden, leicht ausgezogenen Armen und linearer Verzierung (Abb. 177, 1), worauf auch die Varianten mit zwei und drei Eckrundeln (Abb. 177, 2–3) hinweisen, un-

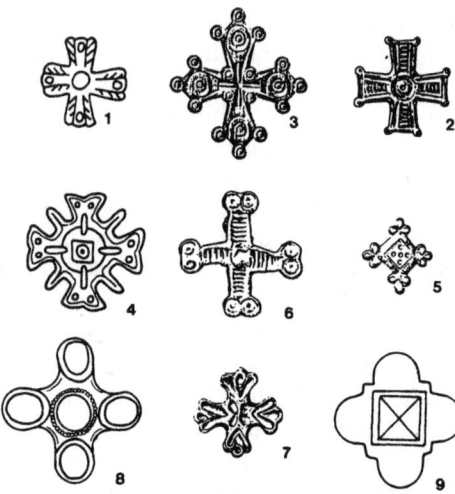

Abb. 177. Kreuzfibeln des späten 8. bis 9. Jh.s. 1 Domburg; 2 Paderborn; 3 Worms; 4 Mainz; 5 Karlburg; 6 Wijster; 7 Helfta; 8 Altenmedingen; 9 Hattem (M. 1 : 2)

ter denen es Stücke mit Tassilokelchstil-Verzierung gibt. ,Um 800' sind gebuckelte kerbschnittverzierte Bronze-F.n mit flügelförmigen Armen (Abb. 177, 4) durch einen stratifizierten Fund aus → Münster datiert (67, 43). Rautenförmige Kreuz-F.n mit Dreipaßspitzen (Abb. 177, 5), gewöhnlich emailliert, gehören durch eine stratifizierte, C14-datierte Gußform aus dem unterfrk. Neustadt an der Saale (22, 176) in die erste Hälfte des 9. Jh.s. Eine aus vier addorsierenden Pelten gebildete Variante (Abb. 177, 6) ist im Ems-Weserraum konzentriert, aber auch aus Mainz bekannt, wo ihr Stammgebiet liegen dürfte. Sie ist innerhalb der ersten Hälfte des 9. Jh.s nicht näher zu datieren, was auch für die wenigen heteromorphen Kreuz-F.n ,floralen Typs' (Abb. 177, 7) gilt, die keinen aussagekräftigen Befunden entstammen. Unter den Kreuz-F.n mit rundlichen Armen (Abb. 177, 8–9) gibt es ein Silberexemplar mit reichem Filigran- und Granulationsdekor aus einem wikingerzeitlichen Frauengrab der zweiten Hälfte des 9. Jh.s von Hauge in W-Norwe-

gen. Die Verbreitung der Kreuz-F.n (Abb. 178) unterscheidet sich nicht von der anderer karolingerzeitlicher F.-Typen; lediglich in Unterfrk. und im Untermaingebiet sind F.-Funde häufiger.

d. Runde Scheiben-F.n. Von außerordentlicher Vielfalt und Häufigkeit sind die runden Scheiben-F.n, die in nahezu allen Materialien als Preßblech-, als Guß- und als emaillierte F.n zu mittlerweile mehreren hundert Exemplaren bekannt sind. Hinzu kommen die seltenen Glasfluß- (Pseudo-Kameo-)F.n. Doch in den Ziermotiven stimmen alle Rund-F.n weitgehend überein. Aus dem 9. Jh. zeigen die reich komponierten Prunk-F.n von → Dorestad und Oldenburg-Wechloy, wie die Vorbilder aus der weltlichen und geistlichen Hofkultur aussahen, die in den schlichten F.n des ,Volkes' nachgeahmt wurden.

1. Runde Preßblech-F.n. Die häufigsten Rund-F.n der ausgehenden MZ, die sog. ,Brakteaten-F.n' (vgl. § 43c), einseitig gepreßte Silber- oder Bronzefolien von etwa 3,5 cm Dm. auf bronzener Nadelplatte und mit christl. Motiven verziert, finden im 8., 9. und 10. Jh. Nachfolger (58, 116 ff.). Da man im 8. Jh. vorwiegend eiserne Bodenplatten verwendete, sind die dünnen Folien in den meisten Fällen völlig vergangen, etwa bei vielen F.n von Wijster (51) oder → Putten (70). Dort, wo die Zierbleche erhalten sind, stehen sie entweder in der Nachfolge der Brakteaten-F.n oder in der der Goldscheiben-F.n mit Kreuzmotiven und Steineinlagen. Auch Glascloisonné-F.n kommen vor (z. B. Wijster Grab 2 [51, Abb. 182, 1–2]). Herausragend ist ein gutes Dutzend F.n aus Bronze-, Silber- oder Goldblech auf bronzener Nadelplatte, die von einem erhabenen cloisonnierten Rand (→ Cloisonné-Technik) mit länglichen roten und runden andersfarbigen Glasplättchen gehalten werden, zu dem bisweilen ein zentrales gleicharmiges Kreuz tritt (Abb. 179, 1; 36, 69 ff.; 48, 163 ff.). In die Folien sind Kreisaugen oder Tierfigu-

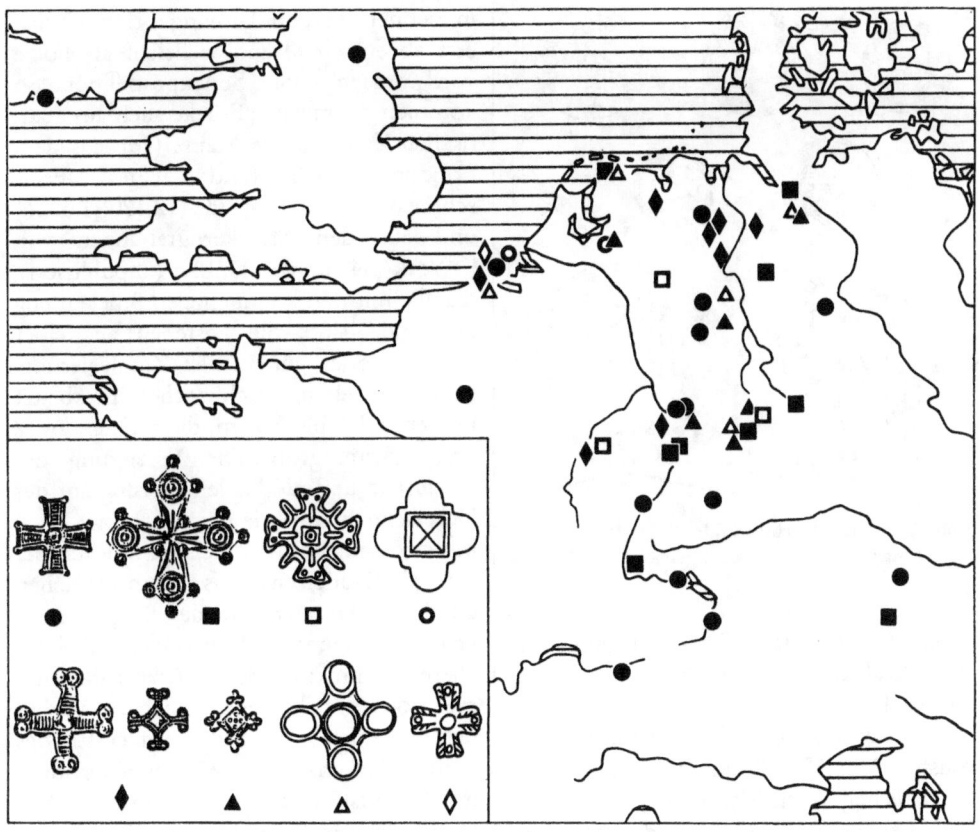

Abb. 178. Verbreitung verschiedener karol. Kreuzfibeltypen

ren geprägt, die von Münzen, vielleicht → Sceattas abgepreßt scheinen. Innerhalb des 8. Jh.s können sie noch nicht näher eingegrenzt werden; die Stücke aus → Birka Grab 526 und 649 deuten, obwohl es sich um ‚Altstücke' handeln dürfte, auf die 2. Hälfte des 8. Jh.s. Gepreßte Goldblech-F.n in Rosetten-, Buckelkranz- oder Sternform mit zusätzlicher Filigranzier in ‚Adelsgräbern' des 8. Jh.s (z. B. Rommerskirchen, vgl. Taf. 30, 1 [8,509f.]) stehen in der Tradition der merowingerzeitlichen Goldscheiben-F.n, werden aber auch im 9. Jh. nur geringfügig verändert beibehalten, etwa im Schatz von Féchain (tpq. 887; Taf. 29) oder reich variiert wie bei der großen F. von Oldenburg-Wechloy (Taf. 30, 2 [33]). Im 9. Jh.

werden schlichte runde Blech-F.n selten; vermutlich war die Herstellung gegenüber dem Guß zu aufwendig.

Aus Mainz sind einige sonst kaum belegte F.n bekannt, bei denen die gepreßte Deckfolie und die dünne Bodenplatte mit den eingeschobenen Nadelblechen einen eingegossenen Bleikern umgeben, wodurch ein massiver Gesamteindruck entsteht. Entsprechend den Guß- und Email-F.n der Zeit sind sie zw. 2–3 cm groß und mit einem gleicharmigen Kreuz innerhalb von Perlkreisen verziert (Abb. 179, 2); nur aus Mainz (58, Nr. 210–211) und Haithabu (→ Haiðaby [28, Nr. 529]) sind Kruzifix-Darstellungen bekannt (Abb. 179, 3). Eine 6 cm große Zinnblech-F. aus Münster/

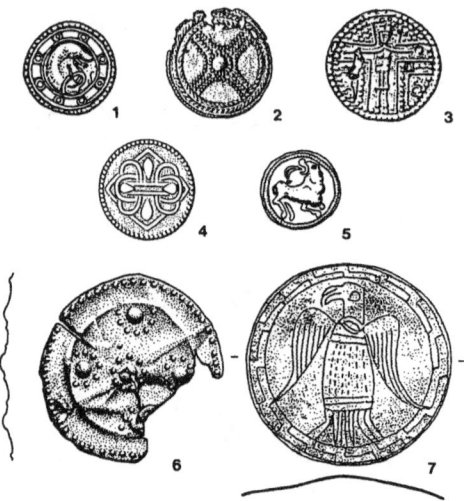

Abb. 179. Runde Blechfibeln des 8. bis 10. Jh.s. 1–4, 6–7 Mainz; 5 Osnabrück (7: graviert); (M. 1 : 2)

Westf. (68; 69, 208 f. Abb. 13) datiert ihr Akanthusblattwerk in die Mitte des 9. Jh.s. Ins 10. Jh. schon scheinen leicht gewölbte oder gebuckelte Blech-F.n mit Flechtbandmuster (Abb. 179, 4), aus denen die wikingerzeitlichen Terslev-F.n (vgl. § 56) entwickelt werden (→ Terslev), und solche mit Kreuz- oder anderen christl. figürlichen Motiven (z. B. Johanniskirche Grab 19 in → Osnabrück [45]; siehe Abb. 179, 5) zu gehören, die bes. gut im späten Köttlacher Horizont (ca. 950–1020/30) vertreten sind. Jetzt werden auch kräftige, große gravierte oder gepreßte Buckel-F.n mit direkt angelöteter Nadelhalterung beliebt (Abb. 179, 6–7). Ihre Zeitstellung ist durch die Schatzfunde von Välse, Dänemark (tpq. 991/94), → Klein-Roscharden I und II (tpq. 1000/1010 [23]), → Sievern (tpq. 1002 [61]), Dietrichsfeld 1 (tpq. 1014), Östra Herrestad, Schweden (tpq. 1021), Villie Nr. 13, Schweden (tpq. 1028), und Westerland/Sylt (tpq. 1040/50 [37]) angezeigt, in denen sie als thesaurierte Altstücke liegen.

2. Gegossene Rund-F.n. Gegossene, nicht-emaillierte runde Scheiben-F.n der KaZ (zusammenfassend [58, 85 ff.]) treten in nennenswertem Umfang offensichtlich erst ab etwa 800 auf, vielleicht als Folge von ‚Massen'- oder Serienproduktion. So kommen die meisten Stücke auch aus städtischen Zentren: aus Mainz (58), aus dem Londoner Schatzfund (eines Feinschmieds?) von Cheapside (12,120, Taf. 56) und aus den Stadtkerngrabungen von → York (54) und → Dublin (unpubliziert), die alle mit den kontinentalen Stücken eng ‚verwandt' sind. Sie bestehen aus einer Kupfer- oder einer Blei/Zinnlegierung, sind nur selten durchbrochen gearbeitet und etwa 1,5 bis 3,5 cm, die meisten zw. 2 und 2,5 cm groß. Die Verzierung der Schauseite und die Nadelhalterung auf der Unterseite sind – wie bei den Email-F.n – mitgegossen. Bei den meisten Stücken besteht die Nadelachse aus einem einfachen durchbohrten querstehenden Steg, vermutlich eine Frage von Platzmangel und einfacherer Technik; größere Stücke haben immer noch wie ihre edelmetallenen Vorbilder und auch viele der Rechteck-F.n des 9. Jh.s Backenscharniere. Charakteristisch im Dekor ist der ein- oder mehrfache Perlkranz, der meist ein gleicharmiges Kreuz mit geraden oder geschweiften Armen, z. T. aus vier Pelten gebildet (daneben auch Dreipeltenmotive), einen konzentrischen (Perl-)Kreisdekor oder – seltener – biblische Tiermotive umschließt (Abb. 180, 1–5). Am Beispiel der Gold-F. von Oldenburg-Wechloy und einem Bleiguß aus Mainz ist ablesbar, wie sehr Produkte der ‚Hofkultur' (der enge technische, motivische und ikonographische Zusammenhang zw. der Goldscheiben-F. von Dorestad und der ‚Eisernen Krone' von → Monza [20] belegt ihre ‚soziale' Stellung) als Vorbilder für einfachen Billigschmuck für ‚das Volk' dienten (Taf. 30, 2–3): Alle strukturellen Zierelemente der Gold-F. sind in vereinfachendem Bleiguß nachgebildet. Morphologisch eng dazugehörend, bilden die sog. ‚Münzfibeln' mit ant., merowingerzeitlichen oder zeitgenössischen Münzbildern

TAFEL 29

Schatzfund von Féchain (Douai), Frankreich (M. 1 : 1)

TAFEL 30

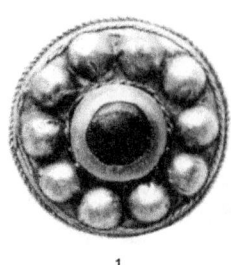

1

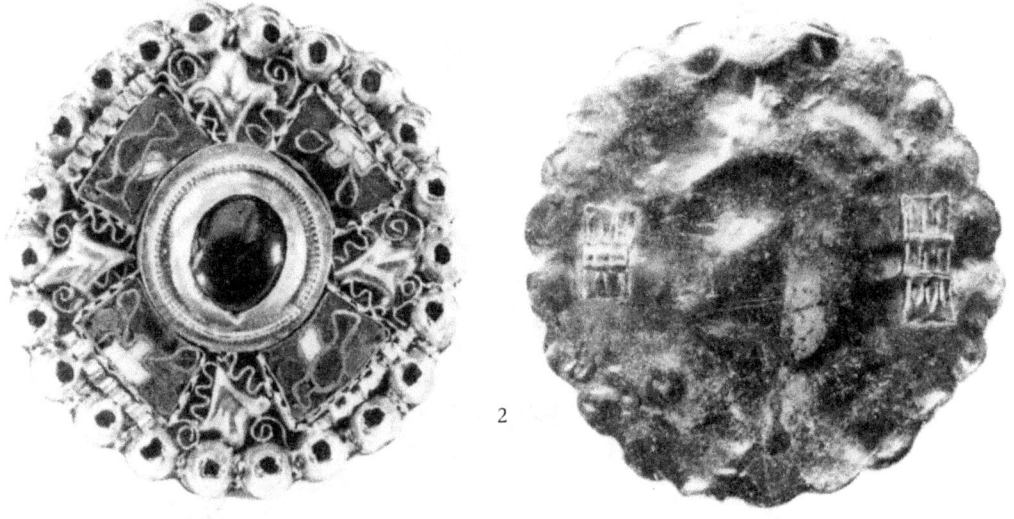

2

3

1 Goldblechrosettenfibel im Röm.-Germ. Mus. Köln, Fundort unbekannt; 2 Goldscheibenfibel von Oldenburg-Wechloy; 3 Blei/Zinnfibel aus Mainz (M. 1 : 1)

TAFEL 31

1

2

Weibliche Frauentrachten im Stuttgarter Bilderpsalter, 820–830. 1 fol. 93 v oben: Frauen im Mantel mit blau-weißer Kreuzemailfibel; 2 fol. 115 v: gekrönte *Anima* mit kgl. Rosettenfibel

TAFEL 32

1

2

Männliche Fibeltrachten im Stuttgarter Bilderpsalter, 820–830. 1 fol. 43 r: Schwert ziehender Krieger; 2 fol. 125 r: Mann aus der Volksmenge mit senkrecht getragener gleicharmiger Fibel

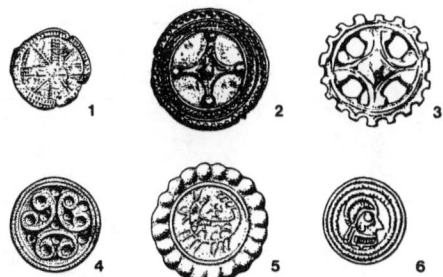

Abb. 180. Runde Gußfibeln des 9. Jh.s. 1, 2, 4–5 Mainz; 3 Icklingham, Suffolk; 6 Kosel, Kr. Rendsburg-Eckernförde (M. 1 : 2)

(Abb. 180, 6) eine motivisch eigene Gruppe (31; 32; 2; 3). Ebenfalls in merowingerzeitlichen Traditionen wurzelnd, sind die meisten karol. Typen durch ihren markanten Perlkranz gekennzeichnet, eine beträchtliche Zahl aber auch als Imitationen von Goldsolidi Ludwigs d. Fr. Kaum zutreffend ist die von num. Seite mehrfach geäußerte Vermutung, daß die karol. Münz-F.n fries. Schmuck repräsentierten, da ihre fries.-sächs.-rheinländische Verbreitung für alle F.n des 9. Jh.s typisch ist.

Die spärlichen Datierungshinweise der gegossenen Rund-F.n gründen sich einmal auf die morphologische und ornamentale Nähe zu den Kreuzemail-F.n, durch ihr Auftreten als Beigaben auf sächs. Gräberfeldern der Bekehrungszeit, die nach etwa 850 kaum noch Beigaben führen, und auf stilistische Nähe zu F.n von Féchain (tpq. 887) und Oldenburg-Wechloy (Taf. 29 und 30, 2) sowie zum Adelhausener Tragaltar, der entsprechend den Gleicharmigen F.n aus den Schatzfunden von Camon/Somme (tpq. 877) und Muyzen (tpq. 866) aus dem 2. Drittel des 9. Jh.s stammen dürfte (6,340). Für Einzelstücke engere Datierungen innerhalb des 9. Jh.s zu geben, ist schwierig.

In ottonischer Zeit, d. h. im 10. Jh., werden die gegossenen Rund-F.n gemäß dem Geschmack der Zeit mit einem zentralen Buckel oder Plateau versehen, wahrschein-

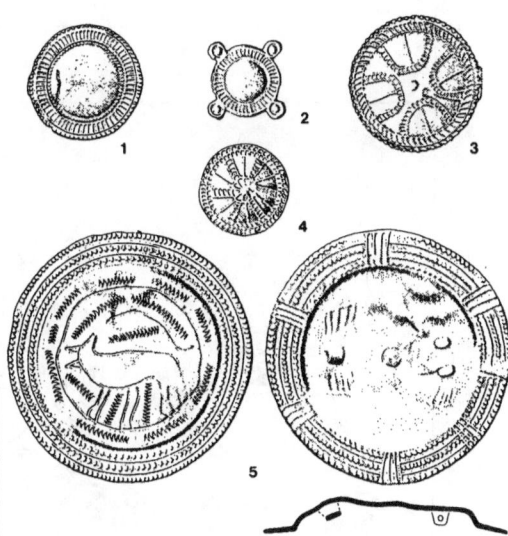

Abb. 181. Gegossene runde Buckelfibeln des 10. Jh.s 1–5 Mainz

lich gußtechnische Umsetzung eines zentralen Cabochons bei F.n des Hofbereichs. Dabei ist der geperlte oder schraffierte Rand Imitation von Filigran- oder Wellenbandkränzen, wie etwa bei F.n aus den Schatzfunden von → Klein-Roscharden I und II (23). Der zentrale Buckel bleibt glatt und unverziert oder trägt mitgegossene gleicharmige Kreuze, Radial- oder Kreisaugenmuster, Tierdarstellungen und anderes (Abb. 181, 1–5); im späten 10. Jh. wird ottonisches Flechtband beliebt. Wenngleich es immer noch kleine Stücke von 2–2,5 cm Dm. gibt, erreichen die meisten Rund-F.n jetzt eine Größe von 3–4 cm, vereinzelt bis zu 7 cm, und folgen damit den Prunk-F.n aus dem Hofbereich. Auch für die Buckel- und Plateau-F.n geben die Schatzfunde von Välse, Dänemark (tpq. 991/94), Klein-Roscharden I und II (tpq. 1000/1010 [23]), Sievern (tpq. 1002 [61]), Dietrichsfeld 1 (tpq. 1014), Östra Herrestad, Schweden (tpq. 1021), Villie Nr. 13, Schweden (tpq. 1028), und Westerland (ab 1040/50 [37]) klare Daten für ihre Blüte- und Endzeit.

3. Runde Email-F.n. Mit mehr als 250 Einzelstücken (Stand 1992) bilden die fla-

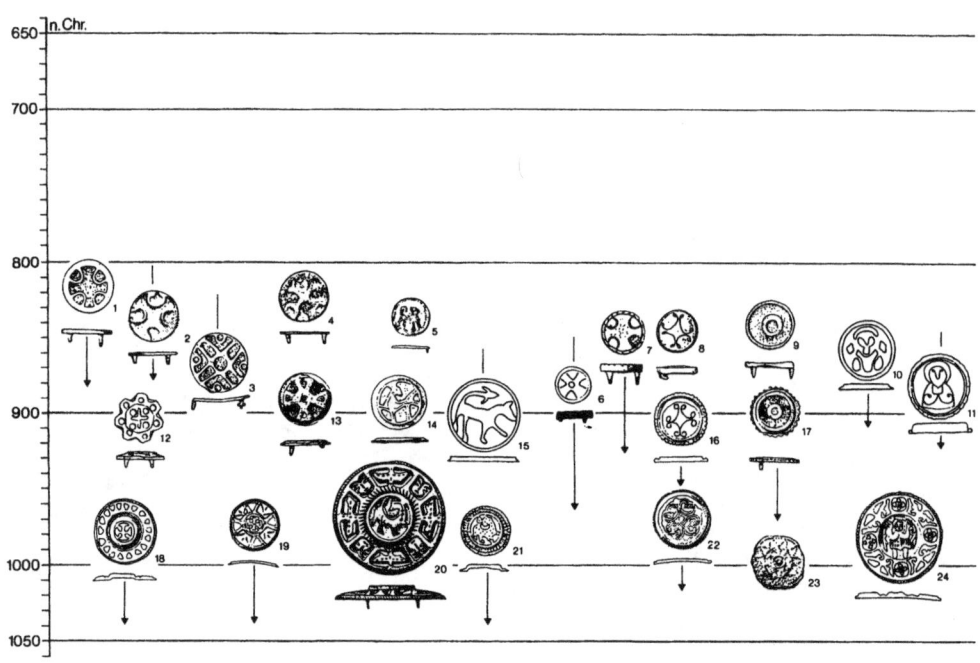

Abb. 182. Schematischer Entwurf zur Entwicklung der runden Emailscheibenfibeln, ca. 800–1050. 1, 3, 13, 14, 17, 20 Karlburg; 2, 4, 6, 7, 23 Mainz; 5 Lengefeld; 9 Altenberg; 12 Maren; 16 Krungl; 18 Gars; 19 Oberleiserberg; 21 Villach; 22 Köttlach; 24 Leipnitz-Altenmarkt (ohne M.)

chen emaillierten Rund-F.n (→ Email §§ 6 und 9) die umfangreichste F.-Gruppe der KaZ (zusammenfassend mit ält. Lit. 24; 26; 30, 91 ff.; 58, 50 ff.). Wie von Giesler klar herausgearbeitet, schließen sich an sie im 10. und frühen 11. Jh. Email-F.n mit zentralem rundem Plateau bei abgesetztem, ein- oder mehrfach geperltem Rand an – eine Morphologie, die sie auch mit anderen F.-Gruppen und Ohrringen teilen. Die flachen oder leicht kastenförmigen Email-F.n sind in Zellen-, meist aber in Grubentechnik gefertigt, 1–2,8 cm groß, in der Regel zw. 2 und 2,5 cm. Motivisch gibt es vier Gruppen: die größte mit über 170 Exemplaren und vielen Untergruppen mit einem gleicharmigen, meist durch Kreisschlag gebildeten Kreuz, z. T. aus Pelten (Abb. 182, 1–4, 6–8); die sog. ‚Heiligenfibeln' mit dem Brustbild einer, manchmal zweier nimbierter Figuren, vereinzelt mit Flügeln (Abb. 182, 10–11); etwa 11 Stücke mit konzentrischem Kreisdekor (Abb. 182, 9) sowie einige wenige mit der Darst. eines Vierfüßlers (Abb. 182, 5). Vor allem im fries. Bereich sind verschiedene Varianten von stern- und rosettenförmigen, z. T. durchbrochenen F.n mit Grubenschmelz- oder Glaseinlagen beliebt (Abb. 182, 12), die auf die Blechrosetten-F.n (vgl. Taf. 29–30) zurückgehen. Alle Typen und Motive finden im 10. und frühen 11. Jh. Nachfolger ottonischen Stils (Abb. 182, 12–24).

Datierung. Unter den flachen F.n mit Kreuzen, Kreisen und Vierfüßlern liegen nur sehr wenige Stücke aus datierbaren Zusammenhängen vor; aufschlußreich ist ihr Vorkommen als ‚Beigabe' in spätsächs. Gräbern überwiegend an der unteren Elbe, wo sie aufgrund allgemeiner hist. Überlegungen und einer nicht immer stringenten ‚Belegungschron.' in das 9. Jh., vorwiegend in dessen erste Hälfte und Mitte zu setzen sind (vgl. zum folgenden bes. 50; 58, 75 ff.). Da auf anderem Wege gut datierte Kreuz- und Rechteck-F.n auf diesen Gräberfeldern nur bis etwa zur Mitte des 9. Jh.s auftreten, also die ‚Ein-Fibel-Beigabe' nur bis zu dieser Zeit praktiziert wurde, dürften auch die hier gefundenen Kreuzemail-F.n bis etwa ins 2. Drittel des 9. Jh.s gehören. Für eine Feinchron. gibt es kaum Anhaltspunkte: Zellenkreuze mit geraden Armen und Mittelkreis erinnern zwar noch an Glascloisonné-F.n des 8. Jh.s aus Wijster Grab 2, sind aber eher mit spitzwinkligen Kreuz-F.n von um 800 (etwa Abb. 177, 1–2) und den Kreuzen auf der Cloisonné-F. von Oldenburg-Wechloy und einer Guß-F. von Mainz (Taf. 30, 2–3) zu verbinden. Ein gleicharmiges Kreuz mit kleinen glasbesetzten Rundzwickeln weist eine Tassilokelchstil-Riemenzunge aus Mainz auf, die vor oder um 800 anzusetzen ist (58, Nr. 066); F.n mit sich verjüngenden geraden Kreuzarmen und kleinen Halbrundeln in den Winkelzwickeln (‚Fadenkreuz') scheinen in ‚jungen' Arealen der spätsächs. Friedhöfe zu liegen. Ob Muster-Analogien zu Zellenschmelzrundeln auf dem Adelhauser Tragaltar mehr als einen Hinweis ‚Mitte – 2. Hälfte 9. Jh.' erbringen, ist fraglich, finden sich doch etwa Peltenkreuze auch noch auf Zellenschmelz-F.n des sog. ‚Horizontes Köttlach II' von ca. 950–1020/30 (Abb. 182, 16.22). Es gibt keinen Beleg für das Einsetzen der Kreuzemail-F.n schon im 8. Jh.: Wegewitz' Belegungschron. von Maschen (62, 36 ff.) ist überholt (vgl. 58), und allg. kunsthist. Überlegungen zur Gesch. des →Emails (30) können nicht weiterführen.

Die Funde flacher Kreuzemail-F.n in hochma. Schichten von Befestigungsanlagen führten in den letzen Jahren zu der Annahme, daß diese F.-Typen entsprechend lange in Gebrauch waren (35; 27; 14). Diese Datierung ist wegen des durchweg gestörten und verlagerten Schichtmaterials (keineswegs geschlossene Funde) nicht zwingend und aus formenkundlichen Überlegungen unwahrscheinlich (dazu 58, 58 f. 66), denn die schlichten Email-F.n des 10./11. Jh.s sind gut bekannt und weisen deutlich Unterschiede auf (vgl. 25; 58, Nr. A 24–A 31). Lediglich für Zellenschmelz-F.n mit spitzwinkligen Kreuzzwickeln und Mittelkreis (Abb. 182, 6) ist durch Grabfunde am slaw. SO-Rand des Dt. Reiches eine Verwendung bis ins 10. Jh. belegt, vielleicht als Altstücke. Nähere Datierungen als ‚9. Jh.' sind auch für die flachen Email-F.n mit Kreisdekor und mit Tierdarst. nicht zu gewinnen. Die Morphologie der Heiligen-F.n mit leichtem Plateau bei abgesetztem, oft geperltem Rand und einer Größe zw. 2,5 und 3 cm legt nahe, daß sie erst gegen Mitte des 9. Jh.s einsetzen und bis in das frühe 10. Jh. verwendet werden. Entsprechend müßten dann auch Grubenschmelz-F.n mit Vierfüßlerdarst. zu datieren sein, die ebenfalls einen klar abgesetzten Rand bei einer Größe von um 3 cm haben (Abb. 182, 14–15). Sie stehen typol. ganz eindeutig zw. den kleinen flachen Email-F.n mit einem Vierfüßler des zentralen 9. Jh.s (Abb. 182, 5) und den hohen Plateau-F.n mit Vierfüßlern und getrepptem Rand, die dem Horizont ‚Köttlach II' (ca. 950–1020/350) nach Giesler (25) angehören (Abb. 182, 20–21).

Verhältnismäßig spät dürften wegen des zentralen Plateaus und deutlich abgesetzten, geperlten oder gezackten Randes die sog. ‚radförmigen Emailscheiben-F.n' mit konzentrischem mehrfarbigem Dekor, die in Bamberg für das 10. Jh. belegt sind (44, 183), liegen (Abb. 182, 17).

Verbreitung. In ihrer Gesamtheit sind die flachen Email-F.n fast ausschließlich im sog. ‚Nordkreis' verbreitet, d. h. mit Schwerpunkten im Untermain-/Mittelrheingebiet einschließlich des Moseltals, im gesamten fries.-ndl. Raum, vor allem im Rheinmündungsgebiet und in Ostfriesland, im n-hess.-/Paderborner Raum, in Thürin-

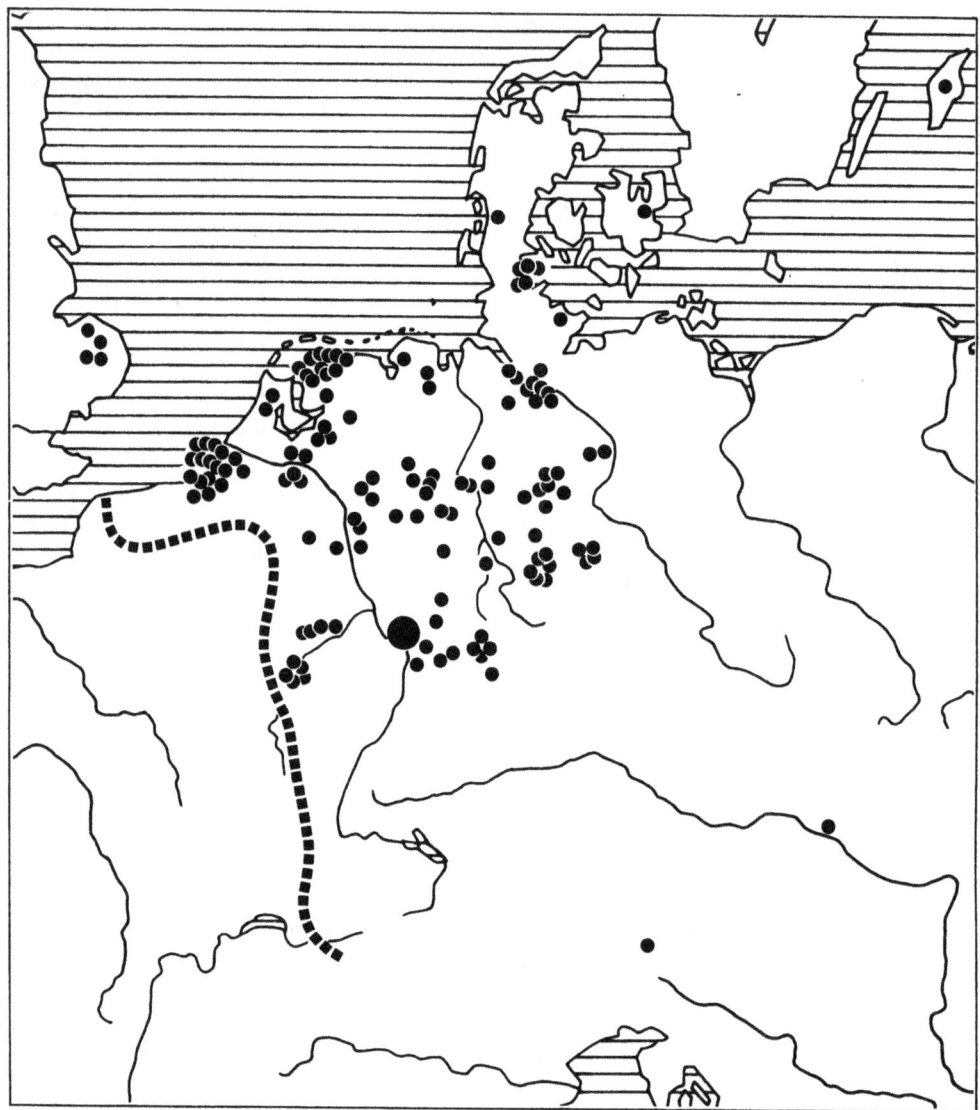

Abb. 183. Verbreitung der runden karol. Emailscheibenfibeln (▪▪▪ heutige germ.-roman. Sprachgrenze)

gen und in O-Sachsen zw. Elbe und Weser (Abb. 183). Die ö. Reichsgrenze und die (heutige) germ.-roman. Sprachgrenze im W werden nicht überschritten; vereinzelte Funde in S-Skand. und SO-England sind ‚Import'. Während die Stücke entlang der ‚Rheinlinie' und in Westfalen fast ausschließlich Streu- und Lesefunde aus Siedlungen darstellen, stammen sie in N-Thüringen, N-Hessen und in Ostfalen oft aus Gräberfeldern, wo sie meist als einzige ‚Beigabe' in Frauengräbern liegen. Einige Typen weisen durchaus lokale Schwerpunkte auf, wobei es sich vermutlich um bestimmte Absatzgebiete handelt. Die größte Fundmenge hat heute Mainz aufzuweisen – sicherlich auch Folge einer günstigen Qu.-Lage; ihre Herstellung in Mainz ist bislang nicht nachgewiesen. Ob das Fehlen solcher F.n bei Alem. und Baiern lediglich eine Fundlücke bedeutet oder eine schmuck- oder trachthist. Sonderstellung, kann noch nicht beantwortet werden. Im 10. Jh. sind die Grenzen zw. ‚Nord- und Südkreis' weniger kraß ausgeprägt.

e. Sonderformen. Neben diesem festen Formenkanon aus merowingischer Tradition gibt es vereinzelte, selten vertretene Sonderformen, die neue kreative Elemente der karol. Schmuckproduktion aufzeigen. Dazu zählt die sog. ‚Schwanenfibel' aus Boltersen, Kr. Lüneburg, im ‚Tassilokelchstil' (63), bei der es sich allerdings um einen hockenden, reiherartigen Wasservogel mit einer Schlange im Schnabel handelt, also ein Motiv aus dem Repertoire der Paradiessymbolik dieser Stilgruppe. Vereinzelt gibt es kleine Vogel-F.n des 9. Jh.s, am ehesten Taubendarstellungen, z. B. aus Mainz, → Frankfurt am Main und → Wünnenberg-Fürstenberg (40, Abb. 7 und 10), die auf mediterrane Vogel-F.n (vgl. etwa 5, 146, Taf. 61) zurückgehen dürften. Singulär ist eine Blei-F. aus Mainz (58, 146 ff.) in Form eines Riemenendes eines herrscherlichen Wehrgehänges wie im Bootkammergrab von Haithabu (→ Haiðaby). Selten sind ovale Scheiben-F.n, etwa die aus Goddelsheim Grab 27 (48, Taf. 12.6, 36,5), oder ‚Pseudokameen', welche auch als runde Scheiben-F.n vorkommen. Diese F.n des 9. Jh.s aus Glasfluß mit eingeschmolzenem Blattgold sowie mit Münzportraits oder Tier- (wahrscheinlich Greifen-) Darst. sind in wenigen Exemplaren im mittleren und unteren Rheintal zu finden und gehen vermutlich auf ital. Anregungen zurück. 14 Exemplare von ‚Lunula-F.n' (58, 142 ff.) kennt man inzwischen, davon allein 7 aus den neuen Lesefunden aus Mainz (Abb. 184, 1–2), wo man ihre Invention bzw. ihre Herstellung vermuten darf; die anderen sind verstreut in NO-Frankreich (Taf. 29), Friesland, Unterfrk. und Krungl/Steiermark. Die grubenschmelzverzierten Stücke aus Mainz zeigen weitgehende Übereinstimmungen mit den Schilden der byzantinisierenden Lunulaohrringe des ‚Horizontes Köttlach II' aus dem späten 10. und frühen 11. Jh.; flache gebogene F.n aus Mainz haben Zierdetails gegossener Rund- und Rechteck-F.n der 2. Hälfte des 9. Jh.s und stehen den Lunula-F.n aus dem Schatz von Féchain (tpq. 887; Taf. 29), vermutlich Teilen eines Pektoralschmucks, nahe. Auch der spätottonisch/frühsalische ‚Kaiserinnenschatz' aus Mainz kennt ein – wohl byz. – Brustgehänge (*Loros*) mit Lunula (47, Abb. 83–84). Vermutlich schuf man in Mainz ab etwa 900 in begrenzter Zahl und für begrenzte Abnehmer Lunula-F.n als Imitation von Brustschmuck der byz. Hofkultur. Im 10. Jh. treten neben sie einige wenige F.n in Form von Pelten.

§ 53. Ikonographie. Die F.n des 8.–10. Jh.s sind fast ausschließlich mit christl. Motiven verziert: Die Rund-F.n vornehmlich mit dem Kreuz, oft als *crux gemmata* oder als Strahlenkreuz ausgeführt, vereinzelt mit Kruzifixus; dann folgen Vierfüßler als *agnus dei*, als Taufsymbol *cervus* oder als Löwen, Sinnbild des christl. Herrschers, ferner Adler und Taube als Symbol

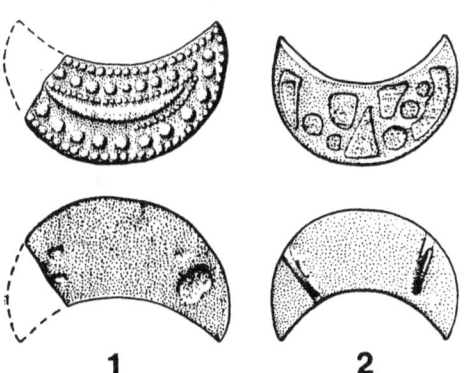

Abb. 184. Lunula-Fibeln. 1–2 Mainz (M. 1 : 1)

für Chr. und den Hl. Geist, mit nimbierten Engeln und Heiligen, wahrscheinlich Aposteln; vereinzelt gibt es auch Abbreviaturen christl.-kosmologischer Vorstellungen.

Auch die karol. Rechteck-F.n tragen in vielen Fällen ein X-förmiges Kreuz oder pflanzliche Voluten bzw. Knospen an den Ecken als verkürzte Metaphern einer paradiesischen Vegetation, was auch für viele Gleicharmige F.n mit gegossener oder filigranverzierter vegetabiler Ornamentik gilt. Bei scheinbar ‚rein geometrischem Dekor‘ kann es sich in vielen Fällen auch um verkürzte und schematisierte Wiedergaben oder additive Wiederholungen sakraler architektonischer oder kosmologischer Elemente handeln, wie es etwa Elbern auch für eine ganze Anzahl anderer Bildträger dieser Zeit nachgewiesen hat (z. B. 17–19). Bei den vielfältig und variantenreich verzierten Kreuz-F.n besteht kein Zweifel an der Absicht einer christl. ‚Botschaft‘. Welche umfassenden und gedankenreichen Aussagen den F.n mitgegeben wurden, zeigen die detailreichen Gold- und Email-F.n aus dem Bereich der Hofkultur aus → Dorestad (dazu 20) und Oldenburg-Wechloy (Taf. 30, 2), die zu Billigschmuck kopiert wurden: Beide F.n zeigen zentral ein die gesamte perlengesäumte, kosmologisch gegliederte Scheibe dominierendes Kreuz mit großem, zentralem, rot-luzidem Cabochon (Opfertod Christi); die Arme mit emaillierten Pflanzen und Vögeln weisen das Kreuz als Lebensbaum paradiesischer Verheißung und Sinnbild der Neuschöpfung aus, was durch getriebene Palmetten in den Zwickeln bei Oldenburg-Wechloy und durch vier das Kreuz rahmende, vielleicht apotropäische ‚Schlangen‘ bei Dorestad verstärkt wird. Solche kostbaren Trachtaccessoires waren zugleich immer auch christl.-kosmologische Heilsbotschaften.

§ 54. F.-Tracht. Wegen der stark eingeschränkten Beigabensitte ist die F.-Tracht der KaZ nur schwer zu beurteilen, bes. was das extrem fundarme w. Frankenreich (Neustrien, Aquitanien und Burgund) angeht (vgl. 53, 400 ff.; 4, 748 ff.). Hatte sich schon zur mittleren MZ die Ein-Fibel-Tracht der Frauen durchgesetzt, während Männergräber keine F.n aufweisen, kann man in der ausgehenden MZ an der Mosel und am Niederrhein wieder die Tragweise von zwei Gleicharmigen oder Rechteck-F.n bzw. einer Kombination aus beiden durch Trachtlage in Frauengräbern beobachten, wo sie untereinander im oberen Brustbereich liegen. Da in Gallien, im Hauptverbreitungsgebiet früher Gleicharmiger F.n, gelegentlich ebenfalls paarige Tragweise in Verbindung mit Zierketten nachgewiesen werden kann (z. B. Warlus, Pas-de-Calais [16, Abb. 151]), wird mit den Gleicharmigen F.n auch eine bestimmte Tracht aus dem gall. Frankenreich nach W vorgedrungen sein, vielleicht auf einen Bevölkerungszuzug zurückführbar. Mehr als eine F. finden sich im 8. Jh. sonst nur in reichen weiblichen ‚Adelsgräbern‘ desselben Raumes, wie in Rommerskirchen, wo auf der linken Brustseite der Bestatteten zwei sternförmige und eine runde Goldblechscheiben-F. lagen (8, 509 ff.), oder vielleicht auch in Mertloch mit zwei runden und einer Stern-F., wo allerdings die Fundzusammenhänge nicht geklärt sind (49, 318f.). Es wird sich hierbei um eine ‚adelige‘ Variante der schlichten gall. Zwei-Fibel-Tracht handeln. Darüber hinaus gibt es im gesamten 8.–9. Jh. kein Grab mehr mit mehr als einer F. Dies gilt für alle Gleicharmigen, Rechteck-, Kreuz- und runden F.-Typen. Von vereinzelten Grablegen in Kirchen abgesehen, finden sich F.n als Trachtbestandteile in Gräbern jetzt nur noch ö. des Rheins in Mittel- und N-Hessen, Thüringen, Westfalen mit dem w. anschließenden ndl. Drenthe und in Ostfalen zw. Weser und Elbe. Denn hier, im noch nicht oder erst gerade christianisierten O, war die Bestattung in der Tracht noch möglich, ab ca. 800 – um 850 allerdings fast nur mit einer

F. ohne weiteren Trachtschmuck. Daß seit etwa 800 zusätzlicher Trachtschmuck im gerade frankisierten Sachsen fortfällt, dürfte weniger mit einer besonderen Totentracht, etwa aus einem Gewand oder Leichentuch mit einer christl. F. bestehend, zusammenhängen, als vielmehr daran liegen, daß die alte heidn. Frauentracht mit volkstümlichen und magischen Accessoires wie Nadelbüchsen, Spinnwirteln, Amuletten und anderem Sammelsurium untersagt war.

Stets liegen die F.n jetzt zentral unter dem Hals auf der Brust (Abb. 185, a–b), bisweilen postmortal ein wenig verrutscht, und soweit osteologisch oder arch. durch Beigabe weiteren Frauenschmucks wie Perlenketten belegt, nur in Frauenbestattungen. In zeitgenössischen Miniaturen, vor allem in den detailreichen Illustrationen des Stuttgarter Bilderpsalters, der zw. 820 und 830 in Saint-Germain-des-Prés geschaffen wurde, ist vielfach belegt, daß der überwurfartige Mantel der Frauen mit einer runden F. auf der Brustmitte oder unter dem Hals gehalten wurde (Taf. 31, 1–2). Dabei werden sowohl mehrfarbige Kreuzemail- wie auch Rosetten-F.n wiedergegeben. Deshalb dienten die kleinen Rund- und wohl auch die anderen F.n, die in den sächs., thür. und n-hess. Frauengräbern oben auf der Brust liegen, sicher als zentraler Mantelverschluß.

Allerdings trugen nach Ausweis des Stuttgarter Psalters und anderer Miniaturen auch die Männer Mäntel, die mit einer Rund-F. verschlossen wurden, und zwar auf der rechten Schulter zur Freihaltung des Schwertarms (Taf. 32, 1). Weshalb keine eindeutig bestimmbaren Männergräber des 9. Jh.s mit F.n bekannt sind, kann nur mit einer allg. Beigabenlosigkeit im W und einer Beigabenbestattung nahezu ausschließlich von Frauen im O erklärt werden.

Offen muß ferner bleiben, ob es unterschiedliche F.-Trachten im germ. Austrasien und im gall.-roman. W gab, worauf schon die Paare Gleicharmiger F.-n der späten MZ hindeuteten. Noch in den Schatzfunden von Camon (Somme) und Muyzen (tpq. ab 877 und 866) liegt neben anderen Edelmetallsachen jeweils ein gleicharmiges F.-Paar, in Camon dazu noch ein Ohrringpaar. Zudem enthält der Schatz von Féchain (tpq. 887) eine Rechteck-, eine Gleicharmige, eine Rosetten-F. sowie ein Lunulafibelpaar, dazu noch ein Ohrringpaar, was – ähnlich wie bei Camon – den Eindruck einer mehr oder weniger kompletten, reichen Schmuckausstattung macht (Taf. 29). Da aber alle diese drei Schätze eilends zusammengetragenes Edelmetallgut (inklusive Münzen und bei Camon mit einem Schwertgurtbeschlag) enthalten und sicherlich in Zusammenhang mit normannischen Zügen in diesem nw-frk. Raum zusammenhängen, ist nicht erwiesen, daß es sich um vollständige Schmucksätze handelt, sondern sie können auch den Schmuckbesitz etwa einer Frau oder einer Familie oder eines Goldschmiedes repräsentieren. Eine versteckte Abb. im Stuttgarter Psalter (fol. 125r) zeigt, daß in der ersten Hälfte des 9. Jh.s Gleicharmige F.n etwa vom Typ Dorestad (Abb. 176, 20) einzeln als Mantel-F.n, zentral auf der Brust, senkrecht von Männern getragen werden konnten (Taf. 32, 2).

Weitere Entwicklung. Die F.-Entwicklung im 10. und 11. Jh. zeigt einen generellen Trend zu kompliziertem, dreidimensionalem Aufbau bei vergrößerter Grundfläche, was bes. bei kostbaren Edelmetallexemplaren (65; 66; 4, Sp. 754–758) deutlich wird, aber auch bei schlichten Stücken zu beobachten ist. Dominierend sind runde F.n, aber auch die jetzt quadratischen Kasten-F.n sind noch bis ins 11. Jh. hinein vertreten. Kreuz- und andere F.n sind ab dem 10. Jh. in kontinentalen Bodenfunden nicht mehr nachweisbar, Gleicharmige F.n nur noch selten im SO. Die F.n der KaZ und ottonischer Zeit wur-

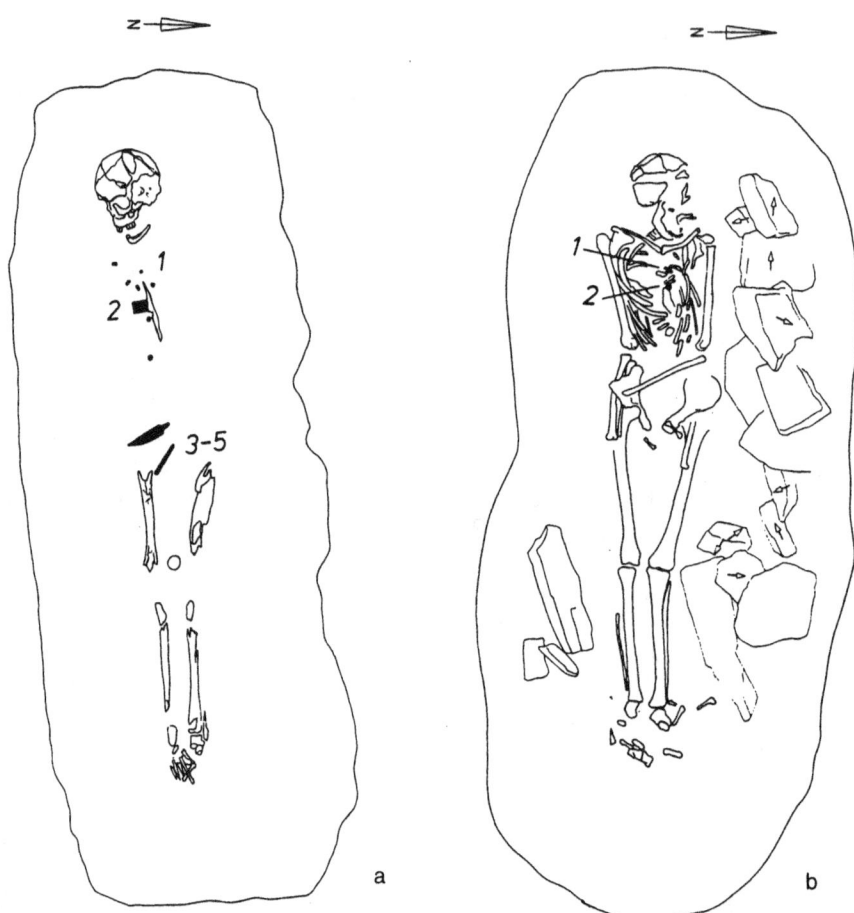

Abb. 185. Karol. Fibeln in Trachtlage bei Gräbern von Wünnenberg-Fürstenberg, Kr. Paderborn. a. Grab 55 (Frau?, 45–79 Jahre alt); 1 Perlen einer Halskette; 2 Rechteckfibel; 3–5 Messer, Schnalle und Eisenstab (Ende des 8. Jh.s n. Chr.); b. Grab 37 (Frau, 52–57 Jahre alt); 1 Kreuzfibel; 2 Glasperle (um 800 n. Chr.). Nach Melzer (40)

den prägend für die Ausbildung engl. und skand. F.-Mode und Tracht (53, 400 ff.). In England entstanden aus einheimischen Traditionen, aber unter starkem Einfluß kontinentaler Formen, seit dem späten 9. Jh. die runden ‚animal brooches' und zahlreichen ‚pewter brooches', im 10. Jh. die ‚late Saxon enamel brooches' (9) mit Kreuz- und Rosettenmotiven in Cloisonnétechnik (s. o. § 50). In Skand. werden bereits im 9. Jh. die Gleicharmigen und die ersten Rund-F.n in heimischer Weise als Mantelverschluß adaptiert; im späten 10. und 11. Jh. dominieren, neben wenigen engl. beeinflußten Stücken, ottonisch geprägte Buckel- und Plateau-F.n. Auch bei den Slaw. ö. des karol. Reichs und in SO-Europa macht sich w. F.-Mode geltend, trifft hier allerdings mit byz. Einflüssen zusammen.

(1) R. Andrae, Mosaikaugenperlen. Unters. zur Verbreitung und Datierung karolingerzeitlicher Millefioriglasperlen in Europa, Acta Praehist. et Arch. 4, 1973, 101–198. (2) P. Berghaus, Karol.

Münzschmuck, in: Karl der Gr., Ausstellungskat. Aachen, 1965, 168–175. (3) Ders., Münz-F.n, in: [58], 106–115. (4) V. Bierbrauer u. a., F. (Gewandspange), in: Reallex. zur dt. Kunstgesch. 8, 1987, Sp. 719–763. (5) Ders., Invillino-Ibligo in Friaul I. Die röm. Siedlung und das spätant.-frühma. Castrum, 1987. (6) Ders., Liturgische Gerätschaften aus Baiern und seinen Nachbarregionen in Spätant. und frühem MA, in: Die Bajuwaren. Von Severin bis Tassilo 488–788, Ausstellungskat. Rosenheim-Mattsee, 1988, 328–341. (7) K. Böhner, Die frk. Altertümer des Trierer Landes, 1958. (8) Ders., Ber. über die Tätigkeit des Rhein. Landesmus.s in Bonn, 1951–1953 (Rommerskirchen), Bonner Jahrb. 155/156, 1955/56, 509–512. (9) D. Buckton, Late 10th- and 11th-century *cloisonné* enamel brooches, Medieval Arch. 30, 1986, 8–18. (10) T. Capelle, Die frühgeschichtl. Metallfunde aus Domburg auf Walcheren, H. 1 und 2, o. J. (1976). (11) Ders., Die karol. Funde von Schouwen, H. 1 und 2, 1978. (12) Catalogue Guildhall Mus. London, 1903, 120, Taf. 56. (13) L. Clemens, F.n des frühen und hohen MAs aus Trier, Trierer Zeitschr. 51, 1988, 513–540. (14) Ders. u. a., Der Harpelstein bei Horath im Hunsrück, in: H.W. Böhme (Hrsg.), Burgen der Salierzeit. Teil 1, 1991, 337–342. (15) A. De Loë, Découverte d'un „trésor" à Muysen (Province de Brabant), Bull. des Musées Royaux, 2ème série, tome 2, 1909, 74–76. (16) Ders., Belgique ancienne. Catalogue descriptif et raisonné. IV: La Pér. Franque, 1939. (17) V. H.Elbern, Ein frk. Reliquiarfragment in Oviedo, die Engerer Burse in Berlin und ihr Umkreis, Madrider Mitt. 2, 1961, 183–204. (18) Ders., Der eucharistische Kelch im frühen MA, Zeitschr. des dt. Ver.s für Kunstwiss. 17, 1963, 1–76, 117–188. (19) Ders., Species Crucis – forma quadrata mundi. Die Kreuzigungsdarst. am frk. Kasten von Werden, Westfalen 44,1966, 174–185. (20) Ders., F. und Krone. Ein neuer Beitr. zur „Eisernen Krone" von Monza, in: Festschr. W. Messerer, 1980, 47–56. (21) S. Fuchs u. a., Die langob. F.n aus Italien, 1950. (22) Fundchronik für das Jahr 1985, Bayer. Vorgeschichtsbl. Beih. 1, 1987, 176 f. (23) O.-F. Gandert, Die oldenburgischen Silberschatzfunde von Klein-Roscharden (Kr. Cloppenburg), Oldenburger Jahrb. 51, 1951, 151–206. (24) J. Giesler, Zu einer Gruppe ma. Emailscheiben-F.n, Zeitschr. für Arch. des MAs 6, 1978, 57–72. (25) Ders., Zur Arch. des O-Alpenraumes vom 8. bis 11. Jh., Arch. Korrespondenzbl. 10, 1980, 85–98. (26) Ders., Email. § 9: Ottonischer Emailschmuck, in: Hoops[2] VII, 230–240. (27) K.-J. Gilles, Die Entersburg bei Hontheim, Funde und Ausgrabungen im Bezirk Trier 16 = Kurtrierisches Jahrb. 24, 1984, 38–55. (28) J. Graham-Campbell, Viking Artefacts. A Select Catalogue, 1980. (29) G. Haseloff, Email. § 6: Die Zeit der Karolinger, in: Hoops[2] VII, 209–228. (30) Ders., Email im frühen MA. Frühchristl. Kunst von der Spätant. bis zu den Karolingern, 1990. (31) G. Hatz, Zwei münzartige Schmuckstücke des 9. Jh.s aus dem Kr.e Lüneburg, Lüneburger Bl. 17, 1966, 93–101. (32) Ders., Munusdivinum-Nachahmungen aus Haithabu, in: Das arch. Fundmaterial I der Ausgrabungen Haithabu 1963–1964, Ber. Haithabu 4, 1970, 24–33. (33) E. Heinemeyer u. a., Die Goldscheiben-F. von Oldenburg-Wechloy, Arch. Korrespondenzbl. 15, 1985, 531–536. (34) W. Hübener, Gleicharmige Bügel-F.n der MZ in W-Europa, Madrider Mitt. 13, 1972, 211–269. (35) W. Janssen, Zwei ma. Scheiben-F.n mit Kreuzdarst. aus Schloß Broich, Stadt Mühlheim an der Ruhr, Bonner H. 18, 1978, 453–466. (36) I. Jansson, Kleine Rundspangen, in: G. Arwidsson (Hrsg.), Birka II:1: Systematische Analysen der Gräberfunde, 1984, 58–74. (37) K. Kersten u. a., Vorgesch. der n-fries. Inseln, 1958. (38) P. Korošec, Arch. Bild der karantanischen Slaw. im frühen MA, 3 Bde, 1979. (39) P. La Baume, Die WZ auf den N-fries. Inseln, Jahrb. des n-fries. Ver.s für Heimatkunde und Heimatliebe 29, 1952/53, 5–185. (40) W. Melzer, Das frühma. Gräberfeld von Wünnenberg-Fürstenberg, Kr. Paderborn, 1991. (41) P. Périn et al. (Ed.s), La Neustrie. Les Pays au nord de la Loire de Dagobert à Charles le Chauve (VIIe–IXe siècles), 1985. (42) J. Petersen, Vikingetidens Smykker, 1928. (43) W. Pleyte, Nederlandse Oudheden I: Friesland, Drenthe, 1883. (44) W. Sage, Die Ausgrabungen in den Domen zu Bamberg und Eichstätt 1969–1972, Jahresber. Bayer. Bodendenkmalpflege 17/18, 1976/77, 178–234. (45) W. Schlüter, Fundchronik 1987 (Stadt Osnabrück), Arch. Mitt. aus NW-Deutschland 11, 1988, 142 f. (46) M. Schulze-Dörrlamm, Kreuze mit herzförmigen Armen. Die Bedeutung eines Ziermotivs für die Feinchron. emaillierter Bronze-F.n des Hoch-MAs, Arch. Korrespondenzbl. 18, 1988, 407–415. (47) Dies., Der Mainzer Schatz der Kaiserin Agnes aus dem mittleren 11. Jh., 1991. (48) K. Sippel, Die frühma. Grabfunde in N-Hessen, 1989. (49) F. Stein, Adelsgräber des 8. Jh.s in Deutschland, 1967. (50) B. Thieme, Ausgewählte Metallbeigaben aus dem Gräberfeld von Ketzendorf, Kr. Stade, Hammaburg 5, 1978/80, 65–89. (51) W. A. van Es, Wijster: The Cemetery, Palaeohistoria 11, 1965, 409–595. (52) Ders., De grote gouden broche, Spiegel Historiael 13.4, 1978, 247–250. (53) H. Vierck, Mittel- und w-europ. Einwirkungen auf die Sachkultur von Haithabu/Schleswig, in: Handelsplätze des frühen und hohen MAs. Arch. und naturwiss. Unters. an Siedlungen im dt. Küstengebiet 2, 1984, 366–422. (54) Vikingerne i

England og hjemme i Danmark. Austellungskat. Brede usw., 1981. (55) W. Völk, Purk-Langwied (Ldkr. Fürstenfeldbruck), Bayer. Vorgeschichtsbl. 37, 1972, 219. (56) E. Wamers, Some ecclesiastical and secular insular metalwork found in Norwegian Viking graves, Peritia 2, 1983, 277–306. (57) Ders., Frühma. Funde aus Mainz. Zum karol.-ottonischen Metallschmuck und seinen Verbindungen zum ags. Kunsthandwerk, in: Frankfurter Beitr. zur MA-Arch. I, 1986, 11–56. (58) Ders., Die frühma. Lesefunde aus der Löhrstr. (Neubau Hilton II) in Mainz, 1994. (59) Ders., „The Carolingian Metalwork", in: J. Graham-Campbell (Ed.), The Cuerdale Hoard and related Viking Silver, from Britain and Ireland, in the British Mus., (im Druck). (60) L. Wamser, Zur arch. Bedeutung der Karlburger Funde, in: 1250 Jahre Bistum Würzburg. Arch.-hist. Zeugnisse der Frühzeit (Austellungskat. Würzburg), 1992, 319–343. (61) W. Wegewitz, Die goldene Buckelspange aus Sievern, Kr. Wesermünde, in: Festgabe H. Wohltmann, 1965, 180 ff. (62) Ders., Reihengräberfriedhöfe und Funde aus spätsächs. Zeit im Kr. Harburg, 1968. (63) J. Werner, Frühkarol. Schwanen-F. von Boltersen, Kr. Lüneburg, Lüneburger Bl. 11/12, 1961, 5–7. (64) H. Westermann-Angerhausen, Eine unbekannte F. aus dem ottonischen Kaiserinnenschmuck?, Mainzer Zeitschr. 70, 1975, 67–71. (65) Dies., Ottonischer F.-Schmuck, neue Funde und Überlegungen, Jewellery Studies 1, 1983/84, 20–36. (66) Dies., Die Mindener Gold-F., Ausgrabungen in Minden, 1987, 185–191. (67) W. Winkelmann, Ausgrabungen auf dem Domhof in Münster, in: Monasterium 1966, 25–54. (68) Ders., Die Frühgesch. im Paderborner Land, Führer zu Vor- und frühgeschichtl. Denkmälern 20, 1971, 87–121. (69) Ders., Zur Frühgesch. des Münsterlandes, ebd. 45, 1980, 175–210. (70) J. Ypey, Die Funde aus dem frühma. Gräberfeld Huinerveld bei Putten im Mus. Nairac in Barneveld, Ber. Amersfoort 12/13, 1962/63 (1964), 99–152.

E. Wamers

N. Wikingerzeit

§ 55. Allgemeines. Quellenlage. Aus der WZ N-Europas ist ein reiches F.-Material überliefert, das recht genau regionale und chron. Unterschiede erkennen läßt. Die Typenbezeichnungen hat J. Petersen (17) in der ersten umfassenden und systematischen Bearbeitung wikingischen Schmuckes vorgenommen (17). Die Funde stammen überwiegend aus den zahlreichen Körpergräbern wie z. B. aus → Birka (1), in denen die Toten in vollständiger Tracht beigesetzt wurden. Vor allem wollene Textilreste sind oft auf den Rückseiten festoxidiert (12). Hinzu kommen Stücke aus den Brandgräbern sowie in der Spätphase auch aus den Silberschätzen. In den Expansionsgebieten der Wikinger sind dagegen nur verhältnismäßig wenige F.n nord. Art belegt. Umgekehrt war es im N nicht üblich, fremde F.n zu tragen. Die wenigen Beispiele solcher Exemplare (wie z. B. kontinentale Email-F.n) finden sich bei den großen Handelsplätzen, wo sie durch ein internationales Zusammentreffen von Menschen zu erklären sind.

Obwohl importierte Beschläge und Riemenzungen zuweilen zu F.n umgearbeitet (23) und an der einheimischen Tracht getragen worden sind, hat sich die nord. F.-Tracht Eigenständigkeit bewahrt. Das findet auch seinen Ausdruck im Verzicht auf polychromen Trachtschmuck, wie er auf dem Kontinent getragen wurde.

Vereinzelt sind auch Abb. relig. Symbole als F.n getragen worden. Bei diesen war jedoch die Glaubensdemonstration vorrangig und nicht eine Funktion als Schließe (vgl. §§ 50; 53).

Als auswertbare Qu. stehen allein arch. Originalfunde von Schmuckstücken zur Verfügung. Die schriftliche Überlieferung bietet keine Anhaltspunkte – weder für einzelne F.n noch für deren Tragweise. Zeitgenössische Bildzeugnisse zeigen zwar in einigen Fällen (Abb. 186) sehr betont hervorgehobene Spangen, doch ist im Einzelfall eine Identifikation nicht genau möglich.

F.-Tracht. Die Männer in der wikingischen Welt beschieden sich, den Grabfunden nach zu urteilen, in der Regel mit einer F. Zur Frauentracht gehörten jedoch zwei und mehr Exemplare. Damit findet eine zumindest seit der jüng. RKZ bestehende Norm (vgl. §§ 26; 34) ihre Forts. Die F.n besaßen als Gewandschließen festge-

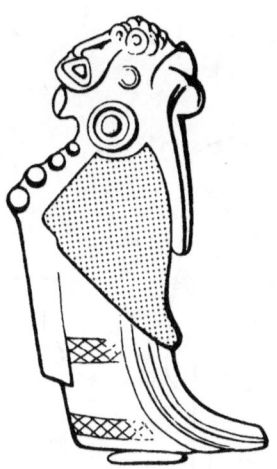

Abb. 186. Frauenfigur von Tuna, Uppland, mit betonter Fibel, M. 2 : 1

legte Funktionen, und sie dienten ergänzend als schmückende Broschen. Entsprechend wurden sie zu den bedeutendsten Zierträgern nord. Gepräges im 8.–11. Jh. Da sie sehr stark den Modeschwankungen unterworfen waren, spiegeln sie die Entwicklung der einheimischen Zierstile so genau, daß sie sich als bes. geeignet erwiesen für die chron. Gliederung des gesamten Fundmaterials dieser Per. (→ Chronologie § 28). Das wird zusätzlich dadurch gefördert, daß die wesentlichen Schmucktypen in erheblicher Anzahl zur Verfügung stehen und nur verhältnismäßig wenige Arten als Einzelstücke vorliegen.

§ 56. F.-Formen und Tracht. Die Form wikingischer F.n und deren Kombinationen bei der Tragweise an der Tracht sind so charakteristisch, daß sie geradezu als feste Bestandteile ethnisch gebundener Volkstrachten gelten können. Außerhalb des Ns weisen solche Funde daher mit Sicherheit auf die wikingische Herkunft ihrer Träger hin. Handelt es sich dabei um Frauengräber, so zeugen sie von langfristigen Niederlassungen im Gegensatz zu den sonst eher greifbaren Anzeichen für kurzfristige Handels- und Kriegsunternehmen. Das wird vor allem sichtbar auf den n-atlantischen Inseln, in Irland, in NO-England und Schottland sowie in einigen begrenzten Regionen des o-europ. Raumes (z. B. → Kiew).

Die F.n der WZ sind z. T. Weiterentwicklungen ält. vendelzeitlicher Formen, z. T. verdanken sie ihre Entstehung fremden Einflüssen, und nur in geringem Ausmaß sind sie als gänzlich unabhängige eigenständige Produkte zu erkennen. In Finnland und im Baltikum sind Fortentwicklungen mancher wikingischer F.n bis in das 13. Jh. hinein belegt.

Schalen-F.n. Die auffälligste wikingische F.-Form bilden die sog. Schalen-F.n. Es sind ovale gewölbte Spangen mit durchschnittlichen Längen von bis zu 11,5 cm. Sie gehörten ausschließlich zur Frauentracht und wurden von ihren Benutzerinnen vorn an beiden Schultern zur Schließung eines Trägerrockes getragen (Abb. 188 links). Sie bildeten jeweils eine in Dekor und Größe zusammengehörige Garnitur und konnten durch eine Zierkette mit Anhängern ergänzend verbunden sein. Nur in Ausnahmefällen kann ein Paar aus zwei verschiedenen Typen bestehen; dann wird ein verlorenes oder zerstörtes Stück ersetzt worden sein.

In der ält. WZ bestehen die Schalen-F.n jeweils aus einer gegossenen Schale (häufigster Typ Petersen 37 mit Varianten, Taf. 33d), in der jüng. WZ dagegen aus einer glatten, geschlossenen unteren Schale mit einer schmalen, verzierten Randborte und einer aufgenieteten, ganzflächig verzierten oberen Schale in durchbrochener Arbeit (häufigster Typ Petersen 51 mit Varianten, Taf. 33e). Aus kleineren vendelzeitlichen Vorformen abgeleitet, sind sie bereits zu Beginn des 9. Jhs im w. N in beachtlicher Größe im Berdalstil (→ Chronologie § 28) hergestellt worden (Abb. 187a). In den nachfolgenden Stilvarianten fanden sie dann im gesamten N eine dichte Verbrei-

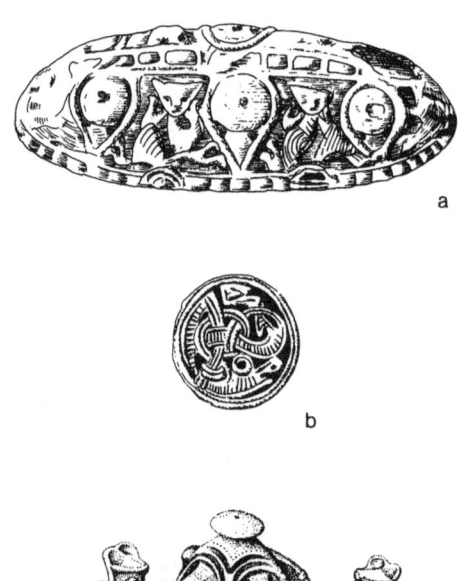

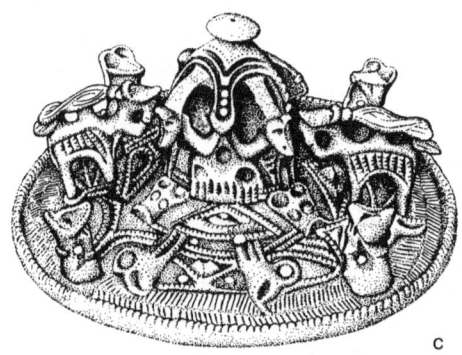

Abb. 187. a. Schalenfibel im Berdalstil von Myklebostad, Sogn og Fjordane, M. 2:3; b. Scheibenfibel im Jellingstil von Ytre Moa, Hordaland, M. 2:3; c. silberne Prunkfibel von Högby, Öland, Dm. 8,2 cm

Abb. 188. Frauentracht der WZ. Links: Bluse, Trägerrock sowie Schalenspangen mit Kette und Anhänger; rechts: zusätzlich mit Umhang und Kleeblattfibel

tung. Dennoch verkörpern sie keine Erzeugnisse von Massenproduktion mit serienweise hergestellten identischen Stücken, geringe Abweichungen lassen stets zumindest eine individuelle Überarbeitung der einzelnen Stücke erkennen; auch gibt es verschiedenartige Zusätze aus Drähten und anderen Applikationen. Das hat zu einer Aufgliederung in eine Vielzahl von Typen und Varianten geführt (14; 16), die aber nicht als Hinweis auf eine große Zahl von Werkstätten aufgefaßt werden dürfen. Vielmehr zeigen Verbreitungsbilder und Gußformenreste, daß die Produktion im wesentlichen an den großen Zentren wie → Birka und Haithabu (→ Haiðaby) mit den dort gegebenen Absatzmöglichkeiten stattfand.

Kleeblatt-F.n. Zum Schließen des capeartigen Umhanges diente eine dritte F. an der Frauentracht (Abb. 188 rechts). Diese war häufig eine dreizipflige sog. Kleeblatt-F. (Taf. 33a), die ebenfalls eine rein wikingische Form darstellt; oft sind auch diese F.n durch Zierketten ergänzt worden. Entstanden ist die Form der Kleeblatt-F. allerdings durch Umfunktionierung gleichgestaltiger karol. Schwertgurtbeschläge, die als Fremdgut in den N gelangt waren (6). Ihre Fertigung als F. ist z. B. in Haithabu, das zumindest in der ält. WZ im Hinblick auf den Trachtschmuck als eine Art Drehscheibe in der zeitgenössischen Welt der Mode betrachtet werden darf, durch Gußformen erwiesen (22). Obwohl die Imitationen einer anderen Verwendung dienten als ihre Vorbilder, wurde für

TAFEL 33

a. Kleeblattfibel; b. Filigranscheibenfibel; c. Hufeisenfibel; d. Schalenfibel Typ JP 37; e. Schalenfibel Typ JP 51 (alle Haithabu, M. 1 : 1)

ihren Dekor die geometrische oder vegetabile Verzierung der Beschlagvorlagen nachempfunden, die im N sonst untypisch war. Erst in der 2. Hälfte des 9. Jh.s wurden Kleeblatt-F.n auch zu Trägern der einheimischen Tierornamentik. Die Kleeblatt-F.n stellen das einzige Beispiel eines Funktionswandels von einem Gebrauchsgegenstand des Mannes zu einem Schmuckstück der weiblichen Tracht dar.

Statt einer Kleeblatt-F. konnte als Dritt-F. auch eine horizontal getragene gleicharmige F. mit starker mittlerer Wölbung des Bügels zur Fassung des gerafften Stoffes, eine Scheiben-F. oder auch eine andere Form verwendet werden. Die gleicharmigen F.n mit Standardlängen von 6–8 cm und prunkvollen Ausführungen bis zu 17 cm Lg. tragen zuweilen plastisch aufgesetzte Vierfüßler, während die vielfältigen Arten der meist runden Scheiben-F.n flächendeckend mit Tierstilen (Abb. 187b) oder geometrischen Ornamenten verziert sind. Letztere besitzen Dm. von 2,5 bis 10 cm; manche kleinere Typen wurden bei unveränderter Form auch als Anhänger verwendet.

Zur Männertracht gehörte lediglich eine F., die seitlich oder vor der Brust den ärmellosen Umhang verschloß (Abb. 189). Dafür konnte in Ausnahmefällen eine der bereits genannten Dritt-F.n der Frauentracht Verwendung finden. In der Regel handelt es sich aber um eine ringförmige oder hufeisenförmige F. mit aufgerollten oder verdickten Enden (Taf. 33c, mit fehlender Nadel) als alltägliche männliche Gewandspange, die mit der frei beweglichen Nadel eine erhebliche Stoffmenge halten konnte. Solche F.n sind vor allem in großer Anzahl auf Gotland angetroffen worden (9; 15), doch ist die Form im gesamten N sowie in den wikingischen Expansionsgebieten verbreitet – z. T. in sehr prunkvoller Ausführung.

Die meisten wikingischen F.n können in ihrer Grundform als gemeinnord. bezeich-

Abb. 189. Männertracht der WZ mit langer Hose, Kittel und Umhang, der durch eine Hufeisenfibel gehalten wird

net werden. Sie waren fast im gesamten N weitgehend übereinstimmend verziert – je nach den vorherrschenden Modevorstellungen, die sich etwa im Laufe gut einer Generation sichtbar wandelten – und wurden in gleichen Kombinationen getragen.

Nur auf Gotland gab es eine davon deutlich abweichende Trachtsitte. Statt der Schalen-F.n wurden dort an der Frauentracht trapezoide hohe tierkopfförmige F.n (→ Tierkopffibel) paarweise in gleicher Funktion wie an der festländischen Tracht getragen (8), und als zentrale Dritt-F. gab es fast ausschließlich die typisch gotländische runde → Dosenfibel (18; 20) für den Umhang. Auch diese gotländischen F.n, deren Vorkommen im Baltikum von dortigen Kolonien (→ Grobin) der Insulaner zeugen, waren bevorzugte Träger der wikingischen Tierstile (→ Tierornamentik).

Gegen Ende des 10. Jh.s muß sich die Trachtsitte im N fast radikal geändert haben. Neue Textilformen bedurften nicht mehr der aufwendigen Spangen. Die Schalen-F.n, Tierkopf-F.n, gleicharmigen F.n, Kleeblatt-F.n und Dosen-F.n wurden aufgegeben. Dieses Bild ist nicht nur sekundär bedingt durch das Ende der beigabenführenden Gräber, sondern es spiegelt sich auch in dem tatsächlich vorhandenen Bestand in anderen Qu.-Gattungen. Getragen wurden nun fast nur noch Einzelstücke, und zwar vorwiegend größere Scheiben-F.n, die häufig in Schatzfunden belegt sind (19). Zuweilen sind es geradezu unpraktische barockisierende Formen (Abb. 187c), die eigentlich nur der Repräsentation gedient haben können. Fast stets sind sie wie ihre Nachfolgeformen im skand. MA (13) aus Silber gefertigt. Häufig tragen sie einen Dekor aus spätwikingischen Tierstilen in Verbindung mit geometrischen Ornamenten, die in → Filigran und → Granulation auf eine durch Model vorgepreßte gewölbte Grundscheibe aufgetragen sind. Kleinere Typen mit Schlingendekor (→ Terslev) gibt es in übereinstimmender Form sowohl als F.n wie auch als Anhänger (Taf. 33b). Kontinentale Impulse (22) haben bei Enstehung und Verbreitung der Filigranscheiben-F.n eine gewisse Rolle gespielt, so daß sie wie andere Kulturelemente ebenfalls als Ausdruck der Einbindung des Ns in das Abendland zu sehen sind. Daneben gab es im 11. Jh. vereinzelt auch noch kleine durchbrochene Bronze-F.n im spätwikingischen Urnesstil (4).

Im Gegensatz zu den späten Silber-F.n sind alle ält. Formen fast ausschließlich aus Bronze gegossen, einschließlich der Nadelhalterung und Ösen für Ketten und Anhänger. Es sind vielfach große dekorative und materialreiche Stücke. Oft sind noch Spuren einer Feuervergoldung festzustellen, die entsprechend wohl bei den meisten Bronze-F.n vorauszusetzen ist. Von Schalen-F.n ist nur ein silbernes Paar aus Haithabu bekannt (7), und auch von den kleineren Dritt-F.n der Frauentracht besteht die bei weitem überwiegende Anzahl aus Buntmetall. Hinzu kommt für Haithabu aber auch eine Gruppe von Gewandschließen aus Blei und Blei/Zinn, deren Verzierung kostbarere Vorbilder imitiert (5).

Die insgesamt relativ geringe Zahl von F.n, die nicht aus Bronze, sondern aus anderen Metallen gefertigt ist, bietet keine genügenden Anhaltspunkte, um soziale Unterschiede zu erkennen. Auch deutet nichts auf unterschiedliche Alltags- und Festtagstrachten hin. Allerdings zeugen die späten Silber-F.n von einem betont zur Schau getragenen Wohlstand. Die sehr seltenen goldenen Exemplare, z. B. von → Hiddensee, die ebenso hervorragende kunsthandwerkliche Produkte sind, verstärken als Ausnahmeerscheinung diesen Eindruck.

(1) H. Arbman, Birka I – Die Gräber, 1940/1943. (2) G. Arwidsson (Hrsg.), Birka II: 1 – Systematische Analysen der Gräberfunde, 1984. (3) Ch. Blindheim, Dragt og smykker, Viking 11, 1947, 1–139. (4) R. Blomqvist, Spännen och söljor, Kulturen 1947, 120–155. (5) T. Capelle, Der Metallschmuck von Haithabu, 1968. (6) Ders., Kleeblatt-F.n und Zierketten, Fornvännen 63, 1968, 1–9. (7) Ders., Die Textiltrachten und der Trachtenschmuck von Haithabu, in: H. Jankuhn u. a. (Hrsg.), Arch. und naturwiss. Unters. an ländlichen und frühstädtischen Siedlungen im dt. Küstengebiet vom 5. Jh. v. Chr. bis zum 11. Jh. n. Chr. 2, 1984, 312–322. (8) A. Carlsson, Djurhuvudformiga spännen och gotländsk vikingatid, 1983. (9) Ders., Vikingatida ringspännen från Gotland, 1988. (10) W. Duczko, Birka V, The filigree and granulation work of the Viking Period, 1985. (11) J. Graham-Campbell, Viking Artefacts, 1980. (12) I. Hägg, Kvinnodräkten i Birka, 1974. (13) W. Holmqvist, Övergångstidens metallkonst, 1963. (14) I. Jansson, Ovala spännbucklor, 1985. (15) E. Kivikoski, Hästskoformiga spännen i Finlands vikingatid, Finskt Mus. 58, 1951, 47–57. (16) P. Paulsen, Stud. zur Wikinger-Kultur, 1933. (17) J. Petersen, Vikingetidens smykker, 1928. (18) H. Rydh, Dosformiga spännen från vikingatiden, 1919. (19) M. Stenberger, Die Schatzfunde Gotlands der WZ, Bd. 1, 1958 und 2, 1947. (20) L. Thunmark–Nylén, Vikingatida dosspännen – teknisk stratigrafi och verkstadsgruppering, 1983. (21) H. Vierck, Die wikingische Frauentracht von Birka, Offa 36, 1979, 119–133. (22) Ders., Mittel- und w-europ. Einwirkungen auf die Sachkultur von Haithabu/Schleswig, in: wie [7], 2, 1984, 366–422. (23) E. Wamers, Eine Zungen-F. aus dem Hafen von Haithabu, Ber. Haithabu 19, 1984, 63–127.

T. Capelle

www.ingramcontent.com/pod-product-compliance
Lightning Source LLC
Chambersburg PA
CBHW081330230426
43667CB00018B/2883